企业
管理制度写作
规范·技巧·例文

王海成 ◎ 编著

扫一扫，获取本书例文

中国纺织出版社有限公司

内 容 提 要

本书是为企业打造的管理制度类工具书,内容涵盖公司章程管理、人力资源管理、企业行政管理、财务管理、市场营销管理、生产及质量管理等企业管理活动的各个领域。

制度是要求人们共同遵守的规章和准则,企业管理制度则是要求企业成员共同遵守和维护的规则,发挥规范管理活动、明确行为方向、保障各方利益的重要作用。企业管理制度是企业有机体的重要组成部分,健全规范的企业管理制度有助于塑造企业形象、推动企业发展、提升管理效率。企业制度化已成为现代企业发展重要的推动点。

本书精选企业管理活动各领域所涉及的典范例文,从行文结构、语言运用、内容逻辑等角度进行解析,以期为企业制定管理制度提供一定的借鉴和帮助。

图书在版编目(CIP)数据

企业管理制度写作:规范·技巧·例文 / 王海成编著. -- 北京:中国纺织出版社有限公司,2022.6
ISBN 978-7-5180-8728-0

Ⅰ.①企… Ⅱ.①王… Ⅲ.①企业管理制度—编制 Ⅳ.① F272.9

中国版本图书馆 CIP 数据核字(2021)第 143256 号

责任编辑:陈 芳　　　特约编辑:罗乂锦
责任校对:楼旭红　　　责任印制:储志伟

中国纺织出版社有限公司出版发行
地址:北京市朝阳区百子湾东里A407号楼　邮政编码:100124
销售电话:010—67004372　传真:010—87155801
http://www.c-textilep.com
中国纺织出版社天猫旗舰店
官方微博 http://weibo.com/2119887771
天津千鹤文化传播有限公司印刷　各地新华书店经销
2022年6月第1版第1次印刷
开本:710×1000　1/16　印张:26
字数:495千字　定价:68.00元

凡购本书,如有缺页、倒页、脱页,由本社图书营销中心调换

前言
Preface

企业管理的制度化就是依靠制度规范体系构建的具有科学性的管理机制进行管理，有利于企业运行的规范化和标准化，促进企业与国际接轨；有利于提升企业的工作效率，同时，制度健全而规范的企业更容易吸引优秀人才加盟。制度化管理很大程度上能减少决策失误，强化企业的应变能力，增强企业的竞争力。因此，企业管理的制度化确有重要的现实意义。

《企业管理制度写作：规范·技巧·例文》是为企业管理制度化助力，为大专院校相关专业、广大企业、相关社会团体的研究者和管理者及文秘人员提供的一部具有参考价值的企业管理制度参考书。本书围绕大专院校企业管理制度研究以及企业管理人员和文秘人员的写作需求，建构了整体框架。整体来看，有如下两个方面的特点：

第一，文书种类全面。全书涵盖企业管理的六大模块，公司章程管理、人力资源管理、企业行政管理、财务管理、市场营销管理和生产及质量管理，每一模块再以管理流程和内容为标准进行细分，系统、深入地选取出近120种管理文书，基本可以满足对于企业管理文书写作的各种需求。

第二，内容设计科学。书中例文来自部分企业负责人的提供和网络检索，均经过作者认真筛选、审查和修改，保证了例文的参考性和实用性。例文解析部分集中探讨例文的整体写法、行文结构、行文逻辑、语言特点、特定语句运用等方面，具有重要的参考价值。

书中例文，多为友人提供和网络检索，因无法准确确定源头出处，因此引用过程中并未注明来源，在此一并向例文原作者表示歉意和由衷感谢。尽管作者对本书尽心竭力，但限于水平，疏漏难免，恳请广大专家学者不吝赐教。

王海成

2021年4月2日

目 录 Contents

第一章　公司章程管理制度

第一节　公司章程 / 2

一、股份有限公司章程 / 2

二、有限责任公司章程 / 10

三、合伙企业协议 / 18

第二节　议事规则 / 23

一、股东会议事规则 / 23

二、董事会议事规则 / 34

三、监事会议事规则 / 37

四、会议室管理制度 / 42

五、本节写作要点 / 44

第二章　人力资源管理制度

第一节　综合管理制度 / 46

一、公司人事管理制度 / 46

二、企业劳动用工规章制度 / 53

三、劳动合同 / 59

四、本节写作要点 / 65

第二节　招聘、录用、培训制度 / 66

一、企业招聘制度 / 66

二、企业录用管理制度 / 70

三、企业培训管理制度 / 73

四、本节写作要点 / 85

第三节　考核管理制度 / 86

一、公司人事考核制度 / 86

二、员工绩效考核制度 / 88

三、员工考勤管理办法 / 92

四、员工休假管理办法 / 95

五、本节写作要点 / 100

第四节　薪资、福利管理制度 / 101

一、薪资管理规定 / 101

二、津贴管理制度 / 106

三、员工健康安全福利制度 / 109

四、员工工伤管理规定 / 113
五、员工抚恤办法 / 116
六、本节写作要点 / 118

第三章　企业行政管理制度

第一节　综合管理制度 / 120
一、行政办公规范管理制度 / 120
二、企业文化管理制度 / 123
三、员工上下班遵守细则 / 127
四、员工着装规范 / 129
五、员工出差规定 / 130
六、员工保密纪律规定 / 133
七、办公室主任工作责任制度 / 136
八、计算机使用管理规定 / 138
九、印章使用和管理办法 / 140
十、合同审定管理规定 / 145
十一、法律纠纷处理办法 / 147
十二、本节写作要点 / 148

第二节　档案管理制度 / 149
一、文书管理办法 / 149
二、文书收发办法 / 154
三、文书处理制度 / 156
四、文档立卷归档制度 / 161
五、档案管理制度 / 163
六、业务档案借阅规定 / 168
七、声像档案管理制度 / 169
八、资料室管理制度 / 171
九、本节写作要点 / 173

第三节　后勤管理制度 / 173
一、后勤部岗位职责 / 173
二、员工食堂管理制度 / 174
三、员工宿舍管理规定 / 177
四、卫生管理制度 / 180
五、办公室布置要点 / 181
六、办公物品采购制度 / 183
七、办公用品管理制度 / 186
八、办公设备管理办法 / 189
九、电梯管理制度 / 191
十、本节写作要点 / 194

第四节　公关管理制度 / 195
一、前台接待管理制度 / 195
二、危机管理制度 / 197
三、对外接待管理办法 / 201
四、本节写作要点 / 204

第五节　安全管理制度 / 205
一、安全管理办法 / 205
二、保安管理制度 / 212
三、门卫管理制度 / 218
四、值班管理制度 / 220
五、出入管理制度 / 222
六、办公室安全管理制度 / 229

七、消防安全管理制度 / 232
八、信息安全保密制度 / 235
九、企业突发事件应急预案 / 240
十、本节写作要点 / 244

第六节　车辆管理制度 / 244
一、车辆管理制度 / 244
二、司机管理规定 / 249
三、车辆肇事处理办法 / 253
四、私车公用管理办法 / 255
五、货物运输管理规定 / 258
六、通勤车管理办法 / 260
七、车辆维修保养管理制度 / 263
八、车辆燃油使用管理制度 / 265
九、本节写作要点 / 266

第四章　财务管理制度

第一节　综合财务管理制度 / 268
一、公司财务管理制度 / 268
二、出纳管理制度 / 274
三、资金预算管理办法 / 276
四、货币资金管理办法 / 278
五、借款和费用开支审批程序 / 279
六、应收账款管理办法 / 282
七、固定资产管理办法 / 287
八、本节写作要点 / 289

第二节　会计管理制度 / 290
一、会计管理办法 / 290
二、会计基础工作规范及实施细则 / 308
三、统计管理办法 / 325
四、本节写作要点 / 328

第五章　市场营销管理制度

第一节　内部管理制度 / 330
一、企业销售管理制度 / 330
二、销售人员管理制度 / 333
三、促销活动管理办法 / 335
四、促销员管理制度 / 338
五、市场调查管理制度 / 341
六、销售动态调查管理办法 / 342
七、个人调查实施办法 / 344
八、代理店（商）管理制度 / 347
九、加盟店（连锁店）管理制度 / 349
十、专卖店管理制度 / 351
十一、客服人员管理制度 / 353
十二、本节写作要点 / 354

第二节　客户管理制度 / 355

一、售后服务管理办法 / 355
二、客户投诉管理办法 / 357
三、客户档案管理制度 / 360
四、客户信息管理办法 / 362
五、客户关系管理制度 / 365
六、本节写作要点 / 366

第三节　企业策划管理制度 / 367
一、年度销售计划管理办法 / 367
二、战略企划管理制度 / 369

三、公关企划管理制度 / 371
四、公司提案管理制度 / 373
五、本节写作要点 / 375

第四节　企业活动管理制度 / 375
一、员工文体活动管理制度 / 375
二、员工活动室管理规定 / 377
三、企业宣传管理制度 / 379
四、本节写作要点 / 381

第六章　生产及质量管理制度

第一节　生产管理制度 / 384
一、生产计划管理制度 / 384
二、生产作业管理制度 / 386
三、生产技术管理制度 / 389
四、物流管理制度 / 392
五、本节写作要点 / 395

第二节　质量管理制度 / 395
一、产品质量管理制度 / 395
二、质量成本管理办法 / 403
三、产品质量管理培训办法 / 407
四、本节写作要点 / 408

扫一扫，获取本章例文

第一章
公司章程管理制度

　　章程，是组织、社团经特定的程序制定的关于组织规程和办事规则的规范性文书，是一种根本性的规章制度。章程是一个组织的根本行动方案。公司章程是章程的一种，是指公司依法制定的，规定公司名称、住所、经营范围、经营管理制度等重大事项的基本文件，也是公司必备的规定公司组织及活动基本规则的书面文件。

　　公司章程相当于公司的"宪法"，载明了公司组织和活动的基本准则，因此需要得到股东们的一致认可，是股东们契约关系的充分体现。公司章程具有法定性、真实性、自治性和公开性的基本特征。作为公司组织与行为的基本准则，公司章程对公司的成立及运营具有十分重要的意义，它既是公司成立的基础，也是公司赖以生存的灵魂。

　　公司章程是公司运行的核心，是确定企业性质、名称、经营权限和范围、资金来源等重要信息的载体文本。完备的、准确的公司章程有利于确定公司的权利义务关系，有利于明确公司经营交往的规范，因此，规范、合理、完备的公司章程具有重要意义。本章基于此对公司章程和议事原则文书进行分类，并进行解析。

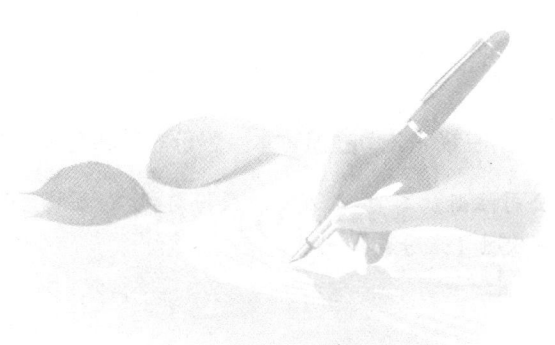

第一节　公司章程

一、股份有限公司章程

（一）例文

××股份公司章程范本

第一章　总　则

第一条　为规范公司的组织和行为，保护公司、发起人和债权人的合法权益，根据《中华人民共和国公司法》（以下简称《公司法》）和有关法律、法规规定，结合公司的实际情况，特制定本章程。

第二条　公司名称：××股份有限公司。

第三条　公司住所：××市区（县、市）　路　号。

第四条　公司以××设立的方式设立，在××市工商局登记注册，公司经营期限为×年。

第五条　公司为股份有限公司。实行独立核算、自主经营、自负盈亏。股东以其认购的股份为限对公司承担责任，公司以其全部资产对公司的债务承担责任。

第六条　公司坚决遵守国家法律、法规及本章程规定，维护国家利益和社会公共利益，接受政府有关部门监督。

第七条　本公司章程对公司、股东、董事、监事、高级管理人员均具有约束力。

第八条　本章程由发起人制订，在公司注册后生效。

（如属募集设立，则第八条的表述如下：）

第八条　本章程由发起人制订，经创立大会通过，在公司注册后生效。

第二章　公司的经营范围

第九条　本公司经营范围为：以公司登记机关核定的经营范围为准。

第三章　公司注册资本、股份总数和每股金额

第十条　本公司注册资本为×万元。股份总数×万股，每股金额×元，本公司注册资本实行一次性（或分期）出资。

第一章 公司章程管理制度

第四章 发起人的名称（姓名）、认购的股份数及出资方式和出资时间

第十一条 公司由×个发起人组成：

发起人一：（请填写发起单位全称）

法定代表人（或负责人）姓名：

法定地址：

以××方式出资×万股……共计出资×万股，合占注册资本的×%，在×年×月×日前一次足额缴纳。（或以×方式出资×万股，其中首期出资×万股，于×年×月×日前到位；第二期出资×万股，于×年×月×日前到位；……以×方式出资×万股……；共计出资×万股，合占注册资本的×%）

……

发起人n：（请填写自然人姓名）

家庭住址：

身份证号码：

以×方式出资×万股……共计出资×万股，合占注册资本的×%，在×年×月×日前一次足额缴纳。（或以×方式出资×万股，其中首期出资×万股，于×年×月×日前到位；第二期出资×万股，于×年×月×日前到位；……以×方式出资×万股……；共计出资×万股，合占注册资本的×%）

……

股东以非货币方式出资的，应当依法办妥财产权的转移手续。

第五章 股东大会的组成、职权和议事规则

第十二条 公司股东大会由全体股东组成，股东大会是公司的权力机构，依法行使《公司法》第三十八条规定的第1项至第10项职权，还有职权为：

1. 对公司为公司股东或者实际控制人提供担保作出决议；
2. 对公司转让、受让重大资产作出决议（公司制订章程时最好对"重大资产"作出定性定量的规定）；
3. 对公司向其他企业投资或者为除本条第11项以外的人提供担保作出决议（作为股东大会的职权还是董事会的职权，由公司章程规定）；
4. 对公司聘用、解聘承办公司审计业务的会计师事务所作出决议（作为股东大会的职权还是董事会的职权，由公司章程规定）；
5. 公司章程规定的其他职权（如有则具体列示，若没有则删除本项）。

对前款所列事项股东以书面形式一致表示同意的，可以不召开股东大会会议，直接作出决定，并由全体发起人在决定文件上签名、盖章。

第十三条　股东大会的议事方式：

股东大会以召开股东大会会议的方式议事，法人股东由法定代表人参加，自然人股东由本人参加，因事不能参加可以书面委托代理人出席股东大会会议，代理人应当向公司提交股东授权委托书，并在授权范围内行使表决权。

股东大会会议分为定期会议和临时会议两种：

1. 定期会议。

定期会议一年召开一次，时间为每年×月召开。

2. 临时会议。

有下列情形之一的，应当在两个月内召开临时股东大会：

（1）董事人数不足《公司法》规定人数或者公司章程所定人数的三分之二时；

（2）公司未弥补的亏损达实收股本总额三分之一时；

（3）单独或者合计持有公司百分之十以上股份的股东请求时；

（4）董事会认为必要时；

（5）监事会提议召开时；

（6）公司章程规定的其他情形（如有则具体列示，若没有则删除本项）。

《公司法》和公司章程规定公司转让、受让重大资产或者对外提供担保等事项必须经股东大会作出决议的，董事会应当及时召集股东大会会议，由股东大会就上述事项进行表决。

第十四条　股东大会的表决程序：

1. 会议主持。

股东大会会议由董事会召集，董事长主持。董事长不能履行职务或者不履行职务的，由副董事长主持；副董事长不能履行职务或者不履行职务的（如不设副董事长，则删除相关内容），由半数以上董事共同推举一名董事主持。董事会不能履行或者不履行召集股东大会会议职责的，由监事会召集和主持；监事会不召集和主持的，连续九十日以上单独或者合计持有公司百分之十以上股份的股东可以自行召集和主持。（如属募集设立，则增加以下表述：发起人应当自股款缴足之日起三十日内主持召开公司创立大会。创立大会由发起人、认股人组成。）

2. 会议表决。

股东出席股东大会会议，所持每一股份有一表决权。但是，公司持有的本公司股份没有表决权。

股东大会作出决议，必须经出席会议的股东所持表决权过半数通过。但是，股东大会作出修改公司章程、增加或者减少注册资本的决议，以及公司合并、分立、解散或者变更公司形式的决议，必须经出席会议的股东所持表决权的三分之二以上通过。

3. 会议记录。

股东大会应当对所议事项的决定作成会议记录，主持人、出席会议的董事应当在会议记录上签名。会议记录应当与出席股东的签名册及代理出席的委托书一并保存。

（公司章程也可对股东大会的组成、职权和议事规则另作规定，但规定的内容不得与《公司法》的强制性规定相冲突。公司章程对股东大会的组成、职权和议事规则也可不作规定，如不作规定的，则删除本章。）

第六章　董事会的组成、职权和议事规则

第十五条　公司设董事会，其成员为×人（董事会成员五至十九人，具体人数公司章程要明确），其中非职工代表×人，由股东大会选举产生（股东大会选举董事，是否实行累积投票制，可以由公司章程规定【应在章程中载明】，也可以由股东大会作出决议）；职工代表×名，由职工代表大会（或职工大会或其他形式）民主选举产生。由职工代表出任的董事待公司营业后再补选，并报登记机关备案。董事会设董事长一人，副董事长×人，由董事会以全体董事的过半数选举产生，任期不得超过董事任期，但连选可以连任。

第十六条　董事会对股东大会负责，依法行使《公司法》第四十七条规定的第1至第10项职权，还有职权为：

1. 选举和更换董事长、副董事长；

2. 对公司向其他企业投资或者为除本章程第十二条第11项以外的人提供担保作出决议（作为股东大会的职权还是董事会的职权，由公司章程规定）；

3. 对公司转让、受让重大资产以外的资产作出决议；

4. 对公司聘用、解聘承办公司审计业务的会计师事务所作出决议（作为股东大会的职权还是董事会的职权，由公司章程规定）；

5. 公司章程规定的其他职权（如有则具体列示，若没有则删除本项）。

第十七条　董事每届任期×年（由公司章程规定，但最长不得超过三年），董事任期届满，连选可以连任。董事任期届满未及时改选，或者董事在任期内辞职导致董事会成员低于法定人数的，在改选出的董事就任前，原董事仍应当依照法律、行政法规和公司章程的规定，履行董事职务。

第十八条　董事会的议事方式：

董事会以召开董事会会议的方式议事，董事会会议，应由董事本人出席；董事因故不能出席，可以书面委托其他董事代为出席，委托书中应载明授权范围。非董事经理、监事可列席董事会会议，但无表决资格。

董事会会议分为定期会议和临时会议两种：

1. 定期会议。

定期会议一年召开两次（至少两次，具体召开几次由公司章程规定），时间分别为每年×月和×月召开。

2. 临时会议。

代表十分之一以上表决权的股东，三分之一以上的董事或者监事会，可以提议召开临时会议。董事长应当自接到提议后十日内召集和主持董事会会议。

第十九条　董事会的表决程序：

1. 会议主持。

董事长召集和主持董事会会议，检查董事会决议的实施情况。副董事长协助董事长工作，董事长不能履行职务或者不履行职务的，由副董事长履行职务；副董事长不能履行职务或者不履行职务的（如不设副董事长的，则删除相关内容），由半数以上董事共同推举一名董事履行职务。

2. 会议表决。

董事会会议应有过半数的董事出席方可举行。董事会作出决议，必须经全体董事的过半数通过。

董事会决议的表决，实行一人一票。

3. 会议记录。

董事会应当对会议所议事项的决定作成会议记录，出席会议董事应当在会议记录上签名。

董事应当对董事会的决议承担责任。董事会的决议违反法律、行政法规或者公司章程、股东大会决议，致使公司遭受严重损失的，参与决议的董事对公司负赔偿责任。但经证明在表决时曾表明异议并记载于会议记录的，该董事可以免除责任。

第二十条　公司设经理，由董事会决定聘任或者解聘，董事会可以决定由董事会成员兼任经理，经理对董事会负责，依法行使《公司法》第五十条规定的职权。（公司章程对经理的职权也可另行规定。）

第二十一条　公司不得直接或者通过子公司向董事、监事、高级管理人员提供借款。

公司应当定期向股东披露董事、监事、高级管理人员从公司获得报酬的情况。

第七章　监事会的组成、职权和议事规则

第二十二条　公司设监事会，其成员为×人（监事会成员不得少于三人，具体人数公司章程要明确），其中：非职工代表×人，由股东大会选举产生（股东大会选举监事，是否实行累积投票制，可以由公司章程规定【应在章程中载明】，也可以由股东大会作出决议）；职工代表×人（职工代表人数由公司章程规定，但职工代表的比例不得低于监事会成员的三分之一），由公司职工代表大会（或职工大会或其

他形式）民主选举产生，由职工代表出任的监事待公司营业后再补选，并报登记机关备案。

第二十三条　监事会设主席一名，副主席×名，由全体监事过半数选举产生。

第二十四条　监事任期每届三年，监事任期届满，连选可以连任。监事任期届满未及时改选，或者监事在任期内辞职导致监事会成员低于法定人数的，在改选出的监事就任前，原监事仍应当依照法律、行政法规和公司章程的规定，履行监事职务。

董事、高级管理人员不得兼任监事。

第二十五条　监事会对股东大会负责，依法行使《公司法》第五十四条规定的第1项至第6项职权，其他职权为：

1. 选举和更换监事会主席、副主席。
2. 公司章程规定的其他职权（如有则具体列示，若没有则删除本项）。

监事可以列席董事会会议，并对董事会决议事项提出质询或者建议。监事会发现公司经营情况异常，可以进行调查；必要时，可以聘请会计师事务所等协助其工作，费用由公司承担。

第二十六条　监事会的议事方式：

监事会以召开监事会会议的方式议事，监事因事不能参加，可以书面委托他人参加。

监事会会议分为定期会议和临时会议两种：

1. 定期会议。

定期会议一年召开两次，时间分别为每年×月召开（每六个月至少召开一次会议，具体召开几次，由公司章程规定）。

2. 临时会议。

监事可以提议召开临时会议。

（公司章程也可规定其他议事方式，但规定的内容不得与《公司法》的强制性规定相冲突）。

第二十七条　监事会的表决程序：

1. 会议主持。

监事会会议由监事会主席召集和主持，监事会主席不履行或者不能履行职务的，由监事会副主席召集和主持；监事会副主席不履行或者不能履行职务的（不设副主席的删除相关内容），由半数以上监事共同推举一名监事召集和主持。

2. 会议表决。

监事按一人一票行使表决权，监事会每项决议均需半数以上的监事通过。

3. 会议记录。

监事会应当对所议事项的决定做好会议记录，出席会议的监事应当在会议记录上签名。

（公司章程也可规定其他表决程序，但规定的内容不得与《公司法》的强制性规定相冲突。）

第八章 公司的法定代表人

第二十八条 公司的法定代表人由（法定代表人由董事长还是经理担任，公司章程要明确）担任。

第九章 公司利润分配办法

第二十九条 公司应当依照法律、行政法规和国务院财政部门的规定建立本公司的财务、会计制度。

第三十条 公司的财务会计报告应当在召开股东大会年会的二十日前置备于公司，供股东查阅。

第三十一条 公司分配当年税后利润时，应当提取利润的百分之十列入公司法定公积金。公司法定公积金累计额为公司注册资本的百分之五十以上的，可以不再提取。

公司的法定公积金不足以弥补以前年度亏损的，在依照前款规定提取法定公积金之前，应当先用当年利润弥补亏损。

公司从税后利润中提取法定公积金后，经股东大会决议，还可以从税后利润中提取任意公积金。

公司弥补亏损和提取公积金后所余税后利润，股份有限公司按照股东持有的股份比例分配（公司章程也可规定不按持股比例分配的办法）。

股东大会或者董事会违反前款规定，在公司弥补亏损和提取法定公积金之前向股东分配利润的，股东必须将违反规定分配的利润退还公司。

公司持有的本公司股份不得分配利润。

第十章 公司的解散事由与清算办法

第三十二条 公司的解散事由与清算办法按《公司法》第十章的规定执行。

第十一章 公司的通知和公告办法

第三十三条 召开股东大会会议，应当将会议召开的时间、地点和审议的事项于会议召开二十日前通知各股东；临时股东大会应当于会议召开十五日前通知各股东。

单独或者合计持有公司百分之三以上股份的股东，可以在股东大会召开十日前提出临时提案并书面提交董事会；董事会应当在收到提案后二日内通知其他股东，并将该临时提案提交股东大会审议。临时提案的内容应当属于股东大会职权范围，并有明确议题和具体决议事项。

股东大会不得对前两款通知中未列明的事项作出决议。

第三十四条 董事会定期会议应当于会议召开十日前通知全体董事和监事。

（董事会召开临时会议，可以另定召集董事会的通知方式和通知时限，如公司制订章程时，已确定召集董事会临时会议的通知方式和通知时限，公司章程可载明，也可不载明。）

第三十五条 召开监事会会议，应当于召开×日（由公司章程规定）以前通知全体监事。

第三十六条 公司合并的，应当自作出合并决议之日起十日内通知债权人，并于三十日内在报纸上公告。债权人自接到通知书之日起三十日内，未接到通知书的自公告之日起四十五日内，可以要求公司清偿债务或者提供相应的担保。

第三十七条 公司分立的，应当自作出分立决议之日起十日内通知债权人，并于三十日内在报纸上公告。

第三十八条 公司减资的，应当自作出减少注册资本决议之日起十日内通知债权人，并于三十日内在报纸上公告。债权人自接到通知书之日起三十日内，未接到通知书的自公告之日起四十五日内，有权要求公司清偿债务或者提供相应的担保。

第三十九条 公司解散的，清算组应当自成立之日起十日内通知债权人，并于六十日内在报纸上公告。债权人应当自接到通知书之日起三十日内，未接到通知书的自公告之日起四十五日内，向清算组申报其债权。

第十二章 附 则

第四十条 本章程原件一式×份，其中每个发起人各持一份，送公司登记机关一份，验资机构一份，公司留存×份。

××股份有限公司全体发起人

发起人盖章、签字（或由全体董事签字）：×××

日期：×年×月×日

（二）例文解析

公司章程具有法定性，因此必须按照法律规定说明一些必要记载事项。

绝对必要记载事项是每个公司章程必须记载、不可缺少的法定事项，缺少其中任何一项或任何一项记载不合法，整个章程即归无效。这些事项一般都是涉及公司根本性质的重大事项，其中有些事项是各种公司都必然具有的共同性问题。

依据我国《公司法》规定，股份有限公司的章程必须载明的事项包括：公司名称和住所；公司经营范围；公司设立方式；公司股份总数、每股金额和注册资本；

发起人的姓名、名称和认购的股份数；股东的权利和义务；董事会的组成、职权、任期和议事规则；公司法定代表人；监事会的组成、职权、任期和议事规则；公司利润分配办法；公司的解散事由与清算办法；公司的通知和公告办法；股东大会认为需要记载的其他事项。例文采用分条列项的方式，分别说明了总则，公司的经营范围，公司注册资本、股份总数和每股金额，发起人的名称（姓名）、认购的股份数及出资方式和出资时间，股东大会的组成、职权和议事规则，董事会的组成、职权和议事规则，监事会的组成、职权和议事规则，公司的法定代表人，公司利润分配办法，公司的解散事由与清算办法，公司的通知和公告办法，附则等内容，很好地体现了公司章程的法定性特征。

从整体结构看，例文采用总分总的写法形式。第一章交代公司的整体情况，第二章至第十一章对公司章程的具体内容进行了说明，第十二章对章程的印制和处理进行说明。整体结构完整，内容充实。

从语言上看，作为公司的根本说明和运行依据，用语十分规范、准确。

（三）写作要点

公司章程是公司运行和身份说明的根本规定，任何公司的其他规定都不得与公司章程相违背，因此写作公司章程需要注意以下几点：

1. 公司章程需要注意将公司的经营范围、公司决策、运行方式等重大事项详细写明，因为公司章程是公司经营治理的根本文件，公司的日常经营行为受公司章程的约束，所以在写的时候要注意和公司的经营模式相匹配。

2. 公司章程需要注意语言的运用，其法定性决定了用语的专业性和规范性，其公开性要求用语要具有传播性质，其真实性决定了用语的准确性，其自治性决定了用语的可操作性。

3. 公司章程虽然大致都一样，但是我们设立的公司类型、规模、方向是不一样的，在写公司章程的时候，要结合自己公司的实际情况来写，该注意的事项要写清楚。

二、有限责任公司章程

（一）例文

×××有限责任公司章程

第一章 总 则

第一条 为保障公司和公司股东的合法权益，规范公司的经营管理，依据《中华人民共和国公司法》的有关规定，制定本公司章程。

第一章　公司章程管理制度

第二条　公司是有限责任公司。公司股东以其出资额为限对公司承担责任，公司以其全部资产对公司的债务承担责任。公司以其全部法人财产，依法自主经营，自负盈亏。

公司一切活动遵守国家法律法规规定。公司应当在登记的经营范围内从事活动。公司的合法权益受法律保护，不受侵犯。

第二章　公司的名称和住所

第三条　公司名称：×××

第四条　公司住所：×××

第三章　公司经营范围和营业执照

第五条　公司经营范围：（具体以工商核定为准）

第六条　公司营业期限：（具体以工商核定为准）

第四章　公司注册资本和股东出资

第七条　公司注册资本×万元人民币，出资方式为×，出资时间为×。

第八条　公司股东承担下列义务：

（一）遵守本章程；

（二）按照规定时间和方式出资；

（三）在公司登记后，不得抽回出资；

（四）法律、法规及本章程规定的其他义务。

第九条　公司股东会由全体股东组成，股东会是公司的最高权力机构，依照法律、法规和章程规定行使职权。

第十条　公司股东会行使下列权利：

（一）决定公司的经营方针和投资计划；

（二）向公司委派或更换非由职工代表担任的董事，并在董事会成员中指定董事长、副董事长；决定董事的报酬事项；

（三）委派或更换非由职工代表担任监事，并在监事会成员中指定监事会主席；决定监事的报酬事项；

（四）审议和批准董事会和监事会的报告；

（五）查阅董事会会议记录和公司财务会计报告；

（六）批准公司年度财务预、决算方案和利润分配方案，弥补亏损方案；

（七）决定公司合并、分立、变更公司形式、解散、清算、增加或者减少注册资本、发行公司债券；

（八）公司终止，依法取得公司的剩余财产；

（九）修改公司章程；

（十）法律、行政法规或公司章程规定的其他权利。

对以上所列事项股东以书面形式一致表示同意的，可以不召开股东会会议，直接作出决定，并由全体股东在决定文件上签字（盖章）。

第十一条　股东会会议分为定期会议和临时会议。

定期会议每年召开一次。公司发生重大问题，经代表十分之一以上表决权的股东、董事或者监事提议，可召开临时会议。

第十二条　股东会会议由董事长召集并主持，董事长因特殊原因不能履行职务时，由董事长指定的董事召集并主持。

第十三条　召开股东会议，应当于会议召开十五日前以书面方式或其他方式将会议日期、地点、议题通知全体股东。股东因故不能出席时，可委托代理人参加。

第十四条　股东会会议由股东按照出资比例行使表决权。

第十五条　股东会首次会议由出资最多的股东按照本章程规定召开和主持。

第十六条　股东会会议必须由全体股东按照本章程规定召开和主持。

股东会作出决议，须经全体股东二分之一以上表决权通过；但以下决议，须经全体股东三分之二以上表决权同意方可作出：

（一）对公司合并、分立、变更公司形式、解散和清算等事项作出决议；

（二）修改公司章程；

（三）增加或减少注册资本。

第十七条　股东会应当对所议事项的决定作成会议记录，出席会议的股东应当在会议记录上签名。

第五章　董事会

第十八条　公司设董事会，董事会成员共×人（注：3～13人），其中：董事长一人。（注：是否设副董事长自行决定。）

第十九条　董事长为公司法定代表人，由股东会选举产生，任期3年，可连选连任。

第二十条　董事会的职权：

（一）负责召集股东会，并向股东会报告工作；

（二）执行股东会的决议；

（三）决定公司的经营计划和投资方案；

（四）制订公司年度财务预算方案、决算方案；

（五）制订利润分配方案和弥补亏损方案；

（六）制订增加或者减少注册资本方案以及发行公司债券的方案；

（七）拟订公司合并、分立、变更公司组织形式、解散方案；

（八）决定公司内部管理机构的设置；

（九）聘任或者解聘公司经理；根据经理提名，聘任或者解聘公司副经理、财务负责人、其他部门负责人等，决定其报酬事项；

（十）制定公司的基本管理制定。

第二十一条　董事会会议由董事长召集和主持，董事长不能履行职务或者不履行职务的，有副董事长的由副董事长召集和主持；无副董事长的由半数以上董事共同推举一名董事召集和主持。

第二十二条　董事会决议的表决，实行一人一票。董事会应当对所议事项的决定作成会议记录，出席会议的董事在会议记录上签名。

董事会会议应当于会议召开十五日前通知全体董事。经全体董事一致同意，可以调整通知时间。

董事会会议应当有过半数的董事出席方可举行。董事会作出决议，必须经全体董事的过半数通过。

第二十三条　本章程关于公司监事、经理和其他高级管理人员的义务与责任无特别规定的，适用本章关于董事义务与责任的规定。

第六章　公司经理

第二十四条　公司设经理一名，由董事会决定聘任或者解聘。经理每届任期三年，可连选连任。

第二十五条　经理对董事会负责，行使下列职权：

（一）主持公司的生产经营管理工作，组织实施股东会或者董事会决议；

（二）组织实施公司年度经营计划和投资方案；

（三）拟定公司内部管理机构设置方案；

（四）拟定公司的基本管理制度；

（五）制定公司的具体规章；

（六）提请聘任或者解聘公司副经理、财务负责人；

（七）聘任或者解聘除应由执行董事聘任或者解聘以外的负责管理人员；

（八）公司章程和股东会授予的其他职权。

第七章　公司监事

第二十六条　公司设监事一名，经全体股东二分之一以上表决权选举产生和罢免。

第二十七条　监事每届任期三年，可连选连任。

公司董事、经理和其他高级管理人员不得兼任监事。

（一）检查公司财务；

（二）对董事、高级管理人员执行公司职务的行为进行监督，对违反法律、行政法规、本章程或者股东会决议的行为进行监督；

（三）当董事和经理的行为损害公司的利益时，要求董事和经理予以纠正；

（四）提议召开临时股东会会议，在董事会不履行本法规定的召集和主持股东会会议职责时召开和主持股东会会议；

（五）向股东会会议提出提案；

（六）依照《公司法》有关规定，对董事、高级管理人员提起诉讼；

（七）本章程规定或股东会授予的其他职权。

第八章　股权转让

第二十八条　股东之间可以相互转让其部分或全部出资。

第二十九条　股东向股东以外的人转让股权，应当经其他股东过半数同意。股东应就其股权转让事项书面通知其他股东征求同意，其他股东在接到书面通知之日起满三十日未答复的，视为同意转让；其他股东半数以上不同意转让的，不同意的股东应当购买该转让的股权；不购买的，视为同意转让。

经股东同意转让的股权，在同等条件下，其他股东有优先购买权。两个以上股东主张行使优先购买权的，协商确定各自的购买比例；协商不成的，按照转让时各自的出资比例行使优先购买权。

股东依照本章程规定转让股权后，公司应当注销原股东的出资证明书，向新股东签发出资证明书，并相应修改本章程和股东名册中有关股东及其出资额的记载。对本章程的该项修改不需要再由股东会表决。

第九章　财务会计制度和利润分配

第三十条　公司应当依照法律法规和有关主管部门的规定建立财务会计制度，依法纳税。

第三十一条　公司应当在每一会计年度结束后三十日内制作财务会计报告，经审查验证后于第二年二月一日前交送各股东。

财务会计报告应当包括下列财务会计报表及附属明细表：

（一）资产负债表；

（二）损益表；

（三）财务状况变动表；

（四）财务情况说明书；

（五）利润分配表。

第三十二条　公司可以实行内部审计制度，依照本章程规定，在执行董事领导下对公司的财务收支和经济活动进行内部审计监督。

第三十三条　公司分配当年税后利润时，应当提取利润的百分之十列入公司法定公积金，并提取利润的百分之五至百分之十的任意公积金。公司法定公积金累计额超过了公司注册资本的百分之五十后，可不再提取。

公司法定公积金不足以弥补上一年度公司亏损的，在依照前款规定提取法定公积金和任意公积金之前，应当先用当年利润弥补亏损。公司在从税后利润中提取法定公积金、任意公积金后所剩利润，按照股东的出资比例分配。

第三十四条　公司法定公积金用于弥补公司的亏损、扩大公司生产经营或者转为增加公司资本。

第三十五条　公司除法定的会计账册外，不得另立会计账册。

第三十六条　对公司资产，不得以任何个人名义开立账户存储。

第十章　劳动人事制度

第三十七条　公司根据《公司法》《劳动法》及国家有关法规建立劳动人事管理制度，在国家许可的范围内有权自行招收职工，决定招收条件、方式、人数和时间。

第三十八条　公司职工实行劳动合同制，管理人员实行岗位聘任制，有关权利和义务在职工和公司签订的劳动合同中具体确定。

第三十九条　公司执行国家颁布的有关职工福利和社会保险的规定，公司股东会研究决定有关职工工资、奖金、劳动保护及劳动保险等涉及职工切身利益的问题，应当先听取监事意见。

第四十条　公司有权依照公司的规章制度，对违反公司有关规定的职工进行处分。

第十一章　公司合并、分立、解散与清算

第四十一条　公司的合并、分立、解散与清算，应当按国家法律法规的规定办理。

第四十二条　公司有下列情形之一的，应当解散并进行清算：

（一）本章程规定的营业期限届满；

（二）股东会决议解散；

（三）因公司合并或者分立需要解散；

（四）依法吊销营业执照、责令关闭或者被撤销；

（五）人民法院依照《公司法》相关规定予以解散。

第四十三条　公司出现上述第（一）、（二）、（四）、（五）款规定而解散的，应当在解散事由出现之日起十五日内成立清算组，开始清算。公司的清算组由股东组成。

第四十四条　清算组成立后，公司停止与清算无关的经营活动。

第四十五条　清算组在清算期间行使下列职权：

（一）清理公司财产，编制资产负债表和财产清单；

（二）通知或者公告债权人；

（三）处理与清算有关的公司未了结的业务；

（四）清缴所欠税款；

（五）清理债权债务；

（六）处理公司清偿债务后的剩余财产；

（七）代表公司参与民事诉讼活动。

第四十六条　清算组应当自成立之日起十日内通知债权人，并于六十日内在报纸上公告。债权人应当自接到通知书之日起三十日内，未接到通知书的自公告之日起四十五日内，向清算组申报其债权。

第四十七条　债权人申报债权，应当说明债权的有关事项并提供证明材料。清算组应当对公司债权人的债权进行登记。在申报债权期间，清算组不得对债权人进行清偿。

第四十八条　清算组在清理公司财产、编制资产负债表和财产清单后，应当制定清算方案，并报股东会确认。

第四十九条　财产清偿顺序如下：

（一）支付清算费用；

（二）支付职工工资、劳动保险费用和法定补偿金；

（三）缴纳所欠税款；

（四）清偿公司债务。

公司财产按前款规定清偿后的剩余财产，按照出资比例分配给股东。

第五十条　清算组在清理公司财产、编制资产负债表和财产清单后，发现公司财产不足清偿债务的，应当依法向人民法院宣告破产。

第五十一条　公司经人民法院裁定宣告破产后，清算组应当将清算事务移交给人民法院。

第五十二条　公司清算结束后，清算组制作清算报告，报股东会或主管机关确认，并向公司登记机关申请公司注销登记，公告公司终止。

第五十三条　清算组成员应当忠于职守，依法履行清算义务，不得利用职权收纳贿赂或者有其他非法收入，不得侵占公司财产。

清算组成员因故意或者重大过失给公司或者债权人造成损失的，应当承担赔偿责任。

第五十四条　公司被依法宣告破产的，依照有关企业破产的法律实施破产清算。

第十二章　章程的修改

第五十五条　公司根据发展需要，可以修改本章程。

第五十六条　有下列情形之一的公司应当修改章程：

（一）《公司法》或有关法律、行政法规修改后，章程规定的事项与修改后的法律、行政法规的规定相抵触；

（二）公司的情况发生变化，与章程记载的事项不一致；

（三）股东会决定修改公司章程。

第五十七条　股东会决议通过的章程修正案，应当报公司登记机关备案；涉及公司登记事项的，依法办理变更登记。

第十三章　附　则

第五十八条　本章程"以上"包括本数。

第五十九条　本章程的解释权归公司股东会，本章程于公司核准登记注册后生效。

第六十条　本章程一式×份，其中：公司及每位股东各一份，三份留存公司用于登记备案等用途。

全体股东签字盖章：×××

身份证号码：×××

×年×月×日

（二）例文解析

公司章程是公司设立的最主要条件和最重要的文件，因此，写作必须体现规范性的特征，做到条目清晰、结构完备、逻辑合理。

例文采用总分结构，分条列项地将有限责任公司的公司章程呈现出来。

第一部分即第一章，简明扼要地写明了公司设立的目的及性质。

第二部分从第二章到第十二章为主体部分，分别写明了公司的名称和住所，公司经营范围和营业执照，公司注册资本和股东出资，董事会，公司经理，公司监事，股权转让，财务会计制度和利润分配，劳动人事制度，公司合并、分立、解散与清算等信息，符合我国《公司法》对有限责任公司的章程必须载明事项的规定。

第三部分即正文第十三章附则部分,为正文主体部分做了说明性的解释。

文章整体结构完整,要素完备,语言运用合理,逻辑清晰,是一篇可以借鉴的范文。

(三)写作要点

公司章程是规定公司组织及其基本活动的文件,其和公司其他规定的关系犹如宪法同法律的关系,具有不可违背性,因此写作有限责任公司章程需要注意以下几点:

1. 公司章程写作中,在梳理和罗列国家法律规定的必要记载事项时,须遵循真实、精简、准确的原则,载明相关事项。

2. 除了必要记载事项外,公司章程的任意记载部分须进行仔细讨论,依据实际载明。任意记载事项体现了公司自治权,是公司进行自我管理和调整的表现,应当谨慎斟酌,充分利用。

3. 公司章程作为法律性文件,要注意语言的运用,用语上讲究专业性和规范性。

4. 公司章程一定要认真对待,因为其是在工商局备案的文件,在使用范本或模板过程中,要充分结合自己公司的实际情况来写,需要注意的事项要写清楚。

三、合伙企业协议

(一)例文

合伙企业合伙协议

姓名:×××,性别:×,年龄:×,身份证号码:×××,住址:×××。

……

(其他合伙人按上列项目顺序填写)

第一条 合伙宗旨:×××

第二条 合伙名称、主要经营地:×××

第三条 合伙经营项目和范围:×××

第四条 合伙期限,自×年×月×日起,至×年×月×日止,共×年。

第五条 出资金额、方式、期限。

(一)合伙人(姓名)以×方式出资,计人民币×元。(其他合伙人同上顺序列出。)

(二)各合伙人的出资,于×年×月×日以前交齐。

(三)本合伙出资共计人民币×元。合伙期间各合伙人的出资为共有财产,不

第一章　公司章程管理制度

得随意请求分割。合伙终止后，各合伙人的出资仍为个人所有，届时予以返还。

第六条　盈余分配与债务承担。合伙各方共同经营、共同劳动、共担风险、共负盈亏。

（一）盈余分配：以×××为依据，按比例分配。

（二）债务承担：合伙债务先以合伙财产偿还，合伙财产不足清偿时，以×××为依据，按比例承担。

（特别提示：盈余分配与债务承担可以约定按各合伙人各自投资或者平均分配。未约定分担比例的，由各合伙人按投资分担。任何一方对外偿还后，另一方应当按比例在10日内向对方清偿自己应负担的部分。）

第七条　入伙、退伙、出资的转让。

（一）入伙：

1. 新合伙人入伙，必须经全体合伙人同意；

2. 承认并签署本合伙协议；

3. 除入伙协议另有约定外，入伙的新合伙人与原合伙人享有同等权利，承担同等责任。

入伙的新合伙人对入伙前合伙企业的债务承担连带责任。

（二）退伙：

1. 自愿退伙。合伙的经营期限内，有下列情形之一时，合伙人可以退伙：

（1）合伙协议约定的退伙事由出现；

（2）经全体合伙人同意退伙；

（3）发生合伙人难以继续参加合伙企业的事由。

合伙协议未约定合伙企业的经营期限的，合伙人在不给合伙企业事务执行造成不利影响的情况下，可以退伙，但应当提前30日通知其他合伙人。合伙人擅自退伙给合伙造成损失的，应当赔偿损失。

2. 当然退伙。合伙人有下列情形之一的，当然退伙：

（1）死亡或者被依法宣告死亡；

（2）被依法宣告为无民事行为能力人；

（3）个人丧失偿债能力；

（4）被人民法院强执行在合伙企业中的全部财产份额。

以上情形的退伙以实际发生之日为退伙生效日。

3. 除名退伙。合伙人有下列情形之一的，经其他合伙人一致同意，可以决议将其除名：

（1）未履行出资义务；

（2）因故意或重大过失给合伙企业造成损失；

（3）执行合伙企业事务时有不正当行为；

（4）合伙协议约定的其他事由。

对合伙人的除名决议应当书面通知被除名人。被除名人自接到除名通知之日起，除名生效，被除名人退伙。除名人对除名决议有异议的，可以在接到除名通知之日起30日内，向人民法院起诉。

合伙人退伙后，其他合伙人与该退伙人按退伙时的合伙企业的财产状况进行结算。

（三）出资的转让。允许合伙人转让其在合伙中的全部或部分财产份额。在同等条件下，合伙人有优先受让权。如向合伙人以外的第三人转让，第三人应按入伙对待，否则以退伙对待转让人。合伙人以外的第三人受让合伙企业财产份额的，经修改合伙协议即成为合伙企业的合伙人。

第八条　合伙负责人及合伙事务执行。

（一）全体合伙人共同执行合伙企业事务。（适用于规模小的合伙企业。）

（二）合伙协议约定或全体合伙人决定，委托×××为合伙负责人，其权限为：

1. 对外开展业务，订立合同；

2. 对合伙事业进行日常管理；

3. 出售合伙的产品（货物）、购进常用货物；

4. 支付合伙债务；

5. ……

第九条　合伙人的权利和义务。

（一）合伙人的权利：

1. 合伙事务的经营权、决定权和监督权，合伙的经营活动由合伙人共同决定，无论出资多少，每个人都有表决权；

2. 合伙人享有合伙利益的分配权；

3. 合伙人分配合伙利益应以出资额比例或者按合同的约定进行，合伙经营积累的财产归合伙人共有；

4. 合伙人有退伙的权利。

（二）合伙人的义务：

1. 按照合伙协议的约定维护合伙财产的统一；

2. 分担合伙的经营损失的债务；

3. 为合伙债务承担连带责任。

第十条　禁止行为。

（一）未经全体合伙人同意，禁止任何合伙人私自以合伙名义进行业务活动；如其业务获得利益归合伙，造成的损失按实际损失进行赔偿。

（二）禁止合伙人参与经营与本合伙竞争的业务；

（三）除合伙协议另有约定或者经全体合伙人同意外，合伙人不得同本合伙进行交易。

（四）合伙人不得从事损害本合伙企业利益的活动。

第十一条　合伙营业的继续。

（一）在退伙的情况下，其余合伙人有权继续以原企业名称继续经营原企业业务，也可以选择、吸收新的合伙人入伙经营。

（二）在合伙人死亡或被宣告死亡的情况下，依死亡合伙人的继承人的选择，既可以退继承人应继承的财产份额，继续经营，也可依照合伙协议的约定或者经全体合伙人同意，接纳继承人为新的合伙人继续经营。

第十二条　合伙的终止和清算。

（一）合伙因下列情形解散：

1. 合伙期限届满；

2. 全体合伙人同意终止合伙关系；

3. 已不具备法定合伙人数；

4. 合伙事务完成或不能完成；

5. 被依法撤销；

6. 出现法律、行政法规规定的合伙企业解散的其他原因。

（二）合伙的清算：

1. 合伙解散后应当进行清算，并通知债权人。

2. 清算人由全体合伙人担任或经全体合伙人过半数同意，自合伙企业解散后15日内指定×××合伙人或委托第三人担任清算人。15日内未确定清算人的，合伙人或者其他利害关系人可以申请人民法院指定清算人。

3. 合伙财产在支付清算费用后，按下列顺序清偿：合伙所欠招用的职工工资和劳动保险费用，合伙所欠税款，合伙的债务，返还合伙人的出资。

4. 清偿后如有剩余，则按本协议第六条第一款的办法进行分配。

5. 清算时合伙有亏损，合伙财产不足清偿的部分，依本协议第六条第二款的办法办理。

各合伙人应承担无限连带清偿责任，合伙人由于承担连带责任，所清偿数额超过其应当承担的数额时，有权向其他合伙人追偿。

第十三条　违约责任。

（一）合伙人未按期缴纳或未缴足出资的，应当赔偿由此给其他合伙人造成的损失；如果逾期×年仍未缴足出资，按退伙处理。

（二）合伙人未经其他合伙人一致同意而转让其财产份额的，如果他合伙人不愿接纳受让人为新的合伙人，可按退伙处理，转让人应赔偿其他合伙人因此而造成的损失。

（三）合伙人私自以其在合伙企业中的财产份额出质的，其行为无效，或者作为退伙处理；由此给其他合伙人造成损失的，承担赔偿责任。

（四）合伙人严重违反本协议，或因重大过失，或因违反《合伙企业法》而导致合伙企业解散的，应当对其他合伙人承担赔偿责任。

（五）合伙人违反第九条规定，应按合伙实际损失赔偿，劝阻不听者可由全体合伙人决定除名。

第十四条 合同争议解决方式。

1．凡因本协议或与本协议有关的一切争议，合伙人之间共同协商，如协商不成，提交×××仲裁委员会仲裁。仲裁裁决是终局的，对各方均有约束力。

2．凡因本协议或与本协议有关的一切争议，合伙人之间共同协商，如协商不成，由合伙企业所在地人民法院管辖。

第十五条 其他。

（一）经协商一致，合伙人可以修改本协议或对未尽事宜进行补充；补充、修改内容与本协议相冲突的，以补充、修改后的内容为准。

（二）入伙合同是本协议的组成部分。

（三）本合同一式×份，合伙人各执一份，送登记机关存档一份。

（四）本合同经全体合伙人签名、盖章后生效。

合伙人：×××（签章）

签约时间：×年×月×日

签约地点：×××

（二）例文解析

合伙企业，是指依法设立的由各合伙人订立合伙协议，共同出资、合伙经营、共享收益、共担风险，并对合伙企业债务承担无限连带责任的营利性组织。因此，合伙协议的主体应当载明下列事项：合伙企业的名称和主要经营场所的地点，合伙目的和合伙企业的经营范围，合伙人的姓名及其住所，合伙人出资的方式、数额和缴付出资的期限，利润分配和亏损分担办法，合伙企业事务的执行，入伙与退伙，合伙企业的解散与清算，违约责任等内容。例文很全面地展现了这些内容，整体上条例清晰。

例文开篇将合伙人信息一一列出，信息完备。从正文开始，即第一条至第十三条，采用分条列项的方式将合伙协议须载明的信息一一展现出来。另外，合伙协议也可以载明合伙企业的经营期限和合伙人争议的解决方式，第十四条便是印证。例文最后对修改或者补充合伙协议的内容进行说明，整体上结构是完备的。

合伙协议须经全体合伙人签名、盖章后方可生效。合伙人依照合伙协议享有权利，承担责任。

（三）写作要点

1.合伙企业协议须根据相关法律规定，写明必备款项，包括合伙企业的名称和主要经营场所的地点，合伙目的和合伙经营范围，合伙人的姓名或者名称、住所，合伙人的出资方式、数额和缴付期限，利润分配、亏损分担方式，合伙事务的执行，入伙与退伙，争议解决办法，合伙企业的解散与清算，违约责任，执行事务合伙人应具备的条件和选择程序，执行事务合伙人权限与违约处理办法，执行事务合伙人的除名条件和更换程序，有限合伙人入伙、退伙的条件、程序以及相关责任，有限合伙人和普通合伙人相互转变程序。

2.对于合伙协议，最后需要合伙人签章，需要特别注意的是，涉及法人或其他经济组织作为合伙人的签章时，要同时签署公司公章和法定代表人签字，否则在工商登记时，工商局不予办理登记。

3.合伙协议是依法由全体合伙人协商一致、以书面形式订立的合伙企业的契约，具有一定的法律性。因此在语言的运用上，要使用专业词汇和规范用语。如在合伙协议中不得以"有限"或者"有限责任"字样命名合伙企业。

第二节　议事规则

一、股东会议事规则

（一）例文

×××有限公司股东会议事规则

第一章　总　则

第一条　为规范×××有限公司（以下简称"公司"）股东会议事行为，保证股东会依法进行，根据《公司法》等法规、规章及公司《章程》的规定，制定本规则。

第二条　股东会是公司的权力机构，依法行使《公司法》、公司《章程》所规定的职权。

第三条　公司股东会分为年度股东会和临时股东会。

第四条　公司董事会及其成员、监事会及其成员、公司股东应当在股东会议事过程中遵守本规则的规定。

第二章 股东会的职权

第五条 股东会依法行使以下职权：

1. 决定公司经营方针和投资计划；
2. 选举和更换董事，决定董事的报酬事项；
3. 选举和更换由股东代表出任的监事，决定有关监事报酬事项；
4. 审议批准董事会的报告；
5. 审议批准监事会的报告；
6. 审议批准公司的年度财务预算方案、决算方案；
7. 审议批准公司的利润分配方案和弥补亏损方案；
8. 对公司增加或者减少注册资本作出决议；
9. 对发行公司债券作出决议；
10. 对公司合并、分立、解散和清算等事项作出决议；
11. 修改公司章程；
12. 对公司聘用、解聘会计师事务所作出决议；
13. 审议法律、法规和公司章程规定应当由股东会决定的其他事项。

第六条 股东会不得授权董事会行使本规则第五条规定的股东会职权，但可以在股东会通过相关决议后，授权董事会办理或实施决议中的具体事项。

第三章 年度股东会会议

第七条 年度股东会每年召开一次，并应于上一个会计年度完结之后的六个月之内举行。

第八条 年度股东会上，董事会应就上一年度董事会的工作情况向股东会作出报告并公告；监事会应就上一年度履行监事职权的情况向股东会作出报告。

第九条 年度股东会必须对下列事项进行审议并作出决议：

1. 决定公司经营方针和投资计划；
2. 选举和更换董事，决定董事的报酬事项；
3. 选举和更换由股东代表出任的监事，决定有关监事报酬事项；
4. 董事会的年度工作报告；
5. 监事会的年度工作报告；
6. 公司的年度财务预算方案、决算方案；
7. 公司的利润分配方案和弥补亏损方案；
8. 对公司增加或者减少注册资本作出决议；

9. 对发行公司债券作出决议；

10. 对公司合并、分立、解散和清算等事项作出决议；

11. 修改公司章程；

12. 对公司聘用、解聘会计师事务所作出决议。

第四章 临时股东会

第十条 公司根据需要，可以不定期地召开临时股东会。

第十一条 有下列情形之一的，公司在事实发生之日起两个月以内召开临时股东会：

1. 董事人数不足六人时；

2. 公司未弥补的亏损达总股本的三分之一时；

3. 单独或者合并持有公司有表决权股份总数百分之十以上的股东书面请求时；

4. 董事会认为必要时；

5. 监事会提议召开时。

前述第3项持股股数按股东提出书面要求日计算。

第十二条 监事会、二分之一以上的独立董事或者股东要求召集临时股东会的，应当按下列程序办理：

1. 签署一份或者数份同样格式内容的书面要求，提请董事会召集临时股东会，并阐明会议议题。董事会在收到前述书面要求后，应当尽快发出召集临时股东会的通知。

2. 如果董事会在收到前述书面要求三十日内没有发出召集会议的通知，提出召集会议的监事会、独立董事或者股东在报经上市公司所在地的地方证券主管机关同意后，可以在董事会收到该要求后三个月内自行召集临时股东会。召集的程序应当尽可能与董事会召集股东会议的程序相同。

监事会、独立董事或者股东因董事会未应前述要求举行会议而自行召集并举行会议的，由公司给予监事会或者股东必要协助，并承担会议费用。

第十三条 董事会人数不足六人，或者公司未弥补亏损额达到股本总额的三分之一，董事会未在规定的期限内召集临时股东会的，监事会或者股东可以按照本章第四十五条规定的程序自行召集临时股东会。

第十四条 临时股东会只对通知中列明的事项作出决议。

第五章 股东会的通知

第十五条 公司召开股东会，董事会应当在会议召开三十日以前通知各股东。

第十六条 股东会议的通知包括以下内容：

1.会议的日期、地点和会议的期限；

2.提交会议审议的事项；

3.以明显的文字说明：全体股东均有权出席股东会，并可以委托代理人出席会议和参加表决，该股东代理人不必是公司的股东；

4.有权出席股东会股东的股权登记日；

5.投票代理委托书的送达时间和地点；

6.会务常设联系人姓名，电话号码。

第十七条　董事会发布召开股东会的通知后，股东会不得无故延期。公司因特殊原因必须延期召开股东会的，应在原定股东会召开日前至少五个工作日发布延期通知。董事会在延期召开通知中应说明原因并公布延期后的召开日期。公司延期召开股东会的，不得变更原通知规定的有权出席股东会股东的股权登记日。

第六章　股东会提案

第十八条　董事会在召开股东会的通知中应列出本次股东会审议的事项。列入"其他事项"但未明确具体内容的，不能视为提案。

第十九条　股东会提案应当符合下列条件：

1.内容与法律、法规和章程的规定不相抵触，并且属于公司经营范围和股东会职责范围；

2.有明确议题和具体决议事项；

3.以书面形式提交或送达董事会。

第二十条　股东会会议通知发出后，董事会不得再提出会议通知中未列出事项的新提案，对原有提案的修改应当在股东会召开的前十五天通知，否则，会议召开日期应当顺延，保证至少有十五天的间隔期。

第二十一条　年度股东会，单独或者合并持有公司表决权总数百分之五以上的股东或者监事会可以提出临时提案。

临时提案如果属于会议通知中未列出的事项，同时这些事项是属于公司《章程》第七十条所列事项的，提案人应当在股东会召开前十天将提案递交董事会并由董事会审核后公告。

第一大股东提出新的分配提案时，应当在年度股东会召开前十天提交董事会并由董事会公告，不足十天的，第一大股东不得在本次年度股东会提出新的分配提案。

除此外的提案，提案人可以提前将提案递交董事会，并由董事会公告，也可以直接在年度股东会上提出。

第二十二条　公司董事会应当以公司和股东的最大利益为行为准则，按照本规则第十九条的规定对股东会提案进行审查。除此之外，董事会还应当按照关联性、程序性的原则对股东会临时提案进行审核。

第二十三条　董事会决定不将股东会提案列入股东会会议议程的，应当在该次股东会上进行解释和说明。

第二十四条　提出提案的股东对董事会不将其提案列入股东会会议议程的决定持有异议的，可以按《公司章程》第五十九条的规定程序要求召集临时股东会。

第七章　股东会参会资格

第二十五条　具有下列资格的人员可以参加公司股东会：

1. 公司董事会成员及董事会秘书；
2. 公司监事会成员；
3. 公司高级管理人员；
4. 股权登记日结束时的公司在册股东或股东代理人；
5. 为公司服务的会计师事务所代表，股东会见证律师和公证人；
6. 董事会邀请的其他人员；
7. 《公司章程》和本规则规定的其他人员。

本条款第4项股权登记日，由董事会决定。

第二十六条　股东可以亲自出席股东会，也可以委托代理人代为出席和表决。

股东应当以书面形式委托代理人，由委托人签署或者由其以书面形式委托的代理人签署；委托人为法人的，应当加盖法人印章或者由其正式委任的代理人签署。

第二十七条　个人股东亲自出席会议的，应出示本人身份证和持股凭证；委托代理他人出席会议的，应出示本人身份证、代理委托书和持股凭证。

法人股东应由法定代表人或者法定代表人委托的代理人出席会议。法定代表人出席会议的，应出示本人身份证、能证明其具有法定代表人资格的有效证明和持股凭证；委托代理人出席会议的，代理人应出示本人身份证、法人股东单位的法定代表人依法出具的书面委托书和持股凭证。

第二十八条　股东出具的委托他人出席股东会的授权委托书应当载明下列内容：

1. 代理人的姓名；
2. 是否具有表决权；
3. 分别对列入股东会议程的每一审议事项投赞成、反对或弃权票的指示；
4. 对可能纳入股东会议程的临时提案是否有表决权，如果有表决权应行使何种表决权的具体指示；
5. 委托书签发日期和有效期限；
6. 委托人签名（或盖章）。委托人为法人股东的，应加盖法人单位的印章。委托书应当注明如果股东不作具体指示,股东代理人是否可以按自己的意思表决。

第二十九条　股东委托书由委托人授权他人签署的,授权签署的授权书或者其他授权文件应当经过公证。

第三十条　股东会会议主持人认为必要时,可以对出席会议的股东或其代理人的参会资格进行必要调查,被调查人应当予以配合。

第三十一条　公司董事会、独立董事和符合有关条件的股东可向公司股东征集其在股东会上的投票权。投票权征集应采取无偿的方式进行,并应向被征集人充分披露信息。但征集投票权进行投票的,应当符合本规则第二十六条、二十七条、二十八条、二十九条的相关规定。

第八章　股东会召开程序

第三十二条　召开股东会应当按下列先后程序进行和安排:
1. 按照本规则第十五条规定的时间于会议召开前发出通知;
2. 具有参会资格的人员按会议通知指定日办理出席会议的登记手续,并领取包括会议议程、会议议案、相关背景资料、表决票在内的会议有关资料;
3. 前项参会人员于会议召开日规定时间前签到入场;
4. 会议主持人宣布会议开始;
5. 审议会议提案;
6. 股东发言;
7. 股东根据表决方式进行投票表决;
8. 计票;
9. 票数清点人代表公布表决结果;
10. 会议主持人根据表决结果决定会议决议是否通过并形成会议决议;
11. 见证律师、公证人就会议有关情况作出见证或公证;
12. 会议主持人宣布会议闭会;
13. 会议决议公告。

第三十三条　在股东会召开过程中,会议主持人有权根据会议进程和时间安排及其他情况,宣布暂时休会,但不得闭会。股东会闭会应当按照本规则相关条款的规定。

第九章　股东会议主持人

第三十四条　股东会由董事会依法召集,公司董事长为会议主持人。

第三十五条　董事长因故不能主持会议的,由董事长指定的副董事长或其他董事主持;董事长或副董事长均不能出席会议,董事长也未指定人选的,由董事会指定 1 名董事主持会议；董事会未指定会议主持人的，如果是监事会、独立董事、提议股东提议召开的，分别由监事会召集人、独立董事和提议股东主持；以其他形式召开的，由出席会议的股东共同推举 1 名股东主持会议；如果因任何理由，监事会召集人、独立董事和提议股东及其他股东无法主持会议，应当由出席会议的持有最多表决权股份的股东或股东代理人主持。

第三十六条　会议主持人应按预定时间宣布会议开始。但有下列情形之一的，会议时间可以延迟：

1. 会场设备未置全时；
2. 董事、监事、会议见证律师和公证人未达会场而影响会议正常或合法召开时；
3. 有其他重大事由足以影响会议正常召开时。

第三十七条　会议主持人宣布会议开始后，应当首先就下列事项向股东会报告：

1. 参会股东的人数及其代表的股份数，回避表决的关联股东姓名或名称及其代表的股份；
2. 与会的律师事务所名称及见证律师姓名；
3. 会议议程；
4. 会议提案的报告、审议、表决及其决议通过的方式。

第十章　股东会议提案的审议

第三十八条　股东会审议会议通知所列事项的具体提案时，应当按通知所列事项的顺序进行。

第三十九条　年度股东会对同一事项有不同提案的，应当以提案提出的时间顺序审议和表决。

第四十条　会议主持人可以根据会议审议事项及其他实际情况，对列入会议议程的提案采取先报告、集中审议、集中表决的方式，或者采取逐项报告、逐项审议、逐项表决的方式。

第四十一条　股东会应给予每个提案以合理的讨论时间。

第四十二条　股东对会议提案有意见或建议的，可以在会议进入股东发言程序时提出质询和建议。除涉及公司商业秘密不能公开外，董事会或董事，监事会或监事应当对股东的质询和建议作出答复或说明，也可以指定其他有关人员作出回答。

第十一章　股东会议表决方式与投票表决

第四十三条　股东会采取记名方式投票表决。股东或其代理人以其所代表的有表决权的股份数行使表决权。

第四十四条　下列股东会不得采用通讯表决方式：

1. 年度股东会；
2. 应监事会、独立董事或股东提议召开的临时股东会。

第四十五条　临时股东会审议下列事项时，不得采取通讯表决方式：

1. 公司增加或减少注册资本；
2. 公司发行债券；
3. 公司的分立、合并、解散和清算；
4. 《公司章程》的修改；
5. 利润分配方案和弥补亏损方案；
6. 董事会和监事会成员的任免；
7. 变更募集资金投向；
8. 需由股东会审议的关联交易；
9. 需由股东会审议的收购和出售资产事项；
10. 变更会计师事务所；
11. 《公司章程》规定的不得通讯表决的其他事项。

第四十六条　出席股东会的股东，应当对提交表决的事项发表以下几类意见之一：同意，反对，弃权。

第四十七条　出席股东会的股东，应当按会议规定要求认真填写表决票并进行投票，未填、错填、字迹无法辨认的，在计票时均视为废票。废票或未投表决票的均视为投票人放弃表决权利，并将其所持股份数的表决结果计为"弃权"。

第四十八条　每一审议事项的表决投票，应当至少有 2 名股东代表和 1 名监事参加清点，并由清点人代表当场公布表决结果。如涉及关联交易事项的表决，关联股东或其授权代理人不得作为清点人。

第四十九条　会议主持人依据本规则第七十七条的规定确定股东会的决议是否通过。

第五十条　会议主持人如果对提交表决的决议结果有任何怀疑，可以对所投票数进行点票；如果会议主持人未进行点票，出席会议的股东或者股东代理人对会议主持人宣布结果有异议的，有权在宣布表决结果后立即要求点票，会议主持人应当即点票。

第五十一条　股东会对所有列入会议议事日程的提案应当逐项表决，不得以任何理由搁置或不予表决。

第五十二条　股东会在表决有关关联交易事项时，关联股东不得隐瞒其关联事实，并应当在审议和表决该事项前主动向会议主持人申请回避，其所代表的有表决权的股份数不计入有效表决总数。如有特殊情况关联股东无法回避时，公司或关联股东在征得有关证券监管部门的同意后，可以按照正常程序进行表决，并在股东会决议及决议公告中作出详细说明。

第五十三条　公司董事会、监事会、非关联股东有权在表决有关关联交易事项前，责令关联股东回避。被责令回避的股东或其他股东，对关联交易事项的定性及由此带来的回避和放弃表决权有异议的，可申请无须回避的董事召开临时董事会，由会议依据法律、行政法规和其他规范性规章及证券交易所股票上市规则的有关关联交易的规定作出决定。该决定为终局决定。如异议者不服的，可在股东会后向有关证券监管部门投诉或以其他方式申请处理。

第五十四条　公司的控股股东在行使表决权时，不得作出有损于公司和其他股东合法权益的决定。

第十二章　股东会决议

第五十五条　股东会提案经表决后，应根据表决结果形成股东会决议。

第五十六条　股东会决议分为普通决议和特别决议。

第五十七条　股东会作出普通决议，应当由公司全体股东或股东代理人所持有效表决权的二分之一以上通过；作出特别决议，应当由公司全体股东或股东代理人所持有效表决权的三分之二以上通过。

第五十八条　下列事项由股东会以普通决议通过：

1. 董事会和监事会的工作报告；
2. 董事会拟定的利润分配方案和弥补亏损方案；
3. 董事会和监事会成员的任免及其报酬和支付方法；
4. 公司年度预算方案、决算方案；
5. 公司年度报告；
6. 除法律、行政法规规定或者《公司章程》规定应当以特别决议通过以外的其他事项。

第五十九条　下列事项由股东会以特别决议通过：

1. 公司增加或者减少注册资本；
2. 发行公司债券；
3. 公司的分立、合并、解散和清算；
4. 《公司章程》的修改；
5. 回购本公司股份；
6. 公司章程规定和股东会以普通决议认定会对公司产生重大影响的、需要以特别决议通过的其他事项。

第六十条　董事、监事候选人提案，应逐个进行表决，形成决议。

第六十一条　股东会各项决议的内容，应当符合法律、行政法规和本公司章程的规定，出席会议的董事应当保证决议内容的真实、准确和完整，不得使用容易引起歧义的表述。

第六十二条　股东会的决议违反法律、行政法规和本公司章程的规定，侵犯股东合法权益的，股东有权依法提起要求停止上述违法行为或侵害行为的诉讼。

第六十三条　董事会应当保证股东会在合理的工作时间内连续举行，直至列入会议议程的全部提案经审议表决后形成最终决议。因不可抗力或其他异常原因导致会议不能正常召开而未能作出全部或部分或任何决议的，董事会有义务采取必要措施尽快恢复召开股东会，并形成会议最终决议。

股东会最终决议形成后，股东会方能闭会。

第十三章　股东会会议记录及其签署

第六十四条　股东会应有会议记录。会议记录记载下列内容：
1. 出席股东会的有表决权的股份数，占公司总股份的比例；
2. 召开会议的日期、地点；
3. 会议主持人姓名、会议议程；
4. 各发言人对每个审议事项的发言要求；
5. 每一表决事项的表决结果；
6. 股东的质询意见、建议及董事会、监事会的答复或说明等内容；
7. 股东会认为或者董事会秘书认为应当载入会议记录的其他内容；
8.《公司章程》和本规则规定应当载入会议纪要的其他内容。

第六十五条　股东会记录由出席会议的董事和记录员签名，并作为公司档案由董事会秘书保存，保管期限为5年。

第十四章　股东会决议的执行及其报告

第六十六条　股东会形成的决议，由董事会负责执行，并按决议的内容交由公司总经理组织有关人员具体实施；股东会决议要求监事会办理的，直接由监事会组织实施。

第六十七条　股东会决议的执行情况由公司总经理向董事会报告，并由董事会向下次股东会报告；涉及监事会组织实施的事项，由监事会直接向股东会报告，监事会认为必要也可先向董事会通报。

第六十八条　公司董事长应当对除应由监事会实施以外的股东会决议的执行情况进行检查，必要时可召集董事会临时会议听取并审议公司经理关于股东会决议执行情况的汇报。

第十五章 附 则

第六十九条 本规则与《公司法》及公司《章程》相悖时，按上述法律、法规、规章和公司《章程》执行。

第七十条 本规则由董事会负责解释。

第七十一条 本规则于×年×月×日经公司×年年度股东会会议表决通过，自通过之日起实施，原议事规则自动废除。

（二）例文解析

如果把公司治理结构看作一个体系，那么公司章程即为公司内部的"宪法"，公司各机构、部门对应的议事规则、规章制度、管理办法等可以视为"法律"或者"规章"。公司各部门及其工作人员在"宪法""法律""规章"的指引下各司其职、各谋其政，实现公司的良性运转。

股东会作为股东意志转换为公司意志的媒介，不仅掌握着公司的根本事务，更是有权选任董事、监事，决定由谁来代表自己行使管理权。每一次股东会形成的决议，都是各方利益角逐的结果。因此，如何保障股东在充分行使法律赋予权利的同时，能够最大限度地进行股东权力的合理延伸或释放，并且对管理层实现有效的监督与制约，股东会议事规则的设计就显得尤为重要。

例文采用总分的形式，整体结构合理，语言运用准确。

第一部分即第一章，用简明扼要的语言表明了制定股东会议事规则的目的和意义、股东会的职权与地位。

第二部分即第二章至第十四章，是文章的主体部分，说明了股东会的职权、年度股东会会议、临时股东会、股东会的通知、股东会提案、股东会参会资格、股东会召开程序、股东会议主持人、股东会议提案的审议、股东会议表决方式与投票表决、股东会决议、股东会会议记录及其签署、股东会决议的执行及其报告等内容，清楚地表明了股东会自身事务、议事程序以及议事结果的呈现形式等内容，内容充实完整。

第三部分为第十五章附则部分，对整个议事规则进行了补充说明，包括违背法律的处理方法、解释权和实施时间等内容。

二、董事会议事规则

(一) 例文

××公司董事会议事规则

第一章 总 则

第一条 为规范公司董事会议事范围、议事方式、议事程序,健全董事会民主决策和科学决策机制,保证董事会依法行使职权并承担责任,根据《公司法》《公司章程》及有关法律,特制定本议事规则。

第二条 董事会对股东会负责,按《公司法》和《公司章程》有关规定和股东会赋予的职权,实行民主、科学决策。

第三条 本议事规则对公司全体董事、列席董事会会议的监事和其他有关人员均具有约束力。

第二章 董事会议事范围

第四条 董事会议事范围主要包括:

(一) 决定公司的经营计划、投资方案和年度经营目标。

(二) 制订公司的年度财务预算方案、决算方案、利润分配方案和弥补亏损方案。

(三) 拟订公司增加或者减少注册资本方案。

(四) 拟订通过发行债券等方式,用于资本性投入、融资项目的融资方案。

(五) 拟订公司为其所属企业以外的企业提供担保的担保方案。决定公司为其所属企业提供担保的担保方案。

(六) 决定公司贷款融资、金融衍生业务事项。

(七) 拟订公司及所属企业合并、分立、变更公司形式和解散等改革改制方案。

(八) 决定公司内部管理机构的设置和分支机构的设立或者撤销。

(九) 制定公司的基本管理制度。

(十) 制订公司发展战略和中长期发展规划,对实施战略规划情况进行监督。

(十一) 制订公司章程草案和公司章程的修改方案。

(十二) 听取总经理工作报告,检查总经理和其他高级管理人员对董事会决议的执行情况,建立健全对总经理和其他高级管理人员的问责制。

(十三) 决定公司的风险管理体系,包括风险评估、财务控制、内部审计、法律风险控制,并对实施情况进行监控。

（十四）拟订公司及所属企业的国有土地房产转让、抵押、租赁、投资等国有土地房产变动方案。

（十五）拟订公司及其所属企业国有产权变动方案。

（十六）拟订公司及所属企业出资设立新企业、追加投资、股权收购兼并、出资参股、股权置换等股权投资方案。

（十七）按照有关规定，决定公司内部业务重组和改革事项或对有关事项作出决议。

（十八）依照法定程序决定或参与决定公司所投资的全资、控股、参股企业的有关事项。

（十九）决定公司收入分配方案。

（二十）决定重大工程建设项目相关方案。

（二十一）决定超预算的资金调度和使用方案。

（二十二）拟订公司对外捐赠、赞助金额在100万元以上的实施方案。决定公司对外捐赠、赞助金额在100万元及以下的实施方案。

（二十三）履行出资人职责机构授予的其他职权。

第三章　董事会会议

第五条　董事会会议分为定期会议和临时会议。

第六条　董事会定期会议原则上每年召开4次，在会议召开前5日通知全体董事、监事，必要时通知与所议内容有关的其他高级管理人员。临时会议应提前1天通知。

第七条　有下列情形之一的，应当召开临时董事会会议：

（一）董事长认为必要时。

（二）三分之一以上董事提议时。

（三）监事会提议时。

董事会临时会议通知方式为：书面方式、传真方式、电话方式、电邮方式等。

第八条　董事会会议通知包括以下内容：会议日期、地点、会议期限、会议事由及议题、发出通知的日期等。

第九条　董事会文件由董事会秘书提前送达各位董事，董事应认真阅读，充分思考、准备意见。

第十条　董事会会议由董事长负责召集并主持。

第十一条　董事会定期会议应当以现场会议形式举行。董事会召开临时会议可以通过非现场会议形式审议，但应保证董事及时掌握足够信息进行表决。

第十二条　在董事会会议有关决议内容对外正式披露前，参会董事与列席人员对会议文件和会议审议的全部内容负有保密的责任和义务。

第四章 议事程序

第十三条 董事会会议应有三分之二以上的董事出席方可举行；每一名董事有一票的表决权；会议做出的决议，必须经全体董事过半数通过。

第十四条 董事会会议表决方式为举手表决或投票表决。

第十五条 董事会会议必要时，可邀请与所议内容有关的其他高级管理人员列席会议。

第十六条 董事会会议的召开程序、表决方式和会议通过的议案必须遵循有关法律、法规、集团公司章程等规定。

第十七条 董事在审议和表决有关事项或议案时，应本着对公司认真负责的态度，对所议事项充分表达个人的建议和意见，并对其本人的表决承担责任。

第十八条 列席董事会会议的集团公司监事和其他有关高级管理人员对董事会讨论的事项，可以充分发表自己的建议和意见，供董事决策时参考，但没有表决权。

第十九条 董事会无论采取何种形式召开，出席会议的董事对会议讨论的各项方案，须有明确的同意、反对或弃权的表决意见。

第二十条 董事会审议事项涉及董事会专门委员会职责范围的，应由董事会专门委员会先行研究审议，提出意见建议，报董事会审议决定。

第五章 会议决议

第二十一条 董事会会议所议事项应形成会议记录及会议决议，出席会议的董事应当在决议的书面文件上签字。

第二十二条 董事会会议记录、会议决议和所议事项有关材料由董事会办公室负责保存。会议记录应当包括但不限于会议召开的日期、地点、主持人姓名、会议议程、出席董事姓名、董事发言要点、每一决议项的表决方式和结果等内容。

第六章 会议决议的贯彻落实

第二十三条 董事会的议案一经形成决议，即由经理层贯彻落实，并将实施情况及时向董事长或董事会汇报。

第二十四条 董事会就决议落实情况进行监督和检查。

第七章 附　则

第二十五条 本议事规则未尽事宜，依照国家有关法律、法规和公司章程的有关规定执行。

第二十六条 本议事规则由集团公司董事会制定并负责解释。
第二十七条 本议事规则自发布之日起执行。

(二) 例文解析

董事会议事规则是指董事会开会期间必须遵守的一系列程序性规定，这些规定是董事会规范运作、其决议尽量避免瑕疵的前提和基础。因此，为确保董事会高效运作和科学决策，董事会议事规则内容一般包括：总则、董事的任职资格、董事的行为规范、董事长的权利和义务、董事会的工作程序、工作费用以及其他事项等内容。

例文整体上展现了这一原则，总体上区分为三个部分：

第一部分为总则部分，开篇即表明目的，并用"特制定本议事规则"规范式的语言引出全文的写作。这一部分也交代了董事会与股东会的关系及其对于公司的约束力。

第二部分为主体部分，这一部分是文章最重要的部分，应该对议事的范围、参会人员、会议举行、程序设置、决议结果的呈现与执行等内容做出解释和说明。例文在这一部分用董事会议事范围、董事会会议、议事程序、会议决议、会议决议的贯彻落实做章，充分完整地表达了这些内容。

第三部分为附则部分，亦即例文的结尾部分，对整个议事规则进行了补充说明，特别是说明了规则解释权和实施时间的问题。

通过分条列项的方式，叙述合理清晰，用语规范，逻辑清晰，这也是这一类文书写作的普遍写法。

三、监事会议事规则

(一) 例文

×××公司监事会议事规则

第一条 宗旨。

为进一步规范×××有限公司（以下简称"公司"）监事会的议事方式和表决程序，促使监事和监事会有效地履行监督职责，完善公司法人治理结构，根据《中华人民共和国公司法》《中华人民共和国证券法》《非上市公众公司监督管理办法》《全国中小企业股份转让系统挂牌公司治理规则》等相关法律、行政法规、部门规章和《×××有限公司章程》（以下简称《公司章程》）等有关规定，制定本规则。

第二条　监事会主席。

监事会设监事会主席1名，可以设监事会副主席，由全体监事过半数选举产生，处理监事会日常事务。监事会主席可以要求其他人员协助其处理监事会日常事务。

第三条　监事会定期会议和临时会议。

监事会会议分为定期会议和临时会议。

监事会定期会议每六个月至少召开一次。出现下列情况之一的，监事会应当在十日内召开临时会议：

（一）任何监事提议召开时；

（二）股东大会、董事会会议通过了违反法律、法规、规章、《公司章程》和其他有关监管部门规定的决议时；

（三）董事和高级管理人员的不当行为可能给公司造成重大损害或者在市场中造成恶劣影响时；

（四）公司、董事、监事、高级管理人员被股东提起诉讼时；

（五）公司、董事、监事、高级管理人员受到证券监管部门处罚或者被全国中小企业股份转让系统有限责任公司公开谴责时；

（六）法律、法规、规范性文件及《公司章程》规定的其他情形。

第四条　定期会议的提案。

在发出召开监事会定期会议的通知之前，监事会主席应当向全体监事征集会议提案。在征集提案时，监事会主席应当说明监事会重在对公司规范运作和董事、高级管理人员职务行为的监督而非公司经营管理的决策。

第五条　临时会议的提议程序。

监事提议召开监事会临时会议的，应当直接向监事会主席提交经提议监事签字的书面提议。书面提议中应当载明下列事项：

（一）提议监事的姓名；

（二）提议理由或者提议所基于的客观事由；

（三）提议会议召开的时间或者时限、地点和方式；

（四）明确和具体的提案；

（五）提议监事的联系方式和提议日期等。

在监事会主席收到监事的书面提议后三日内，监事会主席应当发出召开监事会临时会议的通知。

第六条　会议的召开和主持。

监事会会议由监事会主席召集和主持；监事会主席不能履行职务或者不履行职务的，由监事会副主席召集和主持监事会会议；监事会副主席不能履行职务或者不履行职务的，由半数以上监事共同推举一名监事召集和主持。

第一章　公司章程管理制度

第七条　会议通知。

除非半数以上监事同意豁免，召开监事会定期会议和临时会议，应分别在会议召开十日、五日前通过直接送达、传真、电子邮件或者其他方式，通知全体监事。非直接送达的，还应当通过电话进行确认并做相应记录。

情况紧急，需要尽快召开监事会临时会议的，可以随时通过口头或者电话等方式发出会议通知，但召集人应当在会议上作出说明。

第八条　会议通知的内容。

书面会议通知应当至少包括以下内容：

（一）举行会议的日期、地点和会议期限；

（二）事由及议题；

（三）发出通知的日期。

口头会议通知至少应包括上述第（一）、（二）项内容，以及情况紧急需要尽快召开监事会临时会议的说明。

第九条　会议召开方式。

监事会会议可以现场方式和非现场会议方式召开。非现场会议包括电话会议（包括可视电话会议）、视频会议、其他电子通讯手段召开的会议和书面议案会议。

监事会会议可以通讯方式进行表决，但监事会召集人（会议主持人）应当向与会监事说明具体的紧急情况。在通讯表决时，监事应当将其对审议事项的书面意见和投票意向在签字确认后传真发回。

第十条　召开。

监事会会议应当有半数以上的监事出席方可举行。

董事会秘书应当列席监事会会议，但确有特殊原因不能到会的除外。

第十一条　会议审议程序。

会议主持人应当提请与会监事对各项提案发表明确的意见。

会议主持人应当根据监事的提议，要求董事、高级管理人员、公司其他员工或者相关中介机构业务人员到会接受质询。

第十二条　监事会决议。

监事会会议的表决实行一人一票，以记名和书面方式进行。

监事的表决意向分为同意、反对和弃权。与会监事应当从上述意向中选择其一，未做选择或者同时选择两个以上意向的，会议主持人应当要求该监事重新选择，拒不选择的，视为弃权；中途离开会场不回而未做选择的，视为弃权。

监事会形成决议应当全体监事过半数同意。

第十三条　会议记录。

监事会主席指定的工作人员应当对现场会议做好记录。会议记录应当包括以下内容：

（一）会议届次和召开的时间、地点、方式；

（二）会议通知的发出情况；

（三）会议召集人和主持人；

（四）会议出席情况；

（五）会议审议的提案、每位监事对有关事项的发言要点和主要意见、对提案的表决意向；

（六）每项提案的表决方式和表决结果（说明具体的同意、反对、弃权票数）；

（七）与会监事认为应当记载的其他事项。

对于通讯方式召开的监事会会议，监事会主席指定的工作人员应当参照上述规定，整理会议记录。

第十四条 监事签字。

出席会议的监事和记录人员应当在会议记录上签字，对会议记录进行签字确认。监事对会议记录有不同意见的，可以在签字时作出书面说明。必要时，应当及时向监管部门报告，也可以发表公开声明。

监事既不按前款规定进行签字确认，又不对其不同意见作出书面说明或者向监管部门报告、发表公开声明的，视为完全同意会议记录的内容。

第十五条 决议公告。

监事会决议公告事宜，由董事会秘书根据《非上市公众公司监督管理办法》及全国中小企业股份转让系统有限责任公司的有关规定办理。

第十六条 决议的执行。

监事应当督促有关人员落实监事会决议。监事会主席应当在以后的监事会会议上通报已经形成的决议的执行情况。

第十七条 决议报备。

公司召开监事会会议，应当在会议结束后及时将经与会监事签字的决议向主办券商报备。

第十八条 会议档案的保存。

监事会会议档案，包括会议通知和会议材料、会议签到簿、表决票、经与会监事签字确认的会议记录、决议公告等，由董事会秘书负责保管。

监事会会议资料的保存期限为十年以上。

第十九条 附则。

本规则未尽事宜，依照国家法律、法规、规范性文件以及《公司章程》的有关规定执行。本规则如与法律、法规、其他规范性文件以及《公司章程》的有关规定不一致的，以有关法律、法规、其他规范性文件以及《公司章程》的规定为准，并及时修订本规则。

本规则由公司监事会负责制订，由公司监事会负责解释。

本规则经公司股东大会审议通过后生效，修改时亦同。

×××有限公司董事会
×年×月×日

（二）例文解析

监事会是股份公司的常设监督机构。监事会的监事由股东大会选举产生，代表股东大会执行监督职能。监事会作为股份公司的内部监督机构，其主要职权是：监督检查公司的财务会计活动；监督检查公司董事会和经理等管理人员执行职务时是否存在违反法律、法规或者公司章程的行为；要求公司董事和经理纠正其损害公司利益的行为；提议召开临时股东大会；执行公司章程授予的其他职权。

为了更好地服务于股东（大）会，监督好公司财务以及公司董事、高级管理人员履行职责的合法性，维护好公司及股东的合法权益，设置科学合理的议事规则十分必要。

例文大体上分为三个部分来说明监事会的议事：

第一部分，即开篇第一条交代了制定议事规则的目的、依据等内容，使用了标准的"为……"语言表达形式说明目的，是目的，亦可是意义。依据为国家的法律、法规、规章以及公司的章程，再用"制定本规则"标准用语作结，亦引出下文具体内容。整体表述完整，言简意赅，表述清晰。

第二部分，即第二条至第十八条，分别表达了监事会主席、监事会定期会议和临时会议、定期会议的提案、临时会议的提议程序、会议的召开和主持、会议通知、会议通知的内容、会议召开方式、召开、会议审议程序、监事会决议、会议记录、监事签字、决议公告、决议的执行、决议报备、会议档案的保存等内容。说明了监事会议事的主体界定、会议模式、会议流程、会议结果等一系列议事情形，内容充实，结构完备，会议流程合理。

第三部分，即第十九条的附则，做补充说明。阐述了未尽事宜的处理，议事规则的解释权及实施时间等问题。

总体结构上是完整的，分条列项的写法也使得例文整体逻辑清晰、工整，这一类文书在语言特点上均需讲求规范性和可操作性。

四、会议室管理制度

（一）例文

××公司会议室管理制度

为了正确、规范地使用视频会议系统，提高会议举办的效率及质量，发挥会议室作用，给员工创造一个良好的办公环境，使会议室的管理和使用更加规范化、合理化，以确保公司各类会议的正常召开，现结合本公司的实际情况，对会议室的管理作如下规定。

第一章 管理部门及管理职责

第一条 公司会议室由公司行政部管理，各项目会议室由各项目行政部管理。

第二条 公司行政部职责：

（一）负责公司例会的通知；

（二）会议室的安排与协调；

（三）负责公司例会会前物资的准备；

（四）负责公司例会的会议记录；

（五）保证室内整洁卫生、设施完好。

第三条 在例会结束后，及时起草会议纪要，并向会议召集人落实上次例会跟踪事项报告，一并发至各部门经理和高管的邮箱。

第二章 会议室使用规定

第四条 为了避免会议室使用时发生冲突，各部门如需使用会议室，需提前一天向公司行政部提出申请，填写会议室使用登记表，以便统一安排。

第五条 临时召开的紧急会议需要使用会议室时，要及时通知公司行政部并在会后完善登记。

第六条 如遇公司紧急及重要的会议，已申请使用会议室的部门或个人，在不能调换的情况下，公司会议优先于部门会议，部门会议之间由部门之间本着重要、紧急优先的原则协商解决。

第七条 各部门申请使用会议室时，需明确使用设备、使用时间、参加人数，以及与会后与行政部门检查交接会议室的人员等。

第八条 除公司会议特别要求提供糕点、水果、茶水等会议物资，其余会议一律不予提供；部门会议中需要准备糕点、水果、茶水等由会议组织部门自行准备，公司行政部在紧急情况下可协助准备，但费用由各部门自行协调。

第九条　会议室使用期间，请爱惜会议室的设备设施，使用部门需保持会议室的整洁，不允许有乱丢垃圾、乱扔纸屑等情况；请不要在桌椅上写画、敲击和刻画；请不要改变会议室设备、家具的位置，爱护会场设施（包括：麦克风、桌、椅、投影仪、屏幕、空调设施等），使用完毕后，务必将所有移动过的桌子、椅子、白板、设施设备等还原，离开时关闭电源、空调，并通知行政部行政文员共同检查交接。如会议涉及使用视频会议系统，行政部需增加设备管理员共同参与检查交接。

第十条　使用完毕后，使用部门负责清洁会场，并与公司行政文员、设备管理员共同检查交接后共同填写完毕使用登记表后交行政部留档备案。

第三章　公司视频会议系统设备管理

第十一条　视频会议系统主要由摄像头、话筒、视频会议系统服务器、会议专用计算机、图像显示设备（投影仪、电视机、显示器）、音箱设备等构成。

第十二条　视频会议系统设备是会议专用设备，除开展视频会议外，严禁挪作他用。

第十三条　现公司总部与各项目、项目与项目之间均可进行会议对接。但在项目与项目之间进行对接时需通知总部行政部，由总部行政部安排专人打开总部服务器终端方可使用。

第十四条　严禁在视频会议专用电脑上安装无关软件，系统管理员每周定期对视频会议专用电脑做好防毒、系统清理等维护工作。

第十五条　视频会议系统各项参数已设定好，与会人员在使用时，不得随意更改。

第十六条　视频会议系统设备由公司指定专人管理与维护，非工作人员请不要随意使用有关设备，与会人员在使用过程中发现设备问题，可即时与行政部主管经理和系统管理员联系，进行设备调整。专业维修则由行政部反馈至供应商，做出故障排除及修复。

第十七条　公司各部门如要使用公司视频会议系统，需提前1天通知公司行政部，会议当天与会部门负责人同系统管理员提前1小时到公司主会场做会议准备，随时与分会场与会人员进行视频和音频的效果调试，确保视频会议的正常使用。

第十八条　会议结束后，需将视频会议系统各设备切断电源，以免造成不必要的浪费和损失。

第十九条　因视频会议使用的特殊性，仍需在使用过程中根据使用情况进一步调试，因此各部门在使用过程中如有建议或意见，请及时告知总部行政部，总部行政部将及时向供应商反馈并调整。

第四章　附　则

第二十条　本规定自公布之日起执行。

第二十一条　未尽事宜由公司行政部解释。

附件：会议室使用登记表

×年×月×日

（二）例文解析

会议室，简单说就是开会时候使用的房间，可以用于召开报告、会议、培训、组织活动和接待客人等。从布局上看，包括主席台和观众席；从构成上看，包括各种仪器设备和座椅等。因此，在设计会议室管理制度的时候需要把这些客观因素以及使用者的主观行为考虑在其中，例文便很好地做到了这一点。

例文篇幅不长，开篇明义，使用文书标准化语言"为了……"开头，既表明了制度设计的目的，也说明了制度制定的意义。然后用"现结合本公司的实际情况，对会议室的管理作如下规定"的语言形式顺利引出下文。

正文部分采用分条列项的方式，重点说明了管理部门及管理职责、会议室使用规定、公司视频会议系统设备管理等内容，内容全面，叙述简洁易懂，既体现了简洁性，又充分体现了可操作性

结尾部分即附则部分，交代了规定的执行时间和解释权问题，整体结构上是完整的。

五、本节写作要点

1.规则类、制度类文书一定要考虑可操作性问题。本节主要讲解议事规则和会议制度，均为公司实际运作做出具体指示，因此在写法上要考虑可操作性，一是流程上要符合人的活动逻辑，二是语言上注重规范的同时，要通俗易懂，还要避免歧义。

2.规则类文书要考虑流程设计的合理性。既然是规则，就要考虑其制定的合理性，一是规则设计的逻辑思路，必须符合办事流程，要做到先后有序，责任分明。二是规则设计的价值导向问题，要做到不偏不倚，使参与者充分表达，充分吸收和讨论每一种合理提议。

3.规则类、制度类文书用语必须规范合理。这一类文书是对公司具体操作层面的规定，既然是一种规定，就必然对公司员工带有一定的制约性，因此在语言使用上，要注意专业词汇和规范语言的使用，同时也要表述完整清晰，避免歧义的产生。

扫一扫，获取本章例文

第二章
人力资源管理制度

21世纪的竞争是全球化的竞争，国家、地区和企业竞争的利器已经不只是土地、厂房、机器、资金，国家和企业发展之根在于人力资源。

人力资源（Human Resources，简称HR）即人事，最广泛定义是指人力资源管理工作。人力资源是指在一个国家或地区中，处于劳动年龄、未到劳动年龄和超过劳动年龄但具有劳动能力的人口之和。人力资源也指一定时期内组织中的人所拥有的能够被企业所用，且对价值创造起贡献作用的教育、能力、技能、经验、体力等的总称。人力资源还是企事业单位独立的经营团体所需人员具备的能力（资源）。

人力资源管理（Human Resource Management，简称HRM），也称人事管理，是指在经济学与人本思想指导下，通过招聘、甄选、培训、报酬等管理形式对组织内外相关人力资源进行有效运用，满足组织当前及未来发展的需要，保证组织目标实现与成员发展的最大化的一系列活动的总称。它是预测组织人力资源需求并作出人力需求计划、招聘选择人员并进行有效组织、考核绩效支付报酬并进行有效激励、结合组织与个人需要进行有效开发以便实现最优组织绩效的全过程。也是公司一个重要的职位。

人力资源管理是当今社会和组织的核心管理问题，人力资源管理处于企业战略管理的核心地位，合理地开发和管理人力资源是企业成功的关键。把规范化管理落实到企业的每一个部门和每一个岗位上，才能提高企业的执行力和办事效率，增强企业的竞争力。在市场经济条件下，对人力资源管理制度的规范化势在必行。

通过各种规范的管理制度可以实现人力资源管理的标准化、规范化，从人力资源的规划、招聘，一直到绩效薪酬，层层推进，有利于理顺人力资源管理者的工作职能，更完整地体现管理制度各个方面的规范性。根据人力资源管理的内容和流程，可以将其分为六个部分：①人力资源规划；②招聘与配置；③培训与开发；④绩效管理；⑤薪酬福利管理；⑥劳动关系管理。本章基于此将人力资源管理制度文书进行分类，并进行解析。

第一节　综合管理制度

一、公司人事管理制度

(一) 例文

×××（集团）股份有限公司人力资源管理制度

第一章　总　则

第一条　为加强×××（集团）股份有限公司（以下简称"公司"）人力资源管理，明确人力资源工作职责及流程，根据《中华人民共和国劳动法》《中华人民共和国劳动合同法》（以下简称"《劳动合同法》"）等法律法规，特制定《×××（集团）股份有限公司人力资源管理制度》（以下简称"本《制度》"）。

第二条　人力资源管理基本原则：公开、公平、公正，德才兼备、量才使用，有效激励及约束。

第三条　本《制度》适用于公司全体员工。

第二章　管理权限及职责

第四条　董事会决定公司内部管理机构的设置；聘任或者解聘公司总裁、董事会秘书；根据总裁的提名，聘任或者解聘公司副总裁、财务负责人等高级管理人员，并决定其报酬事项和奖惩事项。

第五条　总裁提请董事会聘任或解聘公司副总裁、财务负责人及其他高级管理人员；总裁决定聘任或解聘除应由董事会决定聘任或者解聘以外的人员。

第六条　公司人力资源部负责制定公司的人力资源规划，以及员工培训、员工考核、劳动工资、劳保福利等各项工作的实施，并办理员工考试录取、聘用、商调、解聘、辞职、辞退、除名、开除等各项手续。

第三章　机构设置及编制核定

第七条　公司的机构设置及编制核定实行定岗定编定员管理。

第八条　公司机构设置及调整由公司人力资源部拟订方案，总裁审议通过后，报董事会审议；公司人员编制核定及调整由公司人力资源部拟订方案，报总裁审议。

第九条　公司在确定职权和岗位分工过程中，应当体现不相容职务相互分离的要求。

第十条　公司人力资源部负责公司人才信息库的建设与完善，掌握公司现有人员的能力、业绩及各岗位的需求等情况。

第四章　招聘与录用制度

第十一条　招聘及录用原则：

（一）定岗定编原则。

（二）直系亲属原则上不得在同一部门工作。面试考核人应回避本人亲属、朋友的面试考核。

（三）招聘工作由公司人力资源部统一组织管理，用人部门可推荐但不得自行招聘。

（四）录用者须符合任职资格的基本要求（岗位说明书）。

（五）曾被公司违纪辞退、开除者不得再次录用。自动离职者重新入职须经用人部门负责人提出使用意见由公司人力资源部审批。

（六）不符合法律规定条件的人员不能录用。

（七）公司人力资源部按岗位实际情况或用人部门要求，根据应聘者提供的资料进行背景核实调查，调查结果发现有作假者，将不予录用。

第十二条　招聘程序：申请、筛选、面试、审批、试用、转正录用。

第十三条　招聘审批权限按公司已授权权限执行。

第十四条　各级员工聘任程序：

（一）总裁、董事会秘书由董事长提名，董事会聘任；

（二）副总裁、财务总监，由总裁提名，董事会聘任；

（三）董事会决定聘任或者解聘以外的人员，由总裁聘任。

第十五条　试用与转正：

（一）新聘人员试用期根据《劳动合同法》有关规定执行。

（二）试用期满须进行试用考核，达到考核要求才能办理转正手续。如考核不合格或经试用不符合录用条件的，可提前解除劳动合同。试用期表现优异者，可提前申请转正评定，经权限人批准可提前转正。

第五章　员工调岗制度

第十六条　员工调岗类型：晋职、平调、降职。

第十七条　公司可根据管理和业务需要对特殊岗位作定期轮调。

第十八条　调动原则：

（一）符合任职资格原则。调动人员符合拟调动岗位的主要任职要求。

（二）合理性原则：根据员工表现和能力，安排和调动合适岗位。

（三）员工调动必须经公司人力资源部办理调动手续。

第六章 员工培训制度

第十九条　培训分为入职培训、岗前培训、在岗培训、转岗培训。

第二十条　公司人力资源部负责统一安排对新员工进行入职培训；各部门负责岗前、在岗、转岗培训。

第二十一条　每年初由公司人力资源部组织各部门根据公司经营计划、员工情况制订年度培训计划。

第二十二条　对自行申请培训、公司安排的外部培训等情形需与公司签订培训协议，培训协议作为劳动合同一部分。员工须遵守培训协议约定，如违约则承担相应赔偿及责任。

第七章 劳动合同管理制度

第二十三条　凡公司员工都必须与公司订立劳动合同；退休返聘人员须与公司签订劳务协议。

第二十四条　劳动合同的主管部门是公司人力资源部，其负责劳动合同的订立、履行、变更、解除、终止等事宜。

第二十五条　涉及技术、财务、采购、管理及其他掌握公司不宜对外公开信息的岗位须签订员工保密协议。员工保密协议为劳动合同的一部分。

第二十六条　在员工劳动合同期满前30日，由公司人力资源部通知员工本人及用人部门，确定是否续签劳动合同。

第二十七条　对以下情况之一者，公司有权即时与员工解除劳动合同，而无须事先通知员工，也无须支付任何补偿：

（一）在试用期间被证明不符合录用条件的；

（二）劳动者同时与其他用人单位建立劳动关系，对完成本单位的工作任务造成严重影响，或者经用人单位提出，拒不改正的；

（三）严重违反公司规章制度；

（四）严重失职，营私舞弊，给用人单位造成重大损害的；

（五）以欺诈、胁迫的手段或者乘人之危，使对方在违背真实意思的情况下订立或者变更劳动合同的；

（六）被依法追究刑事责任的；

（七）法律、法规规定的其他情形。

第二十八条　有下列情形之一的，公司提前三十日以书面形式通知员工本人或者额外支付员工一个月工资后，可以与员工解除劳动合同：

（一）员工患病或非因工负伤，在规定的医疗期满后不能从事原工作，也不能从事公司另行安排工作的；

（二）员工不能胜任工作，经过培训或者调岗，仍不能胜任工作的；

（三）签订劳动合同时所依据的客观情况发生重大变化，致使劳动合同无法履行，经公司与员工协商，未能就变更劳动合同内容达成协议的。

第二十九条　有下列情形之一的，劳动合同终止：

（一）劳动合同期满的；

（二）劳动者开始依法享受基本养老保险待遇的；

（三）劳动者死亡，或者被人民法院宣告死亡或者宣告失踪的；

（四）用人单位被依法宣告破产的；

（五）用人单位被吊销营业执照、责令关闭、撤销或者用人单位决定提前解散的；

（六）法律、行政法规规定的其他情形。

第八章　离职管理制度

第三十条　员工离职时应按公司有关规定办理离职及工作、财物移交手续。

第三十一条　员工应在辞职前30天提交书面《辞职报告》；若不按规定的时间提出，或不按规定办理相关手续，影响公司或部门正常工作的，按公司有关规定处理，公司保留追究其法律责任。

第三十二条　符合员工奖惩制度开除情形的，公司有权开除员工，且无须事先通知员工也无须支付任何经济补偿，且公司保留追究其法律责任的权利。

第三十三条　员工未经公司批准而擅自离开工作岗位连续3天（含）以上的行为视为自动离职。对自动离职员工按公司有关规定处理，因工作未交接造成损失的，公司保留追究其法律责任的权利。

第三十四条　员工达到国家法定退休年龄，根据国家相关法律法规，员工与公司终止劳动关系。因公司需要其继续留任的拟退休员工，须经所在用人部门提议，经权限人批准，在办理完退休手续后可被返聘，但返聘人员应与公司签订劳务协议书，每次协议有效期不能超过1年。

第三十五条　员工因违法、违规、人为因素造成公司损失或违反约定的，应按规定向公司支付赔偿金。有下列情况之一者，员工离职时须向公司支付赔偿金：

（一）员工离职不按规定提前书面提出，因工作衔接而给公司造成损失的。

（二）员工违反劳动合同或违反约定的保密义务或竞业限制，给公司造成损失的。

（三）员工在专项培训或福利约定的服务期截止日期之前离职的。

（四）员工违反其他约定，导致公司损失的。

（五）员工移交的财物短缺属个人原因造成的。

第九章　考勤管理制度

第三十六条　公司按国家相关法律法规制定员工工时制度。员工具体上班时间以公司公告及通知时间为准。

第三十七条　因工作及岗位需要制定特殊工时及考勤制度的岗位及部门，可由用人部门书面提出申请，经权限人审批，交公司人力资源部备案后实施。

第三十八条　对迟到、早退、旷工的认定，以公司相关规定及通知要求为准，考勤以有效的考勤记录为准。

第三十九条　考勤记录应及时准确、实事求是，如有因虚假并造成不良后果的，将对部门负责人、直属上级和员工按员工奖惩制度处理。

第四十条　考勤是薪酬发放依据之一，各部门应重视及加强管理。公司人力资源部负责督促、检查各部门员工考勤工作。对考勤异常部门及个人应及时反映及按规定跟进处理。

第十章　休假管理制度

第四十一条　公司员工可享受国家规定的年休假、产假、婚丧假等。

第四十二条　正常情况下，员工任何类别的假期须按公司流程得到用人部门负责人事前批准，并到公司人力资源部备案；确因特殊原因无法提前办理请假手续，应事前征得主管领导同意，并于事后补办手续。

第四十三条　公司各部门应严格控制员工加班。确因工作繁忙需要员工加班的，用人部门负责人应提前向公司权限人书面提出加班申请，并交公司人力资源部备案。原则上安排员工一年内调休完毕。具体按公司相关规定执行。

第十一章　员工薪酬与考核制度

第四十四条　员工薪酬是指公司为获得员工提供的服务而给予各种形式的报酬以及其他相关支出。包括：工资、奖金、津贴、保险、住房公积金、福利等。

第四十五条　员工薪酬为税前收入，个人所得税由公司代扣代缴。

第四十六条　薪酬原则：

（一）薪酬制度的制定符合公平性、竞争力、激励性、合理性、合法性的原则。

（二）在分配上符合按劳分配、效率优先、兼顾公平的原则。

（三）公司根据当期经济效益及可持续发展状况决定工资水平。

第四十七条　分别采取以下四种不同类别制度：

（一）与企业年度经营业绩及个人权责相关的年薪制；

（二）与岗位、目标绩效相关的岗位绩效工资制；

（三）与劳动定额相关的计件和计时薪制；

（四）与固定劳动范围相关的固定工资制。

第四十八条　每月工资发放日期为下月15日发放，遇节假日则调整。

第四十九条　员工必须在每月发薪日前到财务部签收工资单。如对工资有任何疑问，须即时向用人部门负责人或公司人力资源部申请核查。

第五十条　下列各款项须直接从工资中扣除：

（一）法律、法规规定以及公司规章制度规定应从工资中扣除的款项；

（二）与公司签订协议应从个人工资中扣除的费用；

（三）司法、仲裁机构判决、裁定中要求代扣的款项。

第五十一条　员工绩效考核：

（一）绩效考核目的：客观地分析和评价公司员工的素质、能力及工作实绩，使员工的贡献得到认可并提升员工的绩效。

（二）员工绩效考核分为试用考核、周期考核（月度、季度、年度等）。

（三）绩效考核要素主要包括：业绩、能力、态度。

（四）绩效考核结果是确定员工晋升、调配、薪酬、福利、奖惩、培训等人事决策的客观依据之一。

第五十二条　公司高级管理人员的薪酬及考核：

（一）公司董事会决定高级管理人员报酬事项和奖惩事项；

（二）公司董事会薪酬与考核委员会负责制定公司高级管理人员的薪酬标准与方案；负责审查公司高级管理人员履行职责并对其进行年度考核；

（三）公司人力资源部、财务部配合董事会薪酬与考核委员会进行公司高级管理人员薪酬方案的具体实施。

第五十三条　离职员工按公司规定办理完毕离职手续可领取离职前未结算的工资。未按手续办理离职按公司相关制度处理，并停放工资直至员工办理相关手续后发放。

第五十四条　公司实行薪资保密制度，任何人不得故意打听、攀比、议论他人工资情况。管理者和员工有义务对自己或他人的工资进行保密，凡违反本规定，将按公司员工奖惩制度处理。

第五十五条　福利：按国家、地方及公司有关规定执行，包括但不仅限于：缴纳社会保险和住房公积金、员工节假日福利等，具体按相关规定执行。

第十二章　员工奖惩制度

第五十六条　目的：为表彰先进，树立良好工作作风，鼓励员工积极向上，规范员工职业行为及遵纪守法的自觉性，维护公司正常生产、经营、管理秩序。

第五十七条　奖惩原则：

（一）公开、公平、公正原则。

（二）有依原则：奖惩依据公司各项规章制度等。

（三）结合原则：奖励以物质鼓励与精神鼓励相结合，惩罚以教育与惩罚相结合。

（四）分明原则：有功必奖，有过必罚。

（五）适当原则：功奖相称，过罚相当。

（六）时效原则：奖惩要及时，必须要有激励和教育效果。

第五十八条　员工被处罚时，若存在领导责任的，应同时追究其上级领导责任，给予连带责任处分。

第五十九条　奖惩结果作为员工年度考核依据之一。

第十三章　员工人事档案管理制度

第六十条　员工人事档案的主管部门是公司人力资源部，确保资料保密、手续完备并及时归档。

第六十一条　员工档案资料不外借。因特殊情况确需外借，须权限人批准。

第六十二条　查阅档案按下列规定：

（一）查阅人事档案须经公司权限人审批同意；

（二）查阅档案时须由公司人力资源部档案管理人员陪同方可查阅；

（三）查阅档案中，必须严格遵守保密制度和阅档规定；

（四）严禁涂改、圈划、撤换档案资料。

第六十三条　员工本人保证提供及填写的资料属实，以后如有变更个人资料，员工有义务及时（最迟不超1个月）提供书面资料给公司人力资源部备案，如有虚假或隐瞒，后果自负，并自愿接受公司相关处理意见。

第十四章　附　则

第六十四条　各全资子公司及控股子公司参照本《制度》执行。具体实施细则由公司人力资源部根据实际另行制定。

第六十五条　本《制度》未尽事宜，按国家有关法律、法规及公司《章程》规定执行。

第六十六条　本《制度》从公司董事会审议通过之日开始执行。

第六十七条　本《制度》由董事会授权公司人力资源部草拟、修订及解释。

×××（集团）股份有限公司董事会

（二）例文解析

公司人事管理制度是关于人力资源开发与管理的总体规划和战略部署，是具体人事管理制度设计和制定的依据，涵盖了人力资源的组织、人力资源开发的流程及相关的规定。例文很好地体现了这一点。

第一章作了总体要求，明确了制度设计的目的、依据以及适用范围。

第二章说明了公司不同管理层级拥有的人事管理权限，明晰了董事会、总裁和公司人力资源部的职责和权限范围。

第三章说明了整个公司机构设置及编制核定的原则、流程以及相应的管理权限。

第四章到第十三章的内容囊括了人力资源开发的整个流程，包括招聘与录用制度、员工调岗制度、员工培训制度、劳动合同管理制度、离职管理制度、考勤管理制度、休假管理制度、员工薪酬与考核制度、员工奖惩制度和员工人事档案管理制度。思路清晰，程序明确。各环节之间紧密相连，任何一个环节的缺失都会造成整个系统的失衡。

第十四章是附则部分，对子公司的要求、执行日期、解释权限进行了说明。

二、企业劳动用工规章制度

（一）例文

××公司劳动用工管理规章制度

第一条　本公司为了明确规定公司与员工双方权利与义务，促进双方关系的和谐，依据公司持续经营方针，公司与员工之间的互惠、互利、平等协商原则，依据《中华人民共和国劳动法》《劳动合同法》制定本手册。

第二条　本手册所称员工系指与公司签订劳动合同及领有工资者。

第三条　本公司按编制及业务需要聘用员工，由用人部门主管填写"人员需求申请单"，送行政人事部审核，呈总经理或分管人力资源的总监批准后，办理招聘或内部调配。

第四条　应聘人员接到聘用通知后，应到县级医院进行常规体检。

第五条　应聘人员接到聘用通知后，按指定日期及时亲自办理报到手续，并缴验下列文件（影印后退还）：

一、居民身份证；

二、学历证明正本（影印后退还）；

三、职称证（有职称者）；

四、最近三个月内正面半身1寸照片四张；

五、待业证或原工作单位终止劳动合同的证明；

六、其他经指定应缴验的文件；

七、体检报告单。

第六条　本公司聘用人员除特殊情形经核准免予试用或缩短试用期外，在试用期间，均应签订合同（试用期一至六个月）。试用期满，试用部门对试用员工进行转正考核，并填写"新员工转正考核表"，送行政人事部，经考核合格者，于期满次日起转正为正式员工；经考核不合格者，给予解除合同，并不发任何补偿费。

第七条　公司有权依业务工作需要安排员工的工作部门、工作岗位、工作地点、委任、调迁、解聘等事项。

第八条　工作调动：

一、因公司业务的需要，员工应服从公司的调动命令及其服务地点；

二、员工若借故推诿、拒绝调遣服务地点时，公司将视情况决定与之解除劳动合同关系。

第九条　出勤时间：

每日正常的工作时间8小时，每周工作40小时。企业因生产特点不能实行定时工作制的，可以实行不定时工作制、综合计算工时工作制等其他工作和休息办法。

第十条　迟到、早退、旷工。

本公司员工上（下）班如有迟到、早退情况依下列规定办理：

一、上班时间后5分钟至15分钟始上班者视为迟到。

二、员工无正当理由提前下班者视为早退，未经主管核准一律以旷工论。

三、未经准假或假期届满未获准续假而擅自不上班者，以旷工论计，连续旷工超过3日，或全年累计旷工超过5日的，公司将劝其解除劳动合同关系或予以除名。

四、凡有迟到、早退、旷工等情况的，一律记入员工个人档案，并作为员工绩效考核的依据。

第十一条　休假以及请假给假规定（详见《福利制度》）。

第十二条　公司发放工资日期为每月的5日左右，支付的是员工上月1日至31日的工资。若支付日遇节假日或休息日，则顺延。

第十三条　每个员工享有宪法规定的公民权利与法律赋予的权利。

第十四条　员工享有劳动安全与保护的权利。

第十五条　有按员工手册规定休息与休假的权利。

第十六条　有参加公司组织的民主管理权利。

第十七条　有对公司发展提出建议与评价的权利。

第十八条　有按公司规定以劳动取得报酬的权利。

第十九条　有按公司规定享受福利待遇的权利。对于明显违反"员工手册"的指令，员工有权拒绝执行并有越级反映的权力。对违反人事管理制度，使员工自身利益受到侵犯的行为，员工有向计统督导部申诉以得到公正待遇的权利。

第二十条　对公司作出特殊贡献者有享受公司物质及精神奖励的权利。

第二十一条　员工职责：

一、遵守公司的规章制度；

二、对公司指派的工作尽责；

三、上班时间均应佩戴工作牌；

四、工作时间内应尽职责，除特殊情况经主管许可外，不得擅离职守；

五、下班离开前，应先清理自己的办公场所或工作场所；

六、员工应对主管指派的任务尽力执行，并将工作执行情况呈报主管；

七、员工因职务关系所获得的有关公司机密，必须尽义务保密；

八、员工有下列事项之一变动时，应于事发后一星期内向公司行政人事部门报备：

（一）员工的住址；

（二）家庭状况（如婚姻、生育、家庭成员动态等）；

（三）女员工的妊娠、预产期；

（四）通讯电话和紧急时间联系人。

第二十二条　员工与公司在劳动合同存续期内，不得再与他方另有劳动合同关系。

第二十三条　员工务必妥善地维护及保养其工作器具与设备。

第二十四条　员工仪表仪容管理详见行政管理标准。

第二十五条　基本原则：

一、公司倡导求是、创新、团结、有为的鑫泰精神。

二、员工的一切职务行为，都必须以维护公司利益和对社会负责为目的。任何私人理由都不能成为其职务行为的动机。

三、因违反公司管理规定，给公司造成经济损失者，公司将依法追索经济赔偿；情节严重，公司怀疑其涉嫌犯罪的，将提请司法机关处理。

第二十六条　经营活动：

一、员工不得超越本职业务和职权范围，进行经营活动。

二、员工除本职业务外，未经公司法定代表人授权或批准，不能从事下列活动：

（一）以公司名义提供担保、证明；

（二）以公司名义对新闻媒介发表意见、消息；

（三）代表公司出席公众活动。

第二十七条　兼职：

一、员工未经公司书面批准，不得在外兼任获取报酬的工作。

二、禁止下列情形的兼职：

（一）在公司内从事外部的兼职工作，或者利用公司的工作时间和其他资源从事所兼任的工作；

（二）所兼任的工作构成对本公司的商业竞争；

（三）因兼职影响本职工作或有损公司形象；

（四）主管级及以上员工兼职；

（五）凡公司同意的兼职，所取得的报酬必须全部上交财务部，公司将按上交总额的一定比例作为兼职者的报酬返给兼职者。

第二十八条　员工在经营管理活动中，不准索取或者收受业务、关联单位的馈赠，否则将构成受贿。只有在对方馈赠的礼物价值较小，接受后不会影响正确处理与对方的业务关系，而拒绝会被视为失礼的情况下，才可以接受，但无论价值多少，均需向公司总务部门报告，一般应予公司保留。

第二十九条　员工在与业务关联单位的交往中，应坚持合法、正当的职业道德准则，反对以贿赂及其他不道德的手段取得利益，也不得在有可能存在利益冲突的业务关联单位谋取个人利益。

第三十条　员工不得利用个人掌握的公司信息，在损害公司利益的情况下谋取个人利益。

第三十一条　保密义务，详见保密管理标准。

第三十二条　保护公司资产。

一、员工未经批准，不准将公司的资金、车辆、设备、房产、原材料、产品等擅自赠予、转让、出租、出借、抵押给其他公司、单位或者个人。

二、员工对因工作需要配发给个人使用的电脑、通讯设备等，不准违反使用规定，作不适当之用途。

第三十三条　为增进专业知识及工作技能熟练以确定员工将来的职位，公司将举办职业训练。如对员工提供职训机会，结训后须进行考核，或呈送职训心得报告书经上级核签，副本送人事部门。员工不得拒绝参与职训。

第三十四条　外派中长期培训，公司将与员工签订《培训协议书》，明确双方权利义务和相应服务期。

第三十五条　培训教育是公司及员工均应履行的义务。公司确定的培训计划所通知的参加人员，均应准时参加，有事均应事先请假，经主管批准后方可缺席，擅自缺席人员以缺席时间长短视作旷工处理。

第三十六条　考核详见《考核管理标准》。

第三十七条　奖惩（详见《企业员工奖惩制度》）。

第三十八条　为确立公司与员工的劳动关系，明确双方的权利与义务，公司实施全员劳动合同制管理。

第三十九条　合同签订、续订、变更和解除：

一、新入职的员工，公司将在员工入职后与其签订劳动合同。

二、对于有固定期限的劳动合同，公司与员工双方同意在劳动合同期满后续签劳动合同的，可以续签。

三、公司与员工双方经协商同意，可以变更或者解除劳动合同。

四、员工有下列情形之一的，公司可以解除劳动合同，且不支付经济补偿：

（一）在试用期内被证明不符合录用条件的；

（二）严重违反劳动纪律或公司规章制度的；

（三）严重失职、营私舞弊，对公司利益造成重大损害的；

（四）被依法追究刑事责任的。

五、有下列情形之一的，公司可以解除劳动合同，但应提前三十日以书面形式通知员工本人：

（一）员工患病或非因工负伤，医疗期满后不能从事原工作也不能从事由公司另行安排的工作的；

（二）员工不能胜任工作，经过培训或者调整工作岗位，仍不能胜任工作的；

（三）劳动合同订立所依据的客观情况发生重大变化，致使原劳动合同无法履行，经当事人协商不能就变更劳动合同达成一致协议的；

（四）公司经营困难发生经济性裁员的。

六、员工解除劳动合同，应当提前三十日以书面形式通知公司。如未能提前通知公司，应根据国家有关规定承担责任。

第四十条　完备离职手续。

双方终止或解除劳动合同，员工在离职前均必须完备离职手续，未完备离职手续擅自离职者，公司将按旷工处理。

离职手续包括：

一、处理工作交接事宜；

二、按"离职表"要求办理离职手续；

三、交还所有公司资料、工作服、文件、办公用品、"员工手册"及其他公物；

四、住宿者退还公司宿舍及房内公物，并到行政人事部门办理退宿手续；

五、报销公司账目，归还公司欠款；离职人员应办妥职务移交手续，若有借款或移交不清楚者，从其剩余工资扣款，不足扣缴且不予处理者，依法追究相应责任；

六、如与公司签订有其他合同，按其他合同的约定办理；

七、重要岗位管理人员离职，公司将安排离职审计；

八、解除劳动合同或开除的员工必须在办完手续后立即离开公司。

第四十一条　纠纷处理：

劳动合同过程中的任何劳动纠纷，员工可通过申诉程序向人事部门申诉，公司不能解决时可向本地劳动行政管理部门劳动仲裁机构申诉。

第四十二条　劳动保险：

一、本公司员工参加劳动保险，均按国家与本地区之规定办理；

二、医疗保险及工伤保险：按本地区规定办理。

第四十三条　劳动保护：

一、本公司员工应重视安全管理规则及安全操作规程并提升操作技术水平，积极参与安全教育及技术培训；

二、员工在执行任务时，应配戴安全保护装备；

三、禁止在灭火器周围堆积物品，或肆意玩弄灭火器，以免急需取用时受阻；

四、不得在禁烟区吸烟或引火；

五、公司有权禁止患有传染病之员工参与工作，每位员工对同事间知悉有传染病者，均有义务呈报行政人事部门处理，以确保多数员工安全；

六、工伤发生后按《安全生产管理制度》处理，相关部门在规定时间提出书面事故调查报告。

第四十四条　终止劳动合同关系区分：按《劳动合同法》区分。

第四十五条　自请解除劳动合同关系员工在合同期内自请辞职应按离职规定正式提出申请，公司不发补偿金；

第四十六条　本"员工手册"经总经理批准后实施，修正时亦同。

第四十七条　本公司员工务必了解本手册一切内容，并不得以未悉为由而免除责任。

第四十八条　本规则不尽之处，参照国家法律法规及公司其他规章制度执行。

（二）例文解析

劳动用工规章制度是公司针对劳动者使用，通过劳动合同使其成为单位成员，进行有偿服务的制度规定。因此，这一类规章制度需要表明劳动者作为公司员工的一系列管理活动，具体包括成为员工、员工管理以及员工关系的解除。

例文开篇名义，交代了制定制度的目的，即"为了明确规定公司与员工双方权利与义务，促进双方关系的和谐"，也交代了制定依据，即"依据公司持续经营方针，公司与员工之间的互惠、互利、平等协商原则，依据《中华人民共和国劳动法》《劳动合同法》制定本手册"。简洁明了，引出下文。

第二条和第三条对员工的概念、公司编制产生的流程进行了说明，表明了招收员工的前提条件。然后用四十多个条目，说明了应聘者条件、应试流程、入职与任职、员工管理、员工权利与义务关系、员工追责规定、离职等相关事宜，全面展现了应聘者从成为员工到解除员工身份的一系列管理流程。第四十六条至四十八条可以看作是结尾部分，意在说明生效时间及相关补充规定。

例文整体上内容详实完备，充分体现了人力资源管理中劳工关系的一系列流程，具体表述上用语准确规范，是一篇很好的范文。

三、劳动合同

（一）例文

××公司劳动合同

甲方（用人单位）名称：×××

住所：×××

法定代表人（委托代理人）：

主要负责人（委托代理人）：

乙方（劳动者）姓名：×××

性别：×××

出生年月：×××

家庭住址：×××

居民身份证号码（或其他有效身份证件号码）：×××

甲乙双方根据《中华人民共和国劳动法》《中华人民共和国劳动合同法》等法律、法规、规章的规定，在平等自愿、协商一致的基础上，同意订立本劳动合同，共同遵守本合同所列条款。

一、合同类型和期限

第一条　甲、乙双方选择以下第×种形式确定本合同期限：

（一）固定期限：自×年×月×日起至×年×月日止。

（二）无固定期限：自×年×月×日起至法定的或本合同所约定的终止条件出现时止。

（三）以完成一定的工作任务为期限。自×年×月×日至工作任务完成时即行终止。其中试用期自×年×月×日至×年×月×日止，期限为×天。

二、工作内容和工作地点

第二条 根据甲方工作需要，乙方同意从事×岗位（工种）工作。经甲、乙双方协商同意，可以变更工作岗位（工种）。

第三条 乙方应按照甲方的要求，按时完成规定的工作数量，达到规定的质量标准。

第四条 乙方同意在甲方安排的工作地点×从事工作。根据甲方的工作需要，经甲乙双方协商同意，可以变更工作地点。

三、工作时间和休息休假

第五条 乙方实行×工时制。

（一）实行标准工时工作制的，甲方安排乙方每日工作时间不超过八小时，每周不超过40小时。甲方由于工作需要，经与工会和乙方协商后可以延长工作时间，一般每日不得超过一小时。因特殊原因需要延长工作时间的，在保障乙方身体健康的条件下延长工作时间每日不得超过3小时，每月不得超过36小时。

（二）实行综合计算工时工作制的，平均每日工作时间不得超过8小时，平均每周工作时间不得超过40小时。

（三）实行不定时工作制的，工作时间和休息休假由乙方自行安排。

第六条 甲方延长乙方工作时间的，加点和法定节假日应依法支付加班加点工资，休息日加班应依法安排乙方同等时间补休或支付加班加点工资。

第七条 乙方在合同期内享受国家规定的各项休息、休假的权利。

四、劳动保护、劳动条件和职业危害防护

第八条 甲方应严格执行国家和地方有关劳动保护的法律、法规和规章，为乙方提供必要的劳动条件和劳动工具，建立健全生产工艺流程，制定操作规程、工作规范和劳动安全卫生制度及其标准。

第九条 对乙方从事接触职业病危害的作业的，甲方应按国家有关规定组织上岗前和离岗时的职业健康检查，在合同期内应定期对乙方进行职业健康检查。

第十条 甲方有义务负责对乙方进行政治思想、职业道德、业务技术、劳动安全卫生及有关规章制度的教育和培训。

第十一条 乙方有权拒绝甲方的违章指挥，对甲方及其管理人员漠视乙方安全健康的行为，有权提出批评并向有关部门检举控告。

五、劳动报酬

第十二条 乙方试用期的工资标准为×元/月。（试用期的工资不得低于本单位相同岗位最低档工资或者本合同第十三条约定工资的80%，并不得低于用人单位所在地的最低工资标准。)

第十三条　乙方试用期满后，甲方应根据本单位的工资制度，确定乙方实行以下第　×　种工资形式：

（一）计时工资。乙方的工资由以下几部分组成：……；其标准分别为×元/月、×元/月、×元/月、×元/月。如甲方的工资制度发生变化或乙方的工作岗位变动，按新的工资标准确定。

（二）计件工资。甲方应制定科学合理的劳动定额标准，计件单价约定为×元。

（三）其他工资形式。具体约定可在本合同第四十四条中明确。

第十四条　甲方应以法定货币形式按月支付乙方工资，发薪日为每月×日，不得克扣或无故拖欠。甲方支付乙方的工资，应不低于本单位集体合同标准并不违反国家有关最低工资的规定。

第十五条　甲方安排乙方延长日工作时间，应支付不低于乙方工资150%的工资报酬；安排乙方在休息日工作又不能安排补休的，应支付不低于乙方工资200%的工资报酬；安排乙方在法定休假日工作的，应支付不低于乙方工资300%的工资报酬。

第十六条　非因乙方原因造成甲方停工、停产、歇业，未超过一个月的，甲方应按本合同约定的工资标准支付乙方工资；超过一个月，未安排乙方工作的，甲方应按不低于当地最低生活费标准支付乙方停工生活费。

第十七条　甲方安排乙方每日22时到次日6时期间工作的，每个工作日夜班补贴为×元。

第十八条　乙方依法享受年休假、探亲假、丧假等假期期间，甲方应按国家和地方有关规定的标准，或劳动合同约定的标准，支付乙方工资。

六、社会保险和福利待遇

第十九条　甲方应按国家和地方有关社会保险的法律、法规和政策规定为乙方缴纳基本养老、基本医疗、失业、工伤、生育保险费用；社会保险费个人缴纳部分，甲方可从乙方工资中代扣代缴。

甲乙双方解除、终止劳动合同时，甲方应按有关规定为乙方办理社会保险相关手续。

第二十条　乙方患病或非因工负伤的医疗待遇按照国家和地方有关政策规定执行。

第二十一条　乙方工伤待遇按国家和地方有关政策法规执行。

第二十二条　乙方在孕期、产期、哺乳期等各项待遇，按国家和地方有关生育保险政策规定执行。

第二十三条　甲方为乙方提供以下福利待遇：_____。

七、劳动纪律和规章制度

第二十四条　甲方依法制定的各项规章制度应向乙方公示。

第二十五条　乙方应严格遵守甲方制定的规章制度，完成劳动任务，提高职业技能，执行劳动安全卫生规程，遵守劳动纪律和职业道德。

第二十六条　乙方违反劳动纪律，甲方可依据本单位规章制度，给予相应的行政处理、行政处分、经济处罚等，直至解除本合同。

八、劳动合同的变更、解除、终止、续订

第二十七条　订立本合同所依据的客观情况发生重大变化，致使本合同无法履行的，经甲乙双方协商同意，可以变更本合同相关内容。

第二十八条　经甲乙双方协商一致，本合同可以解除。

第二十九条　乙方有下列情形之一，甲方可以解除本合同：

1. 在试用期间，被证明不符合录用条件的；

录用条件为：

① _____

② _____

③ _____

2. 严重违反劳动纪律或甲方规章制度的；

3. 严重失职、营私舞弊，对甲方利益造成重大损害的；

4. 同时与其他用人单位建立劳动关系，对完成甲方工作任务造成严重影响，或者经甲方提出，拒不改正的；

5. 以欺诈、胁迫的手段或乘人之危，使甲方在违背真实意思的情况下订立或者变更劳动合同的；

6. 被依法追究刑事责任的。

第三十条　下列情形之一，甲方可以解除本合同，但应提前三十日以书面形式通知乙方本人：

1. 乙方患病或非因工负伤，医疗期满后，不能从事原工作也不能从事甲方另行安排的工作的；

2. 乙方不能胜任工作，经过培训或者调整工作岗位，仍不能胜任工作的；

3. 双方不能依据本合同第二十七条规定就变更合同达成协议的。

第三十一条　甲方依照企业破产法规定进行重整的；生产经营发生严重困难的；企业发生转产、重大技术革新或者经营方式调整，经变更劳动合同后，仍需裁减人员的；或者其他因劳动合同订立时所依据的客观经济情况发生重大变化，致使劳动合同无法履行的，经提前三十日向工会或者全体职工说明情况，听取工会或者职工的意见，并向劳动保障行政部门报告后，可以解除本合同。

第三十二条　乙方有下列情形之一，甲方不得依据本合同第三十条、第三十一条终止、解除本合同：

1. 从事接触职业病危害作业未进行离岗前职业健康检查或者疑似职业病人在诊断或者医学观察期间的；
2. 患职业病或因工负伤达到国家规定不得终止解除劳动合同等级的；
3. 患病或非因工负伤，在规定的医疗期内的；
4. 女职工在孕期、产期、哺乳期内的；
5. 在甲方连续工作满十五年，且距法定退休年龄不足五年的；
6. 担任集体协商代表在履行代表职责的；
7. 符合法律法规、规定其他情况的。

第三十三条　有下列情形之一，乙方可以随时通知甲方解除本合同，甲方应当支付乙方相应的劳动报酬并依法缴纳社会保险：

1. 用人单位未按照劳动合同约定提供劳动保护或者劳动条件的；
2. 用人单位未及时足额支付劳动报酬的；
3. 用人单位未依法为劳动者缴纳社会保险费的；
4. 用人单位的规章制度违反法律、法规的规定，损害劳动者权益的；
5. 用人单位因《劳动合同法》第二十六条规定的情形致使劳动合同无效的；
6. 法律、行政法规规定劳动者可以解除劳动合同的其他情形。

第三十四条　乙方解除劳动合同，应当提前三十日以书面形式通知甲方。

第三十五条　本合同到期，劳动合同即行终止。甲乙双方经协商同意，可以续订劳动合同。

第三十六条　本合同期满后，双方仍存在劳动关系的，甲方应与乙方及时补签或续订劳动合同。双方就合同期限协商不一致时，补签或续订的合同期限应从签字之日起不得少于×月。乙方符合续订无固定期限劳动合同条件的，甲方应与其签订无固定期限劳动合同。

第三十七条　订立无固定期限劳动合同的，出现法定终止条件，本合同终止。

九、经济补偿和赔偿

第三十八条　甲方解除乙方劳动合同，除本合同第二十九条规定情形外，甲方应按《劳动合同法》第四十七条的规定和地方有关规定支付乙方经济补偿金。

第三十九条　乙方患病或者非因工负伤，经劳动能力鉴定委员会确认不能从事原工作，也不能从事甲方另行安排的工作而解除本合同的，甲方除按本合同第三十九条执行外，还应发给乙方不低于六个月工资的医疗补助费。患重病和绝症的还应增加医疗补助费，患重病的增加部分不低于医疗补助费的百分之五十，患绝症的增加部分不低于医疗补助费的百分之一百。

第四十条　用人单位违反规定解除或者终止劳动合同的，应当依照《劳动合同法》第四十七条规定的经济补偿标准的二倍向劳动者支付赔偿金。

第四十一条　乙方违反规定解除劳动合同，对甲方造成损失的，乙方应赔偿甲方下列损失：

1. 甲方为其支付的培训费和招收录用费；
2. 对生产、经营和工作造成的直接经济损失；
3. 本合同约定的其他赔偿费用。

双方对职工赔偿计算有异议，可按职工劳动合同未履行的期限，每满未履行1年赔偿2个月工资；不满1年满6个月赔偿1个月工资；不满未履行6个月赔偿半个月工资。

十、竞业限制

第四十二条　与甲方订立保密协议的乙方，负有对在甲方工作期间知悉的商业秘密和知识产权相关的保密事项进行保密的义务。在解除和终止劳动合同后两年内，乙方不得到与甲方生产或者经营同类产品、从事同类业务的有竞争关系的其他用人单位，或者自己开业生产或者经营同类产品、从事同类业务。

第四十三条　在此期间，甲乙按照乙方原工资的50％总额按月支付经济补偿。乙方违反竞争竞业限制约定的，除赔偿因此给甲方带来的直接经济损失以外，还应当向甲方支付违约金，数额为甲方已经支付给乙方经济补偿数额的两倍。

十一、双方约定的其他事项

第四十四条：_____

十二、劳动争议处理

第四十五条　因履行本合同发生的劳动争议，当事人可以向本单位劳动争议调解委员会申请调解；不愿调解或调解不成，当事人一方要求仲裁的，应当自劳动争议发生之日起六十日内向劳动争议仲裁委员会申请仲裁。当事人一方也可以直接向劳动争议仲裁委员会申请仲裁，对仲裁裁决不服的，可以向人民法院提起诉讼。

十三、其他

第四十六条　以下专项协议和规章制度作为本合同的附件，与本合同具有同等法律效力。

（一）_____
（二）_____
（三）_____

第四十七条　本合同未尽事宜，双方可另行协商解决；与今后国家法律、行政法规等相冲突的，按有关规定执行。

第四十八条　本合同一式两份，甲乙双方各执一份。

第四十九条 乙方确定下列地址为劳动关系管理相关文件、文书的送达地址,如以下地址发生变化,乙方应书面告知甲方。

甲方:(盖章)
法定代表人(委托代理人)(签名)
主要负责人(委托代理人)(签名)
×年×月×日
乙方:(签名)
×年×月×日
鉴证机关(盖章)鉴证人:(签章)
×年×月×日

(二)例文解析

劳动合同,是指劳动者与用人单位之间确立劳动关系,明确双方权利和义务的协议。订立和变更劳动合同,应当遵循平等自愿、协商一致的原则,不得违反法律、行政法规的规定。劳动合同依法订立即具有法律约束力,当事人必须履行劳动合同规定的义务。

从内容上看,劳动合同应包括必备条款和协商条款。如例文中对于合同类型和期限、工作内容和工作地点,工作时间和休息休假,劳动保护,劳动条件和职业危害防护,劳动报酬,社会保险和福利待遇,劳动纪律和规章制度,劳动合同的变更、解除、终止、续订,经济补偿和赔偿,竞业限制,劳动争议处理等的规定,即为必备条款。例文中双方约定的其他事项即为协商条款。

因劳动合同具有一定的法律效力,因此在内容上不得与国家劳动法规相抵触,在形式上讲求逻辑严谨,在语言上讲求规范准确。

四、本节写作要点

综合管理制度是公司人力资源开发与管理的根本依据,因此在制度规范文本中,必须体现这样几点:

1.综合性。人力资源管理综合制度,是对公司整体人力资源开发与管理规则的制定,因此要保证其综合性的特征。一是流程上的综合性,制定制度应涵盖人力资源开发与管理的各个流程,简单说就是人才成为员工至接触员工身份的全过程。二是内容上的综合性,既要保证公司人力资源开发与管理的总体性,又要考虑员工自身发展的可能性。

2.法定性。综合管理制度是按照国家相关劳动法律法规的规定，再结合公司自身实际情况制定的，因此具有一定的法定性。这就要求在具体的行文过程中，一是注意专业词汇的使用，必须依据法律法规和公司章程的规定规范文本中出现的专业词汇。二是语言的使用上，必须做到严谨准确，不可出现歧义或前后矛盾之处。

3.操作性。综合管理规定虽然是对公司整体人力资源管理进行的规划和制定，但仍需考虑操作性问题。因此，在写作文本过程中，对于流程的设计必须严谨，符合逻辑。

第二节 招聘、录用、培训制度

一、企业招聘制度

（一）例文

××公司招聘管理制度

一、总则

第一条 目的

为满足公司持续、快速发展的需要，特制定本制度来规范员工招聘流程和健全人才选用机制。

第二条 原则

公司以"人才是企业之本"为指导思想，坚持公开、公平、公正的招聘原则，使公司用人机制更趋科学、合理。

第三条 适用范围

本制度适用于公司副总工程师、副总会计师、副总经济师、部门经理及普通员工（含临时员工）的招聘管理。

二、招聘组织

第四条 招聘组织管理

（一）公司所有岗位的招聘工作由办公室负责，在办公室分管领导指导下开展工作，经总经理批准后执行。

（二）对公司部门经理以下职位的招聘工作由办公室负责拟订招聘计划并组织实施。副总工程师、副总会计师、副总经济师、部门经理的招聘工作由总经理直接领导，办公室承办。

三、招聘形式及流程

第五条 招聘形式

分为内部招聘和外部招聘两种形式。招聘形式的选择，原则上采取"先内后外"的顺序，同时根据人才要求和招聘成本等因素来综合考虑。

（一）内部招聘

1. 鉴于内部员工比较了解企业的情况，对企业的忠诚度高，内部招聘可以改善人力资源的配置状况，提高员工的积极性，公司进行人才招聘应优先考虑内部招聘。

2. 内部招聘形式。

在征得应聘员工及其目前所在部门意见的前提下，进行内部招聘，为供求双方提供双向选择的机会。

（1）内部招聘的主要方法有推荐法（公司内部推荐）、公告法（使全体员工了解职务空缺，通过竞聘选拔）等。

（2）中层管理以上职位可试行竞聘方式。经用人部门申请，办公室审核后，可对空缺岗位进行竞聘。

3. 内部招聘流程。

（1）内部招聘公告：办公室根据招聘岗位的职务说明书，拟订内部招聘公告。

（2）内部报名：所有员工征得直接上级同意后，都有资格向办公室报名申请。

（3）筛选：办公室组织内部招聘评审小组对申请人进行内部评审，公司普通职位、一般管理职位的评审结果经各部门分管领导审核，报公司办公会通过后生效，中层以上岗位可参照公司有关竞聘方案。

（4）录用：经评审合格的员工应在一周内做好工作移交，并到办公室办理调动手续，在规定的时间内到新部门报到。

（二）外部招聘

1. 在内部招聘难以满足公司人才需求时，采取外部招聘方式。

2. 外部招聘组织形式。

外部招聘工作的组织以办公室为主，其他部门配合。必要时公司高层领导、相关部门参加。

3. 外部招聘渠道。

外部招聘要根据职系和岗位的不同采取有效的招聘渠道组织。具体招聘渠道如下：

（1）内部员工推荐：公司鼓励内部员工推荐优秀人才，由办公室本着平等竞争、择优录用的原则按程序考核录用。

（2）媒体、招聘会招聘：通过大众媒体、专业刊物广告、相关网站发布招聘信息，或通过人才招聘会招聘。

4. 招聘流程。

（1）面试：办公室向初选合格的求职者发面试通知，并要求其面试时提供学历证书、身份证等相关证件的原件。面试由面试小组进行。面试小组一般由以下三方面人员组成：①用人部门分管领导；②办公室分管领导；③资深专业人士。专业技术人才的招聘必须有资深专业人士参加。面试结束后，小组成员讨论对各应聘者的意见并分别将评价结果填写在"应聘人员约谈记录单"（附件一）上，报公司总经理决定是否聘任。当小组成员未能达成一致结论时，提交总经理进行讨论决定。

（2）录用：通过面试的应聘人员应提供三甲医院近_____个月以内的体检结果，办公室根据应聘人员的体检结果，对体检合格者发《录取通知书》（附件二）。

（3）报到：被录用员工必须在规定时间内持"录用通知书"上所列资料到公司报到，并填写"员工登记表"。如在发出录用通知15天内不能正常报到者，可取消其录用资格。特殊情况经批准后可延期报到。

应聘员工必须保证向公司提供的个人资料真实无误，若一经发现虚报或伪造，公司有权立即将其辞退。

5. 试用。

（1）试用的目的在于补救甄选中的偏差。

（2）试用员工上岗，须参加岗前培训，合格后才能上岗。

（3）公司新进员工试用期一般为2个月。特殊人才经总经理批准可免于或缩短试用期。

（4）试用期满后，其直接主管部门应在"聘用员工评定表"（附件三）上详细列出考核意见，并明确以下事项后报办公室审核：

①胜任现职，同意聘用。

②不能胜任，予以辞退。

③无法判断，望延长试用期（最多延长3个月）。

（5）试用期间，新员工若有严重违纪行为或能力明显不足者，试用部门书面陈述理由报办公室，经审核后办公室办理辞退手续。

（6）对在工作中表现突出者，可提前聘用。提前聘用需由本人提出书面申请、试用期间的个人工作小结，试用部门负责人与部门分管副总在"聘用员工评定表"上详述考核意见并附上工作业绩材料，经办公室审核，报总经理批准后办理聘用手续。提前聘用必须具备如下条件：

①试用期满_____月以上；

②试用期间无迟到、早退、因私外出、事假_____天以上记录；

③工作积极主动，工作量饱满，工作实绩显著。

6. 最终聘用。

对试用合格者由总经理与其签订聘用合同。从正式聘用之日起办公室依据《薪酬管理制度》，对试用合格者定级定岗。

第六条 特殊人才招聘

（1）对于公司急需的特殊人才（如高级技术人才、高级管理人才和高级市场专家），由总经理等直接进行进面试，综合评定。

（2）办公室需不断跟踪专业人才市场情况，建立高级人才信息库，保持与一些特殊人才的联系，在公司需要时，可以通过临时聘请来满足公司的业务需要。

（3）对于特殊人才采取特殊薪酬政策。薪酬水平参考职位说明书，与应聘者商定具体数额，经总经理批准后执行。

（4）特殊人才无需经试用期考核，直接由总经理与其签订聘用合同。

第七条 临时用工招聘

（一）临时用工是指因工作需要，确需临时用工的。

（二）临时用工由用人部门根据工作需要报计划至办公室，经办公室审核，报总经理批准后，由办公室负责临时工的招聘。

（三）临时工应聘时需提供应聘工作岗位所需的资格证明、三甲医院近_____个月以内的体检结果、工作介绍人的担保证明，并填写"员工登记表"。

（四）临时工的薪酬依据工作岗位性质订立。

（五）工作不满_____个月的临时工因违反劳动纪律或贪污、盗窃、营私舞弊等违法行为给公司造成经济损失的，除追究临时工个人责任外，担保人应按公司受损金额的_____%予以赔偿。

四、附则

第八条 本制度的拟订和修改由公司办公室负责，报公司经理办公会审批后执行。

第九条 本制度由办公室负责解释。

（二）例文解析

员工招聘，是指企业为满足自身发展的需要，向外部吸收具有劳动能力的个体的过程。员工招聘在人力资源管理工作中具有重要的意义。招聘工作直接关系到企业人力资源的形成，有效的招聘工作不仅可以提高员工素质、改善人员结构，也可以为组织注入新的管理思想，为组织增添新的活力，甚至可能给企业带来技术、管理上的重大革新。招聘是企业整个人力资源管理活动的基础，有效的招聘工作能为以后的培训、考评、工资福利、劳动关系等管理活动打好基础。因此，员工招聘是人力资源管理的基础性工作。

例文通过总则、招聘组织、招聘形式及流程、附则四个部分展示了员工招聘的全过程，整体结构完整，条目清晰。

第一部分总则，阐释了制度的目的、原则和适用范围，使用模式化语言"为……"表明目的，符合制度的一般写法。企业员工大体上可分为技术员工和行政员工，二者的工作内容和性质有很大差异，因此具体的管理环节中必须有所体现，表明适用范围就十分必要了。

第二部分招聘组织管理，表明了招聘工作的主要组织者和权限。

第三部分招聘形式及流程，分别说明了内部招聘和外部招聘的对象和流程设计，二者来源不同，具体的流程设计亦不同。

第四部分附则，一般作为制度的补充说明，包括制度的制定、修改、解释与执行，制度的实施时间等内容。

二、企业录用管理制度

（一）例文

××集团招聘录用管理制度

第一章 总　则

第一条　为了规范公司新进员工的招聘管理工作，完善招聘管理体系，促进招聘工作的规范化、程序化，结合公司实际，特制定本制度。

第二条　适用范围：集团所有岗位的招聘录用。

第三条　集团行政人事部为公司员工招聘工作的归口管理部门。

第二章 招聘原则

第四条　员工招聘实行下列原则：

（一）编制控制，按计划用人；

（二）内部竞聘与外部招聘相结合；

（三）全面考核，择优录用。

第三章 权责划分

第五条　权责划分

（一）行政人事部

1. 负责集团招聘制度的制定、修订、完善工作；

2. 负责招聘计划的制定；

3. 负责招聘渠道的选择及招聘广告的发布；
4. 负责招聘简历的筛选及面试的组织；
5. 负责应聘人员的招聘考核评价工作；
6. 负责实习员工的转正考核评价工作；
7. 负责录取人员的手续办理及分配工作。

（二）用人单位

1. 参与面试；
2. 参与应聘人员的考核评价工作；
3. 负责实习员工的工作安排及考评；
4. 参与员工转正的评审工作。

第四章　招聘计划制订

第六条　根据集团各单位定岗定员，用人单位每月制订招聘计划，报行政人事部审核经分管领导审批后实施招聘。

第五章　招聘录用程序

第七条　岗位类别

集团公司所有岗位按照岗位性质分为两类，分别为行政管理及后勤服务岗位、技术类岗位。

第八条　岗位招聘录用程序：

（一）行政管理及后勤服务岗位招聘录用考核总分为100分（面试30分，考试40分，单位实习评价意见30分），考核得分为60分（含）以上择优录用，60分以下不予录用。主要按以下流程进行考核录用：

1. 面试：由行政人事部与用人单位共同完成，主要根据应聘者的基本条件及对应聘岗位的认识、本人具备基本工作技能等进行评分。（详见附件××集团招聘录用评分表）。

2. 笔试：实习到期员工由行政人事部与用人单位共同组织考试，由用人单位出题，主要围绕以下内容：

（1）如何开展好本职工作；

（2）结合现岗位工作开展的实际，提出建议和意见；

（3）本岗位所要求的工作技能考核。个别岗位如保洁、门卫、广告维护等岗位可根据实际情况进行岗位职责考核。考试合格后由行政人事部组织述职。

3. 单位实习评价意见：按照以下内容作出评分：

（1）遵章守纪，服从公司安排；

（2）岗位职责掌握情况；

（3）根据工作职责标准要求开展工作及完成工作任务情况（详见附件××集团招聘录用评分表）。

（二）技术类岗位招聘录用考核总分为100分（面试10分，理论考试10分，实操技能考核60分，单位实习评价意见20分），考核得分为60分（含）以上择优录用，60分以下不予录用。主要按以下流程进行考核录用：

1. 面试：由行政人事部完成，按照技术招聘条件进行评分，学历、专业、年龄、从事岗位的相关资格证，视力、辨色力、听力等身体条件，病史，任一项不符合标准不予通过面试；其他技术类岗位按行政后勤人员相关规定进行面试评分。

2. 技能考核：由行政人事部与用人单位共同完成，一线技术人员主要围绕场地实际操作进行评分；其他技术类岗位（维修工、平面设计、工程技术等）主要围绕相关专业技术进行评分，分值按行政后勤人员岗位执行。

3. 理论考试：一线技术人员由行政人事部完成；其他技术类岗位不进行理论考试。

4. 单位实习评价意见，按照以下内容作出评分：

（1）工作技能掌握情况；

（2）运营业务掌握情况；

（3）公司规章制度掌握情况。

除一线技术人员外，其他技术类岗位分值按行政后勤人员岗位执行。

第六章 招聘管理规定

第九条 公司三职等（含）以下行政岗位人员、一线后勤服务人员试用期均为1个月（驾驶员、乘务员试用期为7~15天），四职等以上岗位人员试用期为3个月，试用期满合格者录用，不合格者不予录用。

第十条 行政人事部负责人员招聘录用的组织管理、监督、考核，原则上，对人员的招聘过程实行全过程参与。如因时间、地域等原因，不能够参与招聘，可由行政人事部委托用人单位招聘，受托单位及部门应严格按招聘程序及标准开展招聘，并接受行政人事部的监督，如发现受托单位及招聘人员违规违纪现象，要追究受托单位相关人员责任，对委托招聘事后行政人事部未按要求检查审核，发现问题追究行政人事部的监管责任。

第十一条 公司招聘要严格按照年度定岗定员核定标准执行，若因工作业务量增加，需增加岗位、增编人员，需履行人员增补签批手续，如未履行签批手续出现超员现象，扣除招聘部门及用人单位负责人工作考核分5分。

第十二条 集团所有岗位招聘需严格按照岗位招聘标准、招聘工作流程进行。参与招聘人员不得徇私舞弊、弄虚作假、收受贿赂，一经发现，被录用人员立即辞退。参与招聘人员视情节给予 5～10 分的处罚。情节严重的给予降级、降职、辞退处理。

第十三条　××市地区各级人员、××市地区四职等以上（含）行政人员由集团行政人事部统一组织招聘，××市地区三职等以下（含）行政人员、一线后勤服务人员由当地公司自行负责招聘，其他各用人单位除行政人事部委托外，不得私自开展招聘工作（包括一线员工）。如有自行招聘现象发生，扣除单位负责人考核分 5～10 分，所招聘人员予以辞退。

第十四条　集团员工招聘录用审批手续及其他未规定事项按《××集团组织管理制度》相关规定执行。

第十五条　本制度从颁布之日起执行，以前相关规定同时废止。

附件：××集团行政后勤服务人员报名登记表
　　　××集团一线技术人员报名登记表
　　　××集团行政后勤服务人员招聘录用评分表
　　　××集团一线技术人员招聘录用评分表
　　　××集团一线技术人员实操考试表
　　　××集团一线技术人员上岗考核录用表

（二）例文解析

员工录用制度不同于员工招聘制度，其着眼点要更宏观，是对公司整体选用人才的规定，因此具有宏观性。例文便很好地体现了这一特征。

例文总体展现了六个方面内容，包括总则、招聘原则、权责划分、招聘计划制订、招聘录用程序、招聘管理规定等。只作总体规划，不作具体设计，如其适用范围为集团所有岗位的招聘录用便很好地体现了这一点。

三、企业培训管理制度

（一）例文

××集团公司培训管理制度

第一章　总　　则

第一条　培训目的：为了有计划地组织公司员工参加培训，不断地增长员工的工作知识和技能，满足集团可持续经营发展的需要，特制定本制度。

第二条　培训原则：结合集团公司业务发展与组织能力提升的需要，全员参与，重点提高，讲究实效，推动学习型组织的建立。

第三条 适用范围：集团公司及其子公司。

第二章 培训机构与职责

第四条 集团公司人力资源部的培训管理职责：
一、集团公司培训制度的制订；
二、集团公司年、月度培训计划的制订；
三、集团共性培训课程的教材选编与培训实施；
四、培训评估及其改善对策的制订；
五、外部培训讲师的联系聘请管理；
六、对子公司员工培训工作的检查与指导；
七、本制度规定由人力资源部审核审批培训事项的审核审批。

第五条 子公司办公室的培训管理职责：
一、本公司员工培训制度的制订；
二、本公司员工年、月度培训计划的制订及实施；
三、本公司部门经理及以上管理人员外派培训的初审，其他员工外派培训的审批与办理；
四、新员工上岗前培训和岗位基本知识培训的组织实施；
五、协助人力资源部实施公共课程培训；
六、培训评估及其改善对策的制订。

第六条 集团公司、子公司的其他部门培训管理职责，本部门员工的上岗前和在岗培训的计划编制、教材选编与培训实施。

第三章 培训的对象、内容及形式

第七条 培训对象：集团公司和子公司全体员工均为培训对象。

第八条 培训类别。

为了方便管理，本制度将员工培训按培训的组织实施机构（或方式）的不同分为内部培训和外派培训两大类；按培训内容大致不同分为员工知识培训、员工技能培训和员工态度培训三大类；按培训对象和培训目的的不同分为新员工入职培训、企业文化培训、销售与售后服务技能培训、专业技能培训、管理技能培训和职业发展培训六大类。

第九条 内部培训。

本制度所称内部培训是指子公司和集团公司分别或联合组织员工集中上课、技能竞赛、野外训练的培训活动，由公司内部培训责任人，外聘培训讲师讲课，教练指导，或采用放光盘、录音方式上课等。

第十条 外派培训。

本制度所称外派培训是指公司员工经子公司或集团公司负责人批准带薪离岗参加集团外部培训机构组织的培训班学习，且与该培训学习相关的费用由公司支付报销的培训。主要是外派至主机厂，以获取经营执照所需的资格证书、提高服务技能为目的的培训；其次是外派至专业培训机构，以提高员工的综合素质、企业管理水平为目的的培训。

第十一条 员工知识的培训。

通过培训，使员工具备完成本职工作所必需的基本知识，让员工了解公司经营基本情况，如公司的发展战略、目标、经营方针、经营状况、规章制度等，便于员工参与公司活动，增强员工的自信心。

第十二条 员工技能的培训。

通过培训，使员工掌握完成本职工作所必备的技能，如谈判技能、操作技能、处理人员关系的技能等，与此同时培养、开发员工的潜能。

第十三条 员工态度的培训。

通过培训，建立起公司与员工之间的相互信任，培训员工对公司的忠诚，培训员工应具备的精神准备和态度。

第十四条 新员工入职培训。

一、培训目的：使新员工迅速了解、融入工作环境，知晓在本单位最基本的工作行为准则；

二、培训内容：新员工入职单位的基本情况、个人绩效考核办法、考勤制度、岗位职责、工作流程规范、安全生产管理制度等。主要教材为"员工手册"；

三、培训责任人：新员工入职单位人力资源主管部门负责人和工作部门负责人；

四、培训方式：个别沟通或集中上课；

五、培训收益记录：在本公司"员工入职培训记录表"（附件一）中签字，表示自己接受过入职培训，学习员工手册。

第十五条 企业文化培训。

一、培训目的：使员工了解××集团的企业文化，提高员工对公司的忠诚度；

二、培训内容：××集团的发展史、发展纲要、中长期发展战略、目标、组织架构、基本管理制度、经营项目与品牌、公司文化活动、员工发展通道等；

三、培训责任部门：集团公司人力资源部；

四、培训方式：课堂授课；

五、培训收益记录：做课堂作业、考试；

六、培训时间：至少半天工作时间。

第十六条 销售、售后服务技能培训。

一、培训目的：不断提高员工的服务能力；

二、培训内容：市场策划、汽车销售技能、售后服务（前台接待、机修、钣喷、保修索赔、保险理赔）技能、配件计划采购与仓储管理技能、客户服务接待技能等；

三、培训责任部门：子公司负责培训主机厂的规范技能要求（个性部分），集团公司人力资源部负责集团的规范技能要求（共性部分）；

四、培训方式：外派培训、内部培训、技能竞赛；

五、培训收益记录：通过考试考核竞赛，颁发集团的培训证书或技能等级证书。

第十七条　专业技能培训。

一、培训目的：提高员工的专业技能水平和专业技术职称资格；

二、培训内容：财务会计、审计、统计、人力资源管理、网管等；

三、培训责任部门：集团公司人力资源部和专业对口部门；

四、培训方式：外派培训、内部培训、自学；

五、培训收益记录：考试考核、获取资格证书。

第十八条　管理能力培训。

一、培训目的：提高管理人员的企业管理能力；

二、培训内容：根据公司的管理需求和管理者的能力状况确定具体的培训内容；

三、培训责任部门：集团公司人力资源部；

四、培训方式：外派培训、内部培训；

六、培训收益记录：课堂作业、考试、培训结业证书。

第十九条　职业发展培训。

一、培训目的：为拓展员工的发展空间；

二、培训内容：根据公司的发展战略目标和员工需求确定；

三、培训责任部门：集团公司人力资源部；

四、培训方式：外派培训、内部培训、脱产学习；

五、培训收益记录：培训结业证、毕业证等。

第四章　培训计划管理

第二十条　培训计划的种类。

培训计划按制订实施单位、计划期间、主要内容的不同分为以下四种：

一、子公司年度培训计划；

二、子公司月度培训计划；

三、集团公司年度培训计划；

四、集团公司月度培训计划。

第二十一条　子公司培训计划的编制审批备案流程。

一、子公司年度培训计划编制审批备案流程：

子公司各部门填报《员工培训需求调查表》（附件二）→ 办公室拟编《年度培训计划》（附件三）→ 公司负责人审核 → 集团公司人力资源部审核 → 集团公司分管领导审核 → 总裁办公会审议 → 总裁批准 → 集团公司人力资源部备案

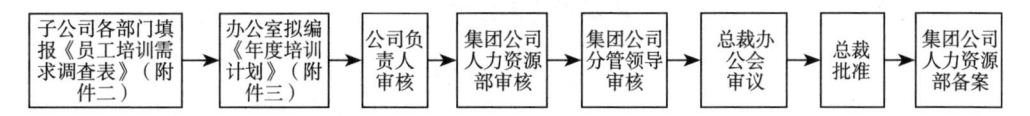

二、子公司月度培训计划编制审批备案流程：

子公司办公室依据本公司《年度培训计划》拟编《月度培训计划》（附件四）→ 公司负责人批准 → 报集团公司人力资源部备案

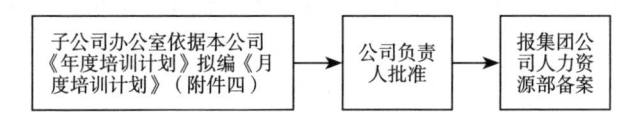

第二十二条　集团公司培训计划的编制审批流程。

一、集团公司《年度培训计划》编制审批流程：

集团公司人力资源部拟编《年度培训计划》稿 → 集团公司分管领导审核 → 总裁办公会审议 → 总裁批准

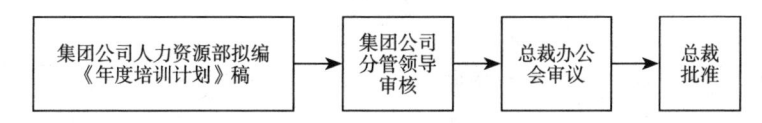

二、集团公司《月度培训计划》编制审批流程：

集团公司人力资源部拟编《月度培训计划》稿 → 集团公司分管领导审核 → 总裁批准

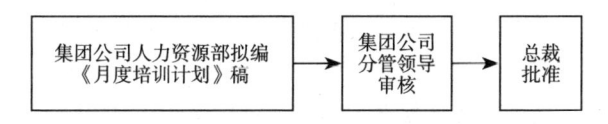

第二十三条　培训计划的编制规范。

一、内容完整。

子公司的年、月度培训计划按集团公司人力资源部下发的通知或计划模板编制。培训计划的内容应包括：培训目的（收益）、培训对象、培训课程（题目内容）、培训教材器具、培训组织责任人和培训责任人、培训讲师、培训费用、培训课时数、培训日期等。

二、上报按时。

1. 子公司年度培训计划在计划年度始日前10天或随同公司年度财务预算报集团公司人力资源部审批备案。

2. 子公司月度培训计划在计划月度始日前3天报集团公司人力资源部备案。

3. 集团公司年度培训计划在计划年度始日前5天或随同公司年度财务预算报总裁办公会审议。

4. 集团公司月度培训计划在计划月度始日前3天报总裁审批。

三、依据充分。

1. 符合集团公司的中长期发展纲要。

2. 满足完成年度经营目标对人力资源的需求。

3. 适合员工的培训需求。

4. 月度培训计划是实施年度计划的具体安排。

第五章　培训评估管理

第二十四条　培训评估的主要内容。

一、培训收益评估，评估培训目的的实现情况，调查受训员工（学员）学得怎样。

二、培训效果评估，评估内部培训责任人和外聘培训讲师的培训能力与水平，调查培训责任人、外聘培训讲师教得怎样。

三、培训组织评估，评估培训内容课题是否适合公司发展要求，是否受学员的欢迎，调查培训组织责任者培训计划安排做得怎样。

第二十五条　培训评估方法。

一、问卷调查的方法，是本公司培训评估的主要常用办法，是通过学员填写集培训收益评估、培训效果评估和培训组织评估于一卷的"培训评估表"（见附件×）来进行评估的。

二、考试考核、课堂作业的方法，主要用于评估培训的收益。

第二十六条　培训评估的实施。

一、每次公司内部培训课程结束后都必须进行培训评估。

二、培训评估，应根据培训对象和内容不同选择适当的评估方法。

（一）培训收益评估可以采用以下几种方法：

1. 培训内容为企业文化、规章制度、专业理论知识等，培训评估可以采用闭卷考试的方法，在培训课程讲课结束后，即时进行，由培训组织责任人实施。

2. 以提高员工的综合素质为目的的培训，培训评估可以采用做课堂作业，在培训课程讲课结束后即时进行，由培训讲师出题，培训组织责任人制发试卷，组织实施；也可以由学员在培训结束后撰写培训小结。

3. 以提高岗位操作技能为目的的培训，培训评估可以采用现场提问、现场操作的方法，在培训计划中作出评估安排。

（二）培训效果评估，可以采用由学员填写培训评估表的方法，在每次培训课程讲课结束后即时进行，由培训组织责任人实施。

（三）培训组织评估，可以采用培训效果的评估方法，可与培训效果同时进行。

三、培训评估报告。由培训组织实施责任人根据培训评估表和培训签到记录表编写《培训评估报告》（见附件×）。《培训评估报告》经子公司负责人签字后需传报集团公司备案。

第六章　内部培训责任人和外聘培训讲师管理

第二十七条　内部培训责任人。

集团公司及其子公司部门负责人和技术主管均为本公司内部培训责任人，承担本部门的业务技能培训任务。

第二十八条　内部培训责任人的培训任务。

一、完成集团公司及其子公司月度培训计划中安排的培训讲课任务。

二、编写培训讲义教材。

三、协助培训班组织者做好培训评估。

四、改进培训讲课的方式方法，增强培训效果。

第二十九条　外部培训讲师的管理。

一、需聘请集团外部培训讲师讲课的培训活动，××地区的，由集团公司人力资源部组织安排。非××地区的公司组织的，需报集团公司人力资源部审批。

二、外部培训讲师的课酬支付按培训费用支付流程办理。

第七章　外派培训管理

第三十条　外派培训审批流程。

外派培训必须填报员工"外派培训申请审批表"（见附件×），外派培训费用和时间达到本制度规定的员工必须签订《员工培训协议》（见附件×），并按以下流程办理审批手续。

一、子公司员工外派培训的审批流程：

1. 子公司部门负责人（含）以下员工每人每次培训期内培训费用≤3000元的审批备案流程：

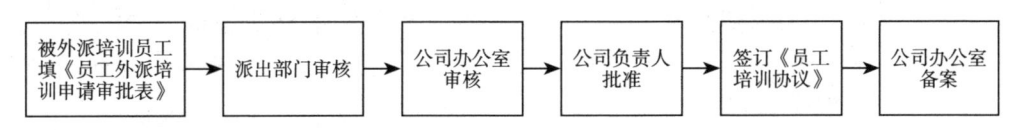

被外派培训员工填《员工外派培训申请审批表》 → 派出部门审核 → 公司办公室审核 → 公司负责人批准 → 签订《员工培训协议》 → 公司办公室备案

2. 子公司部门负责人（含）以下员工每人每次培训期内培训费用＞3000元≤5000元的审批流程：

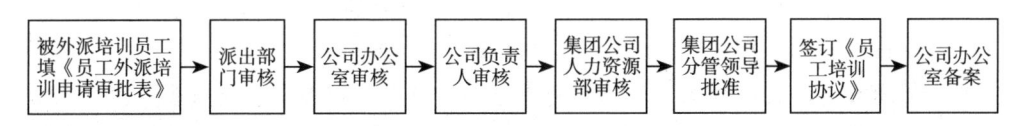

被外派培训员工填《员工外派培训申请审批表》 → 派出部门审核 → 公司办公室审核 → 公司负责人审核 → 集团公司人力资源部审核 → 集团公司分管领导批准 → 签订《员工培训协议》 → 公司办公室备案

3. 子公司部门负责人（含）以下员工每人每次培训期内培训费用＞5000元≤10000元的审批流程：

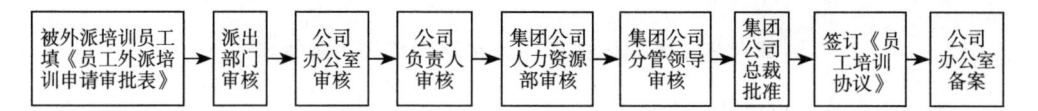

被外派培训员工填《员工外派培训申请审批表》→ 派出部门审核 → 公司办公室审核 → 公司负责人审核 → 集团公司人力资源部审核 → 集团公司分管领导审核 → 集团公司总裁批准 → 签订《员工培训协议》→ 公司办公室备案

4. 子公司总经理、副总、总助每人每次培训期内培训费用≤10000元的审批流程：

被外派培训员工填《员工外派培训申请审批表》→ 集团公司人力资源部审核 → 集团公司分管领导审核 → 集团公司总裁批准 → 签订《员工培训协议》→ 报备董事长 → 公司办公室备案

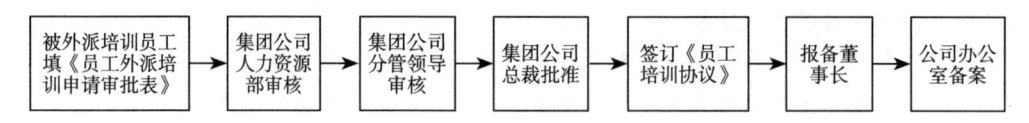

5. 子公司总经理、副总、总助每人每次培训期内培训费用＞10000元的审批流程：

被外派培训员工填《员工外派培训申请审批表》→ 集团公司人力资源部审核 → 集团公司分管领导审核 → 集团公司总裁审核 → 集团公司董事长批准 → 签订《员工培训协议》→ 集团公司人力资源部备案

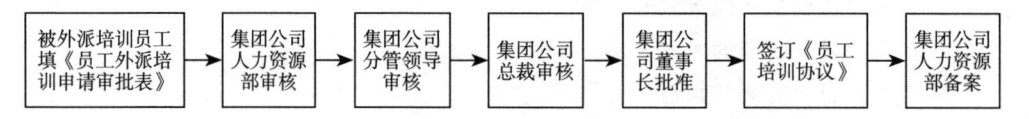

二、集团公司员工外派培训的审批流程：

1. 集团公司部长（含）以下员工每人每次期内培训费用≤10000元的审批流程：

被外派培训员工填《员工外派培训申请审批表》→ 人力资源部审核 → 分管领导审核 → 总裁审核 → 签订《员工培训协议》→ 人力资源部备案

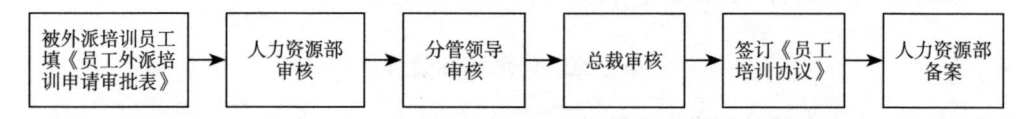

2. 集团公司部长（含）以下员工每人每次培训期内培训费用＞10000元的审批流程：

被外派培训员工填《员工外派培训申请审批表》→ 人力资源部审核 → 分管领导审核 → 总裁批准 → 董事长批准 → 签订《员工培训协议》→ 人力资源部备案

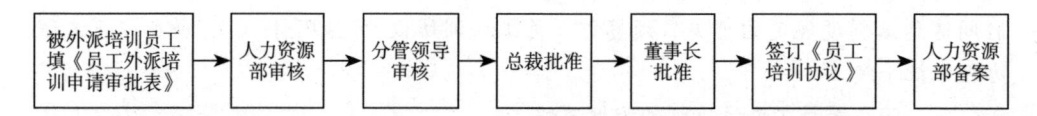

3. 集团公司总裁班子成员外派培训的审批流程：

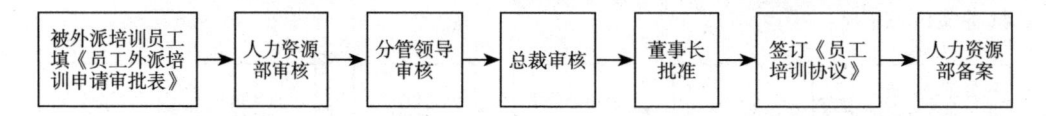

被外派培训员工填《员工外派培训申请审批表》→ 人力资源部审核 → 分管领导审核 → 总裁审核 → 董事长批准 → 签订《员工培训协议》→ 人力资源部备案

第三十一条 外派培训协议。

一、签订培训协议的前提条件

员工与公司签订《员工培训协议》应具备以下条件：

1. 员工被外派培训是经过本制度规定审批流程批准的；

2. 脱岗培训连续五天（含五天，包括路途时间、假期）以上；

3. 派出公司支付报销的外派培训费用包括学杂费、报名费、交通费、出差生活补贴、住宿费等，不包括工资、奖金、福利、社保费等，超过1500元。

二、培训协议的主要内容

1. 培训的服务事项；

2. 培训时间与方式；

3. 培训项目与内容；

4. 培训收益与要求；

5. 培训费用；

6. 公司的责任与义务：

（1）按协议约定支付培训费用。

（2）做好员工培训期间的培训指导、协调、监督和服务工作。

（3）为完成培训学习任务的员工安排适合的工作岗位，并支付其与劳动合同约定和个人绩效相应的薪酬。

7. 员工的责任与义务：

（1）完成培训学习任务，取得相关培训合格证书或培训证明。

（2）遵守公司和培训单位的规章制度。

（3）维护公司的形象和利益。

（4）培训结束后，回到公司工作，服从公司分配，自培训结束之日起服务期达到 × 月以上。

8. 公司违约责任：

公司存在下列情况之一，公司应承担的经济责任：

（1）未按培训协议约定支付培训费用，给员工造成经济损失的，按损失的全部支付违约金给员工，员工有权提出解除劳动合同。

（2）因公司的原因终止员工培训或解除员工的劳动合同，除按劳动合同约定向员工支付经济补偿金外，给员工造成经济损失的按损失的全部支付违约金给员工。

9. 员工的违约责任：

外派培训员工存在下列情况之一，员工应当承担的经济责任：

（1）未完成培训学习任务，未取得相关培训合格证书或培训证明，员工应向公司支付全部培训费用。

（2）违反公司和培训单位的规章制度，按相应的处罚规定办理。

（3）在培训期间损坏了公司的形象和利益，给公司造成损失的，按损失的全部赔偿公司。

（4）在培训期间员工提出终止培训或解除劳动合同，员工应向公司支付全部培训费用。

（5）员工因自己的原因辞职、离职，违反培训协议的服务期约定的，应当按照以下约定向公司支付违约金：违约金数额＝累计培训费用÷累计协议服务月数×（累计协议服务月数－实际服务月数）。

第三十二条　服务期约定标准。

公司为培训员工支付了培训费用，公司与员工约定服务期的标准：

1. 外派培训费用＞1500元≤3000元，员工为公司服务的时间不少于12个月。

2. 外派培训费用＞3000元≤6000元，员工为公司服务的时间不少于24个月。

3. 外派培训费用＞6000元每增加500元，员工为公司服务的时间在24个月的基础上再增加1个月。

4. 服务期的起始时间从培训结束日开始。

第三十三条　外派培训期间管理规定。

一、外派培训员工在外训期间应努力学习，完成学习任务，应特别注意个人行为，不得损坏公司形象。

二、外派培训员工，在培训期间公司的考勤记录为出公差，应遵守培训组织单位的培训规定，不得无故迟到早退、旷课、缺课。

三、外派培训批准后因故不能参加培训的，应向派出公司报告，办理退训手续；中途退训缺训的，应办理请假审批手续，否则按旷工论处。造成培训费用损失的按本制度规定向派出公司支付违约金或赔偿金。

第三十四条　外派培训结束后期管理规定。

一、外派培训员工在培训结束后一周内办理以下事项：

1. 接受主机厂业务培训的，应将培训教材资料、获得的培训证书交派出公司办公室存档；接受其他单位培训的，应向派出公司人力资源管理部门报告获取的教材资料、证书，人力资源管理部门认为公司需存档的，应交公司存档。

2. 向派出公司人力资源主管部门上交"培训评估表"（重点内容为培训收益评估），存入个人培训档案。

3. 办理完培训费用报销。

二、派出公司人力资源主管部门认为有必要转训的，应做好转训准备，按公司培训计划完成转训任务。

三、未完成培训任务的，如培训不合格，应获未获证书的，无故旷学的，可以做扣除期间个人绩效分、个人承担部分培训费用、旷工等处理，具体意见，由派出公司人力资源主管部门按情节不同提出处理建议报外派培训批准人批准实施。

四、派出单位人力资源主管部门依据培训费报销等情况填写"年度外派培训登记表"（见附件×），核对《培训协议》中的服务年限是否符合规定。

第八章　培训费用管理

第三十五条　培训费用分类。

本制度所称培训费用分为内部培训费用和外派培训费用两大类。

内部培训费用包括：培训专用教材、教具、器材的购置维修费，培训场地的租赁费等；

外派培训费用，包括学杂费、报名费、交通费、住宿费、出差生活补贴、书杂费，其他因培训需求发生的直接费用。

第三十六条　培训费用的使用原则。

坚持有计划，先审批后使用的原则。

第三十七条　培训费用的成本对象。

一、子公司组织的培训，其费用由子公司支付，列入管理费用成本。

二、集团公司组织的培训，其费用由集团公司支付，列入管理费用成本。

三、集团公司批准的子公司员工外派培训，其费用由子公司支付，列入管理费用成本。

第三十八条　培训费用计划的审批流程。

培训费用计划在子公司和集团公司的《年度人力资源计划》或《年度培训计划》和《月度培训计划》中应分别列出内部培训费用和外派培训费用的计划控制数。

第三十九条　培训费用的支付报销审批流程。

一、子公司的培训费用的借支和报销审批流程：

1.子公司组织的内部培训，其培训费用的借支与报销流程：

（1）不超年度计划的培训费用支付报销流程：

办公室培训责任人填用款申请单或报销审批单；

办公室负责人审核；

财务部负责人复核；

公司负责人批准。

（2）超过年度计划的培训费用支付报销流程：

办公室培训责任人填用款申请单或报销审批单 → 办公室负责人审核 → 财务部负责人审核 → 公司负责人审核 → 集团公司人力资源部审核 → 分管领导审核 → 总裁批准

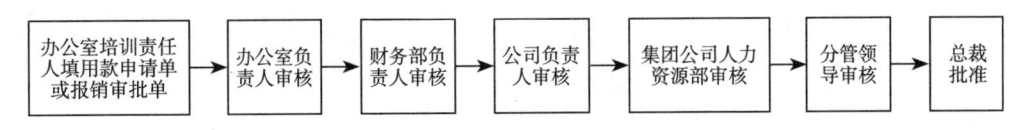

2.子公司员工外派培训的培训费用借支与报销审批流程：

（1）不超过年度计划，且在《外派培训审批表》中确定的额度内借支报销审批流程：

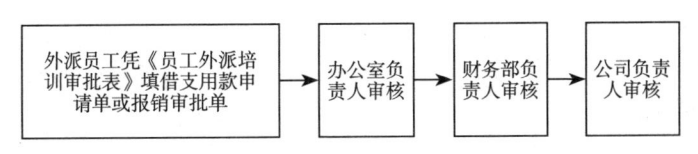

外派员工凭《员工外派培训审批表》填借支用款申请单或报销审批单 → 办公室负责人审核 → 财务部负责人审核 → 公司负责人审核

（2）超过年度计划或超过《员工外派培训审批表》中确定的额度的报销审批流程：

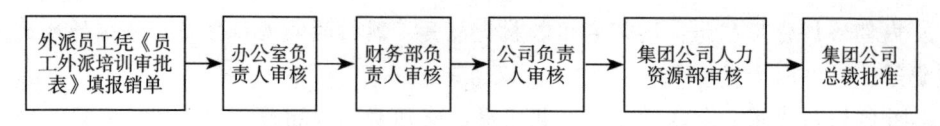

外派员工凭《员工外派培训审批表》填报销单 → 办公室负责人审核 → 财务部负责人审核 → 公司负责人审核 → 集团公司人力资源部审核 → 集团公司总裁批准

二、集团公司的培训费用支付审批流程：

1. 集团公司组织的内部培训的培训费用借支与报销审批流程：

人力资源部培训专员填借支用款申请单 → 人力资源部负责人审核 → 分管领导审核 → 财务部审核 → 总裁批准

2. 集团公司员工外派培训费用借支与报销审批流程：

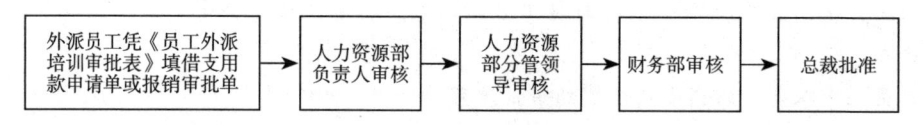

外派员工凭《员工外派培训审批表》填借支用款申请单或报销审批单 → 人力资源部负责人审核 → 人力资源部分管领导审核 → 财务部审核 → 总裁批准

第四十条 培训费用支付报销的审核内容和依据。

一、内部培训教材、器具购置维修费和培训场地租赁费支付或报销的审核内容和依据：

1. 费用开支项目是否符合经集团公司人力资源部批准的年度、月度培训计划。

2. 所涉及的采购流程是否符合集团公司的固定资产、办公用具的采购管理规定。

二、外派培训费用支付或报销的审核内容和依据：

1. 费用开支项目是否符合集团公司人力资源部批准的年度、月度培训计划。

2. 是否符合"员工外派培训审批表"和《员工培训协议》的约定。

3. 受训员工是否完成受训任务，获取应当获取的证书，上交了应该上交的证书。

第九章 培训纪律

第四十一条 培训组织纪律。

一、培训组织责任人应在开课前达到培训地点，并在培训课前做好培训教材、教具、器材、培训评估资料等的准备工作。

二、培训责任人和讲师应在开课前到达培训地点，检查教具的准备情况。

三、学员应在开课前到达培训地点，并签到后找到自己的受训位置。

第四十二条 课堂纪律。

学员、培训责任人在课间应关闭手机铃声，不准在讲课时间说电话，有妨碍他人听课的行为。

第四十三条 考勤纪律。

准时参加培训签到，因特殊情况需缺课的，应按考勤制度规定的审批权限办理请假手续。必须补课的应按培训计划要求办理。

（二）例文解析

知识经济时代，是以信息和知识的大量生产和传播为主要特征，并以每年 18%～20% 的递增率发展。然而，与巨大的信息和知识量相比，学习者将会发现自己的"知识贫乏"，已有的知识正变得支离破碎，学习的速度太慢，要学的知识太多，这是由于个人学习的有限性和滞后性与知识增长的无限性和快速性产生极大反差造成的。因此，开展培训活动是企业人力资源管理一项十分必要的活动。

员工培训是指一定组织为开展业务及培育人才的需要，采用各种方式对员工进行有目的、有计划的培养和训练的管理活动，公开课、内训、外出学习等均为常见的员工培训及企业培训形式。

例文分九个部分，包括总则、培训机构与职责、培训的对象内容形式、培训计划管理、培训评估管理、内部培训责任人和外聘培训讲师管理、外派培训管理、培训费用管理、培训纪律等，全景地展现了培训应该囊括的内容。总则部分展现了培训目的、原则和适用范围，符合一般的写法。主体部分系统地阐释了培训主体、培训客体、培训内容以及培训过程管理的相关内容。从内容上看十分完备详实，例文的语言使用上亦体现出规范性的特点。

四、本节写作要点

1. 明确制度的适用范围。现代人力资源开发与管理强调针对性和个性化培训，因此，每一种制度的设计必须考虑好针对的员工范围，在分工日益细化的现代社会，如果不能做到管理的针对性，就很难达到管理的有效性。

2. 注意区分不同文书的写法差异。招聘制度、录用制度均为企业人力资源新陈代谢的管理机制，制度上有其相似性，都注重人力资源的开发层面，但差别亦非常明显，招聘制度针对招聘环节自身设计，录用制度则更强调宏观。因此，在具体的写法上，招聘制度重在流程设计，而录用制度重在原则、总体规划设计。

3. 培训制度是重要的人力资源更新机制，现代培训制度不仅仅注重员工知识技能的培训，也应关注员工精神心理层面的培训，同时在制度设计上，对员工培训结果的考核也应该重视起来，这是避免培训流于形式的重要规避手段。

第三节　考核管理制度

一、公司人事考核制度

（一）例文

××公司人事考核制度

第一条　本公司各级职员之考绩，除副经理级以上依公司章程办理外，其他职员分为期中考绩及期末考绩二种，期中及期末考绩之平均数为年度考绩。

第二条　本公司考核各级职员成绩之记录，作为升职、升级、调迁、退职、核薪及发放年终奖金之重要依据。

第三条　各级职员之考核成绩记录，均由人事主管秘存，公司除副总经理以上，其他任何人不得查阅。

第四条　经办考绩之人员应严守秘密，并以公正、客观之立场评议，不得泄露或徇私，违者分别惩处。

第五条　本公司编制内各级职员遇有出缺或公司扩编增加员额时，凡考绩优异人员，概应予优先递补。

第六条　本公司考核工作为组长考核一般职员，主任考核组长及副组长，经理考核主任、副主任，经理级人员由副总经理考核。

第七条　期中及期末考核系各级主管对所属职员平日之工作、能力、品德、学识、服务精神随时作严正之考核，并记录于期中及期末考绩表内，以为年度考绩计算资料。

第八条　本公司各级职员期中考绩应于当年七月一日以前完成，期末考绩应于翌年元月一日以前完成。

第九条　凡有下列事实之一者，得视其原因、动机、影响程度报请升职、记大功、记功、嘉奖、晋级之奖励，并列入考绩记录。

一、对本公司业务上或技术上有特殊贡献，并经采行而获显著绩效者。

二、遇有特殊危急事变，冒险抢救，保全本公司重大利益者。

三、对有危害本公司产业或设备之意图，能预先觉察，并妥为防护消灭，因而避免损害者。

第十条　凡有下列事实之一者，得视其情节之轻重，报请免职、记大过、记过、申诫、降级等处罚，并列入考绩记录。

一、行为不检、屡戒不听或破坏纪律，情节重大者。

二、遇特殊危急事变，畏难逃避或救护失时，致本公司或公众蒙受重大损害者。

三、对可预见之灾害疏于觉察或临时措置失当，致本公司遭受不必要之损害者。

四、对本公司之重大危害，因徇瞻顾或隐匿不报，因而耽误事机致本公司遭受损害者。

第十一条　人事部门应于每年元月十五日前将各级职员之勤惰及奖惩资料填妥送请总考。

第十二条　下列人员不得参加年度考绩：

一、到职未满半年者。

二、留职停薪及复职未达半年者。

三、已征召入伍者。

四、曾受留职察看之处分者。

五、中途离职者。

第十三条　不得参加年度考绩之人员，仍应填具勤情及奖惩资料备查，但应注明不参加考核字样及原因。

第十四条　第十二条所称之不得参加年度考核人员，除第四、五项留职察看及中途离职者，不发年终奖金外，其第一、二、三项得酌予奖励。

第十五条　年度考绩依成绩分下列五等。

一等：90分以上，年度考绩满90分以上者，列为一等升职一级，或加薪十级。

二等：80~89分，年度考绩在80分以上，未满90分者，列为二等加薪五级。

三等：70~79分，年度考绩在70分以上，未满90分者，列为三等加薪三级。

四等：60~69分年度考绩在60分以上未满70分者，列为四等加薪一级。

五等：59分以下，年度考绩未满60分者，列为五等薪资不作调整。

第十六条　凡当年度内曾受奖励或惩戒者，其年度考绩应增减之分数依下列规定。

一、记大功一次加十分，记功一次加五分，嘉奖一次加二分。

二、记大过一次减十分，记过一次减五分，申诫一次减二分。

第十七条　凡有下列情形之一者，其考绩不得列为一等。

一、曾受任何一种惩戒。

二、迟到或早退共达十次以上者。

三、请假超过限定日数者。

四、旷职达一日以上者。

第十八条　凡有下列情形之一者，其考绩不得列入一等及三等。

一、在当年度内曾受记过处分者。

二、迟到或早退二十次以上者。

三、旷职二日以上者。

第十九条 请假、迟到、早退及旷职除前两条之规定外，并依下列规定扣减年终奖金。

一、事假：每超过一次于年终奖金内扣减其底薪三十分之一。

二、病假：除经特准者外，每超过一次于年终奖金内扣减其底薪六十分之一。

三、旷职一天，于年终奖金内扣减600元。

四、迟到四次于年终奖金内扣减300元。

第二十条 本办法呈经董事长核准后实施，修改时亦同。

（二）例文解析

员工考核是指公司或上级领导按照一定的标准，采用科学的方法，衡量与评定员工完成岗位职责任务的能力与效果的管理方法，其主要目的是让员工更好地工作，为公司服务。员工考核制度是重要的人力资源激励制度，奖优罚劣是现代组织人力资源管理的重要原则，也是促进企业发展的重要保障。

考核制度重在考核的宏观设计，包括考核的依据、考核的对象、考核的内容、考核的等级设计、考核标准的宏观设计、考核结果的运用等方面。例文很全面地体现了这些内容。

二、员工绩效考核制度

（一）例文

××公司员工绩效考核制度

第一条 绩效考核的概念及目的。

工作绩效考核，简称考核。目的在于通过对员工一定期的工作成绩、工作能力的考核，把握每一位员工的实际工作状况，为教育培训、工作调动以及提薪、晋升、奖励表彰等提供客观可靠的依据。更重要的是，通过这些评价可促使员工有计划地改进工作，以保证公司营运与发展的要求。

第二条 绩效考核原则。

1.考绩不是为了制造员工间的差距，而是实事求是地发现员工工作的长处、短处，以扬长避短，有所改进、提高；

2.考绩应以规定的考核项目及其事实为依据；

3.考绩应以确认的事实或者可靠的材料为依据；

4.考绩自始至终应以公正为原则，决不允许营私舞弊。

第三条　适用范围。

本规则除下列人员外适用于公司全员：

1.考核期开始后进入公司的员工；

2.因私、因病、因伤而连续缺勤三十日以上者；

3.因公伤而连续缺勤七十五日以上者；

4.虽然在考核期任职，但考核实施日已经退职者。

第四条　本公司员工考核分为试用考核、平时考核、年终考核三种。

（一）考核依本公司人事规则规定任聘人员，均应试用三个月。试用三个月后应参加试用人员考核，由试用部门主管考核。如试用部门主管认为有必要缩短、延长试用时间或改派其他部门试用抑或解雇，应附试用考核表，注明具体事实情节，呈报经理核准。延长试用，不得超过3个月。考核人员应督导被考核人提具试用期间心得报告。

（二）平时考核

1.各部门主管对于所属员工应就其工作效率、操行、态度、学识每月进行考核，其有特殊功过者，应随时报请奖惩。

2.员工假勤奖惩应统计详载于请假记录簿内，以提供考核的参考。

（三）年终考核

1.员工于每年12月底举行总考核1次。

2.考核时，担任初考各部门主管参考平时考核记录及人事记录的假勤记录，填具考核表送复审。

第五条　考核年度为自1月1日至12月31日止。

第六条　考核标准。

（一）人事考核的种类。

人事考核可以分为两种：

1.能力考核，就是参照职能标准，以员工在一定时间内担任职务的能力，进行评定。

2.业绩考核，就是参照职务标准，对员工在一定时间里工作完成的情况，进行评定。

（二）人事考核必须把握的能力。

人事考核把握并测评的能力是职务担当的能力，包括潜在能力和显在能力。潜在能力是员工拥有的、可开发的内在能力；显在能力是指职工工作中发挥出来的，并表现在业绩上的努力。潜在能力，可根据知识技能、体力以及经验性能力来把握；显在能力，则可能通过工作业绩（质和量），以及对工作的态度来把握。具体包括：知识、潜在能力、体力、能力、经验性能力、显在能力、工作业绩和质量、态度。

第七条　考评者的职责。

1. 第一次考评者，必须站在直接监督的立场上，并且，对于想要特别强调的评分和评语，以及对评定有显著影响的事项，必须予以注明。

2. 第二次考评者，必须在职务、级别上高于第一次考评者。有需要特别强调的评分和评语，或与第一次评定有明显差别的地方，必须予以注明。

特别在遇到与第一次评定有显著差别的情况下，需要倾听一下第一次考评者的意见，有必要的话，相互商讨，对评定作出调整。

在不能做出调整的情况下。至少应该把第二次评定的结果告诉给第一次考评者。

3. 裁定、拍板者，参考评定经过报告，作出最终评语。

4. 在职务级别层次很少的部门，二次考核可以省掉。

5. 为了使人事考核公平合理地进行，考核者必须遵守以下原则：

（1）必须根据日常业务工作中观察到的具体事实作出评价。

（2）必须消除对被考核者的发恶感、同情心等偏见，排除对上、对下的各种顾虑，在自己的信念基础上作出评价。

（3）考核者应根据自己作出的评价结论，对被考核者进行扬长补短的指导教育。

（4）在考核过程中，要注意加强上下级之间的沟通与能力开发，通过被考核者填写自考表，了解被考核者的自我评价及对上级的意见和建议，以便上下级之间相互理解。

第八条　考核结果的运用。

为了把考核的结果，应用于开发利用员工的能力，应用到人事管理的待遇方面的工作中去，做法如下：

1. 教育培训。

管理者以及教育工作负责人，在考虑教育培训工作时，应把人事考核的结果作为参考资料。借此掌握教育培训，进而是开发、利用员工能力工作的关键。

2. 调动调配。

管理者在进行人员调配工作或岗位调动时应该考虑事先的考核结果，把握员工适应工作和适应环境的能力。

3. 晋升。

在根据职能资格制度进行晋升工作时，应该把能力以及业绩考核的评语，作为参考资料加以运用。

考核评语是按职能资格制度要求规范化的。

4. 提薪。

在一年一度的提薪之际，应该参照能力考核的评语，决定提薪的幅度。

5. 奖励。

为了能使奖励的分配对应于所做的贡献,应该参照业绩考核的评语进行。

第九条 考核结果的反馈,部门经理通过面谈形式,把考核的结果以及考核的评定内容与过程告诉被考核者本人,并指明今后努力的方向,自我培养和发展的要点,以及相应的期待、目标和条件等。

第十条 考核表的保管与查阅。

(一)考核表的保管。

1. 保管者。

考核表由规定的保管者加以保管。

2. 保管期限。

考核自制成之日起,保存十年。但是,与退休、退职人员有关的考核表,自退休、退职之日起,保存一年。

(二)表内容的查阅。

管理者在工作中涉及某员工人事问题,需要查阅有关内容时,可以向考核表的保管者提出查阅要求。

第十一条 考核者的培训。

(一)在取得考核者资格之后,必须经过考核者培训。

(二)培训包括:

1. 理解考核制度的结构;

2. 确认考核规定;

3. 理解考核内容与项目;

4. 统一考核的基准。

第十二条 人力资源部负责考核成绩的计划和具体组织工作。

(二)例文解析

绩效考核是企业绩效管理中的一个环节,是指考核主体对照工作目标和绩效标准,采用科学的考核方式,评定员工的工作任务完成情况、员工的工作职责履行程度和员工的发展情况,并且将评定结果反馈给员工的过程。常见绩效考核方法包括BSC、KPI及360°考核等。绩效考核是一项系统工程。绩效考核是绩效管理过程中的一种手段。

例文通过十二条目,分别说明了绩效考核的目的、原则、适用范围、种类、时间、主体、结果运用、存档、组织等内容,内容十分全面完备,涉及了考核主体、客体、内容、过程、结果。是一篇典型的考核制度范本。

考核制度的设计在于公平公正公开,其制度设计必须满足这些原则,另外考核结果的运用也是考核制度能否发挥实质作用的一个重要考量点。如例文列举出教育培训、调动调配、晋升、提薪、奖励等五个考核结果运用的方向便是对于考核结果重视的体现。

三、员工考勤管理办法

（一）例文

员工考勤管理制度

一、为加强劳动纪律管理，维护公司正常的生产和工作秩序，特制定本规定。

二、考勤项目

出勤、迟到、早退、旷工、请假、加班、值班、出差、外派学习、培训等。

三、出勤

按公司规定时间上下班为出勤。

四、迟到、早退

1. 迟到或早退，包括：上班、开会、学习、训练、培训等。

2. 自然年内，迟到或早退一小时内，累计五次计旷工一天，依次类推。

3. 自然年内，迟到或早退一小时至二小时，累计三次计旷工一天，依次类推。

4. 迟到或早退二小时以上，每次计旷工一天。

五、旷工

1. 虽按时到岗上班，但工作时间未经领导批准，离开工作岗位者，视为擅离岗位，按旷工论处，每次计旷工一天。

2. 不经请假或请假未经批准而缺勤，按缺勤天数计旷工天数。

3. 超假一天，计旷工一天。

4. 旷工一天扣发三天工资。

5. 连续旷工三天，或合同期一年内旷工累计达到三天者，予以辞退。

六、事假

1. 员工因私事可请事假。若事假期将满，不能如期返岗，应至少提前一天以电信方式续假，返岗后补办事假手续，否则超假按旷工论处。

2. 一个自然年内请事假累计达到五天者，取消年终评优、职级晋升、工资上调资格。

3. 一个自然年内请事假累计五天（含）以内的，一天扣发一天工资。

七、病假

1. 请病假需持县级（含二级）以上医院出具的病假证明。重大疾病或手术住院治疗的，另行处理。

2. 一个自然年内请病假累计六天（含）以内的，每天按日工资的百分之六十计发工资；累计七天至十四天的，每天按日工资的百分之三十计发工资；累计十五天至二十九天的，不发工资；累计三十天者，视为自动离职，劳动合同自行终止。

3. 一个自然年内请病假累计达到十五天者，取消年终评优、职级晋升、工资上调资格。

八、婚假

1. 员工享有三天婚假。

2. 男满二十五周岁，女满二十三周岁的员工享有十天晚婚假（含：法定节假日、公休日、三天婚假在内）。

3. 婚假为一次性假期。婚假期间，工资照常发放。

九、产假

1. 产假三个月。符合国家计划生育条件的，持准生证办理产假手续。难产及剖宫产凭病历适当延长产假。哺乳期按国家有关规定执行。

2. 男员工配偶生产享受产期陪护假五天。

3. 产假及陪护假期间，工资照发。

十、工伤假

工伤假按国家和当地政府有关规定执行。

十一、丧假

1. 员工直系亲属（指：本人父母、配偶、子女、配偶父母）不幸去世，员工享有三天丧假。

2. 丧假为一次性假期。丧假期间，工资照常发放。

十二、补休

1. 由公司安排的加班或值班，可在加班或值班后申请补休。"补休单"由综合部人力资源开具。需补休员工按请假程序办理补休手续。

2. 补休期间工资照常发放。

3. 应工作需要，补休累积到自然年年底未能休完的，不再累积到下一个年度，于次年一月份将补休折算出勤日补发工资。

十三、加班

1. 因生产或工作需要加班，应由该部门事先提出加班申请（包括：加班事由、加班时间、加班小时、加班人数），报综合部，由公司分管领导批准后安排加班。

2. 原则上，加班可安排补休。计发加班工资的，由部门每月随考勤上报综合部人力资源。综合部人力资源汇总后报公司审批。

3. 加班以小时为计算单位。加班一小时为一个工作小时，以八小时为一个计算单位。每满八小时的计补休一天，或计发一天加班工资。加班工资标准参照节假日值班费标准执行。

十四、值班指：夜间值班、公休日值班、法定节假日值班。由公司统一安排值班人员。

夜间值班由公司统一安排，按公司有关规定计发夜间值班费。

公休日值班计补休一天。遇法定节假日连休值班的，按公司有关规定计发节假日值班费。

法定节假日值班（含与公休日连休）由公司统一安排，按公司有关规定计发节假日值班费。值班人员领取节假日值班费，不计补休。

十五、出差员工出差须填写"出差单"并按批准权限报批。签批的"出差单"由出差本人交考勤员备案。

十六、外派学习（培训）

员工被公司安排外出学习或培训，办理相关手续后，考勤员备案。

十七、请假程序

1. 员工请假须事先填写"请假单"并按准假权限报批。

2. 员工向部门经理、车间主任请假；部门经理、车间主任向公司分管领导请假。

3. 请假批准后，员工本人将"请假单"交考勤员备案。

十八、准假权限

1. 一般员工请事假，部门经理准假权限为一天（含）；公司分管领导准假权限为三天（含）；三天以上由总经理批准。正常补休由部门经理批准。

2. 部门经理、车间主任请假二天（含）以内，由分管领导批准；请假三天（含）以上由总经理批准。正常补休由公司分管领导批准。

3. 副总经理及公司高管级人员请假（含补休）由总经理批准。

十九、考勤管理

1. 考勤由综合部人力资源归口管理。

2. 考勤表由综合部人力资源统一印制下发。

3. 各部门、车间考勤员应严格执行公司考勤制度，真实记载员工出勤情况，按规定填写当天出勤记录，如实统计考勤数据。

4. 每月五日前（遇法定节假日放假顺延），考勤员将上月份考勤表送部门经理审核签字后，交综合部人力资源。

5. 离职人员的考勤由考勤员在员工办理离职交接时一并统计，附于离职交接表后面。

6. 月度考勤汇总表、工资表经总经理批准后，由综合部人力资源于每月二十日上报总部人力资源部。

（二）例文解析

考勤管理是企业对员工出勤进行考察管理的一种管理制度，包括是否迟到早退，有无旷工请假等。其内容包括排班管理、请假管理（带薪年假管理）、补卡管理、加班申请管理、日出勤处理、月出勤汇总等。

例文整体上分为三个部分对考勤管理制度进行了设计：

第一部分即例文的第一条，交代了行文的目的，"为加强劳动纪律管理，维护公司正常的生产和工作秩序"，进而以"制定本规定"开启下文，行文流畅，语言简洁。

第二部分即考勤的主要项目部分，这一部分采用了总分的写法，第二条对考勤具体项目进行了说明，包括出勤、迟到、早退、旷工、请假、加班、值班、出差、外派学习、培训等，然后分别列项说明每一项目的具体内容，内容详实，结构完整。

第三部分即第十七至十九条，阐释了请假流程、准假管理以及考勤管理等三个主要内容。

例文整体结构非常完整，逻辑清晰，层次鲜明，是一篇可借鉴的范文。

四、员工休假管理办法

（一）例文

员工请、休假管理办法

第一条　总则

为适应企业发展需要，加强员工管理工作，维护正常工作秩序，保障员工相关福利待遇，特制定本办法。

第二条　适用范围

本制度适用于公司所有员工。

第三条　参考法则

一、《中华人民共和国劳动法》；

二、《中华人民共和国劳动合同法》及相关政策法规。

第四条　休假

公司施行综合计算工时工作制。每月休假8天，法定节假日除外。休假时间由本单位根据工作情况自行安排。

第五条　假期分类

公司假期分为法定假日、事假、病假、婚假、丧假、工伤假、产假、年休假等。

第六条　假期规定

一、法定节假日

1. 根据国务院办公厅当年发出的通知精神，员工每年享有以下国家规定的节假日：

元旦，放假1天（1月1日）；

春节，放假3天（农历除夕、正月初一、初二）；

清明节，放假1天（农历清明当日）；

劳动节，放假1天（5月1日）；

端午节，放假1天（农历端午当日）；

中秋节，放假1天（农历中秋当日）；

国庆节，放假3天（10月1日、2日、3日）。

以上假期总计11天。

2. 在上述法定节日中休假薪资照付。

3. 法定假日内因工作需要加班或值班的，支付加班工资。

二、事假

1. 员工因私办事，在不影响工作的前提下，可以请事假，事假为无薪假，事假以天为计算单位。

2. 员工请事假每天的扣薪标准是：正常月工资总额/21.75天×请假天数。

3. 请事假超过5天的停发当月各项补助、补贴、年功（夜班补贴除外）。

4. 事假期间包括公休假和法定节假日（正常休假除外）。

5. 事假一次不能超过15天，全年累积不得超过30天。

三、病假

1. 员工因患病或非因工负伤无法上班请病假7天以内的（不含7天）的需出具由县级以上医院诊断及建休证明；超过7天（含7天）的需持市级以上医院出具的诊断及建休证明，由本单位负责人签署意见后附医院相关证明材料交综合管理部审核，后报公司主管人事副总经理审批。证明材料不全者按事假处理。

2. 病假工资规定、发放、计算。

（注：连续工龄指入本单位连续工龄；本人工资指：基础工资和岗位工资；本人工资标准指基础工资、岗位工资、绩效工资。）

（1）疾病休假工资标准：职工疾病或非因工负伤连续休假在6个月以内的，按下列标准支付疾病休假工资：

①连续工龄不满2年的，按本人工资的60%计发；

②连续工龄满2年不满4年的，按本人工资70%计发；

③连续工龄满4年不满6年的，按本人工资的80%计发；

④连续工龄满6年不满8年的，按本人工资的90%计发；

⑤连续工龄满8年及以上的，按本人工资的100%计发。

（2）职工因疾病或非因工负伤连续休假超过 6 个月的，停发疾病休假工资，由公司支付疾病救济费：

①连续工龄不满 1 年的，按本人工资的 40% 计发；

②连续工龄满 1 年不满 3 年的，按本人工资的 50% 计发；

③连续工龄满 3 年及以上的，按本人工资的 60% 计发。

（3）职工因疾病或非因工负伤休假非全月病假发放规定：

①连续工龄不满 2 年的，扣除本人工资标准日工资的 40%；

②连续工龄满 2 年不满 4 年的，扣除本人工资标准日工资的 30%；

③连续工龄满 4 年不满 6 年的，扣除本人工资标准日工资的 20%；

④连续工龄满 6 年不满 8 年的，扣除本人工资标准日工资的 10%；

⑤连续工龄满 8 年及以上的，不扣除工资。

（4）病假期间不再享有各类补贴、补助等。

四、婚假

1. 符合国家婚姻法，已办理结婚登记手续的员工，凭结婚证于请假日之前提出申请，经本单位负责人签署意见后同证明材料报综合管理部核批。可享受婚假 3 天的带薪假，晚婚员工（女年满 23 周岁，男年满 25 周岁）可延长至 15 天。超过规定的假期按事假处理。

2. 结婚男女双方不在一地工作的，可视路程远近，另给予 3～5 天的路程假，路程假由综合管理部核批。

3. 婚假含法定节假日在内。

4. 再婚的可享受 3 天带薪婚假，不能享受晚婚假。

五、丧假

员工亲属去世的，可按以下规定享有带薪假，超出天数按事假处理。

1. 员工父母、（养）继父母、配偶去世，给予 5 天丧假。

2. 员工配偶的父母、祖父母、子女去世给予 5 天丧假。

3. 员工兄弟姊妹去世，给予 3 天丧假。

4. 不在本地区，可视路程远近，另给予 3～5 天路程假，路程假由综合管理部核批。

六、工伤假

1. 员工因工负伤或患职业病，被劳动部门认定为工伤或视同工伤的，由综合管理部根据当地劳动部门制定的工伤管理办法来确定医疗期和工伤假时间。

2. 工伤假期间，工资待遇照发。

3. 员工发生事故伤害，所在单位应当自事故伤害发生之日以书面文件报公司综合管理部，办理相关工伤认定手续。因逾期未报，给公司造成经济损失的，由综合管理部做出处理意见，报呈总经理审批。

七、产假

1. 所在单位对怀孕 7 个月以上（含 7 个月）的女员工，应当根据具体情况在劳动时间内适当安排休息时间，不得安排从当日 22 时至次日 6 时之间的夜班劳动；

2. 女员工产假为 98 天，其中产前休假 15 天，产后休假 83 天；

3. 在女员工按规定享受产假期间，按月工资标准 100% 发放。

八、年休假

员工在公司每年享受带薪年休假（以下简称年休假）。员工在年休假期间月工资 100% 发放。规定如下：

1. 员工不满 1 年，年休假 5 天；

2. 员工累计工作 1 年以上 2 年以下，年休假 10 天；

3. 员工累计工作满 2 年的，年休假 15 天。

4. 单位根据生产、工作的具体情况，并考虑员工本人意愿，统筹安排员工年休假。年休假在 1 个年度内可以集中安排，也可以分段安排，不跨年度安排。

九、其他公假

员工依法参加其他社会活动等，可凭证明文件申请公假，经综合管理部审核后报公司总经理审批。

第七条　请假审批权限（正常休假不受此项规定）

一、员工请假时间在 5 天（含 5 天），由本单位、部门负责人事前书面批准。

二、员工请假时间大于 5 天小于 10 天的，由本单位、部门负责人签署意见后经综合管理部核准后，报公司分管领导、主管人事领导批准。

三、员工请假时间在 10 天或大于 10 天的，由本单位、部门负责人签署意见后经综合管理部核准后，报公司分管领导、主管人事领导和总经理批准。

四、请假核准权限

时间权限审批人	小于或等于 5 天	大于 5 天 ≦ 10 天	10 天以上
部门负责人	√	√	√
综合管理部		√	√
分管领导		√	√
主管人事领导		√	√
总经理			√

第八条　请、休假管理

一、请假天数以 1 天为计算单位。

二、事后补办请假者，每 1 个自然年内，不得超过 2 次，违者视为旷工。

三、各部门、单位负责人应根据工作情况审批员工的请假申请，凡请假理由不充分、弄虚作假或影响工作时，可按实际情况缩短、改期给假或不予给假。

四、请长病假（超过30天）、长事假（超过30天）、工伤假的人员假期完毕，请假人员须于上班当日持市级医院个人体检表，到综合管理部报到、销假。持由综合管理部出具的证明文件方可上岗。

五、未经事前书面批准私自休假者，除患病、受伤及特殊情况外，一律视为旷工。

第九条　请休假程序

一、请假人员应提前履行请假手续，并当面详细填写"请假申请单"按审批权限进行批准。

二、每月28日前，各单位考勤员汇总本单位员工请假情况，并填制"请假汇总表"（正常休假除外）并同"考勤表"由单位负责人签字盖章后，报综合管理部核查请假情况。

三、各单位所报"考勤表"原件要字迹清楚、不得涂改，不得弄虚作假，否则对其单位负责人及考勤员进行考核处理。

第十条　附则

一、本办法自发布之日起生效；

二、原公司相关规章制度，与本办法内有关内容发生冲突的，自动失效；

三、本办法解释权由公司综合管理部负责。

综合管理部
××年×月×日

请假汇总表								
单位：				负责人签字：				
序号	姓名	工种/岗位	请假事由	请假时间	销假时间	天数	备注	
1								
2								

（二）例文解析

休假制度，是为保障职工享有休息权而实行的定期休假的制度。根据劳动法等规定，现行休假制度包括的内容有：公休假日、法定节日、探亲假、年休假以及由于职业特点或其他特殊需要而规定的休假。按现行制度，各种休假日均带有工资。

例文即为企业员工请、休假制定的管理办法，主要包括了目的、适用范围、参考依据等规定，休假、假期分类、假期规定等具体内容，请假审批权限、请休假管理、请休假程序等程序性规定。

员工休假是劳动者一项重要的权利，例文第一部分第一条便交代了这种制度设计的目的和意义，即"为适应企业发展需要，加强员工管理工作，维护正常工作秩序，保障员工相关福利待遇"，进而使用"特制定本办法"的模式化语言引出下一部分的写作。第二条和第三条交代了行文的适用范围和依据，说明了制度设计的合理性与合法性。

第二部分主要针对请休假具体内容进行说明，条理清晰，行文流畅。

第三部分写明了请假审批权限、请休假管理及程序问题，为员工请休假提供了重要的程序保障。

结尾的附则部分做了补充说明，主要在制度的实施时间及解释权问题。

五、本节写作要点

1.开头要做到开篇明义。具体操作性文书，一定要做到开篇明义，即开篇讲明制度设计的目的、适用范围、主要依据等内容。这样制度方有了存在的重要根基。

2.主体要做到条目清晰。主体部分是文书的主要部分，一般制度的具体内容均在此处体现，这要求在写作过程中，必须做到条目清楚、逻辑严谨，所涉及的具体环节不可缺漏。

3.结尾要做到简洁明快。结尾部分是对实施时间、解释权限等补充问题的说明，重在简洁规范。

第四节　薪资、福利管理制度

一、薪资管理规定

（一）例文

××公司薪资管理办法

第一章　总　则

第一条　目的。

本公司为贯彻同工同酬、劳资两利的原则，以达到实行公平合理、简单确切的工资管理办法的目的，特制定本制度。

第二条　薪资原则。

员工薪金是以社会经济水平、公司支薪能力以及个人工作能力、工作经验、工龄、学历等作为依据发放。凡本公司员工的工资待遇，除有特殊情况之外，均应依照本制度办理。

第三条　薪资构成。

员工薪资由基本工资和绩效工资两部分构成，其中基本工资占月工资的70%，绩效工资占月工资的30%。

1. 基本工资是根据"职务价值"确定给付的范围，在此范围内再依"个人职能"核给固定工资。

2. 绩效工资是根据"职务价值"确定给付标准，再依个人工作绩效核给变动工资。

第四条　薪资形态。

员工工资以月薪制度为标准。

第五条　薪资结算日。

基本工资与绩效工资的计算期间以月底最后一天为结算日。

第六条　薪资支付日。

1. 薪资原则上在每月的15日支付，工资支付日遇休假日或星期例假日时，则提早于前一日发放，但若遇连续两日以上的休假时，则在销假上班后第一日发放。

2. 公司因不得已的理由而无法按期支付工资时，应于支付日的前五日早上公告通知员工。

第七条　薪资之扣除。

除依据法令之扣除额外，其住宿方面之相关费用也由薪资中扣除。

第二章 工资等级标准

第一条 初任工资。

1. 新进应届毕业生，原则上以进入公司时员工的最高学历来定级，其薪资等级按下列标准执行：

学历	工龄	职务	薪资等级	月薪
研究生	0	0	2B	2180
大学本科	0	0	1B	1728
大学专科	0	0	1E	1214

2. 非应届毕业生，则需综合考虑其所担任的职务，来公司以前的工作经历、能力、工龄（相关岗位工龄）等因素后确定。

第二条 职务工资。

1. 公司工资按职务分四个层次九个等，每等有五个级，等级标准如下：

级别	职务	基本工资（70%）	绩效工资（30%）	月薪	年薪	备注
高级						
9A	部长	8274	3546	11820	141840	
9B	部长	6895	2955	9850	118200	
9C		5516	2364	7880	94560	
9D	部长	4137	1773	5910	70920	
9E		2758	1182	3940	47280	
中高级						
8A		6665	2856	9521	114252	
8B		5630	2413	8043	96516	
8C	副部长	4596	1970	6566	78792	
8D		3555	1524	5079	60948	
8E		2521	1080	3601	43212	

续表

级别	职务	基本工资（70%）	绩效工资（30%）	月薪	年薪	备注
中高级						
7A	经理	5363	2298	7661	91932	
7B		4597	1970	6567	78804	
7C		3830	1642	5472	65664	
7D		3064	1313	4377	52524	
7E		2298	985	3283	39396	
中级						
6A	副经理	4309	1847	6156	73872	
6B		3751	1607	5358	64296	
6C		3192	1368	4560	54720	
6D		2633	1129	3762	45144	
6E		2075	889	2964	35568	
5A	主管	3458	1482	4940	59280	
5B		3059	1311	4370	52440	
5C		2660	1140	3800	45600	
5D		2261	969	3230	38760	
5E		1862	798	2660	31920	
初级						
4A	高级主办	2724	1167	3891	46692	
4B		2426	1040	3466	41592	
4C	高级主办	2128	912	3040	36480	
4D		1830	784	2614	31368	
4E		1532	657	2189	26268	
3A	中级主办	2145	919	3064	36768	
3B		1924	824	2748	32976	
3C		1702	730	2432	29184	
3D		1481	635	2116	25392	
3E		1260	540	1800	21600	

续表

级别	职务	基本工资（70%）	绩效工资（30%）	月薪	年薪	备注
初级						
2A	初级主办	1689	724	2413	28956	
2B		1526	654	2180	26160	
2C		1362	584	1946	23352	
2D		1198	514	1712	20544	
2E		1035	444	1479	17748	
1A		1330	570	1900	22800	
1B		1210	518	1728	20736	
1C		1090	467	1557	18684	
1D		970	416	1386	16632	
1E		850	364	1214	14568	

第三条 上表工资不包括补贴及奖金。

第四条 职位提升人员的工资不得低于原支给工资额。

第五条 销售部分。

一、公司根据各销售员的销售能力、工作业绩、出勤状况、工作态度等要素，将销售人员划分为一级、二级、三级三个等级。等级划分首先由销售经理考核，再呈报公司总经理确定。

一级：能够协助上级工作，对其他员工能起指导、监督作用的，具备优秀品格的模范员工。一级销售人员要有三年以上从事销售工作的经验，并且在近半年的销售工作中取得优异的成绩。

二级：有一年以上销售工作经验，工作努力，经验丰富，勇于承担责任的业务骨干。

三级：经过短期培训的其他员工。

二、销售人员薪资由基本工资（具体多少要列出来）+绩效工资+提成三部分构成。

三、薪资的支付时间和方法（略）。

第三章　岗位工资定级、转岗与提薪

第一条　公司视员工的工作表现于每年12月31日起实施提薪，原则上若无特别需要时，则不会临时提薪。以下三种情况不受上述时间限制：

一、因试用期合格后转为正式员工的工资定级；

二、因工作变动试用期后工资调整的；

三、对公司发展有突出贡献经总经理批准的。

第二条　提薪可分为两类：晋升提薪、年终提薪。

第三条　新进员工试用期按该岗位工资的最低工资起薪，试用期三个月，试用期满合格则执行该岗位工资的上一档或二档工资，不合格则延长试用期或予以解除劳动关系。

第四条　新进员工试用期如果在工作中有突出表现，需要提前结束试用期的，由主管部门上交书面材料至人事行政科，人事行政科负责审定汇总，交公司总经理审核批准后方可执行。

第五条　岗位异动人员，由现部门提交有调动原因及原部门签署意见的书面材料至人事行政科，人事行政科负责审核汇总。调动核准程序按××文件执行。

第六条　当出现下列情况之一者，丧失提薪资格：

一、录用不满一年；

二、因公之外的原因而缺勤合计数达45天以上者；

三、该年度受惩戒处分者；

四、正在提退职（含辞退、辞职、开除、自动离职）申请者；

五、其他经人事行政科评定认为不具备提薪资格者。

第七条　提薪标准（略）

第四章　薪资保密管理

第一条　本中心为鼓励各级员工恪尽职守，且能为中心盈利与发展积极作贡献，实施以贡献、工作能力论酬的薪资制度，为培养以贡献争取高薪的风气，以及避免优秀人员遭嫉妒，特推行薪资保密管理办法。

第二条　各级领导应要求所属人员不探询他人薪资，不评论他人薪资，以工作表现争取高薪。

第三条　各级人员的薪资除人事行政科主办核薪人员、发薪人员和各级直属领导外，一律保密，如有违反，处罚如下：

一、主办核薪及发薪人员，非经批准，不得私自外泄任何人薪资，如有泄漏事件，另调他职；

二、探询他人薪资者，扣发当月1/3绩效工资；

三、吐露本身薪资或评论他人薪资者，扣发当月2/3绩效工资，如因而招惹是非者视情节严重性扣发当月奖金或予以停职处分。

第四条　薪资计算如有不明之处，报经直属主管向人事行政科查明处理，不得自行理论。

第五章 附 则

第一条 本细则与国家有关法律不符的，以国家法律法规为准。

第二条 本制度自公布之日实施，执行中的有关问题由人事行政科负责解释。

（二）例文解析

薪资管理是指企业制定的合理的工资发放制度及系统，包括不同员工的薪资标准、薪资的明确组成部分、发放薪资的政策、薪资发放办法和原则、对该员工工作评价制度和薪资评价制度等。薪资管理针对不同的企业有不同的模式，薪资管理是企业管理的重要组成部分。

合理的薪资体系有助于构建一个科学合理的组织人员体系，也可以更好地激励员工为组织绩效做出贡献。因此，薪资管理制度对于企业来说十分重要。

例文是一篇完整的薪资制度管理规定，通过五章内容构建起了完整的薪资体系。

第一章总则部分，阐释了目的、薪资原则、薪资构成、薪资形态、薪资结算日和支付日以及薪资的扣除等七条内容，完整地说明了薪资管理的基础性问题。

第二章工资等级标准，涵盖了初任工资、职务工资、补贴奖金说明、工资提升额说明以及销售人员工资情况，合理的薪资应做到区分工种、职级、工作性质，同时薪资设计要有针对性和激励性，例文在这一部分很好地做到了这一点。

第三章岗位工资定级、转岗与调薪部分，对员工关系转换所带来的薪资问题进行了解释。

第四章薪资保密管理，其制度设计的目的是维护和谐的员工关系，保证薪酬体系的激励作用。

第五章附则，对制度做了补充说明。重点地说明了实施时间及解释权限问题。

二、津贴管理制度

（一）例文

员工津贴管理制度

第一章 总 则

第一条 目的

为明确企业津贴给付的标准，规范津贴给付的程序，特制定本制度。

第二条 责权单位

一、人力资源部负责制定企业的津贴标准，并负责修改、解释、废止等工作。

二、总经理负责对本制度进行审批，审批通过后本制度正式实施。

第二章　高温津贴

第三条　根据工作时间长短的不同，分别设立不同的津贴给付标准，如表1所示。

表1　高温津贴给付标准一览表

高温津贴给付标准	工作环境津贴标准
高温环境下工作5～6小时/天	每人每月150元
高温环境下工作3～5小时/天（包括5小时）	每人每月120元
高温环境下工作3小时及以下	每人每月80元

第三章　住房津贴

第四条　适用范围

适用于不在企业住宅、宿舍及其他企业提供的设施居住的企业员工。

第五条　津贴发放

津贴连同员工工资一同发放，其发放标准如表2所示。

表2　住房津贴给付标准一览表

员工类别	津贴给付标准
本人是户主有抚养家属	租借房屋：每月津贴400元 自有房屋：每月津贴200元
无抚养家属（单身）	租借房屋：每月津贴300元 自有房屋：每月津贴150元
本人不是户主所抚养家属是户主时	租借房屋：每月津贴300元 自有房屋：每月津贴150元
所抚养家属不是户主时	租借房屋：每月津贴200元 自有房屋：每月津贴100元
无抚养家属	租借房屋：每月津贴150元 自有房屋：每月津贴100元
购、建私房津贴本人是户主	有抚养家属者：以500元为限 无抚养家属者：以300元为限
本人不是户主	有抚养家属者：以400元为限 无抚养家属者：以200元为限

第六条　相关资料的调查

企业在审核员工提交的有关资料时，根据需要，可要求员工进一步提交有关辅助资料（如租房契约、交房租收据等），对事实进行确认性调查。

第七条　住房津贴的停止享用

员工离职的当月，则不再享受企业提供的住房津贴。

第四章　午餐补助

第八条　适用范围

因工作原因而不能到企业食堂就餐的员工。

第九条　午餐补助的发放

一、每天午餐补贴×元。

二、伙食补贴每月结算一次，按实际出勤天数乘以每天的伙食补助标准支付。

第五章　交通津贴

第十条　适用范围

适用于不在企业提供的宿舍住宿，需要乘坐交通工具上下班的员工。

第十一条　发放标准

发放标准根据员工职务的不同而有所不同，其标准如表3所示。

表3　不同人员津贴发放标准表

员工类别	津贴标准（元）
高层管理者（1~3级）	400
中层管理者（4~7级）	200
基层管理者（8~9级）	100
一般员工	50

第六章　其他津贴

第十二条　节假日补贴，每逢"五一""中秋""十一""春节"节日，企业为员工发放一定的过节费。其发放标准如表4所示。

表4　节假日津贴发放标准

节假日	补贴标准（元）
劳动节	100
国庆节	100
中秋节	100
春节	500~1000元不等

第七章 附 则

第十三条 其他本制度未包括的各类补贴津贴,根据企业经营的需要再另行设置。

(二)例文解析

津贴是对劳动者在特殊条件下的额外劳动消耗或额外费用支出给予补偿的一种工资形式。津贴分配的唯一依据是劳动所处的环境和条件的优劣,而不与劳动者劳动的技术业务水平及劳动成果直接对应和联系。津贴不与技术业务水平及成果直接联系,这就决定了它是一种补充性的工资分配形式。津贴具有很强的针对性。津贴具有相对均等分配的特点。

例文即为一篇津贴管理规定,体现了津贴作为补充性工资分配的特点。

从写法上看,例文采取了总分的形式,开篇交代目的和权责单位,进而分别说明了高温津贴、住房津贴、午餐补助、交通津贴、其他津贴等具体津贴内容,最后附则部分做了灵活条款的设置。整体结构完整,内容充实。

三、员工健康安全福利制度

(一)例文

公司员工健康安全福利制度

第一章 员工健康检查规定

第一条 为使本公司员工具备良好的身体素质,预防各种疾病,从而能正常地为公司服务,特制定员工健康检查规定。

第二条 本公司员工健康检查,每年举办一次,有关检查事项由人力资源部办理。

第三条 一般检查由人力资源部负责与市立医院接洽时间,员工分别至该医院接受检查。工厂由人力资源部接洽医师至厂内检查。

第四条 ×光摄影由人力资源部与防病中心接洽时间,公司派往返车请其至公司或工厂办理。经防病中心通知必须进一步检查者,应前往指定医院摄大张×光片,以助判断疾病。

第五条 有关费用概由各部门负担。

第六条 经诊断确有疾病者,应尽早治疗。如有严重病况时,由公司出面令其停止继续工作,返家休养或前往劳保指定医院治疗。

第七条　人力资源部每年年终应就检查的疾病名称、人数及治疗情形等做统计，以作制定有效措施及改善卫生的参考。

第二章　员工医疗补贴规定

第八条　为保障员工的身体健康，促使医疗保健落到实处，特制定本规定。

第九条　凡在本公司就业的正式员工每人每月补贴医药费40元。

第十条　凡在本公司就业的试用人员及临时工每人每月补贴30元。

第十一条　正式员工因病住院，其住院的医疗费凭区以上医院出具的住院病历及收费收据，经公司有关领导批准方可报销。报销时应扣除本年度应发医药补贴费，超支部分予以报销，批准权限如下：

1. 收据金额在5000元以内由财务经理审核，主管、副总经理批准。
2. 收据金额在5000元至20000元的由财务经理审核，总经理批准。
3. 收据金额在20000元以上，由主管、副总经理审核，总经理批准。

第十二条　试用人员、临时工因病住院，其住院的医疗费用按照扣除当年医药补贴后，超支部分按60%报销。

第十三条　员工因工负伤住院治疗，其报销办法同第十一条。

第十四条　由公司安排的员工每年例行身体健康检查，其费用由公司报销。

第十五条　医疗费补贴由劳资部每月造册，并通知财务部发放。

第三章　门诊医药费补贴规定

第十六条　本公司为加强员工福利，及时对员工各种疾病进行治疗，从而达到员工生活安定、工作效率提高的目的，特制定本规定。

第十七条　本公司正式雇用的员工适用本办法。

第十八条　员工及其家属自员工离职日及留职停薪日起丧失此补贴权益。

第十九条　凡本公司员工患伤病住院接受治疗时，由福利委员会补助其医药费50%。

第二十条　本公司员工看病时，由员工本人先行垫付医药费，同时填具医院门诊医药费证明单（公司印备），并请医院盖章，然后依据该证明单向福利委员会申请医药补助费。如医师开处方至药房购药者，依据医师处方及药房收据申请补助费。

第二十一条　员工由劳工保险费负担医药费者，不予补助，但超过劳保标准，自付医药费部分有医院收据或证明者，不在此限。

第二十二条　员工因美容、外科、义肢、义眼、义齿、接生及其他附带治疗、输血、证件费均不得申请补助。但因紧急伤病，经医院诊断必须输血者，不在此限。

第四章　伤病、重大灾害及丧葬补助规定

第二十三条　本公司员工福利委员会为加强员工福利，增进其生活保障，特制定本规定。

第二十四条　本公司正式雇用的员工，自到职之日起至离职之日止，所发生的事实，分别引用本规定条款申请补助费。

第二十五条　员工应填具申请书，并检附住院证明书及医疗费用单据，提送员工福利委员会申请补助。

第二十六条　伤病补助费的给付标准如下：

员工可以申请补助保险机构给付津贴的全部医疗费用，但自第一次住院日起1年内，其累积总额以3000元为限。

第二十七条　本人如因施行整容、整形或违反生理的手术等，均不得申请补助。

第二十八条　申请水灾、火灾、风灾、地震或其他不可抗力的重大灾害补助费，需由员工于灾害发生后，填具申请书，并检附本公司同事2个证明文件，提交职工福利委员会核定。

第二十九条　重大灾害补助的给付，须由本会委员2人查明实际受害情形后，核定补助金额。但最多以5000元为限。

第三十条　申请丧葬补助费应由申请人于事实发生后，填具申请书，并附户籍誊本、死亡证明书，提送福利委员会核发。

第三十一条　丧葬补助费给付标准如下：

1. 本人补助5000元。
2. 配偶或其直系血亲每人补助1000元。

第三十二条　丧葬补助费的受益人，如无特别指定，（指定受益人须由员工本人自动向福利委员会登记）其顺序如下：

1. 配偶。
2. 子女。
3. 父母。

第三十三条　申请各项补助费，如发现有伪造证件冒领等情况应追回已领款项。

第三十四条　本规定中所述的重大灾害的范围，经员工福利委员会决议，依照下列规定办理：

1. 员工所有的房屋因不可抗力的重大灾害者始得申请重大灾害补助费。
2. 因工作关系，必须迁移而另外租屋，但其原所有房屋租给他人，遇重大灾害时，可申请补助费。

第五章 员工工伤补助费给付规定

第三十五条 本公司为加强员工福利,使因公而负伤的员工得到及时治疗,以安定员工及其家属的生活,并使员工免去后顾之忧,尽早恢复工作,特制定本规定。

第三十六条 工伤补助费的给付方式:

1. 医疗给付。
2. 残废给付。

第三十七条 医疗给付员工因工受伤急需医疗者,应发给医疗补助费。

第三十八条 已参加劳工保险的员工,因公受伤者可由公司补助下列医疗费用:

1. 负伤员工于送往劳保局指定医院前,因情况危急先行送往就近医院治疗者,其所付费用。
2. 急救所做紧急处理,如输血或特效针药等费用。
3. 主治医师认为必需的针药,而劳保不能给付者。

第三十九条 因受劳工保险有关规定的限制不能参加劳保的员工,其医疗费用的给付比照劳保规定由公司发给。

第四十条 残废给付员工因公受伤经医疗后诊断为残废者,依照本公司退休办法的规定给付退休金。

第四十一条 临时及试用人员不适用本规定,但视实际情况酌情给予补助。

第六章 附 则

第四十二条 本制度经公司总经理办公会议通过后施行,修改时亦同。

(二)例文解析

员工福利计划是指企业为员工提供的非工资收入福利的综合计划。所包含的项目内容可由各企业根据其自身实际情况加以选择和实施。而且福利计划越来越成为获取员工贡献和忠诚的重要因素。

例文选取了健康安全这一制度进行讲解,也属于员工健康福利的一部分。因此在叙述过程中重在健康安全领域。从内容上看,包括员工健康检查规定、员工医疗补贴规定、门诊医药费补贴规定、伤病重大灾害及丧葬补助规定、员工工伤补助费给付规定等五个方面,均详细地说明了每一种情况的补助条件和补助费用情况。

结尾使用了标准的说明式结尾,即说明了制度的施行时间。

四、员工工伤管理规定

（一）例文

××公司员工工伤管理制度

第一条 为保障劳动者因工伤残获得医疗救治和经济补偿，并结合公司实际，制定本条例。

第二条 工伤保险工作应当贯彻安全第一、预防为主的方针。

第三条 各部门必须严格执行公司制定的各项安全、卫生规程和标准，预防工伤事故发生。

第四条 本规定责权部门为品质管理部。

第五条 职工有依法享受工伤保险待遇的权利。

一、公司根据员工入职时所提供的个人资料，为员工购买人身意外伤害险和人身意外伤害医疗险。员工必须提供真实、可靠的个人资料，以便公司购买保险。

二、若员工本人所提供的个人资料是虚假的，后果由员工本人承担。品管部应对入职员工的个人资料进行核实。

三、异地入职的员工个人资料需由部门经理及时向公司品管部传递，因路途遥远而无法将原始资料上交到品管部的，主管人员必须将员工个人资料制作成文本格式，使用电子邮件发往品管部邮箱，并提醒品管部查收。否则中间出现的险情将由部门主管人员承担相应责任。

第六条 工伤投保费用由公司统一支付。员工不需支付费用。

第七条 职工有下列情形之一的，应当认定为工伤：

一、在工作时间和工作场所内，因工作原因受到事故伤害的；

二、工作时间前后在工作场所内，从事与工作有关的预备性或者收尾性工作受到事故伤害的；

三、在工作时间和工作场所内，因履行工作职责受到暴力等意外伤害的；

四、入职公司后患职业病的；

五、因工外出期间，由于工作原因受到伤害或者发生事故下落不明的；

六、在上下班途中，受到机动车事故伤害的；

七、法律、行政法规规定应当认定为工伤的其他情形。

第八条 职工有下列情形之一的，不得认定为工伤或者视同工伤：

一、因犯罪或者违反治安管理伤亡的；

二、醉酒导致伤亡的；

三、自残或者自杀的；

四、因不服从领导指派安排而发生的伤亡事故；

五、未经任何授权、许可便擅自行事而发生的伤亡事故；

六、违反工作或操作流程而发生的伤亡事故；

七、从事不利于公司经营发展的工作而在工作场所发生的伤亡事故；

八、国家法律法规规定的其他情形。

第九条　发生工伤事故时，现场负责人必须第一时间向品管部通报情况，并及时采取措施。措施有：

一、涉及公安、交警部门的事件必须第一时间报警；

二、发生伤患情况，应立即护送受伤人员到附近医院就诊。

第十条　各部门负责人为出现工伤事故时的第一指挥人。部门负责人因客观情况无法到达现场的，由现场最高职务人员负责指挥。

第十一条　工伤申报：

一、在本部门所辖范围内，本部门所管辖的员工发生的一切工伤、安全事故，不受时间限制。

二、提交材料如下：

1. 逐级主管人员填写"员工工伤确认表"；

2. 员工户籍证明及身份证明；

3. 县级以上公立医院或保险公司或公司认可的医疗机构出具的医疗诊断证明；

4. 病历；

5. 医疗、医药费原始单据；

6. 费用结算明细表；

7. 交通、伙食费原始单据；

8. 其他应补充材料。

第十二条　工伤的种类：按安全事故的严重程度，工伤事故为轻伤、重伤、死亡等种类。确定为工伤后，将事故分为非本人不可抗因素所致与个人有一定操作失误责任两种情况。治疗工伤所需费用应符合工伤保险诊疗项目目录、工伤保险药品目录、工伤保险住院服务标准。

第十三条　医疗补偿标准及工资、待遇：

一、事故非本人不可抗因素所致，或非本人过失所致：

类别	伤情程度	医疗期公司负担的医疗费用	工资及待遇
轻伤 一般为皮外伤	7天以内承担	100%的治疗费	100%的按岗位工资

第二章　人力资源管理制度

续表

类别	伤情程度	医疗期公司负担的医疗费用	工资及待遇
轻伤 一般为皮外伤	7~30 天	100% 的治疗费	100% 的按岗位工资
	30 天以上		100% 的按岗位工资
重伤 一般为头部、胸部重伤、骨折	1~2 个月	一次性支付一定的费用	100% 的按岗位工资
	2~6 个月		100% 的按岗位工资
	6 个月以上		100% 的按岗位工资，解除劳动关系
死亡、因抢救无效而死亡		承担相应的抢救费用	参照国家工伤规定一次性抚恤补偿标准执行

二、事故因本人过失或操作不符合操作规程所致：

类别	伤情程度	医疗期公司负担的医疗费用	工资及待遇
轻伤 一般为皮外伤	7 天以内	不计	80% 的岗位工资
	7~30 天		60% 的岗位工资
	30~60 天		40% 的岗位工资
重伤 一般为头部、胸部重伤、骨折	1~2 个月	承担 50% 的治疗费	80% 的岗位工资
	2~6 个月		60% 的岗位工资，痊愈后仍可到公司上班
	6 个月以上		享受 60% 的基本工资，解除劳动关系
死亡、因抢救无效而死亡		承担相应比例（≤80%）的抢救费用	参照国家工伤规定一次性抚恤补偿标准执行

注：

①公司负担的医疗费用是指由保险公司理赔之后的差余额部分的工伤医疗费用。

②事故非不可抗因素所致，或非本人过失所致的住院治疗伙食费按当地因公出差伙食补助标准支付百分之七十；事故因本人过失或操作不符合操作规程所致的住院治疗伙食费按当地因公出差伙食补助标准支付百分之三十。

第十四条　员工因工作原因而与公司以外的人、物发生冲突后导致工伤，所发生的民事、刑事纠纷将由公司委托律师进行处理解决。对方所赔偿费用必须上交公司。

第十五条　员工发生工伤事故时，住院医疗所发生的费用第一时间从公司的财务中支出，待保险公司理赔过后进行结算。

第十六条　工伤职工有下列情形之一的，停止享受工伤保险待遇：

一、丧失享受待遇条件的；

二、拒不接受劳动能力鉴定的；

三、拒绝治疗的；

四、被判刑正在收监执行的。

第十七条　工伤人员及其亲属，因工伤保险事项与其用人单位发生争议的，按照公司相关管理条例处理，调解不成的，按照劳动争议的判决处理。

第十八条　本规定自颁布之日起实施。

（二）例文解析

工伤亦称"公伤"、"因工负伤"，指职工在生产劳动或工作中负伤。根据国家规定，执行日常工作及企业行政方面临时指定或同意的工作，从事紧急情况下虽未经企业行政指定但与企业有利的工作，以及从事发明或技术改进工作而负伤者，均为工伤。根据我国相关法律规定，工人与职员因工负伤，其全部诊疗费、药费、住院费、住院时的膳食费与就医路费均由企业行政负担，医疗期间工资照发。确定为残废时，视其残疾程度，由劳动保险费中按月付给因工残疾抚恤费或因工残疾补助费。

例文即为公司工伤管理规定，总体上分为三大部分：

第一部分即第一条至第六条，说明了规定的目的、工伤处理原则、权责部门、职工权利、费用问题。从总体上对工伤进行了说明。

第二部分即第七条至第十七条，阐释了工伤的认定、现场责任人及处置、工伤申报及待遇确定、停发待遇与争议事项等问题，从工伤的流程上进行了阐释。

第三部分即第十八条，采用了说明式结尾，交代了规定的实施时间。

五、员工抚恤办法

（一）例文

员工抚恤办法

第一条　本公司员工凡不能参加劳工保险或人寿保险者，抚恤办法悉按照本办法执行。

第二条　本办法不适用于临时、特约顾问、特聘等非正式员工。

第三条　凡因执行职务而致工伤，一时不能工作者，在其医疗期间，按月发给全部薪金但以 24 个月为限。

第四条　在职死亡，按照下列规定给予一次性抚恤金：

1. 服务未满 1 年者，给予 1 万元；

2. 服务 1 年以上未满 2 年者，给予 2 万元；

3. 服务 2 年以上未满 3 年者，给予 3 万元；

4. 服务 3 年以上未满 4 年者，给予 4 万元；

5. 服务 4 年以上未满 10 年者，给予 5 万元；

6. 服务 10 年以上者，给予 6 万元。

第五条　凡因下列情形之一，而致因伤死亡者，除照第四条办理外，得由直属主管叙明事实，呈报总经理核定，另行酌给特别抚恤金，但以 5 个月薪金为限：

1. 明知危险而奋勇抢救同仁或公物者；

2. 不顾个人生命危险，尽忠职守抵抗强暴者；

3. 于危险地点或危险时期工作尽忠职守者。

第六条　因超出病假期限而受停薪留职期间内病故者，得按在职死亡请恤，但在停薪留职后 6 个月内为限。

第七条　遗属请领抚恤时，应检具死亡证明书及户籍誊本各 1 分，继承人以分配顺序表及同意书件等随同申请表送交人事单位。

第八条　抚恤申请表应由人事、会计两单位审查签证后呈奉核准后发给。

第九条　受领抚恤金的遗属，须备有证明文件，受领抚恤金的顺序如下：

1. 配偶；

2. 直系血统的子女；

3. 父母；

4. 祖父母；

5. 孙子女；

6. 兄弟姊妹。

第十条　死亡者若无遗属或遗属居住远方，不能赶到、无法亲自埋葬时，由公司指定人员代为埋葬，其费用在应给的抚恤金内支用。

第十一条　申请抚恤金应在死亡后 3 个月内申请，但遇有人力不可抗拒的事故时，得准予延长。

第十二条　本细则呈奉董事会核定后施行，修正时亦同。

（二）例文解析

抚恤制度是针对员工伤残或死亡而设计的保障制度，一般以抚恤金的形式进行。抚恤金是发给伤残人员或死者家属的费用。享受抚恤金的人，必须符合两个条件：

一是死者的直系亲属，二是这些亲属主要依靠死者生前扶养。这两个条件必须同时具备，缺一不可。

例文是一篇完整的抚恤管理办法，内容上涉及了适用范围、抚恤标准、受理人、流程等内容，要素完备，体系完整。

六、本节写作要点

1.重视流程完备。薪资福利管理制度文书设计公司资金的使用与周转，因此必须做到谨慎使用。要做到谨慎，首先就是要保证流程的完备，包括条件的设定、程序的简化、意外情况的预判等。

2.体现人的价值。薪资福利制度须体现出人的价值，如工伤抚恤制度，员工已经受到了身体上的伤害，在流程上要充分考虑简化，体现出人文关怀。

3.做到要素齐全。薪酬福利制度的设计要素要齐全，如条件要素、程序要素、主体要素等。

扫一扫，获取本章例文

第三章
企业行政管理制度

　　行政管理工作广义上包括行政事务管理、办公事务管理两个方面；狭义上指以行政部为主，负责行政事务和办公事务。包括相关制度流程的制定和执行推动、日常办公事务管理、办公物品管理、公文文件管理、档案管理、会议管理、涉外事务管理，还涉及出差、财产设备、生活福利、车辆、安全卫生等。工作的最终目标是通过各种规章制度和人为努力使部门之间或者关系企业之间形成密切配合的关系，使整个公司在运作过程中成为一个高速并且稳定运转的整体。用合理的成本换来员工最高的工作积极性，提高工作效率完成公司目标发展任务。

　　企业行政管理工作，是企业发展的基础和运行保障，负责信息的收集和整理，并及时提供给管理者，是企业得到长远有意义的进步的前提。本章主要从企业行政管理部门的设置及工作内容等实际出发，将行政管理制度分为综合管理、档案管理、后勤管理、公关管理、安全管理、车辆管理等六个方面，并选取相关代表性制度规范进行解析。

第一节 综合管理制度

一、行政办公规范管理制度

（一）例文

××公司行政办公规范管理制度

第一条 为了规范公司的行政办公作风，维护公司形象，特制定本制度。

第二条 办公室规范。

1. 办公桌：桌面除公司购置案头用品及计算机外无其他物品。

2. 辅桌：桌面置文件盒、笔筒、书籍外，不准放其他物品。

3. 计算机：桌面呈45°角贴墙放置，横式主机置显示器下，竖式主机置桌面下。

4. 拖柜：置办公桌下左角或辅桌后部，面朝办公椅。

5. 垃圾篓：置辅桌后。

6. 饮水机：放指定地点，不得随意移动。

7. 报刊：必须上报架，或阅完后放入办公桌内。

8. 外衣手袋：请置挂于衣帽间或柜子内，严禁随意放在办公桌椅及地柜上。

第三条 卡座区规范

1. 办公桌：桌面除计算机、口杯、电话、文具外，不允许放其他物品，保持桌面物品摆放整齐，桌面干净；

2. 辅桌：放文件盒、少量工具书；

3. 提包/手袋：置员工抽屉或柜子内，严禁随意放置；

4. 计算机：计算机置办公桌前角；

5. 靠背、座椅不放任何物品，离开座位时摆好归位。

6. 卡座屏内：内外侧不允许有任何张贴；

7. 垃圾篓：罩塑料袋，置写字台下右前角。

第四条 仪表规范。

1. 头发：员工头发要经常清洗，保持清洁，男性员工头发不宜太长；

2. 指甲：指甲不能太长，应经常注意修剪。女性员工涂指甲油要尽量淡色，不宜戴假甲；

3. 胡子：不留胡须，应经常修剪；

4. 口腔：保持清洁，上班前不能喝酒或吃有异味食品；

5. 面部：女性员工化妆应给人清洁健康的印象，不能浓妆艳抹，不宜用香味浓烈的香水；男性职员应保持面部清洁；

6. 男性职员：在工作场所必须着西装，打领带；

①衬衫：颜色以白、灰、淡蓝为主，衬衫的领子与袖口不得有污秽；

②领带：注意与西装、衬衫颜色相配，原则上以黄、红、蓝为主调；

7. 女性员工：在工作场所着职业装（颜色以深色为主）不追求华丽。

第五条 姿势和动作规范。

1. 站姿：腰背挺直，胸膛自然，头微向下，不耸肩。在会见客户或出席仪式时的站立场合，或在长辈、上级面前，不得把手交叉抱在胸前。

2. 坐姿：坐下后应尽量坐端正，把双腿平行放好，不得傲慢地把腿向前伸或向后伸或俯视前方，要移动椅子的位置时应先把椅子放在应放的地方然后再坐。

3. 走姿：挺胸、收腹、沉肩、双臂自然摆动，不跨步、不跑步。

第六条 语言规范。

1. 交往语言：

（1）致敬或打招呼：您好！××您好！您早！早上好！早！晚！再见！

（2）请求协助或询问：请、请问、请您、劳驾您；

（3）表示感谢：多谢关照！谢谢！多谢！

（4）打扰别人：对不起！很抱歉！

2. 电话语言：

（1）您好，××公司，请问，您找谁？

（2）好的，您稍等。

（3）谢谢。

（4）再见。

3. 接待语言：

（1）您好！

（2）能为您做点什么吗？有什么可以帮您的吗？

（3）请登记！

（4）请稍候！

（5）我先通报一下。

（6）请坐！

（7）对不起。

（8）我立即去联系。

（9）打扰您一下！

（10）好的或行。

（11）我帮您打听一下，待会给您回复。

第七条 行为规范。

1. 严格遵守考勤制度，不迟到、不早退。

2. 不论任何原因，不得代人刷卡。

3. 请病假如无假条，一律认同为事假。

4. 坚守工作岗位，严禁工作时间串岗，大声喧哗、谈笑。

5. 上班时间不要看报纸、玩游戏或做与工作无关的事情。

6. 严禁上班时间吃零食。

7. 严禁在整个工作区域吸烟，吸烟请到吸烟室。

8. 上班时间，不要在办公室化妆、修指甲、剔牙、挖耳朵、伸懒腰，禁止女性穿低胸等过于暴露衣装及穿拖鞋上班。

9. 讲究卫生，维护环境的清洁，不准随地吐痰、倒水，不准乱扔纸屑、杂物。

10. 办公桌上应保持整洁并注意办公室的安静。

11. 工作时间不得因私事打公司长途电话。

12. 不得随意使用其他部门的计算机，私客未经相关人员批准，不准使用公司计算机。

13. 谨慎保管好各自的办公用品，未经同意，不得擅自使用他人物品；借用他人物品要及时归还原处，不要将公司的烟缸、茶杯、文具等一切公物，带回家私用。

14. 接待来访和业务洽谈，请在接待室或会议室进行，私客不得在卡座区停留。

15. 使用接待室和会议室，要事先到办公室登记。

16. 接待客人时面带微笑，与宾客谈话时站立端正，讲究礼貌，用心聆听，不抢话插话，不争辩。

17. 爱护办公财产，正确操作办公设备设施，节约使用办公物用品、器材和耗材。未经领导批准和部门主管授意，不要索取、打印、复印其他部门的资料。

18. 因故临时外出，必须请示部门主管；各部门全体外出，必须通知行政部。

19. 下班后切断所用电源，检查门窗是否关好，以免发生意外。

20. 严格遵守公司各项规章管理制度。

第八条 本规范从×年×月×日开始执行，望全体员工自觉遵守。办公室即日起将实施监督与检查。

（二）例文解析

办公规范管理主要是为了树立公司形象，树立工作作风，一般会涉及两个方面，即办公场所和员工个人。例文便很好地体现了这一点，办公场所涉及办公室和卡座区规范，员工个人涉及仪表、语言、行为规范，内容完备。从行文上看，文章开篇交代行文目的，进而使用"特制定本制度"引出例文的主体部分，即对办公场所和员工个人的规范内容。最后结尾使用了说明式和号召式结尾相结合的形式，说明了执行时间、职责部门，同时也发出号召"望全体员工自觉遵守"。

二、企业文化管理制度

（一）例文

××公司文化管理制度

第一条　为加强公司文化管理，塑造推动公司发展的企业文化，规范企业文化建设管理工作，培育良好的企业文化氛围，促进企业文化建设工作健康有序发展，鼓舞和激励公司员工，特制定本制度。

第二条　本制度适用于对公司企业文化的执行管理。

本制度对公司企业文化管理的内容与实施做出规定，是公司开展企业文化工作的依据。

第三条　企业文化主要分为三个层面上的文化：

一、精神文化层面。其是企业的思想，是员工心的认识，是企业的信仰、追求，对内起到聚合员工之心，对外起到聚合客户之心的作用。它是以企业发展之根本为出发点的文化设计：具体指企业宗旨、企业目标，以企业怎样才能求生存为出发点的文化设计；具体指企业精神、企业价值观、企业作风、企业经营理念、企业生存理念和企业竞争理念。

二、制度文化层面。其是企业员工在具体工作中应用的文化，是员工心智的思考模式，是企业制度内涵真正被员工心理接受，并自觉遵守的结果，它对企业员工起到规范的作用。它表现于公司员工在做事中的文化设计：管理理念、营销理念、服务理念、品牌理念、投资理念、质量理念、成本理念、人才理念和培训理念；顾客行为的文化：领导行为规范和员工行为规范。

三、物质文化层面。其是企业工作环境中融入的文化，是文化由外而内的促进方式，同时也是企业精神文化、制度文化，以及自己独特个性的体现。它主要表现在：便签、表格、纸张、制服、广告设计、赠品等方面。

第四条　公司所有员工负责本公司企业文化的维护和贯彻执行。

第五条　各部门主管负责本制度的确认执行，总经办负责本制度的编制、审核、监督执行。

第六条 公司各种规章制度是企业文化执行的基础，是企业文化得以贯彻实施的基本保障，公司员工应该严格遵照执行，若有违反，按相关规定予以处罚。

第七条 要树立人力资源理念。人力资源管理的基本准则是公平、公正和公开。人力资源是公司成长的最基本的要素，公司要发展的首要目标是提高员工素质，开拓员工职业发展空间，提高员工工作积极性。

提高员工素质要从员工的招聘管理开始，具体操作见《员工招聘作业管理制度》及《员工培训作业管理制度》。

加强员工工作积极性就必然要从员工激励及员工的自我职业生涯发展做起，让员工充分发挥其价值，同时也得到合理评价并获得科学的回报。具体操作见《员工职业生涯发展管理制度》及《员工绩效考核管理制度》。

第八条 规范员工文明礼仪规范管理。

一、员工之间每天早上应相互问好，且应面带微笑。我们的微笑并不只是做给客户看的，它应该是发自内心的。

二、办公室电话接听应面待微笑，并使用礼貌用语如："您好！××公司"（外部电话），"您好！××部门"，"您好！××"。电话另一端的人是可以从你的语气或语速中感受到你心情的。

三、电话接听人不在时，代接人员应问明对方的姓名、单位、电话号码或事由，然后转告相关人员，或通知相关人员给对方回电话。

四、平时工作当中需安何事帮助时，业当用"请"、"谢谢"、"辛苦了"等礼貌用语以示对同事提供帮助的感谢，这样可以为我们的工作营造一个宽松而又温暖的环境。

五、有外来人员来访时，接待人员应该主动问好，并上前询问客人的身份、意图等，并请客人在会客室等待，倒上茶水，再通知相关人员，并做好引见工作。

第九条 建立营销管理理念。质量就是信誉，服务就是生命，品牌就是价值，市场就是先机，环环相扣，相互关联。这是我们公司企业文化当中非常重要的一环，是我们企业得以持续发展的基本保障。

第十条 完善生产理念。在有效的成本控制下，在提高员工工作效率、加强生产技术和生产效率的同时，实施对生产过程中安全的全面监控和安全关键设施的建设和维护。

第十一条 完善企业文化宣传工作。企业文化宣传栏是公司对内对外的窗口，也是公司员工了解公司动态、决策的窗口。

文化宣传栏可以设置但不限于以下项目：

（一）公司简介。其是对公司发展情况的基本介绍，是让新进员工以及外来人员了解公司的一个窗口，由总公司企管部负责提供，并每半年调整一次。

（二）总经理致辞。其体现了总经理对公司过去的总结，对公司未来的规划以及对公司员工的期盼。由公司总经理负责提供，并每半年调整一次。

（三）公司大事记及荣誉。其是公司发展历史的记录，是员工荣誉感的源泉。由公司行政管理部负责记录并提供，并每半年更新一次。

（四）公司组织架构及人力资源。其是公司的基本架构及公司的基本人员情况，也是新进员工了解公司、熟悉公司的一种渠道，由总公司人力资源部负责提供，总公司企管部协助制定，并根据公司人员变动情况，每半年更新一次。

（五）公司动态栏。其是关于公司近期发展目标及规划，以及公司高层决策基本情况的体现，是公司所有员工了解公司决策、制定自我工作方向的一个基准。由公司行政管理部负责提供并及时更新。

（六）通告、通知栏。其是公司最新的决议事项，是员工及时了解公司相关政策、决定的通道。由总裁公司行政管理部负责提供并及时更新。

（七）其他专栏。

第十二条　把企业文化的核心观念写成标语，张贴于企业显要位置。

张贴企业文化宣传标语应注意以下几点：

（一）标语应贴于人流较多的地方。

（二）标语制作应美观大方。美观的标语易于形成愉悦的心情，易于使人接受，颜色宜选绿色、蓝色、鹅黄色等颜色为好，白底黑字的标语视觉效果不好，不宜提倡。

（三）标语内容要重复。应在不同的地方出现同一内容的标语，但其颜色最好应不一样，字体也可以不一样，重复可以提高理念的接受程度。

（四）标语内容应突出重点。标语内容不能太多，应突出重点，如果企业文化的内容全写成标语，难免让人眼花缭乱，印象不深。

（五）标语应定期更新。标语一旦陈旧，易给人形成一种败落之感，反而起不到振奋人心的作用。

第十三条　加强网络宣传，网络宣传是公司对外形象宣传的方式，在信息高速发展的现在，网络宣传已经成为每一个公司企业文化宣传不可或缺的一部分。同时网络也可以作为员工与高层管理者交流的一个通道，我们可以设置总经理与员工交流版，员工可以用不计名的方式提出自己的一些想法和建议。

以上由总公司公司网络信息部门负责策划并更新。

第十四条　广泛开展各种文体活动。文体活动指唱歌、跳舞、体育比赛、国庆晚会、元旦晚会等，在这些活动中可以把企业文化的价值观贯穿进行。比如唱歌内容可以是歌颂公司的先进人员的敬业精神，晚会中的小品可以围绕着成本观念如何重要来组织，体育比赛则体现了一种奋斗向上的竞争精神，舞会的主题是团结协作多么重要。如是国庆晚会、元旦晚会还要穿插表扬先进或请典型人物作报告等。用文体来建设企业文化要生动有趣，富有艺术性。企业文化的内容应巧妙而不是生硬地穿插其中，让员工在欣赏节目中不知不觉地接受企业文化的理念。

第十五条　开展互评运动。所谓互评运动是员工对照企业文化要求当众评价同事工作状态，也当众评价自己做得如何，并由同事评价自己做得如何，通过互评运动，摆明矛盾、消除分歧、改正缺点、发扬优点、明辨是非，以达到工作状态的优化。

开展互评工作一般应先做动员工作，号召大家打破情面观念，先安排杰出分子率先作出表率、带动气氛。在某些情况下还可以使用一些辅助手段，比如互评之前宣布要对老好人记录或给予处罚。

第十六条　树先进典型。给员工树立了一种形象化的行为标准和观念标志，通过典型员工可形象具体地明白"何为工作积极""何为工作主动""何为敬业精神"、"何为成本观念""何为效率高"，从而提升员工的行为。

树典型应注意以下几条：

（一）典型应是真实的，而不应认为是制造出来的假典型，虚假的典型会有巨大的反作用。

（二）典型要有稳定性，不能今天是典型，明天就不是了。

（三）对典型要不断地教育培养，纠正典型在工作上的错误，使典型更加高大。另一方要注意爱护典型，勿使其心理压力过大。

第十七条　其他未尽事宜参照公司其他制度执行。

（二）例文解析

企业文化是在一定的条件下，企业生产经营和管理活动中所创造的具有该企业特色的精神财富和物质形态。它包括企业愿景、文化观念、价值观念、企业精神、道德规范、行为准则、历史传统、企业制度、文化环境、企业产品等。其中价值观是企业文化的核心。

企业文化管理制度具有十分重要的意义。健康积极的企业文化能够激发员工的使命感，能够凝聚员工的归属感，能够加强员工的责任感，能够赋予员工荣誉感，能够实现员工的成就感。

写好企业文化管理制度需要做到：

一、明确交代制度的制定目的和适用范围。如规定本制度适用于对公司企业文化的执行管理。参见上文第一、二条。

二、明确企业文化的范畴，可从精神、物质、制度三个层面来说明。如规定精神文化层面的企业文化，具体指企业精神、企业价值观、企业作风、企业经营理念、企业生存理念和企业竞争理念。参见上文第三条。

三、明确相关部门或人员的职责。如规定公司所有员工负责本公司企业文化的维护和贯彻执行。参见上文第四、五、六条。

四、明确树立人力资源理念。如规定人力资源是公司成长的最基本的要素，公司要发展的首要目标是提高员工素质，开拓员工职业发展空间，提高员工工作积极性。参见上文第七条。

五、明确员工文明礼仪规范管理规范。如规定员工之间每天早上应相互问好，且应面带微笑。参见上文第八条。

六、明确营销管理和生产理念的建立。如规定质量就是信誉，服务就是生命，品牌就是价值等。参见上文第九、十条。

七、明确企业文化的宣传工作，如宣传栏、宣传语等。如规定通告、通知栏是公司最新的决议事项，是员工及时了解公司相关政策、决定的通道。由总裁公司行政管理部负责提供并及时更新。参见上文第十、十二、十三条。

八、明确各种文体活动、互评活动、树立典型等文化活动的开展。如规定开展互评工作一般应先做动员工作，号召大家打破情面观念，先安排杰出分子率先作出表率、带动气氛。参见上文第十四、十五、十六条。

九、明确其他事项以及制度的解释主体和施行时间等。参见上文第十七、十八条。

三、员工上下班遵守细则

（一）例文

××公司员工上下班遵守细则

一、本公司员工上下班，悉依本细则行之。

二、本公司员工应按作息时间之规定准时到岗。

三、上班时间3分钟后、15分钟内为迟到，15分钟后列为旷职（工），早退者一律作旷职半日论，不得补请事假、病假抵充，违者作旷职（工）半日论。

四、迟到早退按下列方式处理：

1. 迟到次数的计算，以当月为限。

2. 迟到折合的事假，均按事假规定办理。

3. 当月第一次迟到不计，第二次以事假2小时计，第三次加4小时计，以后每多一次即累加2小时计算。

五、旷职（工）按下列规定办理：

1. 旷职（工）不发当日薪资。

2. 连续旷职（工）三天或一个月内累计6天，均予开除。

六、上下班因公外出经过门房，如警卫人员有所询问或检查，应即接受，不得拒绝，违者议处。

七、上下班打卡及进出行动，均应严守秩序，原则如下：

1. 无论何种班次，上班者均应于规定的上班时间前先吃饭后打卡，不得于上班打卡后出外吃饭或办理私事。

2. 下班者应先打卡后外出。

3. 下班铃声响后，方得停止工作，不得未打下班铃，即行等候打卡，如有违反，查实后即按擅离职守处分，主管人员应负连带的责任。

4. 下班时除保修人员外其他人员在厂区内至各单位洽办公务，应一律于下班前回返本单位岗位上，再遵上条规定打卡外出。

八、上下班打卡均须本人亲自打卡，不得托人代打，否则除予旷职（工）半日论处，其代人打卡者，受同等处分。

九、工作时间内，不论日夜班，凡有睡觉和擅离工作岗位及其他聊天怠惰情形予以议处。

十、日夜轮班工作，应按时交班、接班，倘接班者届时未到，应报请主管处理不得擅自离去。

十一、工作时间内，因事外出，须持有请假单或公出证交门房或控制室，否则警卫或人事人员有权禁止外出（总公司人员，也应将请假单、公出证交人事单位登记，否则按第九条办理，推销营业人员因公外出，不必填写公出证，但应向其主管报备），月底由各单位主管在式卡上签证。

十二、本细则由经理级会议研讨通过并呈总经理核定后施行，修订时亦同。

（二）例文解析

考勤管理是企业单位对员工出勤进行考察管理的一种管理制度，包括排班管理、请假管理（带薪年假管理）、补卡管理、加班申请管理、日出勤处理、月出勤汇总等内容。

例文是一篇完整的考勤管理细则，开篇提出总体要求，即"本公司员工上下班，悉依本细则行之。""本公司员工应按作息时间之规定准时到岗。"进而说明了具体的出勤要求。最后，例文以说明式结尾作结，说明了施行时间。

四、员工着装规范

（一）例文

××公司员工着装规范

第一条　总则

为了规范公司员工着装，展现员工整齐划一的仪容仪表，树立公司良好的精神风貌，特制订本规定。在工作时间内，作为职业人员，要注重仪表，为体现高效、严谨的办事效率和作风，公司员工仪表和着装总体要求必须庄重、得体、整洁、大方，并应严格执行本规定。

第二条　范围

本办法适用于集团公司所有员工。

第三条　职责

人力资源部负责文件的起草、编制；

行政管理中心负责文件的落实、执行、管理、监督、处罚。

第四条　内容

一、仪表规范

1. 员工应注意将头发梳理整齐。

2. 男员工不得留长发，不得染彩发及蓄胡须。

3. 女员工要求化淡妆，不得佩戴夸张饰物；不留长指甲，不染夸张颜色指甲。

4. 头发长短男女有别，要求男员工不剃光头，不能过长，长短适中，前面头发不能挡住额头，不留刘海，侧发不掩耳。女员工最好头发长度不超过肩部。如果是长发，要求束发、盘发或编发，不能随意披散。

二、着装规范

上班期间要穿工作服，佩戴身份识别卡。新进员工，要参照工作服的标准着装，具体规范如下：

1. 夏季着装规范：

男员工上装可着白色短袖有领衬衫，可不系领带，下着西裤，并穿皮鞋或既不露脚趾也不露脚跟的皮凉鞋。男员工须将衬衫下摆扎入裤内。

女员工上装可着白色短袖有领衬衫，下着西裤。

2. 春、秋、冬季着装规范：

（1）男员工上装穿白色长袖有领衬衫，可不系领带，外穿公司统一西装，下着西裤，穿深色皮鞋；着装内可以穿低领毛衣（颜色不做强制要求，连帽毛衣不得穿着)，毛衣必须穿着于衬衫之外，并将衬衫领子完整翻在毛衣外。男员工须将衬衫下摆插入裤内。

（2）女员工上装穿白色长袖有领衬衫，外着公司统一西装，下着西裤。着装内可以穿低领毛衣（颜色不做强制要求，连帽毛衣不得穿着），毛衣必须穿着于衬衫之外，并将衬衫领子完整地翻在毛衣外。

（3）各子公司及集团各直属部门因工作需要与岗位不同可穿着公司统一迷彩制服。

第五条　处罚

公司员工未按照本制度要求着装的，行政管理中心将给予每次50元的处罚。

第六条　附则

一、此制度由公司人力资源部制定，并负责解释。

二、此制度自公布之日起生效，由行政管理中心负责执行。

（二）例文解析

礼仪是企业形象、文化、员工修养素质的综合体现，做好应有的礼仪才能为企业在形象塑造、文化表达上提升到一个满意的地位。"每位员工都是企业形象的代言人"，企业形象又决定着企业未来的发展。良好的职业形象是员工维护企业形象的关键，只有通过严格、系统的专业礼仪训练，才能使员工在仪容、仪表、姿态、语言、表情等方面发生变化，真正体现出员工的个人素养，从而提升企业形象，达到顾客120%的满意度。员工着装即是一项重要的利益体现。

例文通过总则、范围、职责、内容、处罚、附则等六个方面对员工着装进行了规定，内容详实，结构完整。从行文上看，开篇明确目的，结尾做出补充性说明，逻辑思路清晰。

五、员工出差规定

（一）例文

××公司员工出差规定

第一章　总　则

第一条　为规范出差管理流程、加强出差预算的管理，特制定本制度。

第二条　本制度参照本公司行政管理、财务管理相关制度的规定制定。

第二章　一般规定

第三条　员工出差前应填写出差申请单。出差期限由派遣负责人视情况需要，事前予以核定，并依照程序核实。

第四条 出差的审核决定权限如下：

1. 当日出差。

出差当日可能往返，一般由部门经理核准。

2. 远途出差。

由部门经理核准，报主管副总审批，部门经理以上人员一律由总经理核准。

第五条 交通工具的选择标准

1. 短途出差可酌情选择汽车作为交通工具。

2. 远途出差一般选择火车作为交通工具，特殊情况下采用汽车出行。一般火车超过六个小时可以选择卧铺出行。特殊情况，可向总经理申请选择乘坐飞机。

第三章 出差借款与报销

第六条 费用预算。

坚持"先预算后开支"的费用控制制度。各部门应对本部门的费用进行预算，做出年计划、月计划，报财务部及总经理审批，并严格按计划执行，不得超支，原则上不支出计划外费用。

第七条 借款。

1. 借款的首要原则是"前账不清，后账不借"。

2. 出差或其他用途需借大笔现金时，应提前向财务预约，并由总经理审批。

3. 借款要及时清还，公务结束后3日内到财务部结算还款。无正当理由过期不结算者，扣发借款人工资，直至扣清为止。

4. 借款额度与借款人工资挂钩，原则上不得超过借款人的月工资收入。

借款金额原则上限制为：普通职员借款金额在1000～2000元，主管级以上员工金额在1000～3000元以内，特殊用途超过5000元等特大金额应上报到主管副总并标明原因审批。

第八条 报销

严格按审批程序办理。按财务规范粘贴"报销单"→部门主管或经理审核签字→财务部核实→总经理审批→财务领款报销。

第四章 差旅管理

第九条 出差申请与报告。

1. 出差之前必须提交出差申请表，注明出差时间、地点和事由，行政部据此安排差旅、住宿等事宜（见行政出差申请表）。

2. 将出差申请表送人力资源部留存、记录考勤。

3. 出差途中生病、遇意外或因工作实际，需要延长差旅时间的，应打电话向公司请示；不得因私事或借故延长出差时间，否则其差旅费不予报销。

4. 员工出差完毕后应立即返回公司，并于3日内（含出差回来当天）凭有效日期证明（如机票、车票等）到财务部办理费用报销、差旅补贴等手续。

5. 员工出差后，必须每日下午4点前向主管汇报工作，并写出详细的书面报告报总经理审阅。

6. 出差结束后，应于3日之内提交出差报告。

7. 未按以上手续办理出差手续或未经审批所发生的费用，公司将不予报销，并按旷工处理。

第十条 费用标准及审批权限，如下所示：

公司工作人员出差，按以上规定标准报销，超支部分自理。同性别两人同行出差，公司要求住一个房间，以节省差旅费开支。业务人员出差期间每日补助×元，电话补助×元。

出差补助费实行定额包干。公司行政、财务部、市场部等中层管理人员出差，住宿费凭票据报销，标准按以上各级别标准报销。

工作人员及中层管理人员到地市级、县市级地区出差，当日完成工作能够返回的分别综合补助×元。能够当天返回的，须当天返回，特殊情况需相关领导批准。

工作人员及中层管理人员外出参加公司的参展（培训）会议，统一安排食宿的，会议期间的住宿费、伙食补助费，由会议费规定统一开支。无任何安排情况，实行实报实销。

第十一条 出差补贴标准。

1. 员工在出差当天的9：00前出发、17：00后返回公司的，可享受一天的出差补贴，否则酌情计算出差补贴。

2. 远途出差者，计算出差补贴一般采取"去头留尾"的原则。例如，9号出差12号返回者，给予3天的出差补贴。

3. 出差补贴的标准根据员工的职位级别另行确定。

4. 出差期间不得另外报支加班费，法定节假日出差属业务特殊范畴。

第五章 附　则

第十二条 下属与上级一起出差时，下属将扣除住宿补贴。

第十三条 餐费、住宿费的支领标准，因物价的变动，可以由总经理随时通令调整。

第十四条 本管理制度经总经理核定后实行，修改时亦同。

第十五条 本管理制度如有未尽事宜，可随时修改。

第六章　附表

表1. 出差审批单（略）
表2. 出差报告单（略）

（二）例文解析

例文是对员工出差进行的规定，出差规定一般包括出差类型、出差款项管理、差旅途中管理等几个方面，例文很好地体现了这些内容。从结构上看，采用的是文书的通常写法，即总分形式，开篇明确目的，主体交代细则，结尾做补充说明。从语言上看，语言使用规范，表意清楚，行文流畅。

六、员工保密纪律规定

（一）例文

××公司员工保密守则

第一条　若公司拥有的处于秘密状态的某件信息能为公司带来经济利益、竞争优势，或者该信息的泄露会损害公司经济利益、竞争优势，或给竞争对手带来经济利益和竞争优势，则该信息属于公司秘密。

第二条　公司秘密根据保密水平由高至低分为绝密、机密、保密三种级别。

第三条　绝密信息是指处于不为公众所知、能给公司带来经济利益或竞争优势，或者其泄露将损害公司的经济利益或竞争优势的信息，包括但不限于下列公司秘密：

（一）公司的技术成果及相关资料；
（二）公司产品或业务开发设计资料、技术资料和生产情况；
（三）公司的客户名单；
（四）处于谈判或准备期间、尚未有定论的兼并、收购、合资、合作、融资、诉讼项目的信息；
（五）公司关于新产品、新服务、新经营模式的计划；
（六）公司有关销售业务资料，货源情报，供应商咨信调研资料。

第四条　机密信息是指不为公众所知、其泄露能给竞争对手带来经济利益或竞争优势的信息，包括但不限于以下公司秘密：

（一）公司股东、董事会、总经理办公会的会议记录、纪要，保密期限内的重要决定事项；
（二）未公布的关于公司中层以上职员人事考核、任免、奖惩决定的信息或者有可能使公司做出上述决定的信息；

（三）财务预算决算报告、营销报表和各种综合统计报表；

（四）公司关于客户、市场、竞争对手的研究计划、成果；

（五）公司与客户、供应商等的合同、协议。

第五条 保密资料是指不为公众所知、其泄露将给公司带来不利影响的信息，包括但不限于：

（一）公司薪酬制度；

（二）具体员工的工资薪酬信息；

（三）公司的安全防范状况及存在问题；

（四）公司员工违法违纪的检举、投诉、调查材料，发生案件、事故的调查登记资料。

第六条 文件、资料的保密。

（一）一切秘密公文、图纸、资料应准确标明密级，在拟稿、打字、印刷、复制、收发、承办、借阅、清退、归档、移交、销毁等过程中，均应建立严格的登记手续。

（二）绝密级的技术、经营资料，只限于主管部门总经理或副总经理批准的直接需要的科室和人员使用，机密级的文件资料，限于主管副总经理批准的需要科室的人员。使用科室和人员必须做好使用过程的保密工作，而且必须办理登记手续。

（三）机密以上文件、资料原则上不准复印。

第七条 电话、计算机的保密。

（一）通话内容不得涉及秘密。

（二）存有涉密内容的计算机网络、外存储设备、磁盘等应按秘密文件资料管理，并采取相应加密措施。

（三）计算机网络使用按有关计算机网络使用规则管理。

第八条 内部的保密。

（一）召开内部的涉密会议，要严格控制参会人，会议内容要记录，并标明密级，并由参会人在会议纪要上签字。

（二）不得向无权接触某项秘密的员工透露该项秘密。

第九条 对外宣传的保密。

（一）公司宣传不得涉及公司秘密，如确需透露某项秘密的，应由公司分管副总经理审定文稿。

（二）对外宣传部门的员工如对某一具体事项不能确定是否需要保密，应请示上一级主管确认。

（三）非对外宣传部门的员工不得与媒体讨论有关公司的问题。

第十条　对外交往中的保密。

（一）所有密件未经上级主管批准不得携带离开公司办公场所；未经上级批准也不得与非公司员工谈论相关内容。

（二）外单位人员来公司参观、学习，应在行政总部规定接触范围内，并指定专人陪同，不准外单位人员随意进入涉密区域。

第十一条　一旦发现失密、泄密问题，必须立即报告公司领导，及时采取补救措施。

第十二条　对新进员工必须事先进行保密培训，未经保密培训不得上岗。

第十三条　员工必须遵守下列保密行为规范：

（一）不该说的秘密，绝对不说。

（二）不该问的秘密，绝对不问。

（三）不该看的秘密，绝对不看。

（四）不该记录的秘密，绝对不记录。

（五）不在非保密本上记录秘密。

（六）不在私人通讯、谈话中涉及秘密。

（七）不在不利于保密的地方存放秘密文件资料。

第十四条　违背公司保密制度的责任。

（一）违背本守则或其他保密制度，致使公司绝密泄露的，或故意致使机密泄露的，公司与之解除劳动合同，并追究其侵犯公司商业秘密权的法律责任。

（二）违背本守则或其他保密制度，过失致使公司机密泄露，或者故意致使公司保密信息泄露的，公司给予降级、降薪处理，造成实际损失超过10000元的，与之解除合同，并追究其侵犯公司商业秘密权的法律责任。本款规定中所指的实际损失，包括给公司造成的销售、商誉等损失以及公司采取补救措施所支出的费用。

（三）违背本守则或其他保密制度三次或以上，无论是否造成泄密或实际损失，公司均与之解除劳动合同。

（四）阻止、举报违反公司保密制度行为的员工受到打击报复，或者故意透露经调查属实的，给予打击报复者降职、降薪处理或解除劳动合同；对受打击报复者造成身体伤害的，解除劳动合同。

（五）违背本守则或其他保密制度，过失致使保密信息泄露的，给予降薪处理。

（六）其他违背本守则或其他保密制度的行为，公司给予警告，并可同时处以不超过500元的罚款。

（七）公司按照本守则第十五条给予阻止、举报违反保密制度行为的员工的现金奖励，应由该受举报、阻止的违反保密制度行为的实施人赔偿公司，公司可以直接从实施人的工资中扣减，工资不足以抵扣的，公司有权向实施人索赔。

第十五条　对保密工作做出贡献，具有下列条件之一的单位和个人给予奖励：

（一）发现他人丢失公司绝密文件、泄漏或出卖公司绝密的行为，能及时采取补救措施阻止并及时举报，经公司调查属实的，给予加薪一级并一次性不低于3000元的现金奖励。

（二）发现他人丢失公司绝密文件、泄漏或出卖公司机密的行为，能及时采取补救措施并及时举报，经公司调查属实的，给予现金奖励不低于3000元。

（三）发现他人丢失公司绝密文件、泄漏或出卖公司绝密、机密的行为，及时举报，经公司调查属实的，给予不低于2000元的现金奖励。

（四）发现他人丢失、泄漏或出卖公司保密信息的行为，及时举报，经公司调查属实的，给予现金奖励不低于1000元。

（五）其他对保密工作所作的贡献，公司将视具体情况给予奖励。

第十六条 本守则自公布日起生效。

（二）例文解析

保密守则，为保守机密、防止泄漏而制定的要求全体成员遵守的公约性规定。信息已成为现代企业竞争的重要资源，防止企业信息泄露已成为企业管理的重点。设置员工保密纪律规定尤其必要。例文通过十六条规定对企业员工保密纪律做出规定，主要内容有公司秘密的界定、等级、范围，具体的保密行为等。正文结构安排紧凑，层次清晰，总分形式分布全篇，如第三条至第五条是对第二条秘密等级的单独介绍，第六条至第十条是对保密情形的单独介绍。

七、办公室主任工作责任制度

（一）例文

××公司办公室主任工作责任

一、职务

1.负责督促、检查行政部门对党和国家的方针政策、上级指示和厂长办公会、厂务会决议及厂长决定的贯彻执行。

2.定期组织收集、分析、综合全厂生产、行政各方面的情况，主动做好典型经验的调查总结，及时向厂长汇报、请示工作，并定期向上级进行书面汇报。

3.根据厂长指示，负责组织厂长主持的工作会议，安排做好会务工作。

4.负责起草厂长授意的综合性工作计划、总结和工作报告，主动为厂长当好参谋。

5.组织起草厂部文件（对各职能科室以厂部名义起草的文件负责审核），做好全厂文件的编号、打印、发放以及行政文件的立卷、归档、保管工作。

6. 组织做好厂部印鉴、介绍信使用保管、函电收发和报刊收订分发工作，及时编写工厂大事记。

7. 会同党办负责协调安排涉及多部门领导参加的各种会议。

8. 组织做好来客接待和小车的管理工作。

9. 指导做好电话话务与机线维修工作。

10. 根据厂长方针目标要求，及时编制办公室的工作方针、目标，开展工作，并组织检查、诊断、落实。

11. 负责全厂公办用房的分配调整及办公用品用具标准的制订和管理，并对办公用品、用具标准化及各科室文明办公进行检查督促。

12. 负责完成厂长临时交办的各项任务。

二、职权

1. 有权向全厂各部门索取必要的资料和情况。

2. 对厂部会议决议和厂长指示的贯彻执行情况，有权检查督促。

3. 有权催促各部门按时按要求完成上级机关下达的工作任务。

4. 有权督促各部门及时做好文件、资料的立卷、归档工作。

5. 有权按厂长的指示、协调各部门之间的工作关系。

6. 有权安排调度小车的使用。

7. 对各科室以厂部名义起草的文件有审核和校正权。

8. 对不符合上级规定或质量不高、效果不大的文件、资料有权拒绝打印发放。

9. 对要求多部门领导参加的会议有综合平衡或精简压缩的权力。

10. 有权根据厂长的指示，对办公用房进行分配和调整，对办公用品、用具标准化进行检查、督促。

三、职责

1. 对得知生产行政工作出现异常情况，未能及时向厂长反映，以致造成的重大损失负责。

2. 对厂部行文发生差错，收集与整理的资料失实造成严重后果负责。

3. 对机密文件和文书档案管理不严，发生失密、泄密或丢失、损坏负责。

4. 对公文、函件、报刊、电报传递不及时或发生丢失、误传现象，影响工作负责。

5. 对印鉴、介绍信管理不严，使用不当造成的不良后果负责。

6. 对所属服务工作质量差造成的不良影响负责。

7. 对本室所属岗位发生设备、人身、交通、火灾事故负责。

8. 对未及时根据工厂方针目标要求编制好本室方针目标，未及时检查、诊断和落实负责。

9. 副主任协助主任工作，并对主任布置的工作负责。

（二）例文解析

办公室主任拥有行使公司行政办公秩序、物资供应指导、指挥、监督、管理的权力，并承担执行公司各项规程、工作指令的义务。是保证公司行政运作的重要岗位。例文是一篇办公室主任工作责任的说明，结构简单，包括职务、职权和职责三个部分。从具体的内容中，也可以看出办公室主任的职责大致包括承办职责、参谋职责、管理职责、协调职责、领导指挥职责五个方面。

八、计算机使用管理规定

（一）例文

××办公室计算机使用管理规定

一、计算机的使用和保养

1. 各部门配备的计算机设备，实行使用人负责制（由部门负责人和指定使用人员使用）。严禁非指定人员擅自使用，人为造成设备损坏的，直接追究当事人和部门负责人的责任。

2. 长时间不用的计算机，应用防尘罩盖着，并应每半个月通电运行半小时。

3. 严禁计算机在运行时搬移或挪动，如由于搬移或挪动而造成机器的损害及故障的，将由当事人承担一切维修及维护费用。

4. 计算机资源紧缺时，遵循紧急事务优先原则协商解决。

5. 计算机操作规程：计算机开机时，应遵循先开显示器、主机的顺序。每次的开、关机操作至少相隔一分钟。严禁连续进行多次的关机操作。计算机关机时，应遵循先关主机、显示器的顺序。下班时，务必将电源插座的开关全部关上，节假日时，更应将插座拔下，彻底切断电源，防止火灾隐患。

6. 应对计算机及其设备进行保养清洁，使之不能有灰尘，计算机不能放在潮湿的地方，应放在通风的位置。

7. 每位员工应当妥善保管本人使用的计算机，出现故障及时报告，通知科技信息部进行维修、处理，确保计算机正常使用。

8. 每季度定期由科技信息部对各办公计算机进行抽查，检查使用、维护情况。

二、软件系统的管理

1. 每台计算机仅限使用人本人进入，并加以登陆密码。未经使用人同意，任何其他工作人员与外来人员不得使用公司计算机。

2. 公司各部门及员工应固定在某台计算机上建立文件夹或文档资料，不得随意在任何一台机上建立存档。

3. 重要的部门或个人文档必要时需加密；对公司或个人的资料，未经允许任何人不得进行改动。

4. 重要合同、财务类文件必须加密并备份保存，以免计算机坏时资料丢失。

5. 部门员工，只能使用计算机里面的软件，严禁私自修改软件内容或配置，如造成影响系统运行的，将追究当事人的责任。

6. 计算机仅为工作使用，严禁在工作时间浏览与公司工作无关的网页、资料，严禁利用计算机玩游戏、看影碟、网上聊天等或进行其他与工作无关的活动，严禁利用计算机设备播放反动、黄色音像和访问不健康的网站。

7. QQ使用规定：QQ工具只能用来联系与工作有关的事宜，包括文件的传输、相关单位和人员的沟通联系、信息的发布等，禁止利用QQ工具同与工作无关的人员聊天、传输文件等。

8. 禁止在公司计算机安装有害系统运行的游戏与无关软件，已经在计算机里面装载此类软件的，应及时卸下；禁止在公司使用计算机玩游戏、看电影等。

9. 不得使用未经杀毒的硬盘、软盘、光盘、U盘。若发现来历不明的电子邮件或不明确的文件应及时删除或通知计算机管理员。

三、硬件系统管理

1. 公司各部门的计算机及配件由产品部根据业务需要统一调配。未经同意，各部门之间、各员工之间不得擅自调换计算机及其配件。

2. 各部门员工未经公司同意，严禁私自拆装计算机硬件及设备。如果发现计算机及经拆装后的配备跟原配不相同，将由当事人承担一切经济责任。部门负责人如发现部门员工私自拆装计算机，应及时制止并对当事人口头警告。如因工作需要确实须拆装计算机的，应由相关负责人统一处理。

3. 公司各部门使用的计算机及配件如有故障需维修，应及时向科技信息部进行反馈，由科技信息部处理相关事宜。

四、公司文档及网络管理

1. 对于多人共用的计算机，应合理分配好资料存储空间，各自建立自己的文件夹，以便存储文件资料。多人共用的计算机，各使用人应互相监督，确保使用安全。

2. 重要部门或个人文档必要时加密，对公司或个人的资料，未经允许任何人不得进行改动。

3. 重要合同、财务类文件必须加密并备份保存，以免计算机坏时资料丢失。

4. 计算机C盘作为系统盘，应当不存放工作文件，所有的工作文件都应放到其他分区上，比如D、E、F等分区。

5. 离职员工，不准删除以前的工作记录，并对工作中软盘、资料进行交接，不准拷贝带走。

6. 计算机在使用共享资料时，必须按照基本的操作流程使用计算机软件，不能通过网络资源做与本职无关的事情，如违反本规定造成公司网络数据丢失的，将由当事人承担。

7. 计算机程序不能随意改动其基本配置参数（如计算机 IP、MAC 地址等），避免造成网络不通。

五、计算机的安全管理

1. 防病毒管理。外来的磁盘或对外报送的磁盘以及从外界录入信息的磁盘，一律要经过相关杀毒软件进行计算机病毒检测，在确保没有病毒时方可进入本公司计算机读取信息。

2. 上网管理。严禁利用计算机设备播放反动、黄色音像，严禁访问不健康的网站。不要随便打开来历不明的邮件及附件，以免网上病毒入侵。

六、打印机及外围设备的使用

1. 打印机在使用时要注意电源线是否连接有效，当出现故障时检查有无卡纸，激光打印机注意硒鼓有无碳粉，喷黑水是否干涸。当打印机工作时，不要人工强行阻止，否则更容易损坏打印机。

2. 打印机出现故障应及时打电话给维修人员进行维修。

（二）例文解析

现代化的办公手段已经应用于人类社会生活的方方面面，电子计算机便是其中最重要的使用工具。因其承载着信息传递、存储与处理等工作，对企业管理来说非常重要。因此，有必要对计算机的使用做出明确规定。例文企业计算机使用管理规定便是在这样的背景下制定的。例文整体结构简短，全文围绕计算机构成及特点行文，包括了电脑的使用和保养、软件系统的管理、硬件系统管理、公司文档及网络管理、电脑的安全管理、打印机及外围设备的使用六个方面内容，内容全面，表述清晰。

九、印章使用和管理办法

（一）例文

××公司印章使用和管理办法

第一条　目的

公司印章是企业合法存在的标志，是企业权力的象征。为了保证公司印章刻制、保管以及使用的合法性、严肃性和安全性，依据公司规范运营、防范风险的管理规定，有效地维护公司利益，特制定本管理办法。

第二条 范围

一、本管理办法所指印章包括公司印章、法定代表人印章、合同专用章、财务专用章等具有法律效力的印章。

二、本管理办法适用于公司公文、信函、授权委托书、证件、证书、财务报表、统计报表及对外签署的合同、协议及其他须用印章的文本等。

第三条 定义

本制度中所指印章是在公司发布或管理的文件、凭证文书等与公司权利义务有关的文件上，需以公司或有关部门名义证明其权威作用而使用的印章。

一、公司印章的种类

1. 公司公章：公司按法定程序经工商行政管理部门注册登记后，在所在地公安部门登记备案，对外具有法人效用的公司正式印章。公司公章名称为"××有限公司"。

2. 法人章：刻有公司法人姓名的具有法人效应的法人专用章。

3. 财务章：刻有"财务专用章"的公司印章。

4. 发票专用章：刻有"发票专用章"的公司印章。

5. 报关专用章：刻有"报关专用章"的公司印章。

6. 行政章：刻有"行政中心"的行政专用公司印章。

7. 业务章：刻有"业务专用章"的公司印章。

8. 报价专用章：刻有"报价专用章"的公司印章。

9. 采购章：刻有"采购专用章"的公司印章。

10. 其他专用章：因工作需要代表公司行使某项专业权力的印章，包括受控文件章、临时文件章、外来文件章、参考文件章、QC检验章等。增刻此类印章的申请必须在申请时列明印章使用管理规定并报公司主管领导批准。

二、公司其他部门因工作需要配置其他用途公章时也应按本办法执行。

第四条 管理

一、公司印章的管理

1. 公司印章由行政中心统一管理。其主要职责包括：根据公司需要，确定公司印章的种类、范围、数量；组织印章的刻制、发放、停用和收回、销毁；管理公司印鉴档案；管理公司公章、负责公司公章用印；制定公司印章管理的规章制度和监督、检查印章管理制度的执行情况。

2. 公司有关职能部门对所分工管理的印章负管理的责任，承担用印的后果。

3. 任何人员必须严格依照本制度规定程序使用印章，不符合本制度规定时，不得擅自使用。

二、公司印章的申请与刻制、废止

1. 申请：必要的业务用章，需以书面形式向行政中心提交"刻制印章申请表"。申请表必须由部门最高负责人与行政中心最高负责人确认并经公司总经理批准。其他印章申请应严格控制。

2. 刻制：公司印章的刻制由采购部统一负责。刻制标准应符合国家相关规定。

3. 散失、损毁、被盗公司印章在受到散失、损毁、被盗的情况时，各管理者应迅速向总经理提交说明原因的报告书，报告书须经部门领导和总经理确认。办公室根据情况依本制度办理改制。

4. 废止：由于机构变更或其他原因废止的印章，由使用部门及时将印章交行政中心处理。除特别需要，由办公室将废止印章保存三年，然后在征得原使用者的意见后再行处理。

三、新制印章的登记

1. 印鉴档案：申请刻制好的印章应在行政中心进行登记、留样并确定印章保管及使用责任人。行政中心应将每个印章登入"印章登记卡"内，建立公司印鉴档案，并将此档案永久保存。

2. 新印章启用前应书面确认该印章的使用范围，应由行政中心下发启用通知，并注明启用日期、发放单位和使用范围。

3. 交接工作时，应严格办理交接手续，填写"印章交接单"，登记交接日期、管理印章类别。交接人员签字，印章授权人签字认可后备存。

四、公司印章的使用范围公司印章管理办法

1. 公司公章的使用范围主要为：

（1）人事劳动合同；

（2）由公司出具的证明及有关材料；

（3）协议（合同）资金担保承诺书；

（4）各类经济合同。

2. 法人章的使用范围主要为：

（1）公司法人代表授权证书或委托书，人事劳动合同，招标书和投标书；

（2）需加盖私章的合同、财务报表、公司高层的人事任免等各类文件；

（3）银行预留印鉴。

3. 公司财务章的使用范围主要为：

（1）公司对外提供的财务报告；

（2）收据、证明、支票、汇票、税务文件等。

4. 公司发票专用章的使用范围主要为：公司开具的增值税专用发票。

5. 公司报关专用章的使用范围主要为：公司的出口报关文件及相关资料。

6. 公司行政章的使用范围主要为：

（1）公司对外签发的文件；

（2）公司与相关单位联合签发的文件；

（3）公司章程、协议；

（4）员工调动；

（5）员工的任免聘用；

（6）厂牌上盖章。

7. 公司业务章的使用范围主要为：

（1）产品订单及客户往来商务文件；

（2）对外投资、合资、合作协议。

8. 公司报价专用章的使用范围主要为：用于对客户订单的报价。

9. 公司采购专用章的使用范围主要为：用于与供应商之间往来的采购订单、询价单等。

五、公司印章的管理职责

1. 公司公章与法人章由董事长秘书负责管理；

2. 财务专用章由财务中心按财务管理制度规定使用；

3. 行政章由公司行政中心保管使用；

4. 业务章由营销中心保管使用；

5. 其他专用章的管理由有关部门按申请时批准的使用管理规定及在公司印鉴档案中登记的使用范围执行并负直接责任。

六、公司印章的使用管理

1. 公司印章设专人保管，原则上印章的保管人也是印章的管理人和使用人。印章管理人应坚持原则、工作细致、作风正派，严格执行印章管理制度，不得用掌管印章的权力为自己谋私利。对不合手续或不合法的用印，以及不正当的用印，印章管理人有权拒绝。

2. 用印申请单位对所选印章负责，行政中心有权对用印申请单位所选印章提出质询。

3. 行政总监对公司各部的用章有监督权，应定期对印章管理使用情况进行监督、检查。

4. 公司公章的使用管理：

（1）公司公章用印应严格执行用印审批和登记手续，填写《公司公章用印登记表》。

（2）用印申请单位应根据用印的性质、重要性以及用印后果由相应领导审批，否则公司公章的保管人有权拒绝用印，产生的后果由用印申请单位自负：

●涉及国际业务、一定数量货币支付，以及对公司的名誉和经济利益产生影响的用印必须由总经理审批。

●一般性用印与常规大批量用印（如人事部门的劳动合同用印）可视情况由用印申请单位经办人直接填写《公司公章用印登记表》即可用印。

（3）《公司公章用印登记表》必须由用印申请单位经办人依照所附填表说明，认真、清楚、详细地填写。公司公章的保管人施印时必须认真核对《公司公章用印登记表》上的内容是否一致，严格把关。

（4）公司公章的使用限在公司办公室内，不能将印章带出办公室以外使用。如确需带出使用时，须经总经理批准并填写《公章外出使用审批单》方可带出。非公章专管人员携带外出时，用印人还应填写《印章交接单》办理交接手续后方可带出。

（5）公司业务合同的用印，不允许使用公司公章，须由相关职能部门按规定程序使用业务专用章。需要使用公司公章的专业性较强的业务方面的用印，须经总经理批准。

5.公司不允许开具盖有公司印章的空白介绍信、证明等资料，如因工作需要或其他特殊情况确需开具的，须经公司主管领导书面批准，印章管理部门需做特别登记、追踪管理。持空白介绍信外出工作归来必须向公司原开具处汇报登记其介绍信的用途，未使用的必须交回。

第五条 罚则

一、严禁未经批准私自刻制公章，否则无论用于何种目的，都要严肃追究责任。

二、违反本制度的规定使用印章，造成丢失、盗用、仿制等，依情节轻重，对责任者分别进行批评教育、行政处分、经济处罚直至追究刑事法律责任。

三、本制度自发布之日起施行，由公司行政中心解释并修改，经总经理批准后执行。

第六条 附件

一、"刻制印章申请表"（略）

二、"印章登记卡"（略）

三、"印章交接单"（略）

四、"公司公章用印登记表"（略）

五、"公章外出使用审批单"（略）

（二）例文解析

印章是重要的信用凭证，也是重要的权力象征，是公司处理内外部事务的印鉴。公司对内对外的正式信函、文件、报告使用印章，盖了印章的文件具有法律效力和公司效力。因此，须对印章的使用作出明确规定。

例文为公司印章使用和管理办法，包括目的、范围、定义、管理、罚则、附件六方面内容。第一条至第三条为第一部分，对公司印章进行整体的界定和说明。第四章为第二部分，通过"公司印章的管理"、"公司印章的申请与刻制、废止"、"新制印章的登记"、"公司印章的使用范围公司印章管理办法"、"公司印章的管理职责"、"公司印章的使用管理"说明印章的具体管理环节。因印章具有一定的效力，因此需要对违规使用者进行惩罚，第五条便写罚则。例文将结尾放入第五条中，可以将其单列，作为例文的说明式结尾会更好。

十、合同审定管理规定

（一）例文

××公司合同审定管理规定

第一条　总则。

为维护公司的权益，确保公司合同合法、有效，特制定本规定。

第二条　适用范围。

本规定适用于公司合同的谈判、签订、履行、解除、终止。

第三条　本规定适用的合同包括以下几类：

（一）合资合作经营企业合同、企业章程；

（二）股权转让协议；

（三）借款合同、担保合同；

（四）业务合同；

（五）设备维修养护合同、外包合同；

（六）其他合同。

第四条　公司签署的劳动合同、目标责任书等合同文书由人力资源部管理，不适用本规定。

第五条　合同的判定、审批、签订、履行、解除、终止的全过程，公司法务部均可根据实际需要介入，并在公司对外合同签订时提出具体审查意见。

第六条　法务部进行合同审核的要点如下：

（一）合同对方主体、企业资质的时效性与合法性；

（二）合同标的的合法性；

（三）合同条款的合法性、完整性及存在的法律漏洞；

（四）与合同业务有关的其他法律问题。

第七条　在合同签订前，法务部协助经办部门或者人员对合同对方的主体资格和资信进行了解和审查：

（一）审查对方主体资格，审查其营业执照、经营范围、资质证书、注册资本等；

（二）审查欲签合同标的是否符合合同对方的经营范围，涉及专营许可证或资质的，审查其是否具备相应的许可、等级和资质证书；

（三）审查合同方的履约能力、支付能力、财务状况等，必要时应要求合同对方出具资产负债表，以及由开户银行或会计师事务所出具的资质证明、验资报告等相关文件。

第八条　代签合同方应出具真实有效的法定代表人身份证明书、权限委托书、代理人身份证明，法务部需确认相关证件的有效性、受托事项及权限、有效期等。

第九条　有担保的合同，法务部需审查担保人的担保能力及担保资格。

第十条　对于重大合同，法务部人员还须了解和审查合同对方的履约信用，审查其有无违约事实，有无涉及重大经济纠纷或重大经济犯罪的案件。

第十一条　合同对方履约能力或资信状况有瑕疵的，公司不得与其签订合同，必须签订合同时，应要求其提供合法、真实、有效的担保。

第十二条　以担保形式做出的担保，法务部须对担保人进行严格审查，其担保人必须是具有代偿能力的独立经济实体。

第十三条　法务部须审查合同条款的完备性和严谨性，特别是对于违约责任、仲裁方式的约定应明确合理，经办人应充分估计违约风险。

第十四条　法务部应根据审查结果，拟定"法务部合同审查意见书"，经交办人加以完善。

第十五条　公司建立合同档案制度，将合同正本、合同审批单、法务部合同审查意见书原件存档。

第十六条　本规定由公司法务部制定，最终解释权归法务部所有。

（二）例文解析

合同审查就是按照法律法规以及当事人的约定对合同的内容、格式进行审核。要审查合同如何成立或者是否成立，如何生效或者是否生效，有无效力待定或者无效的情形，合同权利义务如何终止或者是否终止，相应的合同约定或者条款会产生什么样的法律后果，会产生什么样的民事法律关系，什么样的行政法律关系，什么样的刑事法律关系。合同审查一般是公司法务工作的重要内容。

例文采用分条列项的方式，先交代目的、适用范围，进而进入具体合同审定环节的说明，行文最后交代文书制定权和解释权。

例文便为公司法务部制定的合同审定管理规定。

十一、法律纠纷处理办法

（一）例文

××公司法律纠纷处理办法

第一条　总则。

为有效处理法律纠纷事件、维护公司的合法权益，特制定本办法。

第二条　相关部门负责人于各纠纷案件发生当天及时填写相关表单，说明案件发生的详细情况，提交法务部。

第三条　法务部对案件进行分析，提出初步意见，提交公司总经理或主管副总审批。

第四条　公司总经理确定案件处理原则后，由法务部组织协调各相关部门对案件的有关事实进行全面调查，并收集相关资料，确定纠纷处理对策，预估可能产生的法律后果，并将相关情况上报总经理审批。

第五条　公司实行案件过错责任追究制，各部门必须及时上报发生的案件，对隐藏不报或严重失职，致使公司权益受损的直接负责人，将给予严肃处理。

第六条　涉及以下法律纠纷的案件，应在诉讼过程中及时向总经理报告诉讼进展情况：

（一）涉及侵犯公司注册商标、名誉权等类型的诉讼、仲裁案件。

（二）诉讼案件审理结果或执行结果会给公司利益带来严重不利影响的案件。

（三）单笔诉讼标的在1000万元人民币以上或者达到公司净资产10%以上的案件。

（四）涉及刑事问题的民事、经济案件。

（五）其他对公司有重大影响的诉讼、仲裁案件的处理。

第七条　对公司主动提起诉讼、仲裁的案件的处理。

（一）法务部做好起诉前的准备，收集整理各种有利的、不利的证据。

（二）在起诉前10日内，法务部向总经理提交书面报告，拟定起诉书和法律建议。

（三）法务部根据总经理的意见进行庭外和解或提出诉讼、仲裁。

第八条　公司法务部接到对方的"律师函"或接到法院或仲裁机构的《应诉通知书》的，根据案件性质、可能遭受的损失和危急程度进行分级管理。

第九条　属于解除业务、服务合同性质的纠纷，或标的金额在10万元以上的纠纷，或已被媒体曝光的纠纷，法务部必须及时上报总经理，并在7日内上交书面报告，附所聘律师的法律意见书、答辩书。

第十条 属于一般民事合同的纠纷或标的金额在10万元以下的纠纷，法务部在7日内上交书面报告，附拟聘律师的法律意见书、答辩书。

第十一条 法务部接到行政机关作出的将给予重大行政处罚的口头或书面《听证告知书》时，必须在次日报总经理，决定是否聘请代理人，准备参加听证。

第十二条 法务部接到行政机关的《行政决定书》和《行政处罚决定书》时，必须立即上报总经理，决定是否复议或提起行政诉讼。

第十三条 法务部应在案件处理后的15日内上交结案报告，内容包括纠纷的产生、争议事项和金额、案件结果、总结分析，并附和解协议、调解书、裁定书等复印件。

第十四条 如纠纷事件有责任部门和责任人，法务部须作出处理意见。

第十五条 法务部应建立特别法律事务的案件档案，包括各种法律文书、证据、内部报告和批复。

第十六条 本规定由公司法务部制定，最终解释权归法务部所有。

（二）例文解析

用人单位与职工建立劳动关系后，一般都能相互合作，认真履行劳动合同。但由于各种原因，双方之间产生纠纷也是难以避免的事情。因此，公司要设立法律纠纷的处理办法。

例文仍然采用总分结构，第一条交代了行文目的，即"为有效处理法律纠纷事件、维护公司的合法权益"。进而以"特制定本办法"引出具体纠纷处理的具体规定。最后以说明式尾语作结，说明了办法的制定和解释权问题。例文整体上看，结构合理，语言规范，层次清晰。

十二、本节写作要点

1. 作用的约束性。综合管理制度文书是对企业员工个人以及办公环节的规范性规定，因此具有一定的约束力。作为公司员工不可以违背，若有违反会受到公司内部的惩罚。

2. 形式的完整性。文书整体上篇幅较小，但涉及的内容和规范要求却是系统的、细致的，因此在具体的撰写中要注意条目清晰、逻辑严谨。

3. 内容的可行性。综合管理制度更多的是要求员工个体或者对于组织流程的规定，须注意其可行性。因此，在撰写中要注意公司和员工实际情况。

第二节 档案管理制度

一、文书管理办法

（一）例文

××公司公文管理办法

第一章 总 则

第一条 为进一步规范公司公文管理，促进公文制订、接收、发放及存档工作的程序化、制度化、标准化，确保国家、地方行业法规及公司政策、制度、工作指示、工作汇报等及时上传下达和跟进落实，提高行政工作效率和质量，制订本办法。

第二条 本办法适用于公司所有公文的收发、阅批、分转与归档等整个过程的办理与控制。

第三条 主要职责。

一、集团领导：负责公文的审核、批示、签发等。

二、集团企业管理中心：负责重要公文的起草、公文的审核、有关公文规范的制定。

三、集团行政管理中心：负责公文的收发实施、传阅、督办、归档等。

四、集团各中心：负责对相关收文的批办及本部门所发公文的起草与核稿等。

第二章 公文的类别

第四条 按照公文来源，将公文分为外来公文与内部公文两类。

一、外来公文指政府部门、行业主管部门等外单位（转）发给公司的公文。

二、内部公文指在公司内部使用的公文，包括集团下发的或下属各单位下发的规章制度、通知、通告、通报、任命、决定、计划总结报告、会议纪要和阶段性规定等。

第五条 按照公文收发的单位层级方向，将公文分为上行文、下行文、平行文三类。

一、上行文，指各单位向上级单位或公司职能管理部门请求指示、汇报工作、反映情况、答复询问所用的公文，文种有"请示、报告"。

二、下行文，指公司或公司职能管理部门向各单位下发的文件，文种有"指示、批复、通知、通报、决定、决议"等。

三、平行文，指没有行政隶属关系或职能管理关系的各单位用于联系业务或往来活动的知照性文件，文种有"函"。

第六条　按照公文的文种，将公文分为正式公文与非正式公文。

一、正式公文包括：决定、通知、通报、管理办法、条例、规定等。

二、非正式公文包括：会议通知、会议纪要、工作联络函、临时授权委托书、请示、报告、申请等。

第七条　按照公文的保密等级划分，分为普通公文与保密公文。

第八条　常见公文文种的选用。

一、指示：领导对下级单位布置工作，阐明工作、活动的指导原则。

二、决定：对某些重要事项做出决定和对重大行动做出安排。

三、决议：经过会议讨论通过，要求贯彻执行的事项。

四、通知：传达上级的指示，要求下级办理或者知悉的事项，批转下级的公文或转发上级、同级和不隶属单位的公文，可带附件；对内部公布规章制度、人事任免以及其他需知照和共同执行的事项、计划、规划、规定等。

五、通告：在一定范围内公布应当遵守或周知的事项。

六、布告：对公众公布应当遵守或周知的事项。

七、公告：向国内宣布重大事件。

八、通报：表彰先进、批评错误、传达重要情况以及需要所属各单位知道的事项。

九、报告：向领导、上级单位汇报工作，反映情况；重要会议的发言稿。

十、会议纪要：经营分析会、总结计划会、工作例会、专题会议等重要会议的内容纲要、规定事项和工作指示等。

十一、请示：向领导、上级单位请示某项工作中的重要问题、明确某项政策界限、审核批准某些重要事项。

十二、申请：向上级或同级别请求批准一般事项。

十三、批复：答复下级部门（单位）的请求事项。

十四、函：平行单位间联系业务、洽谈工作或知照相关方；向无隶属关系的有关主管部门（单位）请求批准和答复审批事项。

第三章　收文管理

第九条　收文主体及范围。

一、公司外来公文的收文工作由行政管理中心负责。外来公文主要分为业务收文（含建设集团业务及其他业务）、党委收文、工会收文三大类。

二、公司内部公文的收文工作由相关业务部门办理，对重要公文应转交行政管理中心归档（参见《档案管理办法》）。

第十条 外来公文的签收。

一、凡外来公启文件均由行政管理中心统一签收，并填写"外部收文登记表"。在签收和拆封时，要认真核对封口与邮戳。发现函件有异常应查明原因，做出相应处理。

二、对于政府部门、行业主管部门等重要机构发来的机要文件要进行信封、文件、文号、机密编号的检查，发现问题要及时上报，并作异常登记。

三、行政管理中心对各类收到的文件与资料进行分类编号，以利于统计和查阅。对政府来文、行业来文可作更细分类，并进行统一编号。

第十一条 收文批办流程（走OA流程），相关工作标准详见《外部收文流程规范》。

一、集团收文：集团机要秘书收文登记→行政管理中心主任填写办结时间→总裁批示→机要秘书发送传阅→各部门领导批办→机要秘书归档。

二、党委收文：集团机要秘书收文登记→行政管理中心主任填写办结时间→行政副总裁审核→党委书记批示→机要秘书发送传阅→各部门领导批办→机要秘书归档。

三、工会收文：集团机要秘书收文登记→行政管理中心主任填写办结时间→工会主席审核→党委书记批示→机要秘书发送传阅→各部门领导批办→机要秘书归档。

第十二条 收文批办注意事项。

一、效率意识。为加速文件运转，行政管理中心人员应根据文件紧急程度与重要度，及时发起OA流程；在领导批示后，督促各部门批办，并及时归档。

二、保密工作。传阅文件应严格遵守传阅范围和保密规定，任何人不得将重要文件带回家和公共场所，也不得将文件转借给其他人阅看。对尚未传达的文件不得向外泄露其内容。如需备查，应按照有关保密规定，并征得行政管理中心主任同意后，予以复印或摘抄，原件应及时归档、周转。

第十三条 本公司人员外出参加会议带回的文件及资料，及时送交行政管理中心进行登记（参见《档案管理办法》）。

第四章 发文管理

第十四条 发文主体。公司正式公文的发文工作由行政管理中心负责。各部门、各组织（党委、工会等）需要正式向上反映重要情况或向下安排布置重要工作要求发文的，向行政管理中心提出发文申请，并由行政管理中心发文。

第十五条　发文范围。凡是以公司名义，由行政管理中心发出的文件、通告、制度、决定、决议、请示、报告等，均属于发文范围。

第十六条　发文批办流程（走OA流程），相关工作标准详见《内部发文流程规范》。

一、集团发文：部门发起人→部门负责人审批→业务分管领导审批→企业管理中心主任核稿→总裁签发→董事长签发→行政管理中心主任填写办理意见→行政管理中心编号、打印分发→行政管理中心归档。

二、党委发文：企业管理中心主任起草→行政副总裁核稿→党委书记签发→行政管理中心编号、打印分发→行政管理中心归档。

三、工会发文：企业管理中心主任起草→工会主席核稿→党委书记签发→行政管理中心编号、打印分发→行政管理中心归档。

第十七条　发文格式要求。行政公文一般有公文版头、发文字号、标题、主送单位、正文、附件说明、生效日期、版尾（主题词、抄送单位、印发说明、页码），见第二十三条附件"公文式样"。

一、版头。在公文首页正上方为红色方正粗宋字体，字样为"××集团股份有限公司文件"或者"××集团股份有限公司××委员会文件"，代表公文属性，如"××集团股份有限公司工会委员会文件"。

二、发文字号。字号由三部分组成，前面用"××集团××"表示公文类别（详见附件13《公司发文编号规则》），中间为年份，后面为本年份该类公文的顺序编号，如"××集团〔2021〕1号"。

三、标题。指精炼、准确概括公文主要内容的纲要性文字，末尾应含文种，整个标题中一般不含标点符号（除颁发规章制度或转发其他公文时加书名号、并列单位间加顿号外），如"关于××季度质量、安全大检查通报"。

四、主送单位。在标题下，顶格写明主送对象，末尾加冒号，如"各区域公司、项目部："。除下行文和平行文之外，上行文一般只有一个主送单位。

五、正文。指公文的正式内容，应层次分明，条理清晰，并以规范字体、字号书写。

六、附件说明。公文如有附件，应紧接正文（正文下间隔一行，行首空一格）标明附件的顺序号、名称。附件应在版尾后另起一页，并尽可能与公文正本装订在一起；如篇幅较长或版式复杂的，可分开装订，并在附件首页的左上角注明发文字号。

七、生效日期。生效日期需另起一行，用汉字注明年月日（如二〇二一年五月二十四日）。生效日期距右侧4个汉字距离。

八、版尾。版尾内容在公文末尾，一般有四行：第一行为关键词，各关键词之间空一格；第二行为抄送单位，各抄送单位之间以顿号隔开，末尾用句号；第三行为印发单位（一般写公司全称或公司的某个组织）及印发日期（如2021年5月24日印发）；第四行写明印发份数，靠右排列。

九、页码：公文超过3页，应在文档底部靠右标明页码，页码左右两侧无需加横线。

第十八条　发文批办注意事项。

一、各类文件的起草者，应注意公文内容的严密性与格式的规范性，起草完毕后应先确认无明显疏漏后，再发起OA流程进行批办。

二、行政管理中心应对公文进行规范排版，再行打印分发；分发时严格按既定发文范围进行发放。

第五章　其他管理

第十九条　公文的记录、统计与归档。

一、记录。行政管理中心应及时在办公自动化（OA）系统上填写《外部收文登记表》（附件11）、《内部发文登记表》（附件12），按公文形成的时间顺序，结合事由进行排列编号，并填写文件目录。目录内容包括序号、文件名称、类别、页数、时间（接收、发放等）、文件编号、使用部门/签收人员、备注等项目，形成系统的收文与发文台账。

二、统计。行政管理中心应定期对收发的公文进行数量、批办所用时间等项目进行统计分析、总结，不断提高公文办事效率与效能。

三、归档。所有具有保留和备查作用的公司文件，行政管理中心必须整理归档（参见《档案管理办法》），统一保管。

第二十条　各部门参与的公文工作。

一、各部门对外部收文的批办过程中，应及时记录、总结相关问题，将重要情况向公司领导汇报并通告相关部门。

二、各部门对所发起的公文，负有督促执行与过程监察的职责，对执行过程中发生的问题及时记录、总结，对重要情况应向公司领导汇报并通告相关部门。

三、各部门应对本部门所参与的公文进行分类统计，视文件保密等级对有关文件存根备查。

第六章　附　则

第二十一条　本办法由集团企业管理中心、行政管理中心负责起草、修订、监督执行及解释。

第二十二条　本办法经集团高层经营班子会议审议通过，自下发之日起执行。

第二十三条　附件：

1.公文式样一[集团下行文]；

2. 公文式样二 [集团上行文];

3. 公文式样三 [集团公司会议纪要];

4. 公文式样四 [集团公司函];

5. 公文式样五 [集团公司日常通知];

6. 公文式样六 [区域公司下行文];

7. 公文式样七 [区域公司上行文];

8. 公文式样八 [区域公司会议纪要];

9. 公文式样九 [区域公司函];

10. 公文式样十 [区域公司日常通知];

11. 外部收文登记表;

12. 内部发文登记表;

13. 公司发文编号规则。

（二）例文解析

企业公文是企业运转、信息传递的重要载体。其规范与否，直接影响着企业运作的流畅度、企业的办事效率。因此，要加强企业文书管理，做到规范统一。例文便很好地体现了这一点。

例文为××公司公文管理办法，整体上可以分为三个部分：第一部分即为公文的基础理论部分，说明行文目的和使用范围，如第一条"为进一步规范公司公文管理，促进公文制订、接收、发放及存档工作的程序化、制度化、标准化，确保国家、地方行业法规及公司政策、制度、工作指示、工作汇报等及时上传下达和跟进落实，提高行政工作效率和质量"便是明证。第二部分介绍了企业公文的种类及其处理，包括了收文和发文管理两个方面。第三部分为附则部分，对文件进行了补充说明，说明了本文件制发的权限、施行时间以及相关附件。总体结构完整，内容清晰，用语准确。

二、文书收发办法

（一）例文

××公司文书收发办法

第一条 范畴

本公司文件（本公司及其事务所之间的书信、文件、传票、小包裹等）以及公司外文件的收发、分发等均按本制度执行。

第二条　统管部门

文书的收发、分布等事务，由本公司及各事务所的总务部统一治理。

第三条　部门文书责任者

在部处室中设文书负责人，负责本部门内文件的分发、保管等工作。

第四条　文书的收受

对公司外来文书的接收由总务部收件室负责。

第五条　收文的处理

收文中除亲启信函、挂号信、传递证明外，其余信函应全部拆封，拆封后，以件为单位将收文印章盖在文件上方空白处、将信封附上用别针别在一起。

收件室将全部收文的收受日期、发文单位、发文者姓名、文件标题、内容概要、分发地点等项目登在"收文簿"上，并将文件及收文簿一并交给总务部经销。

第六条　审核以及分发批示

总务部经理在对文件及"收文簿"加以审核后，对收件室做出分发批示。当总务部经理外出时，如有事务急需处理，可由副经理代理承担上述工作。

第七条　分发

收件室将"收文簿"及文件分发各部门，各部门的文书负责人应该在收文簿上盖印签收。

第八条　处部门内部文书处理

文书负责人在收到文件上加盖传阅印，并递交有关部门。有关部门经理阅文后对文书负责人做出分发传阅的批示，文书负责人据此分发文件给有关工作人员。

在文书承办量、分发量较大的部门，可设文书整理簿，并据此处理文件。

第九条　发送

文书的发送全部由总务部收件室负责，在专门必要时亦可由适当的业务部办理。

第十条　部门内总发送文书的处理

文书发送者在信封上写清收件人地点、姓名，并注明是否采纳挂、快递等方式。

文书负责人将本部门文件分类别，请示发送。

第十一条　发送的处理

总务部发件室将各部处室交来的所发文的发文日期、发送地点、发文者名称（全名）、内容等项目登记在"发文簿"上，贴好邮票投递出去。

第十二条　投递

文件投递通常一天三次，按以下时刻投出：第一次上午十点，第二次下午三点，第三次下午五点。

遇有紧急投递的文书，可不受上述时刻限制。

第十三条　公司内部的定期专递不利用国家邮政，而是通过公司内部定期专递发送的信函、文书、传票、小包裹、钱款以及其他物品的收集和递送，可依照本制度的有关规定办理。对本公司及各事务所之间的定期专递的治理由各事务所总务室负责。

第十四条　定期专递收发文簿的制作在发送定期专递时，各部门应在定期专递收文簿上登记其内容，一式二页，副页留存，正页与发送物品同时放入定期专递箱定期专递收发文簿，作为发文单位记录，可代替发文簿，每天进行整理清点。关于收文部门，定期专递收发文簿，可代替收文簿，每天进行整理清点。

（二）例文解析

例文是对文书管理中文件收发所作的具体规定。对文书收发的范畴、管理部门、部门文书责任者进行了规定，同时对文书的收受、收文的处理、审核以及分发批示、分发、部门内部文书处理、发送、投递进行了明确阐释。整体涵盖了文书收发的全部流程，架构合理清晰。

三、文书处理制度

（一）例文

××公司文书处理制度

第一章　总　则

第一条　范围

本公司文书处理均按本制度执行。在特殊情况下的应急处理，事后也须按本制度补齐有关手续。

第二条　定义

本制度所指文书，包括以下内容：

1. 高层决策文书以及基层下达的文件。
2. 部门会议文书与转阅文件。
3. 合同书、证券、证书和劳动协议书。
4. 志愿书、违约收文、往来公文、专利证明和注册登记文书。
5. 收支预算与决算书、账本票据、凭证、各种明细表、各种规定与计划书。
6. 往来书信、电报、任命书、意见书。
7. 各种报告、各种统计表。

其中"1"与"2"项文书的处理，原则上按会议决定处理。

第三条　类别划分

上述文书按机密程度可划分为以下几类：

1. 机密文书

（1）绝密。

（2）秘密。

（3）保密。

2. 普通文书，即机密文书以外的文书。

3. 其他文书，如公开发行的书籍、杂志、报纸，以及调查资料类的印刷品或复印誊写物品的。

第四条　适用原则

第二章　文书的收发

第五条　收发

到达本公司的文书，原则上由总务部或者另行规定的其他部门接受。所有文书按下列原则处置或送发：

1. 普通文书全部由接收部门开启或开封。启封时，编上文书的收发编号，注明收发日期，在文书登记簿上作好登记，由接收部门的主管，或者由指定的文书保管员送交有关部门有关人员。文书当事人必须签名盖章领取文书。但是不涉及特别事项的文书，可以简化登记手续。

2. 绝密文书或亲启文书，必须直接送交当事者，由文书当事者开封与处置。

第六条　制度时间外的处理

1. 值班人员能够判定为是紧急重要的文书，或者直接写给公司高层领导的文书，应立即通知秘书室主任；其他次重要文书，只需通知收发室的主任，并按其指示处理。

2. 所有到达的文书，值班人员都必须一一作好登记，于此后第一个工作日早晨转交收发室。

第七条　收发决定

所有文书的接受、转交、登记与领取事宜，都必须由收发室主任做出决定与指示。

第八条　设立信使

在文书的接受与处理过程中，各部门间需要经常相互传递文书；因此，在文书档案室设一名信使，来回传递各类文书。

第三章　文书的处理

第九条　处理原则

文书处理的基本原则是"准确"与"及时"，并且明确文书处理的责任者。

第十条　成文原则
凡重要的往来交涉，都必须形成"文书"或形成记录，即使情况特殊，也必须事后追忆，形成"备忘录"。

第十一条　特例
对那些并不重要的事项，或者通过电话、会面等简单形式处理的事项，只需要事后将处理结果的要点记录下来即可。

第十二条　处理手续
领取文书的部门，按下列规定及时予以处理。

1. 凡重要事项，或者异常事项，应立即向所在部门主管做出报告，并逐级向上请示，必要情况下必须与其他部门取得联系，等候并按照上级指示，处理文书中涉及的有关事项。

2. 如果文书中涉及的事项与其他部门有关，必须在与其他部门取得联系后达成一致意见再行事。

3. 在具体处理时，如果认为有必要请其他部门做出配合，并且其他部门提供配合需要一定的时间，在这种情况下，应事先征得对方的意见。

4. 如果事情涉及两个以上的部门，并且难以判断由何部门出面主持时，应听取其他部门的处理意见。

第十三条　防止拖延
文书档案部门有责任督促有关部门处理文书指定的事项，以防止文书的处理延迟或停顿，如发生延迟或停顿现象，应立即交文书档案部门处理。

第十四条　重要文书的保管
机要或绝密文书以及其他重要文件，必须存放在带锁的档案文件柜中，予以严格保管。文件柜的存放，必须选择在发生意外时，能够安全、迅速地转移出去，放在容易发现的醒目位置。

第四章　文书的制作

第十五条　用纸的规格
制作文书的用纸，除特殊情况外，原则上采用A4纸的规格。

第十六条　字句
文书应以简单明了的文体记述，采用标准的简体汉字，避免使用艰涩的词句。

第十七条　文体
全部文书一律采用书面文体。

第十八条　复印
绝密文书未经主管认可不得擅自制作或复印副本，在特别有必要的情况下，必须注明包括正本在内共复印多少份，送往何部门等等。

第十九条　署名

在文书发送与转交时必须按下列要求署名，特殊情况或有专项指示的情况除外。

1. 代表公司名义缔结的合同书、往来公文、公司公告及向政府机构提交的报告，全部署名"董事会代表"。

2. 对外广告及宣传，采用公司名称。

3. 除此之外的文书，署上相关业务部门名称以及部门经理的职务与姓名。不重要的文书，只需署上经办人姓名。

第五章　文书整理

第二十条　编写符号

各种文书都必须按整理的要求编写符号，表示文书的类别，再按符号编辑数字符号，给各文书排序，以便于检索。

第二十一条　文书的符号与编号按下列规定使用：

1. 表示部门名称的符号，用部门名称的第一个汉字，如制造部门、工艺室，用"制、工"表示。

2. 文书类别直接用"绝密"、"密"等字样表示。

3. 各种文书，按先后顺序用自然数排序编号。

4. 同一文书或同一名称的文书，追加一组自然数，用"-"隔开，如"制、工、密 0015-001"。编号按年度更新。

第二十二条　填写文书登记簿

所有文书的符号与编号都必须填写在"文书登记簿"上。

第二十三条　整理

文书处理完结之后，按文书的符号与编号进行编辑整理。将大部分没有必要查询与翻阅的归为一类进行；另一类需要经常查阅的文书，尽管文书处理已经结束，但文书的效用还没有终结，仍需要单独整理。

第二十四条　保管

文书整理后，大量不重要的文件直接送总务部门保管，其他少量的重要文书，在一定的期限内由责任部门妥善保管。

第六章　文书的送发与交接

第二十五条　主管部门

全部文书的发送与交接，由总务部负责。在特殊情况下，公司内文书的送发与交接，由相应的部门负责。

第二十六条　绝密与亲启文书

绝密与亲启文书必须加封，并在封面上加盖"转交""邮寄"与"面呈"字样的印章。

第二十七条　转交邮寄与面呈

送交的重要文书，必须在封面上加盖"转交""邮寄"与"面呈"字样印章，分别表示"可以由专职传递员以外的人员转交，或在书信接受者不在的情况下留下文书，嘱咐由指定传递者当面呈交的文书"；"可以通过邮寄传递的文书"；"必须由指定传递者当面呈交的文书"。

第二十八条　填写送发登记簿

所有送发文书，按"转交""邮寄"与"面呈"，分别填写送发登记簿。对于"面呈"文书，还必须在相应的备注栏目注明送交过程的要点，以及领取文书的当事人签名盖章。

第七章　文书的存档与废除

第二十九条　存档

由本公司总部的行政室，按文书的整理符号与编号进行编辑归档。

第三十条　编辑

行政部门按年度把重要的、经各部门整理编号的文书，进行汇总，分编装订成册，存入档案。会计文书则按会计年度编辑成册。一些不太重要的文书，不必按文书类别编辑，只需按年度汇集成册。

第三十一条　分编标准

存档文书按部门，以文书的符号独立分编成册。

第三十二条　保存期限

保存期限按下列规定确定：

1. 永久保存。凡属于规则、指令、决议、诉讼、重要契约、证书、统计及会计文书，以及员工人事劳资文书，都归为"永久保存"文书。

2. 保存十年，类似永久保存文件性质。没有必要永久保存的文书，合议书、志愿书、违约书、往来公文、复命书、报告书和重要往来信函等等，可以保存十年。

3. 保存五年。保存期从编辑日起算，次重要且没必要保存十年的文书，可保存五年。

第三十三条　废除

保存期满或者在保存期内没必要继续保存的文书，应及时予以废除或销毁。废除必须经有关部门合议，报总裁认可，由文秘室执行。如果对废除没有疑义，应即刻予以废除或销毁。

（二）例文解析

例文是对文书管理制度中文书处理的专门规定。文书处理一般是指企业文书的撰写、传递与管理，它是使文书得以形成并产生实际效用的全部活动，是企业实现其管理职能的重要形式。例文为涉及文书撰写的内容，仅对文书的传递和管理进行了说明。因此，其内容仅包括文书的收发、文书的处理、文书的制作、文书整理、文书的送发与交接、文书的存档与废除等内容。从结构上看，先将文书处理的目的、适用范围等基本问题进行说明，再分条列项地将处理内容进行展示。

四、文档立卷归档制度

（一）例文

××公司档案立卷归档制度

为保证公司档案的完整性，加强文书档案立卷工作，特制定本制度。

一、公司各部门在工作活动中形成的各种有保存价值的材料，都要按年度分别立卷归档。

二、公文承办部门或承办人员应保证经办文件的系统完整。结案后及时交专（兼）职档案人员归档。工作变动或因故离职时应将经办的文件材料向接办人员交接清楚，不得擅自带走或销毁。

三、文件材料的收集管理。

1. 坚持部门收集、管理档案材料制度。各部门均应指定专（兼）职档案人员，负责管理本部门的归档材料，并保持相对稳定。人员变动应及时通知公司档案室。

2. 凡公司缮印发出的公文（含定稿和两份列印的正件与附件、批复、请示、转发文件含被转发的原件）一律由办公室统一收集管理。

3. 一项工作由几个部门参与办理，在办理过程中形成的档案材料，由主办部门收集归卷。会议文件由会议主办部门收集归卷。

四、各部门专（兼）职档案员的职责。

1. 了解本部门的工作业务，掌握本部门材料的归档范围，收集管理本部门的归档材料。

2. 认真执行平时归档制度，对本部门承办的档案材料及时收集归卷，每年三月份前将应归档材料归档完毕，并向档案室办好交接手续。

3. 承办人员借用归档材料时，应积极地提供利用，做好服务工作，并办理临时借用材料登记手续。

五、归档范围。

1. 重要的会议材料，包括会议的通知、报告、决议、总结、领导人讲话、典型发言、会议记录、会议纪要等。

2. 上级机关发来的与本公司有关的决定、决议、指示、命令、条例、规定、计划等材料。

3. 公司对外的正式发文与有关单位来往的文书。

4. 公司的请示与上级机关的批复。

5. 公司反映主要职能活动的报告、总结。

6. 公司的各种工作计划、总结、报告、请示、批复、会议记录、统计报表及简报等。

7. 公司与有关单位签订的合同、协议书等文件材料。

8. 公司干部任免的文件以及关于职工奖励、处分的文件。

9. 公司的历史沿革、大事记及反映本公司重要活动的剪报、照片、录音、录影等。

六、平时归卷。

1. 各部门都要建立健全平时归卷制度。对处理完毕或批存的档材料，由专（兼）职文书集中统一保管。

2. 各部门应根据本部门的业务范围及当年工作任务，编制平时归档材料归卷使用的"案卷类目"。"案卷类目"的条款必须简明确切，并编上条款号。

3. 公文承办人员应及时将办理完毕或经领导批存的归档材料，收集齐全，加以整理，送交本部门专（兼）职文书归卷。

4. 专（兼）职档案人员应及时将已归卷的档案材料，按照"案卷类目"条款，放入平时保存档案的卷夹内"对号入座"，并在收发文登记簿上注明。

七、立卷质量要求。

1. 为统一立卷规范，保证案卷质量，立卷工作由相关部室兼职档案员配合，档案室档案员负责组卷、编目。

2. 案卷质量总的要求是：遵循档案的形成规律和特点，保持档案之间的有机联系，区别不同的价值，便于保管和利用。

3. 归档材料的种类、份数以及每份材料的页数均应齐全完整。

4. 在归档的材料中，应将每份的正件与附件、印件与定稿、请示与批复、转发件与原件、多种文字形成的同一档案，立在一起，不得分开，文电应合一立卷。绝密文电单独立卷，少数普通文电如果与绝密文电有密切联系，也可随同绝密文电立卷。

5. 不同年度的档案一般不得放在一起立卷，但跨年度的请示与批复，放在复文年立卷；没有复文的，放在请示年立卷；跨年度的规划放在针对的第一年立卷；跨年度的总结放在针对的最后一年立卷；跨年度的会议文件放在会议开幕年。

6. 卷内材料应区别不同情况进行排列，密不可分的材料应依序排列在一起，即批复在前，请示在后；正件在前，附件在后；印件在前，定稿在后；其他材料依其形成规律或特点，应保持档之间的密切联系并进行系统的排列。

7. 卷内材料应按顺序，依次编写页号。装订的案卷应统一在有文字的每页材料正面的右上角和背面的左上角列印页号。

8. 永久、长期和短期案卷必须按规定的格式逐件填写卷内档目录。填写的字迹还要工整。卷内目录放在卷首。

9. 有关卷内材料的情况说明，都应逐项填写在备考表内。若无情况可说明，也应将立卷人、检查人的姓名和时期填上以示负责。备考表应置卷尾。

10. 案卷封面，应逐项按规定用毛笔或钢笔书写，字迹要工整、清晰。

11. 案卷的装订和案卷各部分的排列格式：案卷装订前，卷内材料要去掉金属物，对破坏的材料应按裱糊技术要求托裱，字迹已扩散的应复制并与原件一并立卷，案卷应用三孔一线封底打活结的方法装订。

12. 案卷各部分的排列格式：软卷封面（含卷内档目录）一档一封底（含备考表），以案卷号排列次序装入卷盒，置于档案柜内保存。

（二）例文解析

例文为××公司档案立卷归档制度，开篇使用"为……"的句式表明了制度的目的和意义，如"为保证公司档案的完整性，加强文书档案立卷工作"，再以"特制定本制度"转入下文写作。正文分为总体要求、文件材料的收集管理、各部门专（兼）职档案员的职责、归档范围、平时归卷、立卷质量要求等七个方面进行说明，内容完整，结构合理。

五、档案管理制度

（一）例文

××公司业务档案管理制度

第一条　目的

为了保证我公司业务档案资料归档的及时性、完整性及档案管理的规范性，特制定本公司业务档案管理制度。

第二条　适用范围

适用公司所有招标代理、投标文件资料、造价咨询资料、监理咨询资料。

第三条　部门职责划分

1. 总工办负责本制度的制定和档案的收集与管理。

2.各部门负责人负责本部门有关业务档案的归集、整理、提交总工办档案管理人员。

3.各部门相关人员负责所从事业务的档案的归集、整理，并提交部门负责人审核，保证档案的完整性，不得遗漏和缺失，及时归档。

4.总工办全面负责全线的业务档案管理工作，并设专职档案员，在总工程师的指导下，负责对全线业务档案管理工作进行指导、监督、检查，组织集中整理工作。

第四条　管理内容

一、业务档案管理要求及原则

1.业务档案管理必须认真执行公司有关各项规章制度，档案管理员要增强法律意识，做到依法照章办事，努力提高政治和业务素质，尽职尽责做好档案管理工作。

2.管理应坚持集中统一管理的原则，档案管理员应积极收取各种门类和载体的档案资料，存档案室集中统一管理。

3.装订成册的档案必须按规定立卷，填好案卷目录，然后按不同业务成果类别、载体分别上架保管，并写明载体名称，以便查找利用。

4.随时保持卷面清洁、整齐，保证档案的完整齐全。

5.档案管理员必须保证档案安全。档案管理员离开档案室时，必须关停电器，拔掉电源插头，上好门锁，管好钥匙，节假日离开前必须严格检查，必要时可打封条。

6.档案管理员对所保管档案每半年要全面、仔细地检查一次，作好记录，做到账物相符。对破损和褪变的档案要进行修复和复制，并做好档案的防霉及防蛀措施。

7.档案工作要充分利用电子计算机等先进设备来加强科学管理，提高档案工作的管理水平和服务质量。

8.做好档案信息开发利用工作。档案管理员要绘制档案分类大纲和存放示意图，编制检索工具和参考资料，认真编好档案目录。档案管理员要熟悉所藏档案情况，方便快捷地提供利用。

9.坚持履行档案借阅手续，经相关领导批准后方可借阅并认真做好登记及催还档案工作，严格区分开放与控制使用的档案。

10.档案管理员必须认真负责管理档案。查阅档案必须由档案管理员查找、调取。

11.档案接收、移出、销毁及档案管理员工作变动，必须进行档案交接，逐一清点核对，履行交接签收手续，及时记入"档案移交和接收登记簿"。对接收的档案，原则上应保持原卷册原貌，以分清责任。

12.对超过保管期限的档案，要按照保管期限重新组织鉴定；对于需销毁的档案要造具"档案销毁清册"，写出报告，经领导审核同意，由专人监销。

13.档案在归档前由保存者个人负责，归档后由档案管理员负责。谁出问题谁负责。

14. 相关档案应由档案管理员收集并装订成册，由档案管理员保存。

15. 档案管理员和直接责任人发生玩忽职守、擅自提供抄录、损毁、丢失、泄密等事件，要追究责任，根据情节轻重按照公司相关制度规定给予行政或刑事处理。

二、各类型业务档案归档内容

1. 工程量清单及控制价编制归档应收集的资料。

（1）工程造价咨询合同。

（2）三级复核表。

（3）清单及控制价编制成果文件纸质文本（注：纸质文本可不打印分部分项工程）。

（4）电子文档（光盘）存档内容应当包括但不限于：

工程量清单及招标控制价编制内容（全套）；

工程量计算书（包括图算软件、自制电子表格）；

图纸电子文档。

（5）计算过程中相关责任方（如委托方、设计方等）的来往函件、答疑等。

（6）若同一项目有修改，应将所有修改编制文件一并存档，应将每次定稿内容（并附修改原因）移交档案室存档保管。

（7）财评报告复印件。

（8）其他应归档资料。

（9）项目经理及经办人签字表。

2. 工程结算编制归档应收集的资料。

（1）工程造价咨询合同。

（2）结算编制成果文件及电子文档（含报告正文、结算书等）、三级复核表。

（3）其他资料：

工程相关责任方（如委托方，设计方，监理等）的来往函件，会议纪要；

计算底稿（含电子文档）；

影响工程造价的相关重要签证；

其他应该归档资料。

（4）项目经理及经办人签字表。

3. 财政评审归档应收集的资料。

（1）工程造价咨询合同。

（2）三级复核表。

（3）清单及控制价报告（注：纸质文档可不打印分部分项工程量清单计价分析表）。

（4）电子文档（光盘）内容应当包括但不限于：

经评审的概算书或工程量清单及招标控制价编制内容（全套）；

工程量计算书（包括图算软件、自制电子表格）；

图纸电子文档。

（5）计算过程中相关责任方（如委托方、设计方等）的来往函件、答疑等。

（6）若同一项目有修改，应将所有修改编制文件一并存档，应将每次定稿内容（并附修改原因）移交档案室存档保管。

（7）财评报告复印件。

（8）其他应归档资料。

（9）项目经理及经办人签字表。

4. 工程结算审计归档应收集的资料。

（1）工程造价咨询合同。

（2）审核报告及电子文档（含报告正文，定案表，结算书，重要签证等），三级复核表。

（3）其他资料：

工程相关责任方（如委托方，设计方，监理等）的来往函件，会议纪要；

计算底稿（含电子文档）；

影响工程造价的相关重要签证；

其他应该归档资料。

（4）项目经理及经办人签字表。

（5）项目负责人认为有必要留底的所有资料。

三、招标代理项目归档应收集的资料（如表）

序号	分项名称	备注
1	比选邀请函	
2	项目立项批文	
……	……	……

四、归档资料的整理要求

1. 归档文件应按"件"为单位装订。

2. 所有档案资料均为A4纸型（210mm×297mm）规格；幅面大于A4的，按A4纸型的尺寸加以折叠，并尽量减少折叠层次，折叠应尽量位于字迹间隙处，图纸应将图签折于显眼位置，尽量减少文件受损，便于阅读；小于A4尺寸的，粘贴在A4幅面的纸上，并留出装订线。

3. 装订时，正本在前，定稿在后；正文在前，附件在后；原件在前，复制件或手抄稿在后；转发文在前，被转发文在后；来文与复文为一件时，复文在前，来文在后；结论性材料在前，依据性材料在后；文件处理单在前，文件在后；正文在前，发文稿纸在后。

4. 归档文件装订前，应去除原装订文件的金属物和易变脆的塑料物。

装订要采用对档案文件无损的材料和方法，如夹装、线装等方法。装订要牢固，做到文件不损页，不倒页，不压字。装订前应将"件"内的各页按一定方式对齐，文件尽量大小一致。采用左侧装订，要将左侧、下侧对齐并打印封面及目录。

5. 封面各个项目应填写清楚、准确；卷内文件材料按规定次序排列、编号。

6. 报告上档案架。

档案管理员应根据不同类型的业务成果报告分区、分门别类按文号的顺序将报告进行上架归档保存。

五、归档日期要求及处罚规定

1. 造价相关报告档案。

（1）负责该项目的项目负责人应在出具正式报告当日内移交公司档案管理员保管。所移交档案资料齐全、完整，方可提取该项目的提成工资。若未及时交纳，从报告出具之日第二天算起，每超过一天处10元的罚款，并累计计算，直到档案完整移交为止。

（2）对于特殊情况应在出具报告之日第二天算起，三日内移交齐所应该归档的资料，并以书面"情况说明书"告知总工程师，否则从第四日算起每超过一天处10元的罚款，并累计计算，直到档案完整移交为止。

2. 招标代理项目档案资料。

（1）负责该招标代理项目的项目负责人应在发出中标通书之日内移交公司档案管理员保管。所移交档案资料齐全、完整，方可提取该项目的提成工资。若未及时交纳，从报告出具之日第二天算起，每超过一天处10元的罚款，并累计计算，直到档案完整移交为止。

（2）对于特殊情况应在发出中标通书之日第二天算起三日内移交齐所应该归档的资料，并以书面"情况说明书"告知招标部经理，否则从第四日算起每超过一天处10元的罚款，并累计计算，直到档案完整移交为止。

（二）例文解析

知识管理是现代企业的一种资源组织形式，企业可通过知识管理有效地采集、检索一切对其有用的和可能有用的信息与知识，并以最优的方式加以开发、运用、创新，从而使企业在现代竞争中获得可持续发展的能力和机会。以计算机技术和现代通讯技术为代表的技术革命变革了现代社会的信息环境，对作为人类记忆的业务档案及其管理带来革命性的影响。业务档案管理从实体管理、信息管理直至知识管理演进的过程,实际是档案价值的升华与知识内涵的拓展过程,实现这一跨越对档案管理工作至关重要。随着知识经济时代的到来,知识管理给企业业务档案管理带来了良好的发展机遇,业务档案管理成为企业知识管理的重要组成部分,因此,设立业务档案管理制度势在必行。

例文主体分为四大部分,分别为目的、适用范围、部门职责划分和管理内容。例文的主要部分在于管理内容,其分为档案管理要求及原则、各类型档案归档内容、招标代理项目归档应收集的资料、归档资料的整理要求、归档日期要求及处罚规定等五个方面。这五个方面详实地阐释了公司档案管理的具体内容,条理清晰,层次分明。

六、业务档案借阅规定

(一)例文

业务档案借阅管理规定

一、档案管理人员应根据查阅人员的需要,及时提供查阅工具,协助借阅人员查找,主动征求借阅人员的意见,不断改进服务工作,了解利用效果,并及时登记积累。

二、本公司内部人员借阅档案,原则上限于查阅其所在部门与本人工作有关的档案并需经公司行政部领导同意方可借阅,并办理借阅手续。如需查阅其他部门的档案,须经其所在部门领导同意,并经公司分管领导批准。

三、档案的借阅一般只限在档案阅览室内,特殊情况需外借,须经公司行政部领导批准同意。通常情况下档案不予外借。确因工作需要将档案借出使用时,必须履行相应手续并经有关领导审核签字后方可办理相关手续;借档者必须确保档案完好无损,不得拆卷、涂改、圈注、眉批、增删、抽页或剪裁,不得擅自随意翻印。使用完毕后即时原样归还。借档期限一般不应超过3周,"机密"级文件的借档期限一般不得超过5个工作日,"绝密"级文件的借档期限一般不得超过3个工作日,如确需延期借用,则须办理续借手续。

四、查阅"机密"级档案须经综合档案室负责人和本部门负责人审核后,报公司分管领导批准;查阅"绝密"级档案须经公司总经理批准。会计档案查阅一般只限于财务、审计工作人员,其他人员确因工作需要查阅,须经公司领导批准。

五、外单位人员查阅本公司档案,必须持有介绍信和其身份证(或工作证)并经公司主管领导批准同意方可查阅。

六、各类档案未经有关领导同意不得翻拍、复制。

七、档案借阅人未经档案管理人员同意,不准擅自进入档案库房进行查找和翻阅。

八、借阅档案应先填写"档案利用登记簿",办理相关手续后方可借阅,退还档案时须详细检查,交点清楚,办理归还手续。

九、阅档人员必须爱护档案资料,在查阅时不得吸烟,不得私自拆散、涂改、转借、复制,违者追究责任,同时向领导汇报,情况严重的应根据《档案法》规定追究法律责任。

十、阅档室要保持清洁卫生,为阅档人员提供一个优雅、肃静的环境。档案管理人员做到热情接待,主动提供。阅档人员应爱护公物,保护档案。

(二)例文解析

档案是指人们在各项社会活动中直接形成的各种形式的具有保存价值的原始记录。档案来源于文件。档案是由文件有条件地转化而来的,即一切由文字、图表、声像等形式形成的各种材料。档案具有历史再现性、知识性、信息性、文化性、社会性、教育性、价值性等特点,因此,要对档案进行管理和存储。档案借阅是档案发挥作用的重要途径,但档案容易受到人为原因的破坏,因此须制定规范以管理借阅。例文是一篇较为完整的档案借阅规定,明确地说明了借阅目的、借阅范围、空间使用、特殊档案借阅、外单位借阅、档案室管理等诸多环节,层次清楚,语言准确,内容详实。

七、声像档案管理制度

(一)例文

××公司声像档案管理制度

声像档案是应用录音、录像、照相等手段对重要事件进行真实记录的历史材料,它具有客观性、形象性和科学技术性的特点,能生动形象地再现我局有关方面的工作及成果,客观反映和记录工商行政管理工作的真实面貌。它和文字、图纸档案一样,具有现实的查证作用,对研究历史具有参考使用价值。为了规范管理好全局声像档案,使其更好地发挥作用,特制定下发本办法,望公司各部门认真遵照执行:

一、声像档案是国家规定的全部档案的一大门类,是公司档案工作的重要组成部分,各部门文档内勤人员要认真收集,每年12月10日前交档案室统一集中保管。

二、声像档案的收集范围：

1. 人物类照片、录音。

①历届公司领导、优秀模范和先进人物；

②具有突出贡献的优秀技术人员。

2. 会议类照片、录音、录像带。

①公司召开的各种会议；

②政府部门、各供应链厂商、新闻媒体在公司召开的会议。

3. 文艺、体育、活动类照片、录音、录像带。

①公司及集团大型文艺汇演；

②公司及集团体育运动会；

③公司常识、专业技术竞赛；

④公司领导在电台、电视台上的讲话、答记者问、新闻发布会等声像材料；

⑤市党政领导、工商局领导来公司进行视察工作时的讲话、题词的照片、录音、录像带；

⑥公司及集团重要工程奠基、交接、剪彩仪式的照片。

4. 各种实物类照片。

①市政府及工商部门授予本公司或个人的奖状、奖旗、证书、匾额、题词等缩微照片与录像和实物；

②集团颁发的奖状、奖旗、证书、匾额、条幅、题词、纪念章证等缩微照片与录像和实物；

③公司各部门的牌匾、门庭面貌照片、录像。

三、声像档案的归档要求

1. 归档的声像材料必须是原版、原件（照片档案包括照片和底片）；

2. 归档的声像材料必须图像清晰、声音清楚、底片完好、主办摄录人员编写必要的文字说明；

3. 声像材料形成后，承办人应按规定进行整理，按规定分类、编目，向档案室移交归档；

4. 声像档案均按要求填写卷内目录、备考表和总目录。

四、声像档案的保管、移交和借阅利用，原则上与文书档案材料相同。

五、声像档案的复制、修改、销毁应经分管领导审批，由档案管理部门负责办理。

六、本办法自印发之日起施行。

（二）例文解析

随着现代科技的发展，档案已不仅仅局限于纸质文件，还包括公司的声像资料，因此设立专门的声像档案管理制度是十分必要的。

例文为××公司声像档案管理制度，开篇即明确了声像档案的范畴和意义，同时说明了制定制度的目的，即"为了规范管理好全局声像档案，使其更好地发挥作用"，进而运用标准的文书语言，"特制定下发本办法，望公司各部门认真遵照执行"，承接正文。正文部分对声像档案的地位、收集范围、归档要求进行了详细的说明，用语准确，程序明确可行，有助于档案管理人员操作。结尾说明档案的管理权限即本制度的施行时间。例文虽篇幅短小，但表达内容完整。

八、资料室管理制度

（一）例文

资料室管理规定

一、目的

为规范公司资料管理，有效地利用和保护资料，全面反映公司经营管理各项活动的历史记录，维护公司的合法权益，并为今后决策科学化提供依据，特制定本规定，各部门必须按本规定认真做好资料管理工作。

二、资料归档范围

本规定所指的资料是指过去和现在的公司各部工作中所直接形成的对公司有保存价值的各种文件、图纸、方案、软件、图片、音像、技术资料、电脑盘片、胶卷、荣誉实物、书籍、证件等不同形式的历史记录。拟出各部门归档目录，提交资料管理员，按照资料性质予以收集、分类、归档。

三、资料归档制度

1. 为了保证资料的质量和有利于查阅和管理，实行统一领导，分级管理。公司资料管理由总经理室负责管理，统一收集，分类归档。公司各部门必须指定专人负责，因为他们熟悉文件材料的形成过程、内在联系和保存价值，他们担负起归档工作才能更有利。

2. 归档的文件材料，要做到齐全、完整、准确。文字材料必须字迹清晰，不得用铅笔、圆珠笔和复写纸书写，否则资料管理人员不予接收。

3. 资料归档的时间：总经理室指派专人负，责平时的资料保管和整理，每月对公司资料室进行归档操作。

各部门应该按照资料管理清单上的内容定期收集记录并存档，存档记录需要有卷内目录，否则资料员有权拒收记录存档。

存档需要办理文件和资料移交清单要求移交人和接收人核实记录并签字。

4. 文件材料归档时，应由总经理室编制"资料归档清单"，记录文件资料是否完整。若有缺失，及时向该项负责人追讨。

四、保存期限

1. 各部门文件根据《记录控制规定》程序进行保存。

2. 所有文件期满销毁后必须保留电子档文件。

五、借阅

1. 公司内部人员借用资料，都必须填写借用登记表，注明借用时间、文件名称、文号、份数、归还时间，并经借用人签字确认。

2. 外部人员借用：公司外部人员借用本公司资料均须经过总经理批准方可借用。

3. 归还：借用者按时归还借用资料，若到期未还，资料管理员必须及时予以追讨，并于资料归还时仔细检查资料是否完整，若发生丢失、泄密或其他损坏行为由借用者承担责任，视情节轻重予以处理。

六、销毁

任何部门或个人非经允许无权随意销毁公司资料。保存期满的资料，经由总经理审核后由各部门资料负责人进行销毁，必须由审核人及经办人签字确认以备后查。

七、责任

公司资料属于公司财产，任何人不得据为己有和外泄。有下列行为之一，据情节轻重，给予处理，构成犯罪的依法追究：

1. 毁坏、丢失或擅自销毁公司资料；

2. 擅自向外界提供、摘抄公司资料；

3. 涂改、伪造资料；

4. 未及时上报归档或资料管理不善者。

（二）例文解析

企业资料反映着企业经营管理各种活动的历史记录，对企业后续决策具有十分重要的借鉴意义，因此，须做好资料的收集、整理与保存工作。例文即是针对企业资料管理所撰写的规定。主体分为七个部分，首先交代了行文的目的和意义，进而使用"特制定本规定，各部门必须按本规定认真做好资料管理工作"引出具体的规定内容。资料管理主要包括资料归档范围、资料归档制度、保存期限、借阅、销毁和责任等五个方面内容。内容详实，用语准确。

九、本节写作要点

1. 内容的准确性。档案管理是企业管理的一项重要环节，撰写档案管理类文书，必须准确表明行文目的、适用范围，这样才能更好地保护好企业的档案资料。

2. 执行的可行性。档案管理属于具体的办公室管理活动，在撰写上更注重微观而非宏观，因此要注意其现实的适用性和执行的可行性。

第三节　后勤管理制度

一、后勤部岗位职责

（一）例文

后勤部岗位职责

一、基本信息

部门名称：后勤部

部门人员编制：2人

部门直接主管：常务副总

部门负责人：后勤部长

二、部门定位

为公司的日常工作提供稳定的支持，以及负责公司的后续管理。

三、部门职能

1. 负责制定公司后勤管理规范，并监督执行，确保后勤管理的顺利进行。

2. 基本建设管理。

（1）参与基本建设规划拟定，并经批准后实施；

（2）负责基本建设预算编制；

（3）负责基本建设招标、监理、进度控制、结算、造价审计等事项的办理；

（4）负责基本建设支出控制。

3. 物业管理

（1）负责房产、房屋管理，产权事项的办理；

（2）负责消防、机电设备、自行车房（棚）、园林绿化地、沟、渠、池、井、道路、停车场等公用设施的使用、维修、养护和管理；
（3）清洁卫生；
（4）治安管理。
4.生活后勤保障服务。
（1）负责日常伙食供应及管理；
（2）负责企业员工集体宿舍管理，包括宿舍分配、水电管理等；
（3）负责休闲、文化娱乐设施管理。
5.后勤物资管理。
（1）编制上报后勤物资采购计划；
（2）负责办公家具、设备、清洁用品的采购领用和消耗监督审核工作。
6.灾害及其他突发事件处理。

（二）例文解析

行政后勤部门是一个单位的必要部门，只是结构设置形式的差别。大型单位专设一个机构负责行政后勤管理，小型单位则以其他机构兼管形式。例文是企业后勤部岗位职责的说明，主要包括基本信息、部门定位、部门职能三方面内容，篇幅虽小，表意却很清晰。

二、员工食堂管理制度

（一）例文

员工食堂管理制度

一、总则
1.为了完善食堂管理，为职工营造一个温馨、卫生、整洁的就餐环境，特制定本规定。
2.本规定适用于食堂工作人员、在公司就餐的职工。
3.行政部负责对职工食堂进行管理，接受食堂工作人员和就餐职工的投诉。
二、食堂工作管理
4.食堂管理实行"主管负责制"，即由食堂主管对本食堂饭菜质量、卫生状况、就餐环境、员工配备等全面负责，并对发生的问题承担相应责任。
5.食堂工作人员负责为公司员工提供一日三餐。
6.食堂采购要精打细算、勤俭节约，合理安排每天的用餐量，不造成菜有变质、浪费或者分量不够。

7. 食堂用膳一天三餐，式样品种要变化多样，每天蔬菜、鱼肉、瓜果必须新鲜、洁净，无污染、无变质、无发霉，过夜变质食物严禁使用。

8. 烹调菜肴时，肉鱼豆类菜肴做到烧熟煮透，隔餐菜应回锅烧透。食物不油腻，味精等尽量降低使用量。

9. 厨房操作间内的设备、设施与用具等应实行"定置管理"，做到摆放整齐有序，无油腻、无灰尘、无蜘蛛网，地面做到无污水、无杂物。

10. 餐厅要清洁、卫生、通风，采取多种有效措施，不定期开展消灭蚊子、苍蝇工作，应采用防蝇门帘、纱窗、电子灭蝇器、灭蝇纸、灭蝇拍、定时喷洒药剂、实行垃圾袋装等各种防护措施，将餐厅蝇蚊污染减低到最低限度，做到无苍蝇、无蟑螂、无飞虫叮咬。

11. 桌椅表面无油渍、摆放整齐，经常清洗；地面每天清扫一次，每周大扫除一次，每月大检查一次，保持清洁。玻璃门窗干净，地面干净、无烟蒂。

12. 餐具使用后要清洗干净，不能有洗涤用品残留，每天消毒两次，未经消毒不得使用。消毒后的餐具必须贮存在餐具专用保洁柜中备用，已消毒和未消毒的餐具应分开存放，并有明显标志。

13. 食堂工作人员要待领导、员工全部用餐完毕，清理好桌面，打扫好卫生后方可离开。

14. 食堂人员每年必须进行定期身体检查，出现不适合食堂工作的情况，解除聘用。

三、就餐管理

15. 公司员工免费就餐，食堂实行刷卡消费就餐。行政部根据人事部提供的员工名单，每月对就餐卡充值，就餐时员工自行刷卡，未消费完的金额自动归零，行政部月底会与财务部结算。

16. 本地员工（居住于本市×××区）每天8元（不含星期天），外地员工（居住于公司宿舍）每天20元（含星期天）。员工就餐卡内本月的金额消费完后，本人在财务部交费，行政部凭收据对其就餐卡充值。

17. 本地员工加班、临时需在食堂就餐，由部门开具"就餐申请单"交行政部，凭单在食堂就餐，不刷卡。本地员工若居住地离公司较远，需长期在公司宿舍居住，由本人提出申请，公司领导审批，行政部凭办公室的通知对其就餐卡充值。

18. 外来人员就餐需由各部门于开饭前两小时报行政部，免费的在办公室领取就餐卡，自费的在行政部购买餐票。

19. 就餐人员统计：公司各部门于前1日下班前将次日需就餐员工人数报行政部。

20. 食堂内不能随地吐痰，食物乱堆乱放，乱扔纸屑、垃圾，不得大声喧哗。

食堂卫生制度及卫生标准规定

一、环境卫生

1. 就餐大厅整洁明亮，餐桌上无灰尘，地板无垃圾，凳子无脏水、灰尘等。地板要求明亮干净，清洁工对大厅的地板每天至少要清扫、拖洗2～3次，对餐桌要随时清理，保证就餐大厅整洁卫生。

2. 食堂周边无杂物、垃圾，食堂外围排水沟无污物、垃圾，每天最少清扫1～2次，保证室外整洁、干净。

3. 大厅窗户要求每周至少擦拭一次，玻璃上无灰尘、无痕迹，保证清洁明亮。

4. 就餐大厅四周墙壁、天花板无蛛网，每周至少打扫一次。墙砖至少每月擦洗2～3次。

5. 就餐大厅要有灭蝇、灭蚊、防毒、防鼠等设施，对大厅环境每学期进行1～2次全面消毒。

6. 洗手间长期清扫冲洗，保证洗手间无臭味，要求每月消毒一次。

7. 食堂内外花栏干净，无灰尘，坚持每天擦拭。

二、食堂厨房、操作间、保管室、炊具厨具卫生

1. 食堂厨房每天必须保持整洁，地面保持干燥、无垃圾杂物；炊具、厨具每天使用后清洗干净，然后消毒，整齐有序地摆放；菜墩、菜刀使用后清洗干净摆放整齐；新鲜蔬菜、干货等食品上架，酱油、醋等入池入桶（罐），不准随地摆放。操作间地面无垃圾、杂物，保持干燥整洁。保管室食品陈列有序，不乱摆放，池盖等无灰尘，保持干净明亮。

2. 食堂厨房、操作间、保管室坚持每天一小扫，做到四壁无灰，无蜘蛛网；每周一大扫，彻底整理墙面、地面、厨具、案板等厨房设施。

3. 食品生熟要分开，保证生熟食品不交叉污染或串味。

4. 干货制品蒸发及清洁卫生，要多清洗、漂洗，保证无沙粒、杂物，不准加工出售腐烂变质的食品。

三、蔬菜、肉类卫生

1. 蔬菜类必须先剔除腐烂、变质或杂草部分，然后清洗加工，加工完毕后需再清洗干净方可进入蒸、炒、煮等环节烹饪程序。

2. 肉类必须先漂洗，带皮肉还要先烙皮（烙至金黄色），洗净后方可加工切好后，该漂洗的先漂洗，该出水的先出水，然后再进行蒸、炒、煮、爆等。

3. 严格执行食品卫生"五四制"，对腐败变质、生虫、生霉物质坚决做到"采购不买，物质验收员、保管员不收，食品加工人员（厨师）不加工"。

四、个人卫生

1. 工作时穿工作服，戴工作帽，着装整齐。
2. 操作人员不得留长发、长指甲，不允许戴戒指、手链等饰品，操作前先洗手，保证食品清洁卫生。
3. 勤换衣服，勤洗澡，树立良好的外部形象。

五、库房卫生

1. 库房整洁、明亮，物资堆放有序。米面及干杂品不得摆放在地上。
2. 四壁无蜘蛛网，加强防潮、防鼠，定期检查，以防物资腐烂变质。

（二）例文解析

员工食堂是企业为员工提供的重要生活便利措施，良好的食堂管理制度可以为员工提供优质的餐食，进而获得员工更好的工作表现。例文一为员工食堂管理制度，更为宽泛，涉及食堂提供服务的全流程，主要内容有总则、食堂工作管理、就餐管理。例文二为食堂卫生制度及卫生标准规定，这一规定集中于食堂卫生方面，因此更为具体，具体内容包括环境卫生，食堂厨房、操作间、保管室、炊具厨具卫生，蔬菜、肉类卫生，个人卫生，库房卫生等五个方面，标准清晰可行。

三、员工宿舍管理规定

（一）例文

员工宿舍管理制度

第一条 目的

加强员工宿舍管理，为员工营造一个整洁、舒适、安全、有序的住宿环境。

第二条 寝室长职责

1. 每间寝室设立寝室长一名，全面负责本宿舍的卫生、纪律、安全等方面的工作。
2. 寝室长每月 2 日前，须核对本宿舍住宿人员及宿舍内的所有餐厅财产报宿管员，再由宿管员报餐厅办公室。
3. 每月制定本宿舍的卫生值日表。
4. 寝室长有义务向酒楼办公室及时汇报寝室内发生的异常情况，否则视情节轻重，对寝室长进行过失处理。

第三条 作息时间

1. 员工晚上外出必须在 24：00 之前归宿，如不能按时回宿舍者，应以请假条的形式报宿管员请假，每月每人不能超过3次。如超过1次，宿管员有权对违纪者处以50元的扣款。如因工作原因不能按时归宿的，须由部门最高主管填写夜归证明单。如没有按时归宿，且无夜归证明单或未向宿管员以书面形式请假的，也将予以50元/次的罚款。

2. 22:00以后禁止在寝室内接待外来人员，禁止留宿外来人员，凡私自留宿外来人员者，每次罚款100元，连续两次者则取消住宿资格。如寝室长未对其明确指出或劝阻，则予以过失处理。如外来人员留宿期间造成公物损坏、财物丢失等，将由当事人负责赔偿。

第四条 卫生制度

1. 员工必须养成良好的卫生习惯，共同维护宿舍良好的卫生环境。

2. 每位员工必须按照寝室长安排的卫生值日表按时打扫寝室卫生，包括倒垃圾。

3. 值日员工不按规定打扫卫生或不按规定投放垃圾，经寝室长提醒后仍不执行者，由行政人事部视情节轻重予以违纪处理。

4. 宿舍所有垃圾必须用垃圾袋装好，由各宿舍当日轮值人员提到指定地点放好，如检查时发现不按要求放置者，罚款10元/次。凡住宿员工将垃圾乱丢乱放者（包括扔出窗外）将视情节轻重给予处理。

5. 凡在检查中发现卫生不合格的寝室，该寝室长将受到过失处理，如有明确责任者，则同时给予该责任者相应的处分。

第五条 水、电管理

1. 所有寝室的照明灯具及线路必须由工程部电工安装、维修，禁止乱接临时电线，不准超负荷用电，不准用不符合规定的装置，违者予以100元/次的罚款。

2. 入住员工必须注意节电、节水，做到人离灯熄、电断、水关；违者将对责任人进行罚款，如查不出责任人，则对所在房间人员处以50元/人的处罚。

3. 不得使用电炉等大功率家用电器。

4. 不得私自乱接电线插座。

5. 要保持高度的防火意识，做到安全用电、用水。发现事故隐患，及时上报行政人事部门。

6. 如发现使用禁止使用之电器，则处以50元/次的罚款。

7. 由于本人私接电源、插座而引起的火灾，未造成后果给予责任者以违纪处理，造成一定后果的视损失程度给予按价赔偿，并取消住宿资格直至辞退处分。

第六条 物品摆放规定

1. 必须保持物品摆放整洁、美观，严禁乱堆、乱放、乱扔，禁止在宿舍内墙面乱刻、乱画、乱钉，违者对责任人予以10元/次的处罚。

2. 床上用品必须摆放整洁，被褥叠放整齐，统一放置于靠窗户的方向，枕头置于床的另一头，床单平整，其他床上用品摆放有序。

3. 被套、床单须经常清洗，保证干净无异味。

4. 鞋子有序摆放于床下，鞋内勿放置袜子，并保证其干净无异味。

5. 面盆、水桶置于各自床下，并置面盆于桶上。

6. 桌上物品如牙具、口杯、书籍等杂物摆放整齐，桌面干净无水迹。

7. 衣物、毛巾挂放在两床间的横杆上，灯架上严禁悬挂任何衣服、饰品等杂物。

8. 垃圾置于桶（袋）内，并由当值人员每天处理一次。

9. 公用物品除按规定摆放外，每位员工都必须爱护，如属自然损坏，寝室长要及时上报行政人事部门。如属人为破坏，除照价赔偿外，罚款20元/次。

第七条　管理规定

1. 23:00以后禁止放音响和大声喧哗，以免影响他人休息。凡在宿舍内放音响、大声喊叫、酗酒闹事等，影响他人及邻居休息，使餐厅声誉受到损坏者，除后果由本人自负外，餐厅将对当事人给予违纪处罚；如寝室长没提出或劝阻，则负连带责任。

2. 对凡有公物损坏的宿舍，有明确责任者除负责赔偿损失外，还要追究其责任。本宿舍员工视而不见、知情不报、相互包庇而导致责任不明者，除全体宿舍员工赔偿损失外，并将给予重罚。

3. 出入宿舍要随手关门，注意防盗。对因故离开酒楼者，宿舍长负责督促将宿舍物品钥匙回收，并上交宿管员。严禁私自配制钥匙和调换门锁，如发现此类情况，将处以宿管员100元/次的罚款。

4. 宿舍内严禁打架斗殴，因打架斗殴造成公物损坏者，除照价赔偿外，视情况给予当事人警告、罚款、取消住宿资格直至辞退处分。

5. 宿舍区域内严禁堆放易燃易爆物品。

6. 宿舍区域内严禁使用明火，宿舍门口及通道不准堵塞，要保持畅通无阻。

7. 每位员工必须按时办理好暂住证，并将复印件交行政人事部门备案。

8. 员工离职时，必须在办好离职手续后及时搬出宿舍，否则予以罚款。

（二）例文解析

很多工厂因远离市区，除提供班车服务外，还会提供住宿服务，以方便员工生活。例文为员工宿舍管理制度，其涉及主体为员工，涉及内容为作息时间、卫生制度、水电管理、室内物品摆放、人员管理规定五个方面，例文便很完备地展现了这些信息。从行文上看，开篇名义，交代行文的目的和意义，进而阐释具体规定，符合一般性文书的写法。

四、卫生管理制度

（一）例文

××公司卫生管理制度

一、目的

为营造整洁、舒适的办公环境、塑造良好的企业形象，规范办公环境卫生管理流程，特制定本规定。

二、适用范围

本规定适用于公司所有办公区域的卫生管理与办公设备的使用维护。

三、个人办公区域的维护

1. 每位员工应时刻保证自己的办公范围物品整齐、整洁无杂物，不摆放与工作无关的个人物品。

2. 特殊岗位的人员（如仓库管理员）应保证自己工作管辖区域（如仓库）内货物摆放有序、无废弃物等。

3. 办公桌上不能堆放货物、包装品等，应及时办理入库或清理。

4. 办公室内需摆放文件柜、办公桌、电脑等办公设施的，应规范、合理、整齐，并随时保持清洁。

5. 使用文件柜、保险柜等的员工，应保持文件柜、保险柜的外观干净；内部文件资料摆放整齐；顶部不摆放旧资料、旧文件、旧物品等杂物，保持整体美观。

6. 员工离开办公桌，长期不用电脑设备时，应锁定并关闭显示屏，节约用电。

四、公共办公区域的维护

1. 每天早上，保洁员将所有公共办公区域的地面清扫一遍；会议室的办公桌擦拭一次、座椅摆放整齐，并将垃圾桶的垃圾清理干净；公共洗手间清洁干净；每天对办公区域进行一次清洁等。

2. 员工应注意保持地面、墙面及其他公共区域的环境卫生，不乱丢垃圾、不吐痰，不乱张贴，能及时清理污物。

3. 销售柜台环境卫生由柜台销售员负责日常的维护与整理，时刻保持柜台环境的整洁。销售员负责的柜台与柜台内走廊及身后的立柜需经常保持整齐、干净，每周至少打扫一次，柜台上不可放置与工作无关的物品。

4. 办公区域严禁吸烟，违者一次罚款50元。

五、监督与奖惩

1. 人事部将不定期对办公环境及销售员柜台的卫生进行检查，无打扫或故意违反者，发现一次罚款 20 元。

2.公司人员必须以身作则，接受所有同事的监督，发现有违反规定的行为，可向公司人事部或部门经理反馈。同时，公司接受员工对于其他人员的环境卫生维护方面问题的反映与投诉。

六、附则

1.本规定由公司人事部负责解释修订。

2.本规定自总经理签批之日起开始执行。

（二）例文解析

营造良好的办公环境，既可以塑造良好的企业形象，也可以对员工身心产生积极的影响。例文为××公司卫生管理制度，第一条即表达了行文目的，进而以"特制定本规定"引出行文的具体内容。具体内容包括适用范围、个人办公区域的维护、公共办公区域的维护、监督与奖惩等四个方面，既说明了办公区域卫生的维护，又使用奖惩手段营造办公卫生环境。内容详实，方法得体。最后是附则部分，以说明式结尾作结，说明了制度的修改和执行两方面内容。文章篇幅虽小，表达内容却十分清晰，管理方法的运用上，亦可促进办公区域卫生的改善和营造。

五、办公室布置要点

（一）例文

办公室定置管理规定

一、目的

为提高效率，保证质量，使工作环境整洁有序，提高企业形象，特制定本规定。

二、范围

本标准规定了××有限公司的办公室定置管理职责、规范以及考核标准。

本标准适用于××有限公司各地办公区的办公室定置管理工作。

三、规范性引用文件（略）

四、术语与定义（略）

五、职责要求

1.总经理办公室

（1）负责制订办公区域的办公室定置管理规范及日常管理。

（2）负责厂区各项办公室定置管理工作的监督与检查，负责职工行为规范的制订、培训及其贯彻落实。

2. 生产管理中心

（1）负责制订生产场所的办公室定置管理规范及日常管理。

（2）各厂部负责所辖区域办公室定置管理工作的贯彻执行。

六、办公区办公室定置管理规范

1. 办公区规范

（1）办公桌：桌面除办公必需品（含：文件筐、文件夹、笔筒、茶杯、电话、电脑及附属品）外无其他物品。

（2）电脑：主机一般情况放置桌下右侧，显示器顶桌面屏风、桌面正中央放置，显示器及主机上一般禁止放置其他杂物。

（3）拖柜：置办公桌下左侧。

（4）垃圾篓：罩塑料袋，邻桌共用一个，靠墙放置。

（5）饮水机：指定地点，不得随意移动。

（6）报刊、资料、文件等：使用过程中可整齐叠放在显示器正前方位置，使用完，整齐存放于文件夹、资料夹内。

（7）文件筐、笔筒、茶杯：指定位置，对桌对称摆放。

（8）文件夹、档案盒、档案袋等：使用过程中可整齐叠放在显示器正前方位置，使用完，整齐存放至文件筐内。

（9）座椅：靠背、座椅一律不能放任何物品，人离开时椅子靠桌并调正放置。

（10）桌面屏风：内外侧不允许有任何张贴。

（11）清洁用品：不得在办公室存放，用完要及时归还到公共卫生间指定区域。

2. 办公人员素养标准

（1）服饰标准。

上班期间，必须着公司统一配发的工作服（周六除外，但也必须符合员工行为规范）。

头发梳理整齐，服饰熨烫挺括，西装领带正挺，皮鞋亮净，一线工友服装应整洁、干净。

（2）语言规范。

交流语言：您好、早上好、早、晚上好、再见、请问、请您、劳驾您、请关照、谢谢、周末愉快等；

电话用语：您好、这里是××有限公司，请问、谢谢、再见等；

接待用语：您好、请稍候、请坐、对不起、请您登记、我立即去联系、打扰一下、好的、行。

（3）行为规范。

坚守工作岗位，不得串岗；

上班时间不得看报纸、玩游戏或做与工作无关的事情；
办公桌上应保持整洁并注意办公室的安静；
上班时间，女士不得在办公室化妆；
接待来访者和业务洽谈请在洽谈室或会议室进行，私客不得在办公区停留；
使用洽谈室和会议室要先到综合管理部登记；
不准因私事打办公长途电话；
不准在办公电脑上发私人邮件或上网聊天；
不得随意使用其他部门电脑；私客未经部门负责人批准，不得使用办公电脑；
无工作需要且未经批准，不得擅自进入计算机房、档案室、财务部、会议室；
不得将公司的一切公物带回家（宿舍）使用。

七、责任区域划分及监督执行

（1）各单位负责本单位所辖区域办公室定置管理工作并指定专人负责。

（2）成立办公室定置管理推行小组，定期或不定期对各部门办公室定置管理进行规范检查。

（3）生产现场办公室所查不合格项，由生产管理中心考核并督促整改，办公区所查不合格项直接交总经办，由总经办考核督促整改。

（二）例文解析

企业办公场所环境是企业形象的重要窗口，因此现代企业十分重视办公场所的布置。例文为办公室定置管理规定，行文开始即交代背景目的，"为提高效率，保证质量，使工作环境整洁有序，提高企业形象"，进而使用"特制定本规定"这一固定用语引出下文。正文部分包括范围、规范性引用文件、术语与定义、职责要求、办公区办公室定置管理规范、责任区域划分及监督执行等主要内容，比较全面地说明了办公室定置管理的规范。

六、办公物品采购制度

（一）例文

办公室物品采购制度

第一章 总 则

第一条 为进一步规范单位办公用品采购行为，加强办公用品管理，强化单位内控管理，节约办公经费开支，提高采购效率，规范流程，充分发挥办公用品的使用效能，更好地为行政工作服务，结合单位实际特制订本制度。

第二条　本制度适用于处属各部门

第三条　所有办公用品的采购、管理、发放工作由处办公室统一负责

第二章　办公用品分类

本制度所指的办公用品主要分为：

A类：服务器（仅限于非系统集成项目）、台式计算机、便携式计算机、路由器、交换设备、网络控制设备、网络检测设备、防火墙、存储设备、打印设备、显示器（指台式电脑的液晶显示器）、扫描仪、计算机软件（指可以直接从市场购买的标准软件等非定制开发的商用软件）、复印机、投影仪及幕布、多功能一体机、照相机及器材、LED显示屏、刻录机、速印机、装订机、碎纸机、电视机、传真机、通用摄像机、电源设备、复印纸。

B类：电冰箱（冰柜）、空调机（指除冷水机、溴化锂吸收式冷水机组、热泵机组等中央空调以外的空调）。

C类：①办公设备耗材：硒鼓、墨盒、墨粉、色带、色带架、移动硬盘、U盘、光盘等；②办公文具：书写工具、财务用品、会议用品、收纳用品、装订用品、簿本册等；③电脑配件：电脑外设、相机外设及网络设备等。

D类：未列入A、B、C类物品的办公易耗品。

第三章　办公用品采购审批程序

第四条　办公用品采购要严格执行审批程序，按照先审批后购买的原则，由处办公室安排专人采购。

第五条　办公用品A、B、C类物品采购审批程序：每月25日前处属各部门根据使用计划向办公室提出申请，处办公室汇总后做出办公用品月采购计划（表），经领导班子批准后，办公室负责安排专人采购。

第六条　办公用品D类物品采购审批程序：申请部门填写《办公用品（易耗材）采购计划审批表》，办公室（分管领导）审核后报主管领导审批，由处办公室安排专人采购。

第四章　办公用品采购方式及流程

第七条　办公用品A、B、C类物品采购采用"政采云"平台电子卖场采购方式采购：

1. 网上超市。

采购单位采购A、B类货物的，按规定向财政部门报送政府采购计划备案后，将采购需求信息录入"政采云"平台采购计划系统，提交给本单位负责人审核通过，在"政采云"平台网上超市上，对在库商品进行对比后，选择确定购买的商品并直接下单。供应商接到采购单位的订单信息后，应在2个工作日内确认。订单经确认

后生效并具有合同效力。

采购单位采购C类货物的,无须向财政部门报送政府采购计划,直接通过"政采云"平台网上超市下单采购。

2.反向竞价。

采购单位采购A、B、C类货物的,按规定向财政部门报送政府采购计划备案后,将采购需求信息录入"政采云"平台采购计划系统,提交给本单位负责人审核通过后,在平台反向竞价系统中发布反向竞价单,竞价单公告不少于3个工作日。供应商按照竞价单公告要求进行竞价,竞价时间截止后系统按照低价成交的原则自动确定成交结果,成交结果信息将自动推送参加竞价的供应商及系统"电子卖场—反向竞价"页面。

3.在线询价。

采购单位采购A、B、C类货物的,按规定向财政部门报送政府采购计划备案后,将采购需求(应详细列明商品的技术参数以及服务等采购需求,不得指定品牌或供应商)信息录入"政采云"平台采购计划系统,提交给本单位负责人审核通过后,在平台在线询价系统中及广西政府采购网发布询价单公告(在线询价单发起类型分自定义需求、指定参数模版两种),询价单公告时间不少于3个工作日。供应商按照询价公告要求进行竞价,询价时间截止后,系统按照低价成交的原则自动确定成交结果,采购单位应在2个工作日内进行确认,成交结果信息将自动推送至参加询价的供应商、系统"电子卖场—在线询价"页面及广西政府采购商。

第八条 办公用品D类物品采购:由处办公室安排专人根据《办公用品(易耗材)采购计划审批表》按计划进行采购。

第五章 办公用品管理及发放

第九条 所购办公用品统一由办公室专人保管,按照收支两条线原则实行签领制度,谁领取谁保管、谁使用谁保管的原则。

第十条 办公用品实行统一登记、分类保管、责任到人,所有固定资产由财务科建档立账。领用办公用品必须填写《办公用品领用登记表》,确认签字,办公室专人负责发放,并做好出库登记,建立台账。

第十一条 年末财务科会同办公室对办公用品(固定资产)进行盘点,查对台账与实物,保证账物相符。

第十二条 人员调动或离退休后应自觉交清个人经管使用的办公用品,不得私自占用或故意损毁。

第十三条 因个人原因造成个人经管使用的办公用品丢失、损坏的,由经管使用人负责赔偿。

第六章 附 则

第十四条 本制度由处办公室负责解释,本制度由发布之日起执行。

第十五条 处办公室根据实际情况,定期对本制度进行修订。

(二)例文解析

例文为办公室物品采购制度相关规定,第一章总则部分准确地交代了行文目的,即"为进一步规范单位办公用品采购行为,加强办公用品管理,强化单位内控管理,节约办公经费开支,提高采购效率,规范流程,充分发挥办公用品的使用效能,更好地为行政工作服务"。

第二章至第五章为主体部分,分为办公用品分类、办公用品采购审批程序、办公用品采购方式及流程、办公用品管理及发放四个方面并说明了采购的相关工作。第六章为结尾部分,使用说明式尾语,阐述了制度解释与修改,以及执行时间。

七、办公用品管理制度

(一)例文

办公用品管理制度

一、总则

(一)为加强办公用品管理,规范办公用品领用程序,提高利用效率,降低办公经费,特制定本制度。

(二)规定中的办公用品分为固定资产和一般办公用品。

1.固定资产主要指:桌椅、公文柜、电脑、电话机、打印机、复印机等。固定资产需要遵守固定资产管理制度。

2.一般办公用品包括剪刀、胶条、胶棒、橡皮擦、回形针、直尺、订书器、涂改液、裁纸刀、签字笔、铅笔、信笺、信封、打印纸、复印纸、复写纸、印刷品、印泥、订书针、大头针、夹子、图钉、名片、账册、卷宗、档案袋(盒)、标签、纸杯、计算器、电池等。

3.员工应对办公用品应本着勤俭节约、杜绝浪费的原则。对于消耗品第二次发放起,必须实行以旧换新。

4.每名员工须建立个人领用台账。

5.办公用品应为办公所用,不得据为己有,挪作私用。

6.不得用办公设备干私活,谋私利。不许将办公用品随意丢弃废置。精心使用办公设备，认真遵守操作规程。

二、办公用品计划

（一）各部门根据本部门办公用品消耗和使用情况，每月25日前编制并提报下月办公用品领用计划，部门负责人审批签字后报行政管理中心。经行政总监审核后方可交由办公用品管理员进行登记申领。（附件：表1"部门办公用品申领单"）

（二）管理员核对办公用品领用申请表单与办公用品台账库存后，编制"办公用品申请购置计划表"，经行政总监、董事长/总裁审批签字后，将采购计划单交由采购中心进行采购。（附件：表2"办公用品申请购置计划表"）

三、办公用品购置

（一）采购中心根据审批签字后的"办公用品申请购置计划表"实施购买，并于月底完成。

（二）采购员须经常调查办公用品供应商及市场价格，保证最优性价比和质量。

（三）临时急需的办公用品，由部门办公用品负责人提出申请，经部门总监确认、总裁批准后购置。

四、办公用品的发放及领用

（一）个人办公用品的发放

1. 新员工入职每人按标准配备签字笔一支、笔记本一本、文件双夹一个、电话机一部。

2. 个人领用办公用品应据实填写"个人办公用品申领单"，经部门总监审核并签字后，交行政管理中心总监审批同意，由管理员负责办公用品的发放。

3. 管理员根据个人领取情况做出详实登记，负责建立个人用品领取档案，根据申请单对应详实填写"个人物品领取登记表"。

（二）部门办公用品的发放

1. 剪刀、胶条、胶棒、橡皮擦、回形针、直尺、订书器、涂改液、裁纸刀按区域分配，每办公区分配一套（至少两人一套）。

2. 计算器除必备部门配备外同样按区域分配。

3. 管理员根据各部门已编制签批的"部门办公用品申领单"建立档案，制"部门办公用品领取登记表"，据表单如实发放所列物品，部门负责人领取后需签字确认。

（三）会议期间办公用品管理规定

1. 公司会议期间会务组按需填写"会务组用品申领单"，由会务组负责人审核签字后交行政总监审批同意后方可进行领用。

2. 管理人员认真核实申领单后方可发放物品，同时要做好会议期间物品领取登记表，注明会议主题、时间、各会务组名称、负责人、所领物品名等等，以备核查。

（四）电话、计算器、订书机、文件栏、文件夹、笔筒、打孔机、剪刀、裁纸刀、直尺、起钉器、鼠标、键盘等耐用办公用品，已于员工入职时按标准发放，原则上不再增补，如重复申领，应说明原因或凭损毁原物以旧换新，杜绝冒领。如人为损坏或遗失由个人负责赔偿。

五、管理员职责

1. 管理员须建立和登记办公用品台账，定期核查所领物品登记表，做好办公用品的购置、发放和库存管理。

2. 管理员须定期或不定期盘点，查对台账与实物，保证账实相符。

3. 管理员须防止办公用品受潮、虫蛀、损坏或丢失，保证办公用品的功用和性能。

4. 管理员须根据办公用品的消耗或领用情况，确定和保持合理的库存种类和数量，以减少资金占用和保证正常使用。

六、办公用品的交接与收回

员工因离职或工作岗位变动等原因需进行办公用品及固定资产的交接或收回时，应严格遵守交接收回程序。

1. 移交人需逐项列出物品清单，接收人在监交人的监督下，仔细点验，遇有毁损的要求移交人书面标明，视该物品金额的大小情况，确定是否追究移交人（保管人）的责任，另行处理。

2. 管理员需据清单核实后填写"办公用品交接登记表"，存档备查。若接收人为管理员本人时，管理员需仔细点验，并且做好登记入库工作。

七、附件

表1：部门办公用品申领单（略）

注：部门人员填写→部门领导审核→行政管理中心签批→管理员建档后如实发放。

表2：办公用品申请购置计划单（略）

注：管理员编制购买清单→行政总监审核签字→总裁/董事长签批→采购部门采购。

表3：个人办公用品申领单（略）

注：此表填好，每周二领取。

表4：个人办公用品领取登记表（略）

注：此表由办公用品管理员负责登记、建档。

表5：部门办公用品领取登记表（略）

注：此表由办公用品管理员负责登记、建档。

表6：会务组用品申领单（略）

注：会务组人员按需申请→会务组负责人审核→行政管理中心签批→管理员发放。

表7：会议期间物品领取登记表（略）

表8：办公用品交接登记表（略）
注：此表由管理员登记，如若办公用品收回，则管理员为接收人，并负责登记入库。

（二）例文解析

办公用品是指人们在日常工作中所使用的辅助用品，主要被应用于企业单位，它涵盖的种类非常广泛，包括：文件档案用品、桌面用品、办公设备、财务用品、耗材等一系列与工作相关的用品。例文是对企业办公用品制定的管理制度，整体内容涵盖了办公用品管理的全部流程，内容详实，逻辑清晰。

八、办公设备管理办法

（一）例文

办公设备管理制度

第一章 总 则

第一条 为了加强公司办公设备的管理，确保合理有效使用，特制订本制度。

第二条 本制度中的办公设备包括以下：计算机、打印机、复印机、扫描仪、传真机、电话机等。

第二章 办公设备的申请

第三条 因工作需要购买办公设备的部门于当月20日前提出办公设备需求申请，报办公室、财务部、主管副总审核批准后，由办公室统一列入下一月度预算。

第三章 办公设备的采购

第四条 办公设备原则上严格实行预算管理，统一采购。如有紧急情况，允许按预算外费用申请程序实施紧急采购，需总经理审批后采购。

第五条 预算获批后，由办公室执行采购，并办理出入库手续。

第六条 货物送达后，由办公室文员负责进行核对、验收，确定无误后，办理入库手续。

第四章 办公设备的领用

第七条 各科室填写物品采购申请单，经办公室、财务部负责人签字后交行办公室管理员，管理员核对后，在领用登记册上做好登记，办理出库手续。

第八条 移动硬盘、笔记本电脑等便携式办公设备要办理固定资产借用单，在规定的使用年限期间，配备人员因工作需要发生调动的，公司范围内调动办公设备"机随人走"，公司范围外调动的，办公设备必须上交公司，同时撤回固定资产借用单。

第五章　办公设备的使用

第九条　办公设备领取后，将开箱验收记录及说明书、保修卡等随机资料移交办公室存档。

第六章　办公设备的管理和维护

第十条　公司按照"谁使用，谁管理"的原则，对办公设备进行日常管理。在规定的使用年限期间，因个人原因造成办公设备毁损、丢失、被盗等，所造成的经济损失由个人承担。

第十一条　办公室负责对公司所有办公设备进行分类编号，并建立办公设备管理台账，每半年盘点清查一次，做到账物相符。

第十二条　办公室负责公司所有办公设备的日常维修与保养。

第七章　办公设备的报废处理

第十三条　对于各部门提交的报废物品清单，信息员要认真审核，确认不能再次利用后，经办公室、财务部负责人签字后方可作报废处理。

第十四条　对决定报废的办公设备，办公室应做好登记，在报废处理册上写清用品名称、价格、数量及报废处理的其他有关事项。

第十五条　报废品由办公室集中存放、集中处理，不得随意丢弃。

第八章　附　则

第十六条　本制度由办公室负责制定、解释及修改。

第十七条　本制度自下发之日起执行。

（二）例文解析

办公设备是企业管理运转不可或缺的物质资料，对于办公设备的采购和使用必须设置完备的管理制度，以保证企业资金的使用率，保证办公设备的利用最大化，更好地服务于企业的日常运转。例文采用了分条列项的写法，第一部分总则，交代行文目的，以及办公设备范围。第二部分为主体部分，主要展现办公设备管理的整个流程，包括办公设备的申请、办公设备的采购、办公设备的领用、办公设备的使用、办公设备的管理和维护、办公设备的报废处理等内容。第三部分附则，运用说明式结尾，交代本制度的制定、解释及修改权限及实施时间。

九、电梯管理制度

（一）例文

电梯管理制度

一、电梯岗位职责

（一）单位主管设备安全负责人职责

1. 组织贯彻执行国家、省、市、区有关部门关于电梯管理方面的法律法规和电梯操作规程；
2. 全面负责本单位电梯使用管理工作；
3. 组织建立适合本单位特点的电梯管理体系；
4. 组织制定并审批本单位电梯使用管理方面的规章制度及有关规定，并经常督促检查其执行情况；
5. 审批本单位电梯选购及定期检验计划和修理改造方案，并督促检查其执行情况；
6. 经常深入使用现场，查看电梯使用状况；
7. 组织电梯事故调查分析，找出原因，制定防范措施。

（二）管理部门负责人职责

1. 在单位主管设备负责人的领导下，具体组织贯彻执行上级有关电梯使用管理方面的规定；
2. 负责本单位电梯使用管理工作，组织或会同有关部门编制本单位电梯使用管理规章制度；
3. 审核本单位有关电梯的统计报表；
4. 组织做好电梯使用管理基础工作，检查电梯档案资料的收集、整理和归档工作情况；
5. 做好电梯能效测试报告、能耗状况、节能改造技术资料的保存；
6. 抓好操作人员的安全教育、节能培训和考核工作，不断提高操作人员技术素质；
7. 根据本单位电梯使用状况，审定所编制的电梯定期检验和维护保养计划，并负责组织实施；
8. 定期或不定期组织检查本单位电梯使用管理情况；
9. 参加电梯事故调查与分析，提出处理意见和措施。

（三）电梯操作人员职责

1. 坚守岗位，不得擅自离岗、脱岗，不做与岗位无关的其他事情；
2. 认真执行电梯操作规程；

3. 精心操作，防止超载运行；

4. 时刻注意安全生产，经常检查安全附件的灵敏性和可靠性；

5. 按时定点、定线巡回检查；

6. 认真监视仪器仪表，如实填写运行记录；

7. 认真做好所操作电梯的维护保养工作；

8. 努力学习操作技术和安全知识，不断提高操作水平。

二、电梯日常维护保养制度

与日常维护保养单位协商依照《电梯维修保养规则》有关条款制定。

三、电梯事故报告制度

1. 电梯发生事故时，必须按照国家《特种设备安全监察条例》进行处理；

2. 电梯事故发生后，事故发生单位或业主必须立即报告主管部门和当地质量技术监督行政部门，同时必须严格保护事故现场，妥善保存现场相关物件及重要痕迹等物证，并采取措施抢救人员和防止事故扩大；

3. 事故报告应包括以下内容：

（1）事故发生单位或业主名称、联系人、联系电话；

（2）事故发生地点；

（3）事故发生时间（年、月、日、时、分）；

（4）事故设备名称；

（5）事故类别；

（6）人员伤亡，经济损失以及事故概况。

事故报告应在事故发生后24小时内，报告方式除电话报告外，还应以传真方式报告。

四、电梯安全操作规程

电梯必须经检验机构进行验收检验或定期检验，在当地质量技术监督部门办理特种设备使用登记证，并对安全检验合格标志予以确认盖章后，方可投入正式运行。电梯运行操作工（使用说明书注明需司机操作的）和电梯维修操作工必须经培训，考取质量技术监督部门颁发的特种设备作业人员证，方可上岗操作。

（一）一般要求

1. 不准超载运行；

2. 不允许开启轿厢顶安全窗、安全门运载超长物品；

3. 禁止用检修速度作为正常速度运行；

4. 电梯运行中不得突然换向；

5. 禁止用手以外的物件操纵电梯；

6. 客梯不能作为货梯使用；

7. 不准运载易燃易爆等危险品；

8. 不许用急停按钮作为消除信号和呼梯信号；

9. 轿厢顶部不准放置其他物品；

10. 关门启动前禁止乘客在厅、轿门中间逗留、打闹，更不准乘客触动操纵盘上的开关和按钮；

11. 操作工或电梯日常运行负责者下班时，应对电梯进行检查，将工作中发现的问题及检查情况记录在运行检查记录表和交接班记录簿中，并交给接班人。

（二）检修操作时的注意事项

1. 在电梯检修慢速运行时，一般不少于两人；

2. 检修慢速运行，必须要注意安全，互相没有联系好时，绝不能慢速运行，尤其在轿厢顶上操纵运行时，更要注意；

3. 在轿厢顶进行检修运行时，必须要把外厅门全部闭合，方可慢速运行；

4. 当慢速运行至某一位置需进行井道内或轿底的某些电气机械部件检修时，检修人员必须切断轿顶检修厢上的急停开关或轿厢操纵盘上的急停按钮后，方可进行操作。

（三）不安全状态下的操作及注意事项

电梯在运行中发生下列意外情况，司机（或乘客）应使电梯停止运行，并采取以下措施：

1. 电梯失控而安全钳尚未起作用时，司机（或乘客）应保持镇静，并做好承受因桥厢急停或冲顶敦底而产生冲击的思想准备和动作准备（一般采用屈腿、弯腰动作）。电梯出现故障后，司机（或乘客）应利用一切通讯设施（如110警铃按钮、通讯电话等）通知有关人员，不得自行脱离轿厢，应耐心等待救援；

2. 发生地震时应立即就近层停止运行；

3. 发生火灾时，司机人员应尽快将电梯开到安全楼层（一般着火层以下的楼层认为比较安全），将乘客引导到安全的地方，待乘客全部撤出后切断电源，并将各层厅门关闭；

4. 井道内进水时，一般将电梯开至高于进水的楼层，将电梯的电源切断；

5. 电梯失去控制时，应立即按下急停按钮，仍不能使电梯停止运行时，梯内操作人员应保持冷静，切勿打开轿门跳出。

电梯能否正常安全运行，除制造、安装外，另一个主要原因就是运行期间的日常维护与保养。笔者在电梯检验检测中发现有部分使用单位维修工对电梯维护工作不是认真观测执行"预防为主、预检预修、计划保养"的方针，而是电梯出了故障才进行抢修。这样做最终导致头痛医头、脚痛医脚的不良维修习惯。

五、电梯层门钥匙使用方法

1. 使用电梯层门钥匙打开层门前请先确认轿厢所在的位置。

2. 使用电梯层门钥匙打开层门时，先将层门拨开50mm左右，以再次确认轿厢位置是否满足维修和紧急救援条件。当轿厢位置满足维修和紧急救援作业条件时，再用手将电梯层门扒开。

3. 层门完全打开后，必须有专人用手扶住打开的层门，防止层门自动关闭导致夹伤人员事故的发生。

4. 使用电梯层门钥匙打开层门作业时，必须在电梯层门口设置醒目的"请勿靠近"标识提醒其他无关人员，避免发生跌落事故。在层门关闭后应确认其已经锁住。

六、电梯困人紧急处理措施

1. 救护人员需保持镇静，及时与服务中心取得联系，并告之具体情况；
2. 与乘客取得联络，稳定其情绪，并告诉乘客已采取急救措施；
3. 确定统一指挥、监护、操作人员；
4. 切断机器主电源，确认厅门、轿门是否关妥。通知轿厢内人员不要靠近轿门和试图打开轿门，注意避免被货物碰伤、砸伤；
5. 机房人员与其他救援人员须确定联系方法并保持良好联系，操作前须先通知各有关人员，得到应答后方可操作；
6. 机房内非专业人员放人时四人操作，至少两人盘车，一人松开抱闸，一人监护并注意平屋标记；
7. 电梯轿厢移至平层处，将刹车恢复到制动状态；
8. 确认制动可靠后，放开盘车手轮；
9. 通知有关人员机房操作完毕，可打开电梯厅门、轿门放入或卸货；
10. 查看是否有乘客受伤、货物受损。

（二）例文解析

大部分中小企业的办公场所集中在办公楼里，电梯是员工高频率使用的设备，为保证电梯运行的安全，制定电梯管理制度是十分必要的。例文分别从电梯岗位职责、电梯日常维护保养制度、电梯事故报告制度、电梯安全操作规程、电梯层门钥匙使用方法、电梯困人紧急处理措施六个方面阐释了电梯管理制度的全部内容，逻辑清晰，结构合理，符合日常电梯使用情形。

十、本节写作要点

1. 注重实操性。后勤管理制度涵盖了员工生活的办公场所、食堂宿舍，撰写应注意的内容要具有实际操作性，不能过于宏观。

2. 贴近生活性。后勤管理制度多为员工生活所定，撰写内容一定要注重实际情况。

第四节　公关管理制度

一、前台接待管理制度

(一)例文

公司接待管理制度

一、总则

第一条　为进一步提高公司的接待管理水平，促进接待工作的规范化，更好地反映公司的精神面貌，增进各级领导和兄弟单位的支持和合作，达到增进友谊、交流信息、有效改善企业外部环境、树立良好企业形象的目的，特制定本管理办法。

二、接待工作的主要任务

第二条　安排上级部门、兄弟单位、友邻部门和基层单位领导来公司人员的吃、住、行。

第三条　安排重要来宾的检查、考察、调研等活动。

第四条　协助办理公司大型会议的会务工作。

第五条　协助开展公共关系工作，协调好公司的外部环境。

三、接待工作的基本原则

第六条　坚持为提高企业发展和经济效益服务的原则，强化公关意识，增强接待工作深度，宣传企业形象，提高公司声誉，并广泛获取信息。

第七条　接待工作要坚持规范化、标准化，符合礼仪要求，按制度和程序办事，克服随意性；既要严格执行党和国家有关廉政建设的规定，又要增加兄弟单位之间的感情，同时也要完成领导交办的工作任务。

第八条　接待安排应根据来宾的身份和任务，安排不同领导的接待，确定相应人员的陪同；既要热情周到，也要讲节约，量力而出，反对铺张浪费。

第九条　坚持办公室归口管理与对口部门接待相结合的原则。办公室负责接待工作的统一管理，办理重要接待事务；对涉及较强业务性的接待事务，应由有关项目部牵头对口接待，办公室配合。

第十条　接待工作中应自尊自重，本着尊敬来宾的原则，搞好服务，不允许发生有公司所形象的事件。

四、接待工作的程序与规定

第十一条 日常接待工作的规范：

1. 接打电话时，要使用文明语言如"您好""请问贵姓""您找哪位""请稍候""谢谢"等之类的礼貌用语。

2. 在打电话前要准备好记录用纸、笔或其他所需要的文件、资料，不能等电话接通后再去找所需要的东西而对方拿着听筒等候。

3. 当客人来访时，应热情迎接，主动引客人到办公室或接待室交谈。忌让客人长久等候无人过问。如本人有事离开办公室时，应将办公桌上的文件、资料安放好，以免泄密或丢失。

4. 宴请客人时，应根据宴请的性质和规模不同，分为工作餐、聚餐、宴会；根据来宾的身份，确定不同的人坐陪。

第十二条 一般性接待工作的程序：

1. 接待前的准备工作。

（1）对来宾的基本情况做到心中有数。

（2）制订和落实接待计划。

（3）做好接待前的细节工作。

2. 接待中的服务工作。

（1）安排专人迎接来宾。

（2）妥善安排来宾的生活。

（3）商订活动日程。

（4）安排公司领导看望来宾。

（5）精心组织好活动。

（6）安排宴请和浏览。

（7）为客人订购返程车船或飞机票。

3. 接待后的工作。

（1）诚恳地向来宾征求接待工作的意见，并询问有什么需要接待人员办理的事情。

（2）把已经订好的返程车（船、飞机）票送到客人手中，并商量离开招待所或宾馆的具体时间。

（3）安排送客车辆，如有必要还应安排公司领导为客人送行。

五、接待工作的有关要求

第十三条 根据领导意图及客人的需求，掌握接待工作的规律，做到目标明确、思路清晰、计划周密、主次分明、机动灵活，以高度的事业心和责任感，发扬严细作风，扎实做好工作。

第十四条　严格执行规定和标准，坚持请示报告制度，在授权范围以外个人不得擅自做任何决定和承诺。未经同意私自安排的宴请等接待费用，一律不予签字报销。

第十五条　着装整洁大方，举止谈吐文明礼貌，服务热情、周到、耐心，保持良好的精神风貌，从各方面体现公司的良好形象。

第十六条　办公室接待管理人员要不断加强学习和培训，熟悉接待服务管理知识，掌握公共礼仪规范，了解公司的基本情况以及本省的政治、经济、人文、地理、风俗民情和风景名胜的一般知识，并具备必需的应变能力和语言表达能力。

六、附则

第十七条　本管理办法经总经理办公会讨论通过，自颁布之日起开始实施。

第十八条　本办法由办公室负责解释。

（二）例文解析

接待工作是指企业在事务活动中对来访者所进行的迎送、招待、接谈、联系、咨询等辅助管理活动，一般为秘书机构经常性的事务工作。良好的接待工作是企业公关成功的一半，因此，要制定科学合理的公司接待管理制度。例文为公司接待管理制度，结构上可以分为三个部分：第一部分为总则，主要交代行文目的，即"为进一步提高公司的接待管理水平，促进接待工作的规范化，更好地反映我公司精神面貌，增进各级领导和兄弟单位的支持和合作，达到增进友谊、交流信息，有效改善企业外部环境，树立良好企业形象的目的"，进而使用标准化文书句式"特制定本管理办法"引出下文。第二部分分别说明了接待工作的主要任务、接待工作的基本原则、接待工作的程序与规定、接待工作的有关要求等接待的具体管理事宜，采取分条列项的方式，层次清晰，内容完整。第三部分为附则，主要说明制度制定、修改和解释权限，以及实施时间。

二、危机管理制度

（一）例文

××公司危机管理制度

第一章　总　则

第一条　为有效防范和应对因突发事件而产生的危机，减少危机对公司的危害，维护公司在客户中的信誉与形象，特制定本制度。

第二条　本制度所称危机特指：因质量、服务、交付期等被客户投诉或大客户退订以及重大索赔事件。

第三条 危机公关应对原则。

（一）全公司必须对危机警钟长鸣、常抓不懈，特别是对危机管理要有清醒的认识，树立"危机是危也是机"的意识，并提高戒备性；

（二）必须秉承客户就是衣食父母的原则，把客户利益置于首位；

（三）必须坚持"第一时间、第一现场、第一服务"的及时性处理原则。

第二章 危机应急组织体系及职责

第四条 公司成立危机公关管理领导小组。

组长由总经理担任，副组长由营销、质量技术等各主管副总经理担任，成员由技术中心、营销计划部、客户服务中心、质管科等单位（以下统称危机公关管理各部门）负责人组成。

第五条 公司危机公关管理领导小组负责对全公司有重大影响的危机事件进行统一领导、统一指挥，做出危机处理的重大决策。

第六条 公司危机公关管理各部门负责人负责组织、协调本单位范围内的危机应急处理工作并对本单位职责范围内危机事件进行应急处理的协调与指挥，做出危机处理的决策，决定采取的措施。

危机公关管理各部门负责人为本单位危机处理的第一责任人。

第三章 危机等级、预防和应急准备

第七条 按发生危机后对客户的影响程度和对公司的损失大小，对危机事件分为以下三类等级：

（一）特急危机事件：公司重点客户发生质量、交付或服务等问题。会造成用户可能停止合作等给公司带来极大损失的严重事件。

（二）重大危机事件：公司大客户或重点客户发生质量、交付或服务等问题，会造成用户退单或进一步给公司带来较大损失的重大事件。

（三）一般危机事件：公司客户发生质量、交付或服务等问题，会造成客户较大抱怨给公司信誉带来负面影响的较大事件。

第八条 营销计划部和客户服务中心在各自权限范围内，针对不同的危机等级编制危机应急预案。

第九条 应急预案包括以下主要内容：

（一）危机公关工作组的组成和相关人员的职责；

（二）危机公关工作组到达现场的时间；

（三）危机的应急处理工作方案；

（四）危机的监测与预警；

（五）危机信息的收集、分析、报告、通报制度；

（六）危机预防、现场控制，应急物资和技术的储备与调度；

（七）危机应急处理专业队伍的建设和培训。

第十条　危机应急预案应当根据危机的变化和实施中发现的问题及时进行修订、补充。

第十一条　公司制定统一的危机预防控制体系。

营销计划部和客户服务中心建立和完善危机监测与预警系统，并指定专人或专门小组负责开展危机的日常监测。

第十二条　监测与预警工作应当根据危机的类别，制订监测计划，科学分析、综合评价监测数据，对发现的潜在隐患以及可能发生的危机应及时上报。

第十三条　为确保处理危机时有一批训练有素的专业人员，应加强对员工的危机管理培训。

第四章　危机的报告

第十四条　公司建立危机应急报告制度。

客户服务中心信息组或销售服务人员接到用户或主机厂危机信息后，在第一时间内报告公司危机公关管理领导小组，了解基本情况后必须形成书面的专项报告。发生的所有危机均须报告总经理。

报告内容包括但不限于：

（一）危机预案启动情况；

（二）危机情况概述，包括危机发生时间、地点、情形概要；

（三）危机发生后采取的应急措施；

（四）报告上报时说明危机的控制程度。

第十五条　任何单位和个人不得隐瞒、缓报、谎报或者授意他人隐瞒、缓报、谎报危机。

对危机进行隐瞒、缓报、谎报，或者授意他人隐瞒、缓报、谎报的，对责任人给予1000元以上的经济处罚；给公司造成重大信誉和经济损失、丢掉客户市场的，在经公司党政联席会讨论决定后在公司办公会上对危机单位负责人进行通报批评、诫勉谈话、降职、甚至撤职处理。

第五章　危机处理

第十六条　公司危机公关管理领导小组接到危机报告后，对危机进行等级评估，确定后由公司总经理根据危机等级作如下处理：

（一）发生特急危机时，由公司总经理立即启动危机应急预案，成立由总经理任组长的危机公关工作组，全权领导和指挥危机处理。

（二）发生重大危机时，由公司总经理根据应急预案第一时间组建由营销副总经理任组长，技术中心、营销计划部、客户服务中心、质管科等单位负责人及相关人员组成的危机公关工作组，工作组组长全权领导和指挥危机处理。

（三）发生一般危机时，由公司总经理根据应急预案委派危机公关工作组，工作组组长由总经理临时任命，并负责召集相关单位进行危机处理。

第十七条　危机公关工作组对危机进行综合评估并在公司危机公关管理领导小组统一指挥下第一时间到达现场，做好危机处理的相关工作。

第十八条　公司危机公关管理领导小组有权对危机发生过程进行监督检查，有关单位和个人给予配合，任何人不得以任何理由拒绝。对调查不给予配合或阻挠的，对有关责任人进行处罚。

第十九条　危机处理结束后，危机公关工作组组长负责组织或指定人员对危机处理经过进行评估，并对危机原因进行分析，同时将评估报告报送公司危机公关管理领导小组，公司危机公关管理领导小组审阅后转客户服务中心存档。

评估报告的主要内容为：

（一）危机处理经过：包括事件概况、现场调查处理概况、所采取措施的效果评价、应急处理过程中存在的问题；

（二）危机原因分析：包含危机形成原因、整改效果以及预防措施。

第六章　附　则

第二十条　本制度解释权归公司危机公关管理领导小组。

第二十一条　本制度于文件下发之日起执行。

（二）例文解析

危机管理是指企业为应付各种危机情况所进行的规划决策、动态调整、化解处理及员工训练等活动过程。因危机具有不确定性、突发性、破坏性等特征，因此制定危机管理制度对于预防和处理危机是十分必要的。

例文为××公司危机管理制度。主体分为三个部分，第一部分为第一章总则，主要交代行文的目的、危机的含义、危机处理的原则等基础内容；第二部分为第二章至第五章，分别为危机应急组织体系及职责、危机等级、预防和应急准备、危机的报告、危机处理等危机管理环节。这一部分也是行文的主体部分，所占篇幅最大，在叙述过程中，要注意内容的连贯性和整体性。第三部分为第六章附则，使用说明式结尾，交代了制度解释权及施行时间。

三、对外接待管理办法

(一)例文

公司对外接待管理办法

一、总则

1. 对外接待是公司行政事务和公关活动的重要部分,为使对外接待工作规范有序,使对外接待工作具有统一的公司形象,特制定本办法。

2. 本办法适用于全公司各部门。

二、对外接待范围

1. 本办法规定的接待范围主要是公司及所属各部门,以及各子公司、分公司经营管理活动所必需的接送、食宿、购票、会谈和陪同参观等方面的安排和工作。

2. 接待的对象分为内宾和外宾。

三、对外接待部门

1. 公司综合办公室为公司负责接待的职能部门。

2. 遇到重大接待工作和活动,可由综合办公室协调若干部门共同做好此项工作,有关部门要积极主动配合。

四、对外接待原则

接待应遵循"平等、对口、节约、周到、保密"的原则,使客人高兴而来、满意而去。

1. 平等原则。对来宾无论职务高低,都要平等相待、落落大方、不卑不亢。一般情况下,级别与权限相等,同级别出面,特殊情况高规格接待。

2. 对口原则。各职能部门对口接待。综合性接待时各部门应予以协调,谁出面接待谁结账。

3. 节约原则。内部成本效益核算。招待来宾从简,不铺张浪费,不重复宴请,主方人数不多于宾客人数。

4. 周到原则。接待程度应衔接周密,接待方式应完善,以礼相待,使客人感到热情、周到。

5 保密原则。不定期向来宾介绍情况,注意保守公司情况、国家机密。重要会议要有记录。巧妙回避不宜回答的问题。

五、接待规格的确定

1. 高规格接待,陪客比来宾职务高一些。适用于上级机关派员来人、其他企事业单位来员洽商重要事宜、下属企业领导来访汇报情况。

2. 对等接待。适用于一般性接待活动。

3. 低规格接待,陪客比来宾职务低一些。适用于经常性业务往来。

六、接待礼仪

1. 见面。原则为主动、热情、礼貌。

2. 接待:主动起迎,问明来意。

3. 安排交谈地点:

(1) 根据来客来意和身份,安排适当地点(办公室、接待室、会议室)进行交谈;

(2) 手头忙,一时难以抽身时,应向客人说明暂请他人代接,另商时间;

(3) 切忌让客人久候而无人问津;

(4) 客户提出与领导或他人交谈,应立即联络,并将客人引至约定地点等候会面,介绍后再行离开。

七、引见

1. 首先向领导介绍客人(单位、职务、姓名)。

2. 引见顺序:

(1) 把身份低、年龄轻的人介绍给身份高、年纪大的;

(2) 按职务高低,依次介绍来客;

(3) 职务相同,先介绍年纪大的;

(4) 领导与来宾见面交谈后,对客人原定日程有变化的,与客人共同协商安排。

八、行路

1. 陪同客人行路,请客人行于自己右侧;

2. 乘坐车,上下楼梯、电梯,礼让在先,主动开关门;

3. 自己处于主陪地位,应并排在客人旁边,不要落在后边。

九、其他

1. 穿着不得过于随便,按规定着装,衣着整洁,有风度;

2. 主动照顾来宾中的老人、妇女、儿童和残障人士;

3. 尊重属不同国家和民族来宾的风俗习惯和礼节;

4. 因故未能准时赴约,尽早通知对方,并以适当的方式致歉。

十、接待内容和程序

1. 接待内宾。

(1) 接受任务。弄清来宾的基本情况:单位、人数、姓名、性别、职务和使命、抵离时间、乘坐交通工具及车次或航班。

(2) 布置接待。提出接待意见:接待部门、人员、规格、方式、安排、费用预算,并报请上级批准。

（3）迎接安排。根据来宾身份、人数、性别，预订招待所或宾馆，安排好伙食标准、进餐方式、时间、地点，按抵达时间派人派车迎接。

（4）看望商议日程。来宾住下后，公司有关人员前往看望表示欢迎和问候，了解来访日程和目的，商定活动日程并通知有关部门。

（5）安排有关领导会见。按接待规格和礼仪，安排有关领导去住所看望，接待人员安排会见地点、时间、陪同人员。

（6）组织活动实施。按参观、考察目的，组织业务部门向客人介绍情况，参观现场；对上级检查，安排汇报、座谈会。

（7）送别。根据客人意见，预定车票、船票、机票，协助客人结算食宿账目，话别送行，派人派车送至车站、码头或机场。

2. 接待外宾。

接待内容与程序与接待内宾基本相同，主要内容和注意点为：

（1）迎送。

安排迎送陪同人员和译员，要有与外宾身份相当的对口、对等人员迎送。

对身份较高的外宾，事先应在机场安排贵宾休息室，并备有饮料。

（2）会见会谈。

会见会谈的时间、地点、双方人员名单应至少提前1天通知对方，并尽量不改变计划；会见时，我方主要人员要高于或等于外宾身份；会谈时，身份一般对等。

我方人员应提前到达，并在门口迎送。对会见会谈场所、座位事先精心安排，留定座位。双方人员较多、场所较大时宜装扩音系统，桌上放置中外文座位名牌。

会见的座位排列：外宾在右边，我方人员在左边。团长安排在我方交谈人右手第一位，副团长坐第二位，其他外宾可依次随便落座。

会谈时用长桌的，中外各一方，请外宾坐上方，我方主谈人坐自己一方的中间位置。

如有合影，事先安排合影图。合影一般主人居中，按礼宾次序，以主人右手为上，主客双方间隔排列。

（3）宴请。

有宴会、招待会、茶话会、工作进餐等类别。举办何种宴请活动，根据活动目的、对象、经费开支等因素确定。

如安排有文艺活动，根据活动目的、外宾兴趣、接受能力，安排和选定节目，根据客人身份安排好座位，一般以第七、第八排座位为佳。

（4）参观游览。

根据来访目的、性质、外宾意愿和兴趣，选择有针对性的游览项目，安排身份相当的陪同人员和解说员、导游。

3.接待标准

(1)招待重要客人、关系户,80～120元/人/餐。

(2)较重要客人、关系户,50～80元/人/餐。

(3)一般客人、外单位来人,10～30元/人/餐。

(4)公司分支机构来人,15元左右/人/餐。

(5)常客,员工标准。

4.住宿安排(见下表)

招待对象	标准	审批权限
较重要官员	200～350元/天	总经理
公司分支机构	按公司标准	
常客	自愿	

十一、附则

1.涉及重大接待活动,需行政部门会同公关部协调执行。

2.本办法由行政部解释执行,由公司总经理颁布生效。

(二)例文解析

对外接待是接待工作的一部分,其外延要小于接待工作。例文题为××公司对外接待管理办法,整体结构为总则—分则—附则的模式,总则为例文第一条目,写明行文目的和适用范围;分则为第二条至第八条目,分别写了对外接待范围、对外接待部门、对外接待原则、接待规格的确定、接待礼仪、引见、行路、其他、接待内容和程序等内容。附则为第十一条,写明了特别规定和解释执行权、生效时间。

四、本节写作要点

1.内容上的具体性和实践性。公关管理制度重在传播企业文化、树立企业形象,因此,在具体的撰写过程中,一定要注意内容上的具体性,同时要保证实践性,也就是制度的可行性。

2.存在属性上的派生性。此处所列公关管理制度均有被动之意,即事情发生后采取措施,因此具有派生性的特征。而在具体的实践中,撰写公关类制度文书一定要做好主动预防,或完善现有文书,或单设预防类公关文书。

第五节　安全管理制度

一、安全管理办法

(一) 例文

公司安全管理办法

第一章　总　则

第一条　根据我公司安保部《安全工作管理办法》的指示精神，结合我段实际，为切实把安全工作抓实抓好，确保安全工作目标完成，向安全要效益，特制定本办法。

第二条　安全管理主要任务是，认真贯彻执行党和国家有关安全生产的政策法规，贯彻落实上级有关安全生产的文件精神，建立健全安全生产管理机构，确保安全生产，杜绝重大和特大安全责任事故，将一般事故减少到最低限度。

第三条　各单位要本着对党和国家高度负责的精神，站在政治的高度，保稳定、促发展，坚持抓生产必须抓安全的原则，强化管理，严格要求，从大处着眼，从小事做起，严抓细管，警钟长鸣，持之以恒，努力创造安全生产的良好环境。

第二章　组织机构与职责

第四条　段成立安全生产委员会，是负责全段安全生产的管理机构，负责全段安全工作的计划、布置、检查、总结、评比和表彰工作。段长主管，党总支书记分管，工会负责具体工作。

第五条　基层各单位要层层成立安全工作领导小组，负责本单位的安全管理工作，对本单位安全工作有领导、监督、检查、总结和表彰权。

第六条　根据"抓生产必须抓安全"的原则，各级领导、各职能部门和安全管理人员要有明确的安全岗位责任制，做到层层有责任，事事有人管，做到分工不分家，齐心协力抓安全。

第七条　各级安全组织的主要任务是：
1. 传达贯彻上级下发的有关安全生产的政策法规及条令、条例。
2. 制订年度安全生产工作计划及要点。
3. 结合本单位的实际及出现的新情况，修订和完善各项安全生产规章制度。

4. 监督、检查安全制度、措施落实和安全生产基础设施准备等情况。

5. 负责本单位事故处理、统计和上报工作。

6. 负责本单位宣传教育和职工安全技术培训工作。

7. 组织召开安全分析会，分析研究安全形势、总结表彰安全生产工作中先进单位和个人。

第八条　各单位安全员的主要任务是：

1. 做好具体的有关安全生产的法律、法规、条令、条例和本单位制定的安全生产有关规定的落实。

2. 负责有关安全生产文件的上传下达，各级领导召开安全工作会议精神的贯彻落实。

3. 负责草拟年度安全生产工作计划，总结安全生产各种材料，规划内业建设标准。

4. 负责日常安全生产管理工作，组织职工积极开展安全生产各项有益活动。

5. 负责抓好先进典型的培养宣传和经验推广工作，增加知名度和透明度，充分发挥典型的榜样作用。

6. 负责指导基层安全生产工作，广泛收集听取群众意见，当好领导参谋和助手。

7. 协助领导处理本单位事故、统计和上报。

8. 对不利于安全生产的命令、安排等有制止和向上级反映的权力。在生产过程中，安全员有权制止违反操作规程的现象和行为。

第三章　规章制度的建设

第九条　各单位要认真制定适合本单位生产性质的安全生产规章制度。

第十条　安全教育制度。

1. 段每季搞一次专项安全教育，全年不少于4次；基层各单位每月搞一次专项安全教育，重要部位（厂、站、车队、分公司）每半月搞一次安全教育；各桥、涵、油路工地、养护作业班组要每天进行班前、班后教育。

2. 教育要切合实际，要采取多种形式如办班、板报、标语、口号等向全体职工和管理人员灌输安全生产的必要性和事故的危害性。

3. 要抓好职工的思想政治教育、劳动保护方针政策教育、安全技术知识教育、典型经验和事故教训教育。

4. 段每年要对全段安全管理人员进行培训，经培训考试合格，段审核合格发证方可上岗。

第十一条　安全检查制度。

1. 安委会每季进行一次专项安全检查，还要开展不定期检查和临时检查。

2. 基层各单位要每月进行一次检查；养护分公司每半月进行一次检查，养护作业班组每周进行一次检查；拌和站、预制购件厂生产大忙季节、各种油库、材料库、施工工地每天检查一次。

3. 安全检查严格执行"谁主管、谁负责；谁检查、谁负责；谁签字、谁负责"。

4. 安全检查内容包括：（1）查思想，主要指对安全工作的认识；（2）查现场，查安全设施是否齐全，各工种人员是否执行操作规程，有无违章指挥现象；（3）查隐患，查出隐患是否及时整改；（4）查制度是否健全，是否贯彻落实；（5）查管理体系是否齐全，管理手段是否可行。

5. 凡是专项安全检查，各单位领导要亲自带队，严格检查，不留任何死角，发现问题，及时指出，提出具体整改意见和要求，并要跟踪检查落实情况。

6. 厂、站、工地、分公司、养护作业班组，查出隐患，能够自己整改的应自己整改，应报段整改的要及时报段处理。

第十二条　安全工作例会制度。

1. 段及所属单位要做到逢会必讲安全，做到"五同时"，即在计划、布置、检查、总结、评比生产工作时，同时计划、布置、检查、总结、评比安全工作。

2. 段班子每年要召开4次以上安全形势分析会，研究分析安全工作形势，传达贯彻上级文件精神，总结安全工作经验、查找存在问题及原因，研究解决问题的具体办法。

3. 安委会每年要召开3次以上安全会议，布置、指导、总结各种安全活动，提出要求，总结阶段安全工作。

4. 基层各单位每月召开一次安全会议，总结交流情况，查找问题原因，明确下步安全工作重点。

5. 段每年召开一次安全工作现场经验交流会，基层各单位每年召开2次以上安全工作现场交流会。

6. 安全工作会议要有详细的工作记录，字迹工整，保持完好。

第十三条　安全责任制度。

1. 安全工作实行网络管理模式，安全指标层层分解，逐级落实安全生产岗位责任制，使安全工作事事有人问，处处有人管。

2. 制定、修改、完善各级各类人员的安全生产岗位责任制，严格执行以岗设责，避免以人设责。

3. 要层层签订安全生产责任状，按责任状内容认真抓好落实。

4. 严格执行责任追究制度，要一级抓一级，一级向一级负责，层层抓好落实，广泛形成横到边、竖到底的安全管理格局。

第十四条　安全报表制度。

1. 段及基层各单位负责报表的同志，要以高度的政治责任感，认真执行报表制度，做到报表要真实、及时，不瞒报、不漏报、不错报。

2. 段在每月5日前报市处人事科，基层各单位在月末报段工会。

3. 基层各单位必须按月报表，段实行报表扣分制，好的加分，差的减分，作为年终考核成绩内容的一项。

第十五条　安全奖惩制度。

1. 奖惩严明是抓好安全工作的强有力措施，安全奖惩制度必须坚持一个"严"字，决不能流于形式。

2. 段严格按责任状内容考核基层单位负责人，坚决执行安全工作一票否决制，完成任务者奖，否则要罚。

3. 基层单位必须按责任状内容进行考核，对好的单位和个人要给予表扬奖励、差的单位和个人要给予严厉批评和必要的经济处罚。

第十六条　安全档案制度。

1. 各单位必须建立安全档案，安全档案要由专人负责。

2. 安全档案主要包括：有关安全生产文件的法规、条例，上级下发的安全生产文件，各级安全工作会议有关规定和本单位制定的规章制度，总结汇报材料和安全生产工作记录、安全生产检查记录等。

第四章　公路工程安全管理

第十七条　工程队和施工工地必须建立安全组织，工程队要设一名专职安全员负责安全工作。工地应设一名专（兼）职安全员，做到组织分工明确，密切协作。安全员必须高度负责，坚持在一线检查督促。

第十八条　工程队专职安全员要制定完善适合本单位生产性质的各项规章制度，各类人员安全生产岗位责任制，各工种安全操作规程，做到施工现场制度上墙，规范统一。安全生产工作记录和检查记录要认真详细，按要求坚持记录。

第十九条　工程队安全员要搞好安全教育培训，特别是新上岗职工和临时工，签订有法律效力正式的安全合同，把提高职工安全意识和自我防范能力当作大事抓。

第二十条　工地专（兼）职安全员要抓好工地安全基础设施工作，要有醒目的安全旗和醒目的危险警示标志，要有固定的安全标语牌和多面安全标语旗，打造安全氛围。

第二十一条　杜绝以包带管，危险性较大的生产作业点要设专门的安全监护人员，严禁违章指挥。

第三章 企业行政管理制度

第二十二条 拆旧桥及危险性较大的施工作业，要事先拿出施工方案报段，经段批准后方可施工。

第二十三条 放炮作业时，必须做好危险区内安全警戒工作，同时核准装炮数和已爆数量，及时排除哑炮。爆破材料要按公安部门要求专人负责异地存放，并建立严格的审批出、入库手续，放炮员必须是懂技术、会操作、工作细心、持证上岗，否则不能担任此项工作。

第五章 公路养护安全管理

第二十四条 道工上岗前，要根据生产、环境特点搞好班前安全教育，提出具体的要求。

第二十五条 道工上路要着安全标志服、戴安全帽，时刻警惕过往车辆。

第二十六条 道工野外作业时，禁止班前喝酒，严禁在公路上打闹追逐，禁止扒乘运输车辆；路面铺料时，禁止道工站在车上随行随铺；回砂车作业时，车上要有"小红旗"警示标志，禁止超速行驶作业。

第二十七条 在傍山路面施工时，严格检查陡坡有无石块松动和裂缝，路面施工后，及时清理堆积杂物，保证路面畅通。采备砂石料时，禁止掏洞取砂，防止塌方伤人。

第二十八条 抓好公路水毁修复工作，对险桥、险路地段要指定专人负责，定期检查，发现问题，及时上报或排除隐患。

第二十九条 认真做好雨季防汛工作，坚持"三雨上路"及时排除路面积水，防止水毁。要开好便道，设置明显的标志及便道绕行标志，确保行车安全。坚持以"雪"为令，及时铲除积雪，上好砂石料，防止车滑，保证公路畅通无阻。

第六章 车辆、设备安全管理

第三十条 严格执行车辆，设备一、二、三级例保及大、中、修、报废更新制度，驾驶、操作人员要经常擦拭保养，确保车辆、设备完好率。

第三十一条 驾驶员、操作手要自觉增强安全意识，严格遵守《中华人民共和国交通管理条例》及有关交通法规，严格遵守机械设备的操作规程，坚决杜绝违章指挥和违章作业现象。

第三十二条 严禁非驾驶员操作手上岗作业，严禁车辆、设备带故障运行，严禁驾驶员酒后开车、私自出车、开疲劳车、带病开车、开英雄车。

第三十三条 段机关行政用车由段办公室统一调派。

第三十四条 基层各单位正常业务、生产用车由基层单位调派。

第三十五条 各单位车辆外借及县外出车必须经段长批准。

第三十六条　各单位要与驾驶员签订安全生产责任状，严格按责任状内容进行奖惩。

第三十七条　人为造成车辆事故或损坏，要追究当事人责任，并承担经济损失。

第三十八条　车辆维修要提前请示各单位办公室或主要领导，维修费定期结算、入账。

第三十九条　驾驶员不准给其他车辆或个人加油，否则，处以所加油料10倍罚款，情节严重的调离工作岗位。

第四十条　县外及长途出车加油须经各单位办公室或主要领导批准。

第四十一条　车辆燃油量根据行车里程核定，燃油材料费每月或每季核销一次。

第七章　要害部位安全管理

第四十二条　各单位必须把要害部位的安全防范当作大事来抓，要指定专人负责，建立严格的制度，强化管理、抓好落实，经常组织检查，及时解决。

第四十三条　汽油库、柴油库、材料库院内，闲人免进，禁止在院内吸烟。节假日，特别是春节，严禁放鞭炮烟花，巡逻值班人员要坚守岗位。

第四十四条　各单位要加大对安全生产资金的投入，配齐配全必要的消防器材，电线有老化现象，该换的换，该补的补，要确保消防器材的数量及质量。

第八章　各种事故及扣分标准

第四十五条　交通事故。特大行车交通责任事故为0，行车死亡频率控制在百万公里0.32人以下，事故频率控制在百万公里5次以下，事故伤亡率控制在百万公里2人以下。

第四十六条　厂务事故。千人伤亡率为0，千人重伤率控制在0.2人以下，千人轻伤率控制在5人以下。

第四十七条　扣分标准按段与各单位领导签订的责任状规定指标执行。

第九章　事故分类及处理

第四十八条　事故分类及轻重伤划分按国家规定执行，任何单位不得有其他更改和变动。

第四十九条　事故处理。

1. 交通事故的处理以公安交通管理部门裁决书为准。

2. 厂务事故应根据《辽宁省职工因工伤亡事故处理条例》处理。

3. 其他有些事故可按上级有关文件和本单位有关规定处理。处理事故一定要公正公开、不留后患。

第十章 奖励与惩罚

第五十条 对严格执行安全生产法律、法规、规章和各项制度，完成单位规定的各项安全生产指标的单位和个人，要给予表扬和奖励。

第五十一条 对因管理不善而发生的重大事故或未达到单位规定的安全生产指标的要给予一定的经济处罚，并行使安全否决权。

第五十二条 对违章作业、冒险蛮干的事故责任者或玩忽职守、官僚主义、隐瞒事故、弄虚作假的领导及管理干部，由所在单位视情节轻重和损失程度，给予必要的行政处分及经济处罚。

第五十三条 段与基层各单位签订的安全工作责任状实行风险抵押金制度，对未出现事故并完成段规定的安全生产指标的单位给予奖励，出事故的单位除风险抵押金不予退回外，还根据责任与情节，对单位一把手、主管安全的领导、安全员分别进行罚款。

第五十四条 发生人身伤亡事故或造成经济损失数量较大的单位，段要追究领导者的责任。

第十一章 附则

第五十五条 各单位可根据本办法结合本单位实际情况，制定适合本单位性质的安全管理办法。

第五十六条 本办法由段工会负责解释。

第五十七条 本办法自发布之日起实行，在执行中有与上级规定相抵触的按上级规定执行。

（二）例文解析

安保制度是为了营造安全的内部环境和工作环境而设置的，是企业制度的重要组成部分。例文为公司安全管理办法，采取了总则—分则—附则的写作方式。总则为第一章，交代了行文依据、安全任务和总体要求；分则为第二章至第十章，分别写明了组织机构与职责、规章制度的建设、公路工程安全管理、公路养护安全管理、车辆和设备的安全管理、要害部位安全管理、各种事故及扣分标准、事故分类及处理、奖励与惩罚等内容。附则为第十一章，交代了对下级的要求、制度解释权及实施时间等内容。整体结构完整，内容详实。

二、保安管理制度

（一）例文

公司保安管理制度

第一章 总 则

第一条 为了保障公司的正常工作秩序，搞好人员接待和车辆、物品出入登记的管理，当好企业卫士，确保公司财产和员工的人身安全，在参照国务院颁布的《保安服务管理条例》的基础上特制定本管理制度。

第二条 本制度适用于保安部及保安人员的管理。

第二章 工作标准与岗位职责

第三条 保安部工作标准：

（一）贯彻安全工作"谁主管、谁负责"的原则，协助公司各部门把安全工作的要求，列入各项工作的岗位责任制中。

（二）落实"宾客至上、安全第一"的方针，有效防止不法分子混入公司，切实做好公司安全工作。

（三）维护好公司内部治安秩序，避免财产损失，确保人员的人身安全。

（四）贯彻"预防为主、防治结合、防消结合"的原则，做到"防盗、防火、防爆、防破坏、防意外事故"，通过有效的监控和巡查，及时发现事故苗头，及时妥善处理，做到防患于未然。

（五）制定好各种应急行动预案，定期进行检查和演练，确保各种抢险、抢救，保证消防设备设施处于良好状态。

第四条 保安形象与态度：

（一）值勤期间应统一着装，穿戴整齐，挂好厂牌；应急及防身器具等应佩戴或储备齐全，以应不时之需。

（二）不得留长胡子、长指甲，保持仪容整洁，精神状态上佳，态度谦和，认真负责。

（三）恪尽职守、文明执勤、礼貌待客。严禁离岗、睡岗或酗酒闲聊等。因事离开或巡察厂区、宿舍时，岗位应有人代班。

（四）注意本身礼貌与涵养，对来宾、来访人员要文明问询和主动引导。

（五）礼貌接听电话，对上级的吩咐和通知事项，应及时传达；严禁接打私人电话或长时间占用公用电话。

（六）值勤保安不得以任何理由粗暴对待客户，尤其是对夜间送货到公司的客户或司机更要热情问候、以礼相待，并负责通知相关部门人员到厂验收货物。有态度粗暴、故意刁难员工或外来人员的，一经发现，将按照公司有关规定严肃处理。

（七）应绝对服从上级命令，切实执行任务，以身作则，不得偏袒徇私，严禁监守自盗。

（八）遇有重大事件或可疑人物，应临危不乱，不卑不亢，果断做适当的处置，并立即报告上级。

（九）公司副总经理（含）以上领导、公司事先告知来访的重要来宾进出公司时，应行注目礼，以示敬重。

第五条　保安岗位职责：

（一）直接向副总经理负责，全面负责保安部的日常管理工作。

（二）负责公司的安全保卫工作，保证公司正常的运作秩序。

（三）负责制定保安部工作流程、员工岗位分配、员工岗位技能培训。

（四）负责公司内部全部消防设备设施的管理和正确使用。

（五）负责公司监控系统的有效使用和原始录像的保留及复制。

（六）负责门禁制度的落实和员工考勤上、下班打卡制度的落实。

（七）负责来访接待，并联络登记。

（八）负责监管进出公司的汽车停放秩序，并登记。

（九）负责进出公司的物品的查验并登记。

（十）负责厂区、办公楼、宿舍的安全巡视，公共区域的水电监管，以及夜间查岗并登记。

（十一）负责维护公司花草树木。

（十二）负责安全事故处理，对突发事故采取应急措施。

（十三）协助维持公司办公秩序，防止盗窃。

（十四）保存值班的各项记录，定期上交行政部。

（十五）保障电梯、楼梯、安全通道畅通无阻。检查疏散标识、应急灯是否完好，确保各类抢救人员具有快速反应能力，一旦发生意外情况，能使客人迅速安全疏散。

（十六）24小时持续不断地做好安全监视工作。要做到及时发现异常情况及时处理。

（十七）接到各部门报案或对讲机紧急呼叫，带领保安人员迅速到达现场并采取恰当、果断的措施，为经营部门做好"保驾护航"的工作。

（十八）领导交办的其他事项的处理。

第六条　保安部值夜员岗位职责为：

（一）直接向保安部经理负责，负责公司非营业时间的物品看管和安全值守巡逻工作。

（二）提前十分钟进入岗位，并对公司各区域巡视一遍，查看各处房门是否落锁，水、电、气是否处于关闭状态。接受各部门口述注意事项，认真做好值班记录。

（三）每三十分钟对公司营业区域及各重要部位进行巡视，发现异常要立即采取措施。遇有非能力和职权无法解决的问题及时请示总值人员或保安部经理处理。

（四）上班时间不得睡觉，不得容留亲友在店中逗留，不得使用客用设备，不得离开店内。

（五）提高安全防范意识，非营业时间员工和来宾不得进入营业区域。

（六）按规定做好本岗位卫生责任区的清洁工作。

第三章　出勤制度

第七条　上班时间安排：

早班：8：00～16：00；

中班：16：00～24：00；

夜班：00：00～08：00；

所有值班人员提前十分钟接班。

训练时间为下午17：30～18：30；

中班换早班，上午：10：00（吃饭时间30分钟）；

早班换中班，下午：17：00（吃饭时间30分钟）。

第八条　由领班于班前进行点名并做好当班、迟到、旷工、事（病假）人员情况记录。写明外出原因，并将详细情况向上级领导汇报。

第九条　值班制度安排：

（一）保安员值班安排表由领班编排，于上月底公布并通知值班人员按时值班。

（二）保安员应按照规定时间在指定场所连续执行任务，不得中途停歇或随意外出。

（三）当班时遇有事情发生，属于职权范围内的可及时处理，事后向领班报告；如遇其职权不能处理的，应立即请示经理或主管领导。

（四）值班员应将值班时所处理的事项详细记录，于交班后送交领班。

（五）值班员因病和其他原因不能继续执勤的，应先行请假，由上级领导批准后方可离开。

第十条 交接班制度安排：

（一）交接班时，由领班对当班人员进行点名、检查仪容仪表、安排岗位，提前十分钟列队进行交接。

（二）交接班时，如接班人员未到，交班人员不得擅自下班，应及时向领班报告，等待安排交接班事宜。

（三）接班者未能按时接班，按交接时间对接班人以迟到或旷工处理（除领导批假的以外）。

（四）保安员交接班时要把需要在值班中继续注意或处理的问题，以及警械器具、车辆、车牌登记交接清楚。交班者对某一件事需要继续处理的，交班者必须说明，并由主管和当事人留下妥善处理，事情处理完毕，方可离去。

（五）交接时，仔细检查交接物品性能和好坏；发现问题，当面讲清不得推诿。

车场保安要等接下来班人员对管区车辆逐个检查一遍并进行验收后才能下班，如发现有擦、撞现象，应及时报告并做好记录。

（六）接班保安员在接班时发现的问题，由交班保安员承担责任接班完毕后发生的问题由当班保安员承担责任。

（七）所有事项交接清楚后，交接班保安员分别在记录本上签名。

第十一条 保安员因事需外出的，必须书面提出申请，按时归队销假。

请假在一天以内的由领班审批；请假在两天以内的由部门经理审批；请假在两天以上的，由主管副总批准并报送人事部存档。

未经领导批准，任何人不得外出。

第四章 管制规定

第十二条 严禁闲杂或与公司工作无关人员进入公司。外来人员因公务需进公司，经被访人同意，填写会客单后，方可进公司；会客结束后，凭被访人签字的会客单，方能离开公司。外来人员一时没有联系上被访人，可在门卫室内或指定地方等候。

第十三条 政府机关、人民团体或其他贵宾（外国客商），由总经理陪同时，不必办理入厂手续，但保安须登记进厂人数和时间。贵宾出厂后，保安须注明贵宾离厂时间。

第十四条 管制进厂人、物、车辆，对未办妥入厂手续者，一概不准入厂，并绝对禁止携带违禁品入厂（除公司生产需要外）。

第十五条 员工进出公司应主动出示员工证，忘记带员工证者保安人员要对其进行登记，超过五次的给予口头警告，并报其所在部门。

保安要做好违纪违规人员的登记，并及时向行政上报。

第十六条　严格执行员工出入制度，当班员工原则上不应离开公司，若确实有需要外出的，应由班组主管或部门主管出具相关证明，交由保安后方准外出，入厂时应填写入厂时间。不符合上述手续者，保安不准放行。强行外出者，应立即上报行政部。

第十七条　严禁员工亲属、老乡和朋友在上班时间来公司会面，有特殊情况者，保安可代为通知当事者在厂门口见面。

第十八条　员工上班时间不得进行私人会客，特殊情况须经所属部门领导同意，但只能在指定的会客室进行。

第十九条　未经公司领导批准不允许新闻媒体等机构到公司采访、拍摄。

第二十条　严格执行物资管理规定，任何物资出入公司均需办理有关手续。凡外协单位、外加工单位的非本公司物资，进入公司时需在保安室登记，未经登记的物资不得放行。

第二十一条　凡购买、加工、借用的材料、半成品、工具等物资运出公司，须持有相关部门出具的出门凭证，经核对无误后方可放行。

第二十二条　公司员工物品、协商交货时所随的物品，若有寄存在保安室的，须经得保安人员同意，检查、登记并妥善保管。一般寄存时间不超过一个班时间，否则发生丢失现象，保安人员不负责赔偿。

第二十三条　员工进出公司，原则上不准携带与本公司产品相似的产品，如因需要，经生产部或行政部开立证明单后（注明品种、型号）准予进出厂。经查验无误后方可放行。

第二十四条　离厂人员经保安查获有私带公物或他人物品的，暂扣留当事人，并迅速汇报行政部或相关部门，再另行处理。

第二十五条　非本公司车辆入厂，车中人员应在门卫室办妥登记手续才可入厂，车辆须按规定停泊在公司指定的地方。

第二十六条　货运车辆进出厂区时，需出具送货证明或《物品出门证》，保安方可放行，并通知仓库保管部门。

第五章　奖惩措施

第二十七条　员工有下列情形之一者，予以嘉奖：

（一）积极维护公司荣誉，在客户中树立良好公司形象和口碑。

（二）认真勤奋，执行或督导工作得力者。

（三）工作勤奋，超额完成工作任务者。

第二十八条　员工有下列情形之一者，予以物质奖励：

（一）对工作流程或管理制度积极提出合理化建议，被采纳者。

（二）积极研究改善工作方法、提高工作效率或减低成本确有成效者。

（三）检举揭发违反规定或损害公司利益事件者。

（四）对可能发生的意外事故能防患于未然，确保公司及财物安全者。

（五）多次执行重要事务成绩显著者。

（六）遇突发事件第一时间达到现场，维护现场秩序，不退缩，有效地控制场面使损失降到最低者。

（七）对公司发展有重大贡献者。

（八）在各类报刊或学术研讨会上发表有关论文者。

（九）在工作中，严格遵守公司各项规章制度，认真完成本职工作，工作成绩优秀者。

第二十九条　有下列行为者，给予口头警告：

（一）妨碍工作秩序或违反、破坏安全和环境卫生制度者。

（二）不按公司规定着装，仪表、仪容不整，无精打采者。

（三）不及时汇报，不填写交接班记录者。

（四）不遵守考勤规定，一个月内迟到早退累计两次或每次迟到、早退超过10分钟者。

（五）同事之间相互谩骂、吵架，情节严重者。

（六）在工作时间内睡觉或擅离工作岗位，或接待私人来访时间超过30分钟者。

（七）当班时间吃东西、收听广播、看报纸、聊天、吃零食者。

（八）无故不参加部门例会和培训，累计两次以上者。

（九）阅读与工作无关的书报、杂志或从事规定以外的工作者。

第三十条　有下列行为者，处以罚款：

（一）因玩忽职守造成公司损失者。

（二）对同事恶意攻击，造成伤害者。

（三）捏造事实骗取休假者。

（四）季度内累计三次未完成工作任务，但未造成重大影响者。

（五）委托他人或代他人签到者。

（六）未经同意私自调班或擅离工作岗位，经常迟到或早退者。

（七）因服务态度差受到客户投诉时，与客户争辩、吵闹或对客户投诉的处理不当或不及时，引致业主向上级部门领导投诉者。

（八）弄虚作假，涂改当班记录、删除录像记录者。

（九）不服从领导的正确命令并在公共场合顶撞领导者。

（十）超越职权范围或违章操作酿成事故者。

（十一）工作时间消极怠工者。

第三十一条　有下列行为者，予以辞退：

（一）不服从正常的工作调动及安排，不听从上级领导指挥监督、与其发生冲突者。

（二）在公司内酗酒滋事造成恶劣影响者。

（三）工作时间喝酒、赌博、打架。

（四）工作范围内聚众赌博、变相赌博等。

（五）故意毁坏公物，金额较大者。

（六）聚众闹事妨害、扰乱正常工作秩序者。

（七）违反劳动合同或公司管理规定，情节严重者。

（八）对同事施以暴力或有重大侮辱威胁行为者。

（九）严重违反各种安全制度，导致重大人身或设备事故者。

（十）盗窃同事或公司、客户财物者。

（十一）连续旷工三天或两个月累计五天，全年累计七天的。

第六章　附　则

第三十二条　本制度由办公室制定并负责解释，经总经理批准后施行。

第三十三条　本制度自颁布之日起施行。

（二）例文解析

保安主要职责为防火、防盗、责任区域内的人身安全。通过保安人员的工作实施来保障固定区域内安全，保障正常工作秩序、治安秩序，防患于未然。针对保安的管理制度应该说明其工作标准、岗位职责、出勤制度、管制规定及奖惩措施等内容，例文便很好地体现了这些方面。从结构上看，例文采用了文书的一般写法，即总则—分则—附则写法。

三、门卫管理制度

（一）例文

门卫管理制度

一、为强化门卫管理，保障公司的正常工作秩序，特制定本制度。

门卫管理人员要严格遵守执行《门卫管理制度》，恪尽职守、文明执勤。

二、门卫管理人员要做到二十四小时轮流执勤。发生治安事件和灾害事故，应采取积极有效的应变措施，及时向上级主管部门及公安机关报案，并做好记录。

三、做到大门常闭，凡进入公司人员均须验明身份，对来宾凭介绍人或证件填写来客登记单后才允许进入。外来人员一时没有联系上被访人时，可在门卫值班室内或指定地方等候，严禁闲杂无关人员进入。

人员携带物品出门，须凭公司相关部门出具的证明才放行。

四、门卫值班室要保持干净和安静，物品放置应定位规范，严禁在门卫值班室内饮酒、打牌。无关人员不得在门卫值班室逗留、闲聊、嬉笑、打闹、借故刁难、纠缠门卫值班人员。违者视情节轻重，严肃处理。执勤人员态度粗暴、不文明、不礼貌、故意刁难员工或外来人员，一经发现，将按照有关规定严肃处理。

五、严格执行物资管理规定，任何物资出入公司均需办理有关手续。

凡协作单位、施工单位的非本公司物资进入时，需在门卫值班室登记。

未经登记的物资不得放行。凡购买、加工、借用的材料、半成品、工具等物资运出须持有效证明，经核对无误后方可放行。

六、门卫负责管理公司内的机动车和非机动车停放秩序，严格执行车辆出入制度（进出公司的机动车辆凭公司办公室签发的"出门证"进出），外来车辆进公司需检查，做好登记；公司有机动车辆进出时门卫要负责引导车辆进入停车位；对进入公司的非机动车，门卫要负责指导停入非机动车停车区。

七、门岗对进入车辆和人员进行严格检查。

八、门卫要不定时地在公司周围、内部进行巡逻和巡查，对可疑情况和处罚情况进行记录。

九、做好本辖区内的卫生工作。

十、负责做好邮件的登记、签收、分发工作。

十一、凡违反上述规定有关条款的，视情节轻重给予当事人批评教育或罚款50～200元的处理。在一个月内出现两次违规者，处以双倍处罚；一个月内出现3次的，予以辞退。

十二、完成领导安排的其他工作。

十三、值班人员要坚守岗位、认真负责。凡值班人员睡岗、脱岗、溜岗的，发现一次罚款50元。

（二）例文解析

门卫的主要职责为防火、防盗，保护责任区域内的人身安全，兼负收发报纸、信件，接受并发放快递等物品。职责范围可大可小，亦可根据具体的工作范围确定职责范围。例文是一篇门卫管理制度，用十三条规定，说明了门卫的出勤时间、职责范围、奖惩规定等内容。

四、值班管理制度

（一）例文

值班管理制度

第一章 总 则

第一条 目的

为了处理公司在节假日及工作时间外的一些事务，除主管人员坚守岗位外，公司需另外安排员工值班。

第二条 值班处理事项

1. 突发事件。
2. 管理、监督保安人员及值勤员工。
3. 预防突发事件、火灾、盗窃及其他突发事项。
4. 治安管理。
5. 公司临时交办的其他事宜。

第三条 值班时间

1. 工作日值班：

周一至周五每日下班时到次日上午上班时。

2. 休息休假日值班：

实行轮班制，日班上午8：00至下午5：00，夜班下午5：00至次日上午8：00（可根据公司办公时间调整而变更）。

第四条 各部门根据业务情况自行安排本部门员工值班，并于月底公布次月值班表。

第二章 值班纪律管理

第五条 值班室是公司的重要岗位部门，值班人员的工作状态直接影响到公司的安全和工作秩序。

第六条 值班人员应坚守工作岗位，不得擅离职守，不做与工作无关的事情。

第七条 值班人员应自觉保持值班室的环境卫生。

第八条 值班人员应严格遵守公司规定，禁止无关人员进入值班室。

第九条 值班人员应坚守岗位，在电话铃响三声之内接听电话。

第十条 任何值班人员不得使用值班室电话拨打或接听私人电话。

第十一条 值班人员遇有特殊情况需换班或代班者，必须经值班主管同意，否则责任自负。

第十二条　值班人员按规定时间交接班，不得迟到、早退，并在交班前写好值班记录，以便分清责任。

第三章　值班事项处理

第十三条　值班人员遇事可先行处理，事后再报告。如遇其职权范围以外的事情，应立即通报并请示主管。

第十四条　值班人员遇到重大、紧急事情时，应及时向上级业务指挥部门和公司领导汇报与请示，以便及时处理并在第一时间通知相关负责人。

第十五条　值班人员应将值班时所处理的事项填写"报告表"，并于交班后送主管领导检查。

第十六条　值班人员收到信件时应分别按下列方式处理：

1. 属于职权范围内的，可即时处理；
2. 非职权所及的，视其性质立即联系有关部门负责人处理；
3. 对于密件或限时信件，应立即原封保管，于上班时呈送有关领导。

第四章　值班津贴与奖惩

第十七条　值班人员可领取值班津贴。具体数额参照《公司值班人员津贴费用规定》。

第十八条　如果值班人员在遇到紧急事件时处理得当，公司可视其情节给予嘉奖。嘉奖分为书面表扬和物质奖励两个等级。奖励办法参见《公司值班人员津贴费用规定》。

第十九条　值班人员在值班时间内如擅离职守，公司应给予处分，造成重大损失者，应从重论处。

第二十条　值班人员因病或其他原因不能值班的，应先请假或请其他员工代理并呈交领导批准，出差时亦同。代理值班人员应负一切责任。

第五章　附　则

第二十一条　本制度由行政部负责制定和解释，并报总经理审核批准。

第二十二条　本制度自公布之日起实行，每年修订一次。

（二）例文解析

国家法定节假日，员工按规定放假。但企业仍有一部分事务需要在节假日或者下班时间完成，因此需要值班制度。例文即是一篇完整的值班管理制度文本。整体结构采用总则—分则—附则的形式，行文结构采用分条列项的叙述方式，完整地表达了值班处理事项、值班纪律管理、值班事项处理、值班津贴与奖惩等值班管理内容。

五、出入管理制度

（一）例文

公司出入管理制度

第一章 总 则

第一条 为维护公司人身、财产和生产秩序的安全，特制定本制度。

第二条 凡人员、车辆、物品出入本公司均须遵守本制度。守卫人员有责任与权利按本制度执行。

第二章 人员出入

第三条 本公司员工。

1. 入厂区均应着工作装，佩挂工作名卡。

2. 因公需经常出入本公司的人员，经经理核准颁发特制工作名卡，凭此自由出入厂区。上述人员如因工作变动不再符合"自由出入厂区"条件时，应立即办理注销手续。人事部门每年年底重新审核自由出入厂区人员名册并送公司核签。

3. 值班人员临时因公需要出入公司时，应凭"本公司员工出入证"一式三联经主管签字：第一联存其所属部门，第二、三联交保安签注出厂时间后，第三联暂存保安室，第二联由员工本人携带。返厂时，将第二联交由保安对照检查，连同原存第三联暂存于守卫室。于次日下午十时前将第三联转送出公司员工所属部门主管核查，将第二联转送考勤部门核对考勤记录，如有不符应立即通知其所属部门主管调查处理，并将调查处理结果报保卫部门备案。

4. 非值班人员临时因公需要出入公司时，应于保安室填写"本公司员工出入证"一式三联。经守卫查对签注出入厂时间后，第一联存保安室，二、三联由本人携带出入公司。事毕经主管核签，交保安检验，并连同第一联签注出公司时间。如有不符，应立即通知其所属部门主管调查处理，结果报保卫部门。第三联于次日上午十时前由保安转送所属部门主管核查。

5. 本公司员工上班时间请假出公司时，应按规定办理请假手续后，打卡出公司。

第四条 公司外人员。

1. 工程承包人及其雇用人员。

工程承包人及其雇用人员需入厂施工，先由工程承包人填具"出入厂申请书"一式二份，经工程主办部门负责人及保安核准后，一份送事业关系室审核，一份送保安主管部门存查，并凭此换发"工程承包人出入凭证"。如在本公司工作时间在一日以内者可免送事业关系室审核。

（1）入厂：凭身份证明文件及"工程承包人出入凭证"交守卫核对无误后换发"工程承包人入厂证"佩挂入厂。因赶工时或原有工作人员未到而临时增加或更换人员，来不及事先办理手续时，应按以下规定办理：

临时增加人员，经由守卫以电话联络工程主办部门同意；

临时上岗人员持被更换者的出入证由保安核对并收取身份证明文件后，发给"工程承包人出入证"佩挂出入，但工程承包人须于当日内补办所需一切手续。

（2）出厂：当日工作完毕出厂时，应交还"工程承包人出入证"，换回身份证明文件及"工程承包人出入凭证"。午间出厂及工作中出入公司时亦同。

2. 外来公务人员。

（1）厂商、顾客前来洽谈业务，守卫或服务人员，应先安排于会客室，并以电话通知接待部门，接待部门应立即派员前来。

（2）洽谈业务一般应在公司外或公司内会客室进行，必须入厂方能达成接洽目的，应按下列规定办理：

已经接待部门同意入厂洽谈者：接待部门应开具"车辆/人员出入证"经部门主管级以上人员核签后送保安室作为放行依据。

临时需入厂洽谈者：经守卫或服务台人员以电话联络接待部门主管同意后由保安或服务台人员代填"车辆/人员出入证"，经保安负责人核签后入厂。

经核准入厂的公务人员应由守卫室电话联络接待部门，接待部门应立即派员直接引导入厂，事毕派员直接引导出厂。

（3）"车辆/人员出入证"一式三联，第一联填单部门自存，第二、三联经保安签注入厂时间后，第三联暂存保安室，第二联交外来人员暂存，并以身份证明文件换发工作名卡佩挂入厂。事毕由接待人员签章后持出，经保安检出原存第三联，分别签注出厂时间并收回胸卡，发还身份证明文件后出厂，第二联留保安室存查，第三联于次日上午10时前送主办部门存查。

3. 参观人员。

（1）来宾或本公司人员亲友如有必要入厂参观时，由经办人或申请人按划定准许参观路线（各公司自订路线，接待部门应按不同参观路线，制作不同颜色参观卡备用）填写"参观申请登记表"一式若干联经接待部门主管核准后，由办公室发给色别参观卡（贵宾或五人以上团体免发）并派员（或要求有关部门派员）引导参观。入厂时保安应于"参观申请登记表"签注入厂时间，出厂时签注时间并收回参观卡，于次日将参观卡及"登记表"送办公室存查。

（2）请求参观划定准许参观区域之外区域，需呈总经理核准。

（3）由公司部门经理以上人员陪同参观划定准许参观区域者：事前可免办申请手

续，但应于当日内补填"参观申请登记表"送保安签注入出厂时间后送接待部门存查。

（4）参观活动只在上班时间内安排。假日参观，须专函预约，并经经理核准方予安排。

第五条 工作名卡管理。

1. 本公司人员（包括正式员工、定期合同工及临时员工）：

（1）出入公司应佩挂工作名卡，对未按规定佩挂者，保安应予纠正。入厂时未带工作名卡，应在保安室登记借用"临时出入证"，经保安核对并扣留考勤卡后入厂，待下班时以"临时出入证"换取考勤卡，方可打卡离开公司。保安于次日上午将"借用临时出入证登记单"交人事部门存查。年累计借用满三次以后，每次借用即由人事部门警告一次。

（2）非值班人员临时因公入厂而未佩带工作名卡者，应向保安室借用"临时出入证"，并由守卫将该号码登记于"本公司员工出入证"备注栏后，方可入厂，事毕离开公司时缴回。

（3）遗失工作名卡应立即向主管部门申请补发，同时书面说明遗失经过并检讨，并交工本费每枚两元。年累计补发达三次以上者，人事部门应视情节给予当众警告。

（4）使用他人工作名卡或伪造、涂改工作名卡者，一经查实，使用者、借予者、伪造涂改者均将被处以免职处分。

2. 非本分公司人员。

（1）本公司员工使用"临时出入证"出厂时应将该证归还保安人员。未归还者将予以追究。遗失"临时出入证"者，应按前述丢失处理办法处理。保卫部门应适时换发新证以堵漏洞。私自将"临时出入证"借予他人使用，或借故不还者均将被处以免职处分。

（2）前来洽谈业务的厂商、顾客若遗失"公务"工作名卡，或工程承包人及其雇用人员遗失"工程承包人出入证"，守卫人员应令其书面说明情况，保证不重犯，并缴纳工本费两元，方可发还身份证明文件。必要时还应换制，以防他人盗用。如发现借予他人使用者，将取消其申请入厂资格，情节严重者追究其法律责任。

第三章 车辆出入

第六条 公司外来车辆。

交货车辆凭主管核发的"车辆、人员出入证"或本、分公司交货的"移转交运单"、"材料调拨单"、"材料领用单"及送修、出借、返工的"物品出入证"，经守卫确认，并签注时间后入厂至指定地点交货，并由收料人（或接待人）签章。交货完毕出厂时应经公司守卫查验并签注出厂时间。提运本公司各种货品的车辆凭经理核发编有统一流水号码的"材料交运单"、"移转交运单"、"物品出入证"、"材料领用单",或主管核发编有统一流水号码的"成品交运单"、"材料调拨单"、"免列账物品出入证"、"托工交运单"经守卫核查签注时间后入厂至指定地点装货。于装货完毕出厂时经守卫核查,并签注时间后放行。

第七条 公司车辆。

本公司车辆出厂时,除空车外均须按第六条的规定处理。

第四章 物品出入

第八条 物品清点。

1. 物品出入公司,保安有责权参与清点,所涉项目及方式如下:

(1) 成品、半成品。可采取方式有:①仓库清点数量;②公司门口清点数量、重量。

(2) 原料、物料。可采取方式有:①出入公司清点重量;②出厂时清点数量;③仓库收料时除油罐车或特别指定项目外可免于清点。

(3) 下脚料、废弃物。可采取厂内清点数量、厂门磅称重量的方式。

(4) 购置各种事务用品,可免于清点。

2. 为加强出入公司物品清点管理,保安室应填写"物品清点日报表"一式两联,经保安主管核签后,第一联守卫室自存,第二联于次日上午10时前送会计留存。

第九条 成品交运。

1. 客户寄存的成品、赠送客户使用的货品、送检验部门的样品、无须返厂的成品、返厂重加工或来料加工的成品等,应凭"成品交运单"出厂(注明出厂原因)。

2. 前项送客户试用或送检验部门试验的样品数量零星,未经缴库,可由主办部门凭"样品证"一式三联,详注出货依据及用途,经主管人员核签后送出货部门发货。发货部门自存第一联,第二、三联随样品经保安查对并签注出厂时间后,第二联暂存保安室,于次日上午10时前转送会计部门核查,第三联随样品出厂送主办部门。

第十条 原料品交运。

各种材料、下脚料、退回供料单位的机件材料等,应凭"材料交运单"一式四联由经办部门填写,经主管人员核签后填注"车行""车号""随车人数"经保安签注入厂重量、时间后,送出料部门出料。经出料部门主管签章,并登账后将第一联送会计暂存,第二、三、四联随物品交承运人,经保安清点并签注车重、实重、出厂时间后暂存,第二联于次日上午10时前送会计部门存查(与第一联核对后将第二联转送出料部门),第三、四联经收料部门签收后,由收料部门留存第三联,第四联交承运人持有并向经办部门请领运费。

第十一条 免列账物品交运。

凡垃圾、废弃物或厂商交货后需归还的包装用具等出厂,应凭经办部门主管核签的"免列账物品出厂证"一式三联,经保安查对签注出厂时间后放行。第一联保安室存查，第二联由守卫于翌日上午10时前转送会计部门，第三联交承运人送经办部门以请领运费。

第十二条 领用材料须经厂门时，由领用部门开具"材料领用单"一式四联经主管人员核签后送发料部门发料，发料后第一联由发料部门自存，第二至四联经保安核点无误并签注出厂时间后，第二联由保安暂存，于次日上午10时前转送会计部门。第三、四联经领用部门收料后，第三联转送会计部门与第二联核对后送回领料部门留存。第四联交承运人以请领运费。如领用部门属于另一分公司者，第一联由发料部门自存，第二至四联经出厂保安核点并签注时间后，由守卫暂存第二联，于次日上午10时前转送会计部门。第四联连同材料交运至领用部门厂区，由入厂保安核对签注入厂时间，并经领用部门收料后，第三联转送会计部门与第二联核对后送回领料部门留存，第四联交承运人以请领运费。

第十三条 本公司出入物品。

1. 成品调拨。

凭"成品交运单"办理调拨交运，填具"车辆/人员出入证"凭此出入厂门。

2. 材料调拨。

凭"材料调拨单"一式五联由经办部门填单，经主管核签后，第五联拨入库凭以收料，第一至四联送往出料库出料，出料库核填实拨数量后，第一联送拨出部门，会计暂存，第二、三、四联随物品至厂门由保安暂存第二联，于次日上午10时前送会计核对，再转送出料库存查。第三、四联经拨入库保安核填入厂时间车重交拨入库收料。拨入库凭前存第五联核对签收后，并转记有关资料收存第五联，第三联送拨入库会计存查，第四联交承运商凭此向拨出部门请领运费。

3. 转移交运。

凡半成品、机配件及固定资产已领材料需转移交运时，凭"转移交运单"一式六联由托运部门填单，经主管人员核签后第一联自存，第二联送会计暂存，第三至六联保安清点并签注出厂车重及时间后，第三联由保安暂存，于次日送托运部门会计，经与第二联核对无误后，于一日内将第二联转送收料部门会计凭以核对收料。第四、五、六联由承运人随同物品出厂，于交运入厂时经保安签注入厂时间、车重，并经收料部门点收后，第四联由收料部门存查，第五联由承运人暂存凭此请领运费，第六联由保安暂存，于次日转送收料部门会计与第三联核对。

第十四条 送厂外修缮携带工具材料，凭主办部门主管签注"工具材料携带出入登记单"一式三联，详注依据说明及预定完工日期，第一联由主办部门的工具材料管理人员存查，第二联暂存保安室，第三联交保安查对签注出厂时间由携物人收存，于完工后要求请修部门签证。如修缮需出入分公司时，携物入厂可凭第二联交由分公司保安室加印并签注入厂时间后由携物人持入分公司，于完工后要求请修部门签证，经分公司保安核对并签注出厂时间，回厂时凭第二联交保安检出第三联，查对携带数量并签注入厂时间，第二联由携物人随物缴回主办部门销案，第三联由携物人签认后留存保安室。

第十五条　外送深加工及其他应返厂的物品。

1. 成品、半成品或原材料等须外送深加工时，由主办部门填具"托运交运单"一式六联，经主管核准后送发货部门发货。发货部门在发货后，第三联自存，第一联送托工部门，第二联送会计，第四至六联经守卫清点并签注出厂时间后，第六联暂存守卫室于次日上午10时前送会计部门与第二联核对存查，第四、五联随货送经加工厂主管签收后，第四联存于加工厂，第五联由承运人留存，凭此请领运费。

2. 机器设备及其附属材料外送修造：

（1）出厂时凭"物品出入登记单"一式五联由主办部门填具"出门物品栏"品名、规格、数量及修造后，"入门物品栏"填具品名、规格、预定返厂数量，送主管人员核签后第一联由主办部门自存，第二至五联经保安清点并签注出厂时间后，第二联暂存保安室，于翌日上午10时前送会计部门存查，第三联由保安留存，第四联交由厂商于物品回厂时凭以查对，第五联交承运人凭以请领运费。

（2）修造完成返厂时，厂商凭第四联交由保安查对，填注实际返厂数量后，暂存保安室，并检出原存第三联分别签注"承运单位""车号""随行人数"及"出入厂时间"后交厂商随物品送至主办部门确定验实验收后，填记实际返厂数量，经主管核签后，由厂商于出厂时交保安与第四联核对并签注出厂时间后放行。保安于翌日上午10时前将第三联送会计部门存查，第四联送主办部门核对销案。

前项返厂物品如为分批返厂，则除最后一批比照前项规定办理外，其余各批返厂时应由主办部门填写"车辆、人员出入证"，并加注"备批返厂"字样及核批物品的"物品出入证"编号后办理出入厂。保安于次日将第二联并夹于"物品出入证"第三联，最后一批物品返厂后再转送会计部门结案。前项送修物品返厂时，如厂商遗失"物品出入证"第四联，主办部门应即抽出原存第一联替代第四联办理返厂手续。

3. 须再携返厂的样品检验校正仪、自备装运物品的装具或其他应携返的物品等，出入厂应凭"物品出入证"办理。

第十六条　借出借入物品。

1. 厚材料借出应呈经理以上人员核准后填"材料交运单"并签注预定返厂日期及借出原因，经主管人员核签后出厂。

2. 其他出借物品出入厂应凭"物品出入证"请经理核准办理。

3. 借入物品归还时凭"材料交运单"出厂。

第十七条　来厂施工人员自带的工具、物料。

1. 来厂施工人员携带自备工具物料入厂，由其填具"来厂施工人员自备工具物品进厂登记单"一式两联由主管人员核签，经保安查对签注入厂时间后暂存第二联，第一联由其自存以为出厂凭据。出厂时由来厂人员凭第一联经主办部门主管核准后，由保安检出第二联核对并签注出厂时间后放行。保安于翌日上午10时前将第二联转送主办部门存查，第一联留存保安室。

2. 施工人员带料进厂，由其填具"工程修造带料进厂登记单"一式三联由主管人员核签，经保安查对签注入厂时间后暂存第一、二联，第三联交施工人员留存，保安将第一联送工程主办部门核填检验方式及检验结果，工程完工结算再送会计部门凭以核对付款，第二联由保安送工程主办部门存查。带料进厂后不得再出厂，如遇临时变更工程计划等特殊情形，应先签"材料交运单"请经理核准，凭此出厂。

第五章 附 则

第十八条 车辆物品出入厂时间

1. 入厂：每日上午8时至下午5时。

2. 出厂：每日下午6时前上班时间内。

遇特殊情况需在上列时间外出入厂，主管部门事先填写"车辆物品逾时出入厂通知单"，经主管签章，于下午5时前送保安主管部门，通知保安室。

第十九条 保安应按日查对"物品出入证"，对预定返厂逾期十日仍未返厂的物品，填写"物品逾期未返登记表"一式两联，送请主办部门填报"未返厂原因"及"处理意见"，呈经理核准后，一联自存，一联送主管部门。逾期一个月仍未返厂者，应呈报总经理。

第二十条 会计部门对外运加工的成品、半成品及材料或出借品等应每日查对。逾期十日仍未返厂者，应立即开立"物品出厂逾期未返催办单"一式两联，送请主办部门填报"未返厂原因"及"处理意见"呈经理核准后一联自存，一联送主办部门。但逾期一个月仍未返厂者，应呈报总经理。

第二十一条 经由保安室转送至会计部门的各种物品出入厂凭据均应加盖"保安室"部门章，以区别责任。

第二十二条 禁止携带照相机进入公司。经管理部门主管人员特准者例外，但不得逾越指定准许摄影的界限。

第二十三条 出入公司管理中如发现异常，保安应立即填报"异常报告处理单"一式两联，呈主管核批后，第一联存保安室，第二联交经办部门处理，并填具处理情形呈主管人员核签后，送保安室，将处理情形摘要记入第一联处理情形栏，第二联存经办部门。

第二十四条 本制度经经营决策委员会通过实施，修改时亦同。

（二）例文解析

公司为确保财产安全、生产秩序，需要对出入公司的人员进行管理，这便诞生了公司出入管理制度。这种制度规定要确定客体，一般有三类，即例文提到的人员、车辆、物品，因此在具体的制度规定中一定要体现出这些具体内容。

六、办公室安全管理制度

（一）例文

办公室安全管理制度

第一章　总　则

第一条　为了给员工提供一个安全的工作环境，以有效保障公司财产的机密数据以及员工人身安全，特制定本制度。本制度旨在明确办公室安全管控规则，阐明公司采取一系列安全保卫措施，以共同维护良好的办公秩序。

第二条　本制度只适用于公司内部。

第二章　用电安全管理

第三条　办公区的照明灯、计算机（包括显示器）、打印机等设备不用时随手关闭；离开办公室时要关好所有电器开关；下班后要关闭所有用电设备，并关好门窗。

第四条　办公区要根据光照度的变化和实际需要开关照明灯，不用时随手关灯，人少时关闭部分照明灯。如有加班情况，最后一个离开公司的员工关闭所有照明灯。

第五条　员工使用各类电器时，应遵守相关的操作程序和要求，禁止违规操作，以保障用电安全；凡因使用不当、违规操作、乱用电器设备等，造成人身伤害或者设备损坏等损失的，由责任人承担一切经济损失。热水壶、电暖宝、电风扇、台灯、加湿器等一切个人电器设备不允许在办公场所使用，以防跳闸，重则引起火灾。

第六条　办公区内各电器设施若出现异常现象，或嗅到电线胶皮糊味，必须立即切断电源、停止使用，并及时报告领导，安排电工人员解决，及时通知物业，严禁自行处置。遇停电，应利用手电筒等照明工具，首先检查内部配电开关、漏电保护器是否跳开。

第七条　打印机、扫描仪、制图仪等大型设备，闲置时应切断电源，杜绝用电器处于待机状态。个别计算机彻夜工作不关机时，员工下班时应及时切断显示器电源。

员工下班时应随手关闭饮水机加热功能。

第三章 防火检查、巡查

第八条 各部门负责人应对部门人员进行日常性的防火安全教育，切实做好办公室内的防火安全防范工作。

第九条 办公室内严禁使用电炉子、热得快电饭锅等高热功率设备。严禁使用电磁炉、微波炉等电器自制、自热食品。违者警告并没收电器，并处以罚款。

第十条 办公室内严禁使用明火，不得在垃圾篓等处焚烧废纸。严禁吸烟，吸烟请至楼梯统一吸烟处，请保持楼梯内卫生清洁，请勿随意放置烟灰、烟头。

第十一条 办公室内严禁存放易燃、易爆物品。

第十二条 确认消防通道，不得在消防通道内堆放任何物品。

第十三条 书本、纸张等易燃物要与电脑等电器设备、电源线、电源插座保持10厘米以上安全距离，严禁与电器设备混放。

第十四条 最后离开的人员要检查室内用电情况，确认电器设备停用并符合安全要求方可离开。

第十五条 防火检查每季度第一周组织开展一次，防火巡查每日下班前进行。消防通道大门应保持常闭状态、不得上锁。

第十六条 发现消防隐患应及时通知综合部，由综合部报告领导，通知物业，及时处理。

第四章 防盗安全管理

第十七条 员工必须提高警惕，防止不法分子闯入室内。各个部门办公室钥匙备份交给综合部统一管理，不得转交综合部的人员使用，严禁将外来人员单独留在办公区域。

第十八条 任何外来人员到访公司，应首先至三楼综合部登记。快递员将快递统一放置在3楼前台内，各位员工自行认领快递。如有访客没有在三楼管理处登记直接拜访，公司员工应阻止并上前确认访客的拜访人、拜访目标，并与其要求拜访的领导确认，以此判断是否引入。如发现身份可疑人员，员工应拨打物业保安处电话寻求帮助。

第十九条 财务部会计凭证必须妥善保存在档案室，钥匙实行双人双锁。

第二十条 重要的文件要及时送档案室保存，个人存放资料要妥善保管，不要乱放乱丢，严防泄密。

第二十一条 个人办公桌上的钥匙要随身携带，现金、贵重物品应妥善保管，以防被盗，人离时注意确认门窗是否关闭。

第五章　防诈骗

第二十二条　要经常对员工进行防骗教育，树立"安全第一"的思想，确保财务安全。

第二十三条　签订合同要依法合规，条目细致，要求对方提供营业执照等相关证件，以防诈骗。

第二十四条　财务人员要认真审查票据是否齐全、有效。如发现可疑要及时汇报，采取措施。

第二十五条　一旦发生诈骗案件，要及时报案，积极提供线索协助公安机关破案，以减少损失。

第六章　电梯安全

第二十六条　不准超载运行。

第二十七条　不允许开启轿厢顶安全窗、安全门运载超长物品。

第二十八条　不准运载易燃易爆等危险品。

第二十九条　关门启动前禁止乘客在厅、轿门中间逗留、打闹，更不准乘客触动操纵盘上的开关和按钮。

第三十条　操作工或电梯日常运行负责维护。

第七章　附　则

第三十一条　本制度由综合部制定并负责解释。

第三十二条　本制度自发布之日起实施。

（二）例文解析

办公场所安全包括人员安全、资料安全、设备安全等方面，因此在撰写具体办公室安全管理制度的时候要充分体现这三个方面。例文首先交代了行文目的，即"为员工提供一个安全的工作环境，以有效保障公司财产机密数据以及员工人身安全。本制度旨在明确办公室安全管控规则，阐明公司采取的一系列安全保卫措施，以共同维护良好的办公秩序"，这为后续行文奠定了基础。从办公室安全的具体内容上看，例文分别从用电安全管理、防火检查、巡查、防盗安全管理、防诈骗、电梯安全等方面进行了阐述。最后的附则部分，说明了本制度的制定和解释权限，以及实施时间。

七、消防安全管理制度

（一）例文

消防安全管理制度

第一章 总 则

第一条 本制度根据《中华人民共和国消防条例》及公安消防机关颁布的有关消防、防火法规，结合本公司具体情况制定。

第二条 本制度旨在加强我公司的防火安全工作，保护通信设备、企业财产及工作人员生命安全，保障各项工作的顺利进行。

第三条 本公司的防火安全工作，实行"预防为主，防消结合"的方针，由防火安全领导小组负责实施。

第二章 防火安全的组织

第四条 公司各部门、车间、班组均实行防火安全责任制，设定防火责任人。本公司的防火责任人由总经理担任，部门防火责任人按有关要求由各部门主要领导担任，生产车间、班组的防火责任人分别由各车间主管、各班领班担任。

第五条 为确保各项防火安全措施落实，公司成立防火安全领导小组，负责本公司的防火安全工作。本公司设立的防火安全领导小组（小组名单见附表1）由消防组长负责安排管理日常消防安全工作。此外，各生产班组和要害工作部位设负责抓消防工作的兼职防火安全员。

第六条 各级均要建立义务消防队，以便在万一发生火灾及专业消防队未到达前，能起到控制火势蔓延或把火扑灭在初起阶段的作用。

第三章 防火安全职责

第七条 公司全体职工都应增强消防意识并有安全防火的责任和义务。

第八条 公司防火责任人和各部门、生产小组的防火责任人分别对本公司和本部门的防火安全负责。

第九条 各级防火安全责任人的职责是：

1. 贯彻上级的消防工作指示，严格执行消防法规；

2. 将消防工作列入议事日程，做到与生产、经营同计划、同布置、同检查、同总结、同评比；

3. 执行防火安全制度，依法纠正违章；

4. 协助公安机关调查火灾原因，提出处理意见。

第十条 防火安全领导小组的职责是：

1. 处理本公司防火安全工作；

2. 制定公司的防火安全制度和措施；

3 组织防火安全检查，主持整改火险与事故隐患；

4. 组织交流经验，评比表彰先进。

第十一条 各施工生产班组和要害工作部位的兼职防火安全员在防火安全领导小组领导下，落实本工作部位的防火安全措施。

第十二条 义务消防队接受防火安全领导小组的指挥调动，应能招之即来，认真履行消防职责。

第四章 防火安全措施

第十三条 公司的防火安全工作，要本着"预防为主，消防结合"的原则，防患于未然。

第十四条 各单位在生产和工作中，都应严格执行国家和省、市消防机关颁布的有关防火条例，并根据自己的实际情况，定出具体措施。

第十五条 防火安全领导小组应经常对全体领导、员工进行防火安全教育，并组织业务消防队进行消防训练。

第十六条 各生产班组要害部位的兼职防火安全员，应在每日下班和交接班前，对本工作部位进行一次防火安全检查；其他部门每星期做一次检查；各部门的防火责任人应每月对本单位的防火安全工作做一次检查；本公司防火安全领导小组半年进行一次检查，每季度进行抽查，完善逐级检查制度以保证及时发现和消除火险隐患。检查中应着重对厂内吸烟现象进行狠抓狠打，发现厂内吸烟现象对当事人罚款200元。

第十七条 各生产办公大楼原设计安装的消防设施，如消防龙头、水管、烟感报警器，以及其他消防器材要保证有效，此外，还应给各施工和要害部位及本单位其他工作地点配置相应种类和数量的消防器材。上述消防设备及器材不得借故移作他用。

第十八条 对从事或雇请电工、烧焊工、易燃爆等特殊工种的人员，要按规定进行防火安全技术考核，取得合检证方可操作，提出动火作业申请后方可进行。

第十九条 施工单位在作业中需要动火的，要按规定由动火单位填写"动火作业申请表"，按不同级别事前进行审批。一级动火作业指可能发生一般性火灾事故，由本单位安全负责人提出意见，经本单位的防火责任人审批；二级动火作业指可能发生重大火灾事故，由本单位安全部门提出意见，安全负责人批准，经本单位防火责任人审批；三级动火责任人提出意见，经公司安全部门审核，报公司安全责任人审批。要严格办理审批手续，待批准后发给"动火作业许可证"方可进行动火作业，并要在动火前做到"八不"，动火中做到"四严"，动火后做到"一清"（具体解释见下列ABC解释条款）和下班前严格执行检查制度，确认安全后方可离开。全体干部职工不论在宿舍或工作区，一般不得使用电炉等电器。

A、动火前"八不"：

1. 防火、灭火措施不落实不动火。
2. 周围的易燃杂物未清除不动火。
3. 附近难以移动的易燃结构未采取安全措施不动火。
4. 凡盛装过油类等易燃液体的容器、管道，未经洗涮干净、排除残存的油质不动火。
5. 凡盛装过气体受热膨胀有爆炸危险的容器和管道不动火。
6. 凡储存有易燃、易爆物品的房间、仓库和场所，未经排除易燃、易爆危险的不动火。
7. 在高空进行焊接或开始焊接作业，下面的可燃物品未清理、未采取保护措施的不动火。
8. 未配备相应灭火器材的不动火。

B、动火中"四要"：

1. 动火前要指定现场安全负责人。
2. 现场安全负责人和动火人员必须经常注意动火情况，发现不安全苗头时，要立即停止动火。
3. 发生火灾爆炸事故时，要及时扑灭。
4. 动火人员要严格执行安全操作规程。

C、动火后"一清"：

动火人员和现场安全负责人在动火后，应彻底清理现场火种，确保火种完全熄灭，留守现场15～30分钟才能离开现场。

第二十条　仓库的库存物资和器材，要按公安部公布的《仓库防火安全管理规则》的要求堆放和管理，对易燃、易爆有害物品，更要严格妥善管理。

第二十一条　任何人发现火险，都要及时准确地向安全部门或消防机关报警（火警电话119），并积极投入参加扑救。单位接到火灾报警后，应及时组织力量配合消防机关进行扑救。

第五章　奖励与惩罚

第二十二条　对防火安全工作定期检查评比，对取得下列成绩的单位或个人，给予适当的表彰和奖励。

1. 进行消防技术革新，改善了防火安全条件，促进了安全生产的顺利进行。
2. 坚持防火安全规章制度，敢于同违章行为作斗争，保障了安全的可靠性。
3 不怕危险，勇于排除隐患，制止火灾爆炸事故发生的可能性。
4. 及时扑灭火灾，使损失最小化。
5. 其他对消防工作有贡献的想法或行动。

第二十三条　对无视防火安全工作，违反有关消防法规，经指出拒不执行的部门或个人，应视情节给予处分和包括经济制裁在内的处罚。

第二十四条　对玩忽职守造成火灾事故的，应对直接责任者和所在部门的防火责任人追究责任，触犯刑律的，还应上报司法机关追究刑事责任。

第六章　附　则

第二十五条　本制度自公布之日起执行。

（二）例文解析

消防即是消除隐患、预防灾患，主要包括火灾现场的人员救援，重要设施设备、资料的抢救，重要财产的安全保卫与抢救，扑灭火灾等。企业是由大量的物质材料组成的，包括办公场所及设备、生产车间及设备、资料档案等，一旦发生火灾，则财产损失十分巨大。而且企业员工众多，消防问题不容忽视，因此制定科学合理可行的消防安全管理制度是十分必要的。例文即为一篇优秀的消防安全管理制度范文。例文总则和附则部分篇幅较小，这是因为这一部分表达的内容比较固定，总则部分多表达行文目的与背景，附则部分多写明实施时间或特别说明。例文的主体部分为分则部分，即对消防安全管理的细则进行规定的部分，包括防火安全的组织、防火安全职责、防火安全措施、奖励与惩罚等。

八、信息安全保密制度

（一）例文

××公司信息安全保密制度

一、总则

为确保公司的技术、经营秘密不流失，确保公司各项工作安全、迅速地进行，保证公司的合法利益不受损害，根据《中华人民共和国保密法》的有关规定，结合本公司实际情况，特制定本制度。

二、适用范围

（一）公司秘密是指关系公司权力和利益，依照特定程序确定，在一定时间内只限一定范围内的人员知悉的事项。凡是与本公司保密相关的工作内容均应保密，并适用本制度。

（二）本制度适用于公司全体员工，每个员工均有保守公司秘密的义务和制止他人泄密的权利。

（三）保密工作由公司总经理领导，各部门负责人具体实施。各部门应将保密工作纳入本部门的工作计划，保障本部门工作的顺利开展。

三、保密守则

（一）不该说的保密信息，绝对不说；

（二）不该问的保密信息，绝对不问；

（三）不该看的保密信息，绝对不看；

（四）不该记录的保密信息，绝对不记录；

（五）不在不利于保密的地方记录或存放应保密的文件和资料；

（六）不在私人通信中涉及保密信息；

（七）不在公共场所和家属、子女、亲友面前谈论保密信息；

（八）不在互联网、电话、邮寄邮件等不利于保密的通信渠道中传达保密信息；

（九）非工作必要的情况下，不携带保密资料游览、参观、探亲、访友和出入公共场所；

（十）在保密岗位工作接触保密信息的人员，应按照核准的权限使用保密信息。

四、保密范围和密级划分

（一）密级划分。

1. 绝密级：是公司秘密中的核心部分，限极少数人知悉的事项，一旦泄露将对公司造成特别严重的损失，影响到公司发展。主要包括以下内容：

（1）公司尚未公布或实施的经营战略、经营方向、经营规划、经营项目以及经营决策。

（2）公司发展相关的市场调查与预测报告、投资计划等。

（3）股东资料、财务预算决算报告、审计报告等各类财务报表、统计报表。

（4）公司的各类印章、营业证照、合同、协议、意见书及可行性报告等。

（5）公司的工作总结和计划、会议记录、会议纪要、保密期限内的重要决定事项。

（6）公司有关业务的成本、报价、方案、措施等情报。

（7）客户资料，对供应商或同行对手的资讯调研等公司所掌握的尚未进入市场或尚未公开的各类资源性信息。

(8) 公司中层以上职员的人事考核、涉嫌违法违纪调查、未公布的人事任免、奖惩决定等。

2. 机密级：是公司秘密中比较重要的部分，一旦泄露将给公司造成比较严重的损失或不良影响。主要包括以下内容：

(1) 反映公司技术水平、技术力量、技术潜力、产品动向的相关事项。

(2) 公司财务、营销管理制度、目标管理方案、月度运行报告等。

(3) 公司人事档案、个人工资档案、奖金数额、公司总体组织架构。

(4) 公司各部门人员编制调整、未公布的员工福利待遇资料、员工手册。

(5) 公司的安全防范状况及存在的问题。

(6) 公司员工违法违纪的检举、投诉、调查材料、发生案件、事故的调查登记等资料。

3. 秘密级：是除了绝密级和机密级以外的其他经公司确认应当保密的事项，泄露会给公司造成一定的经济损失或不良影响。

(二) 密级确认。

属于公司秘密的文件或资料，由起草部门依据本制度"密级划分"的规定标明密级，并确定保密期限。保密期限届满，除要求继续保密的事项外，文件或资料自行解密。

(三) 密级权限。

1. 公司总经理有权知晓全部秘密（绝密、机密、秘密）并拥有完整的处置权。

2. 绝密级只限公司总经理指定的人员知晓，并在征得上级领导同意授权之后拥有一定的处置权。

3. 机密级只限负责该项工作的主管人员以及该主管人员认为必须知道的人员知晓，并在征得上级领导同意授权之后拥有一定的处置权。

4. 秘密级只限涉及相关工作的人员知晓，并在征得上级领导同意授权之后拥有一定的处置权。

五、保密措施

(一) 对新进员工必须签订保密协议，事先进行保密教育，学习保密条例，增强保密观念。

(二) 需要保密的文件资料或电子信息在拟稿、编辑、印刷、收发、传递、使用、携带、复制、摘抄、保存与销毁等各项环节，应由公司授权的专门部门或人员负责执行，并在处理过程中采取相应的保密措施。

1. 未经授权的部门或人员，不得超出授权范围私自对保密的文件和资料进行处理。

2. 各部门应在本部门的保密文件、资料或保密物品上的醒目位置标注保密标志或字样，并妥善保管。未经相关授权，任何人不得接触保密文件、资料或保密物品。

3. 采用计算机和网络技术存取、处理、传递的需要保密的信息，以及相关存储设备，应在处理过程中按照公司规定进行加密，并在具备保密功能的设备中妥善保存。

4. 凡需要保密的信息（含实体文件资料、计算机软件、电子信息），未经授权的部门或人员确系工作原因需要借阅或使用，必须提出书面申请，经过具有授权资格的负责人书面签字同意后方可使用，并到期归还，书面申请审批单应由出借部门全部留存并妥善管理。

5. 员工本人职责范围内的保密信息（含实体文件资料、计算机软件、电子信息）不可任人浏览。员工本人离开座位时，应使用安全密码将计算机锁屏或锁机。员工本人离开办公室外出时，台式计算机应设置开机密码并确认已经妥善关闭计算机。需要保密的实体文件资料应锁入文件柜或抽屉，不得随意乱放、任人取阅，更不能在未经批准的情况下携带外出。

（三）涉及公司秘密的会议或其他活动，主办部门应采取下列保密措施：

1. 根据工作需要，对参加涉及密级事项会议的人员予以指定。
2. 选择具备保密条件的会议场所。
3. 依照"保密守则"的规定使用会议设备和管理会议文件。
4. 确定会议内容是否传达以及传达的范围。
5. 未参会的部门或人员需要参阅，必须办理提交借阅申请。

（四）财务部历年的台账、原始凭证、报表等，如有其他部门或外部单位需要查询，必须提交借阅申请，经过总经理书面同意并安排专人盯随之后，方可查阅总经理允许提供的内容。

（五）未经授权，任何通信内容不得涉及保密信息。如对某一具体事项不能确定是否需要保密，应由上级领导审定。

（六）所有需要保密的信息（含实体文件资料、计算机软件、电子信息）不允许外单位人员借阅，本公司人员更不得代为传阅。外单位人员来公司参观、学习、拜访、洽谈业务时，行政综合部应将其接触范围严格控制在公司的涉密区域之外，并安排专人陪同带领，避免外单位人员进入涉密区域。

（七）全体员工一旦发现失密、泄密问题，必须立即上报并确认公司领导已经知悉，以便及时采取补救措施。

六、责任与奖惩

（一）部门保密工作管理力度，是考核评定该部门负责人工作业绩、评定年终奖的重要依据之一。

（二）防止泄密是公司每个员工的职责。公司对于严守机密、举报泄密行为、挽回公司损失有明显成绩者，将予以奖励。

（三）奖励措施。

1. 严格执行保密管理制度，坚持原则，坚决保护公司秘密者，视情节奖励人民币 100 元至 200 元。

2. 发现他人失密、泄密问题、出卖公司秘密，能够及时举报，使公司免受损失者，视情节奖励人民币 200 元至 300 元。

3. 防止泄密，举报他人泄密行为，及时阻止泄密的影响继续扩大，对挽回公司损失有明显成绩者，视情节给予一定的奖励。

（四）惩罚措施。

对于泄密的员工，不论职务高低，遵照"谁泄密，谁负责，谁受罚"的原则，一律给予处罚。

1. 因过失泄露公司秘密，被及时发现未造成损失者，处以人民币 200 元的罚款。部门负责人存在管理疏失的应负连带责任，处以人民币 100 元的罚款。

2. 因过失泄露公司秘密，未造成重大损失者，视情节处以人民币 200 元至 500 元的罚款并留公司查看三个月。部门负责人存在管理疏失的应负连带责任，处以人民币 200 元的罚款。

3. 因过失泄露公司秘密，给公司造成重大损失或严重后果者，视情节处以人民币 1000 元的罚款，并予以辞退。部门负责人存在管理疏失的应负连带责任，处以人民币 500 元的罚款。

4. 故意为他人窃取、刺探、收买或违规提供公司秘密的，或利用职权强制他人泄密，给公司造成重大损失者，一律予以辞退，并依法提交司法机关追究其刑事责任。部门负责人存在管理疏失的，视情节严重程度具体处理。

5. 个人工资档案、奖金数额等对其他员工泄露的，一经查实，直接对该当事人予以薪酬调整。

七、附则

（一）本制度如有未尽事项将另行发布通知。

（二）本制度由人力资源部负责制定、修改、解释和监督执行。过去的有关规定如有与本制度不一致的，以本制度为准。

（三）本制度自发布之日起生效，前期相关规定自行废止。

××公司

×年×月×日

(二)例文解析

公司信息包括技术、人员构成、专利、销售网络、经营模式等方面内容,信息安全是公司良好发展的重要保证。特别是处于信息时代的公司,制定完备的信息安全保密制度十分必要。例文是一篇比较完整的信息安全保密制度模板。除总则和附则外,从适用范围、保密守则、保密范围和密级划分、保密措施、责任与奖惩等五个方面进行了制度构建,要素完备,内容详实,层次严谨。

九、企业突发事件应急预案

(一)例文

××公司突发事件应急预案

第一章 总 则

第一条 为确保公司的生产经营安全和提高处置突发事件的能力,加强突发事件信息报告的规范化建设,建立快速畅通的突发事件信息报告渠道,确保公司的各项应急措施能够得到有效实施,最大限度地预防和降低突发事件造成的影响和损失,结合公司实际,特制定本预案。

第二条 本预案所称突发事件是指突然发生的、有别于日常经营的、已经或者可能会对公司的经营以及对公司的声誉产生重大影响的、需要采取应急处置措施予以应对的偶发性事件。

第三条 公司应对突发事件工作实行预防为主、预防与应急处置相结合的原则。

第四条 本预案适用于公司内突然发生,严重影响或可能导致或转化为严重影响正常生产经营的公司紧急事件的处置。

第二章 突发事件分类

第五条 突发事件主要包括但不限于:

(一)自然灾害:主要包括地震、洪涝等;

(二)事故灾害:主要包括企业的各类安全事故、交通事故、火灾等;

(三)公共卫生事件:主要包括发生传染性疫情,食品安全和职业危害,以及其他严重影响员工健康和生命安全的事件;

(四)信息类事件:主要包括报刊、媒体对公司进行大量、集中的不实报道及负面新闻;

(五)群体性事件:主要包括劳资纠纷、恶性上访等。

第三章　组织体系及职责

第六条　公司对突发事件的处置实行统一领导、统一组织、快速反应、协同应对。

第七条　公司成立突发事件处置工作领导小组（下称"应急领导小组"）。

组长：党委书记；副组长：公司副总、三（副）总师、工会（副）主席；

纪委（副）书记组员：相关部门负责人。

（一）组长职责：

1. 负责公司突发事件的应急管理工作；
2. 批准和终止本预案；
3. 组织指挥突发风险处置工作；
4. 在突发事件处置过程中对一些重要事项作出决策；
5. 负责保持与各相关部门或政府的有效联系与关系。

（二）副组长职责：

1. 协助组织进行有关突发风险的处置工作；
2. 指导公司相关部门及分支机构的突发事件应急体系建设；
3. 综合协调信息收集、情况汇总分析等工作，发挥运转枢纽作用；
4. 负责有关突发事件的信息披露工作；
5. 协调和组织突发风险事件处置过程中对外宣传报道工作，拟定统一的对外宣传解释口径。

（三）组员职责：

1. 各相关组员按照其分管的工作归口负责相关类别的突发事件的应急管理工作；
2. 督促、落实领导的批示、指示及有关决定；
3. 收集、反馈突发风险事件处置的相关信息；
4. 指导和协调各部门及分支机构做好相关突发事件的预防、应急处置和调查处理等工作；
5. 负责组织突发风险事件处置工作的善后和总结工作；
6. 履行突发事件的值守等职责。

第八条　应急领导小组是公司突发事件管理以及处置工作的领导机构，统一领导公司突发事件应急处理，就相关重大问题作出决策和部署，根据需要研究决定本公司对外发布事件信息，主要职责包括：

（一）决定启动和终止突发事件处理系统；

（二）拟定突发事件处理方案；

（三）组织指挥突发事件处理工作；

（四）协调和组织突发风险事件处置过程中对外宣传报道工作，拟定统一的对外宣传解释口径；

（五）负责保持与政府各相关部门的有效联系和衔接；

（六）突发事件处理过程中的其他事项。

第四章　工作原则

第九条　妥善处理各类突发性事件，要遵循以下原则：

（一）反应迅速，果断处理。对涉及人身安全的突发事故，要在第一时间内动作响应，坚持以人为本，果断处置；对涉及政局、社会秩序、影响单位正常生产的公共突发事件，要多方面、准确收集情报，做好应对策略；对涉及到劳资纠纷，恶意上访等，要按"宜散不宜聚，宜顺不宜激"的方针，积极主动化解矛盾；对涉及重大财产损失、安全事故的各类突发性事件，要及时上报公司应急工作领导小组，共同寻求对策，最大限度地减少损失；对出现的负面宣传报道，及时了解情况，深入了解事件真相，及时对接媒体。

（二）迅速上报。突发事件是指对本单位（包括机关和公司所属各项目、架子队、工区等）的正常生产、生活秩序造成影响的事件。发生突发事件后，各单位要迅速处置，启动应急预案，并在事发一小时内上报给公司应急工作领导小组。

第五章　工作程序

第十条　各单位要本着预防为主的方针，加强对日常工作中可能出现的突发事件的预防。

（一）公司应对可能引发突发事件的各种因素采取预防和控制措施，根据突发事件的监测结果对突发事件可能产生的危害程度进行评估，以便采取应对措施。

（二）公司各部门、各单位负责人作为突发事件的预警、预防工作第一负责人，定期检查及汇报部门或公司有关情况，做到及时提示、提前控制，将事态控制在萌芽状态中。

（三）公司相应岗位人员应保持对各类事件发生的日常敏感度，不断地监测社会环境的变化趋势，收集整理并及时汇报可能威胁企业的重要信息，并对其转化为突发事件的可能性和危害性进行评估。

（四）公司的任何人均可作为信息的报告人，接到电话后立即向公司相关部门负责人报告，相关部门负责人接到信息后应及时向应急领导小组组长、副组长汇报。有关人员报送、报告突发事件预警信息，应当做到及时、客观、真实，不得迟报、谎报、瞒报、漏报。

（五）预警信息包括突发事件的类别、起始时间、可能影响范围、预警事项、应采取的措施等。公司预警信息的传递主要由公司各部门、各单位负责人向应急领导小组组长、副组长进行汇报，然后由组长、副组长协同有关人员对信息进行分析及调查，确定为有可能导致或转化为突发事件的各类信息须予以高度重视，必要时提出启动应急预案的建议。

第十一条 根据突发事件的具体类别、性质、产生的后果等立即启动应急机制，基本工作程序是：

（一）突发自然灾害事件。自然灾害发生后，有关部门在接到灾情报告的同时，立即组织专业技术人员赶到现场开展应急调查，判定自然灾害级别及诱发因素，灾害规模等，提出应急处置措施，并按灾害规模逐级上报政府和上级主管部门。

（二）各类安全事故、交通事故。对于出现的此类突发事件，要本着"救人第一"的原则开展工作，成立应急救援小组和善后处理小组。

（三）公共卫生事件。根据疫情规模，做出暂停工作、封闭管理等决策，及时联系医院等卫生医疗机构，本着"先救命后治伤、先救重后救轻"的原则开展工作，做好车辆的安排和调度。

（四）信息类事件。新闻危机一旦爆发，当事人和所在单位要在第一时间上报相关部门，12小时内形成书面报告。上级主管部门及时跟进调查，了解事件真相，明确新闻发言人，积极对接媒体。

（五）劳资纠纷、恶性事件。根据具体情况，联合相关部门，迅速开展相关处置工作，控制事态发展。

第六章 附 则

第十二条 本预案由公司应急工作领导小组负责解释。
第十三条 本预案自印发之日起施行。

（二）例文解析

企业突发事件是指突然发生的，有别于日常经营的，已经或者可能会对公司的经营以及对公司的声誉产生重大影响的，需要采取应急处置措施予以应对的偶发性事件。突发事件应急预案指面对突发事件的应急管理、指挥、救援计划等。为确保公司的生产经营安全和提高处置突发事件的能力，加强突发事件信息报告的规范化建设，建立快速畅通的突发事件信息报告渠道，确保公司的各项应急措施能够得到有效实施，最大限度地预防和降低突发事件造成的影响和损失，制定突发事件应急预案对于企业来说十分必要。

例文题为××公司突发事件应急预案，是一篇要素完整的预案范本。主要有三个方面的内容：第一是总则部分，主要交代行文的背景目的；第二是分则部分，分别列取了突发事件分类、组织体系及职责、工作原则、工作程序等方面的内容，内容完备，层次清晰；第三是附则部分，说明了预案的解释权限即施行时间。

十、本节写作要点

1. 要做到责任明确。安全管理制度需要说明明确的负责人或机构，因此在撰写这类企业文书的时候必须写明职权与责任。

2. 要体现具体措施。安全管理制度要具有可操作性，因此撰写中，对于具体措施要做到内容详尽，语言无歧义。

第六节　车辆管理制度

一、车辆管理制度

（一）例文

××公司车辆管理制度

总　则

一、为提高我公司收运队伍规范化、标准化、制度化、科学化的管理水平，为确保车辆统一管理和行车收运安全，树立××首创员工的良好形象，增强凝聚力，不断提高效益，特制定本制度。

二、各站转运坚持高效、安全、整洁的工作理念。

三、各站转运司机具体负责各区域内的垃圾转运及所属机械车辆部分日常维护、车辆安全、保养和管护，以及其他交办工作。

第一章　职业道德规范要求

爱岗敬业、遵纪守法、规范操作，文明驾驶、主动热情、态度谦和，团结友爱，及时收运。

第二章　劳动纪律标准

一、车辆一律按公司各级领导及站长的调度命令行车。

二、驾驶人员必须严格遵守交通法规，按操作规程的要求合法、文明驾驶车辆，并服从交通管理人员的监督检查。

三、驾驶人员驾车时必须精力集中，以确保行车安全，在行车中严禁超速行驶和疲劳驾驶。

四、驾驶车辆时须携带有效驾驶证，证件不得转借、涂改、伪造，不得将车辆交给其他人驾驶。

五、驾驶车辆时必须严格遵章守纪，做到各行其道，礼貌行车，不得长期占用超车道。

六、驾驶车辆时严禁穿拖鞋、闲谈、吃东西、酒后驾车，严禁行车中接、拨打电话。

七、发生行车事故时，驾驶员须立即停车，设置标志，抢救伤员保护现场，并及时向部门主管领导报告，听候处理，不得开车逃逸或伪造现场，否则一切后果自负。

八、驾驶员必须积极参加公司或者站点组织的安全活动，服从公司的安全管理措施。

九、驾驶员在行驶期间，应与其他车辆保持一定的距离。收车后，车辆必须在公司指定地点停放。

十、驾驶员在收运过程中必须随车做好密闭转运等工作。

十一、车辆在路途中发生故障时，必须在车后安全距离的醒目地点放置随车的红色三角标牌，并打开应急灯，提示过往车辆和行人注意。

十二、驾驶员在收车时必须做到"三勤三检、日常巡检"。

第三章　安全管理规定

一、加强驾驶员的安全教育，增强驾驶员的安全意识和工作责任感，切实做到"安全重于泰山"。

二、驾驶员必须具有良好的职业道德、职业纪律和敬业精神，确保优质服务和行车安全。

三、驾驶员必须努力学习政治、业务、安全知识，掌握垃圾装卸操作规程，不断提高自己的思想觉悟和技术水平。掌握垃圾装卸、运输操作规程和消防灭火技能。必须参加站组织的消防演练，掌握一定的消防技能。

四、各站点每周开一次例会，小结本周转运情况，并组织驾驶员学习遵章守纪安全知识。

第四章　车辆及设备管理条例

一、各站点要按照"一车一档案"落实专人建立健全车辆档案制度，对每台车及设备交付使用的时间、运行公里、保养换件、维修检查、投诉处理等情况进行详细的记载并存档。各站点根据档案记载和实际运行情况，定时上报设备组对车辆进行维修保养。

二、每台车必须明确专职驾驶员，驾驶员对车辆的各种手续及随车工具备件、电瓶、备胎及车辆各个操作机构进行全面负责。车辆更换驾驶员时，对以上物品进行登记签字，如有损坏丢失查不出责任人者，由驾驶员负责赔偿。

三、严格做好驾驶员的交接手续。

四、车辆完成收运任务后必须开回站点安全停放，不得将车辆放在站点以外（特殊情况停放站点外指定地点的须经站点负责人上报区域经理同意）的任何地点过夜，否则造成的任何损失由该车责任者承担。

五、车辆如有故障，驾驶员必须及时报告站点负责人，以便及时排除和修理，小故障当天必须排除，否则造成不能出车的损失由该车责任人承担。

六、保持车辆技术状况良好，不准车辆带故障上路行驶。

七、车辆附件在车体上固定牢固，倾斜度不超过允许范围。

八、车辆的油泵、呼吸阀、密封盖、胶管等配套附件性能完好，使用安全有效；各部件螺栓、螺帽齐全坚固。

九、车辆必须配备一个以上干粉灭火器设备，质量符合要求，安放位置适宜，使用方便。以上设备，要求驾驶员勤检查、勤保养。

十、驾驶员要保持车容整洁，定时清理车辆泥污，附件及工具放置有序。

十一、驾驶员在作业、运输各环节要严格按照操作规程作业，严禁违章作业。

十二、车辆进入作业现场，驾驶员应严格按照垃圾厂的相关要求作业。

十三、驾驶员必须确保垃圾密闭转运，确保收运过程中垃圾无散落。

第五章 车用燃油管理制度

一、严格按照公司燃油管理制度执行，做到"一车一油卡"，每次加油如实记录加油时间、车辆里程、加油量及金额。

二、不得弄虚作假，严禁中饱私囊，发现一次严肃处理并扣除当月其站点燃油费用。

第六章 车辆维护维修保养的规定

为了保证安全行车，加强车辆保养，增加车辆的使用寿命，降低转运车辆的故障率，特制定以下规定：

运输车辆的维护

1. 日常维护：驾驶员每日出车前、行车中和收车后必须对车辆外观、发动机外表进行清洁，保持车容整洁。对车辆各部位润滑（脂）、燃油、冷却液、制动液等各种工作介质、轮胎气压进行检测补给，确保行车安全。

2. 一级维护：是由驾驶员负责对车辆做定期维护保养作业。其中心内容除日常维护作业外，以清洁、润滑、紧固为主，并检查有关制动、操纵系统的灵活性、可靠性。

3. 二级维护：是由设备组或者指定维修企业负责执行的车辆维护作业。其作业中心内容是除一级维护作业外，以更换发动机油、三滤、检查、调整转向节、转向摇臂、制动蹄片、悬架等经过一定时间的使用容易磨损或变形的安全部件为主。二级维护必须按期执行。

4. 公司每半年对车辆进行一次安全技术检查，并将车辆维护情况分车、分次计入车辆技术档案。

5. 驾驶员在维护过程中，要确实落实一保、三检、四勤的优良传统：

一保：保持车辆各部卫生良好，车容整洁。

三检：检查刹车、转向、传动是否灵敏有效；检查各部仪表是否工作正常，机油、水是否充足；检查各部件是否松动和有无滴漏现象。

四勤：勤紧固，勤保养，勤润滑，勤擦洗。

第七章　车辆的维修

一、车辆必须做到定期维修、保养，落实车辆维修、保养制度，坚持经常检查，发现隐患要及时排除，严禁带故障行车。

二、车辆维修本着保证质量、厉行节约、降低费用、满足工作需要的原则，达到快修、细修、严修的目的。

三、站点根据车辆轮胎的磨损情况及时上报备胎采购计划，对影响安全行车的破损轮胎要及时更换，确保车辆安全行驶。

四、凡是修理的车辆，都需经过区域经理和设备组进行鉴定，对因违反操作规程、车辆使用不当等原因造成的机械事故，责任者需承担其修理及配件的全部损失。

五、对随车配备的工具、电瓶、备胎及车辆所用的专用附件，驾驶员应爱护使用，谁损坏、谁负责、谁赔偿。

六、根据车辆的使用年限和车况，严格控制每台车的维修保养费用。

第八章　驾驶员考核与奖惩制度

一、在运输作业过程中对安全行车的驾驶员，全年无安全事故者且能超额完成转运任务的，年终报公司给予相应奖励以作鼓励。出现安全事故者取消当年站点及个人评选先进资格。

二、发生责任事故，经济损失在保险公司理赔后的剩余部分按照责任由责任人承担，具体标准为：

1. 同责者承担40%，次责者承担20%；

2. 1000元内由主责和全责责任人自行承担，超过1000元部分的全责者承担80%，主责者承担60%；

3. 自行承担部分最高不超过15000元。

三、酒后驾驶造成交通事故的承担全部经济损失并做停职待岗处理，情节严重者追究其法律责任并解除劳动合同。

四、对不遵守规定和故意损坏车辆者，个人承担全部责任（包括损失评估费用），情节严重者解除劳动合同并交由司法部门处理。

五、由于个人违章驾驶所造成的扣证、罚款一律责任自负。

六、垃圾转运不密闭或者速度过快等原因造成沿途洒落所造成的不良影响一律由该驾驶员承担，不能查明责任人的由站长和驾驶员共同分担，同时对站长及转运司机分别罚款200元/次。

七、转运司机因收运不及时或收运途中洒落垃圾被当地政府、主管局书面点名通报者，处500元/次罚款，口头通报的处200元/次罚款。

八、转运人员应绝对服从公司各级领导和站长的随时分配，不迟到、不早退。

九、任何情况下驾驶员不得随意载客和拉与工作无关物资，一经发现对当事人处罚款200元/次，造成人员伤亡、财产损失的当事人自行承担法律责任并解除其劳动合同。

十、对违反公司车辆检修规定的，处200元/次罚款，因违规检修造成不良后果的，将按照检修总价的50%对责任人进行相应处罚。

十一、车辆未在指定地点停放发现一次罚款100元，造成被盗、车辆损失等由当事人自行承担全部经济损失。

十二、对车辆未建立档案者，分清责任，对责任人扣款50元并责令在一周内建立健全车辆档案；仍未建立者扣50元，再次责令在一周内建立健全车辆档案；仍不完成车辆档案建立者，对责任人扣款100并待岗一周；在待岗一周内仍不能完成车辆档案建立者，扣款200元，并做一周以上不定期待岗处理。

十三、对模范执行各项规章制度、表现突出的，将推荐为各级各类先进并以资奖励。

第九章　附　则

本制度自公布之日起执行，原违规行为按照原制度执行。

（二）例文解析

例文题为××公司车辆管理制度，意即针对公司车辆进行管理的制度规范。从结构上看，采用了标准的总则—分则—附则的写法。总则交代了行文目的、总体要求、适用范围；分则从车辆管理涉及的两大主体：驾驶人员和车辆，系统全面详细地阐述了车辆管理规定；附则交代了实施时间，属于说明式尾语。

二、司机管理规定

（一）例文

××公司司机管理规定

第一章 目 的

第一条 本制度旨在加强对公司司机的管理，本制度未涉及事项按照其他有关规定管理。

第二章 行为规范

第二条 所有司机必须遵守《中华人民共和国道路交通管理条例》及有关交通安全管理的规章规则，安全驾车。

第三条 敬业、驾驶作风端正，遵循职业道德。所有司机必须遵守本公司制订的相关规章制度。

第四条 严格遵守公司用车规定，拒绝乘车员工公干期间办私事的要求。

第五条 上班时间不出车时，司机必须在司机班等候工作，若临时有事离开须向班长说明去向和时间。

第六条 司机请假，必须经相关人员批准，专车司机须经领导同意后，方可请假。

第七条 所有司机应严格执行考勤制度，无故缺勤者一律按旷工处理。司机不听从安排，耽误公事，严重者予以开除处理。

第八条 晚间司机要注意休息，不准疲劳开车，不准酒后驾车。

第九条 任何时间、任何地点，司机均不得将自己保管的车随便交给他人驾驶或者联系驾驶，严禁将车辆交由无证人员驾驶。

第十条 司机驾车一定要遵守交通规则，文明开车，不准危险驾车（包括超速、紧跟、争道、赛车等）。

第十一条 司机应经常检查所开车辆各种证件的有效性，出车时保证证件齐全。

第十二条 车内不准吸烟，公司员工车内吸烟时应礼貌制止，公司外客人在车内吸烟时，可婉转告知本公司陪同人员，但不能直接制止。

第十三条 严禁在车内赌博或从事其他违法活动，一经发现，第一次给以严重警告，第二次报治安管理部门查处。

第十四条　司机下班后，车辆需回库。第一次违反者，进行批评教育并罚款；第二次起，每次加倍处罚，车辆附件一切损失由司机负责，如车辆失窃，司机须负一定的赔偿责任。

第十五条　离开车辆时，司机应注意以下两项：

一、离开车辆时，必须关好车窗，锁好车门。

二、车内如放有物品文件，司机必须离开时，应放置在安全区域内。

第十六条　出发前，司机应做好出车准备，收车后做好相关的工作。

一、出发前，应确定路线和目的地，选择最佳行车路线。

二、收车后，应填写"车辆使用日志表"，包括目的地、乘车人、行车时间等。

三、随车运送物品时，收车后需和相关管理人员报告。

第十七条　所开车辆经总经理批准后，才能进行车辆大修，修理完毕后，应做好确认工作。

第十八条　出现事故时，司机应能做出应急处理，并向办公室和总经理报告。

第三章　礼仪规范

第十九条　司机应注意保持良好的个人形象。

一、保持服装的整洁卫生。

二、注意头发、手部的清洁。

三、个人言行得体大方。

四、在驾驶过程中，努力保持端正的姿势。

第二十条　司机对乘车人员要热情、礼貌、说话文明。

一、司机应热情接待，小心驾驶，遵守交通规则，确保交通安全。

二、司机应在乘车人（特别是公司客人和领导）上下车时，主动打招呼并亲自为乘车人开关车门。

三、当乘车人上车后，司机应向其确认目的地。

四、乘车人下车办事时，司机等候时不得有任何不耐烦的表示，应选择好停车位将车停好等候，等候时不要远离车辆，不得在车上睡觉，不得翻看乘车人放在车上的物品，更不得用喇叭催人。

五、乘车人带大件物品上车时，应予以帮助。

第二十一条　载客时，车内客人谈话时，不准随便插嘴。客人问话，应礼貌回答。

第二十二条　司机必须注意保密，不得传播乘车人讲话的内容，违者予以批评教育，严重者严肃处理。

第二十三条　司机不得在车内脱鞋。

第二十四条　接送公司客人时，应主动打招呼并自我介绍，然后打开车门将客人让进门内。关车门时注意客人的身体和衣物，防止被车门挤压。

第二十五条　行车过程中应及时使用冷热风。听收音机或者音乐应征得乘车人的同意，声音不要太大，以免影响乘车人的思考和休息。

第二十六条　在接送贵宾中，司机对待宾客要彬彬有礼、不卑不亢，态度自然大方。如对方打招呼，可按一般礼貌同其握手、交谈。

第二十七条　司机不得向公司客人索要礼品，或者示意索要礼品，对不宜拒绝的礼品可以接受，回公司后应上交至办公室统一登记、处理。

第二十八条　公司专车司机须保证车内随时有饮用水供公司客人和领导饮用。

第四章　车辆保护规范

第二十九条　司机应爱惜公司车辆，平时要注意车辆的保养，经常检查车辆的主要机件。每月至少用半天的时间对车辆进行检修，确保车辆正常行驶。

第三十条　司机每天应保证车辆的清洁，做到晴天停车无灰尘，雨雪停车后无泥点。前后挡风玻璃和车门玻璃要保持清洁，轮胎外侧和防护罩要经常清洗，做到无积尘。

第三十一条　出车在外或出车归来停放车辆，一定要注意选取停放地点和位置，不能在不准停车的路段或危险地段停车。司机离开车辆时，要锁好保险锁，防止车辆被盗。

第三十二条　出车前，应搞好车卫生，车外要抹洗干净，车内要勤打扫，保持车内的整洁美观。

第三十三条　出车前，要坚持"三检四勤"制，做到机油、刹车油、防冻液、轮胎气压、制动转向、喇叭、灯光的安全、可靠，保证车辆处于良好的安全状态。

第三十四条　出车前，要例行检查车辆的燃料、润滑油、刹车油、助力油是否足够，检查轮胎气压和轮胎紧固情况，检查喇叭、灯光是否良好。

第三十五条　出车前严禁酗酒，行驶中注意力要高度集中，严禁吸烟、谈笑、接打电话等有其他有碍驾驶的动作。

第三十六条　行车过程中，应密切注意道路上其他车辆和行人的动态，与前车保持一定的安全距离。遇到对方车辆违章行驶，应主动避让，避免发生事故。

第五章　违章与事故处理

第三十七条　违反交通规则，因司机故意或者是其本人重大过失，造成的人身伤害，其赔偿金额全部由当事人承担。

第三十八条　除认定司机是故意或者是其本人重大过失的情况下，违反交通规

则或发生交通事故时,其处理办法如下:

一、违章停车、证件不全、超速驾车或违反交通规则等罚款,由当事人负担全额罚金。

二、因交通事故造成人身或车辆伤害时,如属公司车辆损害保险范围,当事人可免除责任。但在保险范围之外,当事人应负责损失实额与保险金差额的1/2。

三、公司车辆违章的罚金由当事人全部承担。

第三十九条 酒后驾驶损坏车辆者,由司机负责维修费用,如发生交通事故,除负责维修费用外,按相关法律规定承担相应的刑事或民事责任。

第四十条 当发生交通事故时,在事故现场,司机应做到:

一、迅速与公司联系,接受公司的相关指示。

二、如发生人身伤害,应将伤者送到最近的医院进行治疗。

三、应记录下对方车辆的行驶证号、车牌号和发动机号,做好事故报告单。

四、从对方驾驶证上记录下对方的住址、姓名、工作单位、电话、身份证号码等有效信息。

五、尽量取得对方名片,以便事后联系事宜。

六、牢记对方车辆损坏的部位和程度,条件许可时,可用手机、相机进行拍照。

七、记录现场目击者的姓名、电话和住址等资料。

八、对模糊不清或把握不大的问题,不得随意回答交警的询问。

九、除完全认定是自己的责任外,不得将责任揽于一身。

第六章 附 则

第四十一条 本制度解释权归公司所有。

第四十二条 本制度经呈总经理审批,自公布之日起执行。

(二)例文解析

例文题为××公司司机管理规定,意即××公司为管理公司司机所制定的规定。从行文上看,例文首先交代行文目的,即"本制度旨在加强对公司司机的管理,本制度未涉及事项按照其他有关规定管理"。然后从"行为规范"、"礼仪规范"、"车辆保护规范"、"违章与事故处理"四个方面的内容构建起了管理司机的细则,最后使用说明式尾语,交代了本规定的解释权及实施时间,即例文附则部分。整体结构完整,行文要素齐全。

三、车辆肇事处理办法

（一）例文

××公司车辆肇事处理办法

一、总则

（一）本公司车辆肇事除法令规定外，悉依本办法处理。

（二）下列各款均为肇事：

1. 汽车（机车）相撞或为他种车辆相撞，致双方或一方有损害伤亡者。
2. 汽车（机车）撞及人畜、路旁建筑物及其他物品，致有损害伤亡者。
3. 汽车（机车）行使失慎倾倒，及他人故意置障碍物于路中，因撞及或倾翻，致人或车辆有伤亡的损害者。
4. 汽车（机车）行驶遭受意外的事变，如公路、桥梁、涵洞、隧道突然崩塌或损坏致人或车有伤亡的损害者。

（三）本办法所称损害，包括足以致本公司遭受任何的轻微损失及请求保险理赔。

（四）肇事发生后迅速以电话通知公司并在两天内以书面请求理赔及汽车肇事报告表呈报部门经理外，若车辆有较大的损害，人员有严重伤亡时，通知总务组或人事室协助处理。

二、肇事的处理

（一）肇事时：

1. 总务组接获肇事通知时，应立即向部门经理报告，并迅速往肇事地点查勘处理。
2. 应先急救伤患，而后查勘现场。
3. 尽量寻觅目睹肇事的第三者作证，并记明姓名及住址。

（二）肇事报告表应填下列事项，勘查现场时犹应注意。

1. 肇事地点、时间、气候。
2. 肇事原因（研判现场）影响肇事因素动与静物的状态，及车辆和行人进行方向与位置等情形。
3. 肇事车号（包括对方车）。
4. 驾驶（包括对方车）人姓名及住址。
5. 损害情形（包括对方车及乘客财产的损失）。
6. 伤亡人员姓名地址及伤亡原因与情形和救护的方法。

7. 现场图的绘型及摄影（测量肇事车长、车宽及其轮位与路面各点、线边和刹车痕长度同遗落在现场的各种碎片和尘土及血迹物等正确的位置与距离）。

（三）本公司汽车肇事责任，由本公司经营会议签定，开会时将提前通知该案肇事驾驶员列席。

三、肇事过失的处分

（一）肇事驾驶员除负责刑事、民事责任，违章部分外出过失的处分依本章规定办理。

（二）经本公司签定其应负肇事责任者，按其肇事理赔次数确定。

（三）肇事后经法院判决缓刑者，准予留用，经判决徒刑者，自判决之日起予以解雇，并令其赔偿肇事应付的金额。

（四）肇事后畏罪潜逃者，除请司法机关缉办外，并即予解雇。

（五）因犯上项处分表所列而取消 Car Plan（智能车载系统）者，若其后两年间表现良好则得以恢复其 Car Plan 资格。

四、肇事赔偿：

行车肇事责任判明后，如当事双方愿成立和解，得当场查明损害赔偿依下列规定分别处理：

1. 责任属于对方车辆或行人的过失，协助公司让对方履行赔偿之责。

2. 肇事责任属于公司驾驶员的过失，其赔偿款项由保险公司负担，但若肇事赔偿金额超过保险金额时，其超过金额须由各该汽车使用人负担。

3. 肇事责任属于公司驾驶员与对方驾驶员或第三者共同过失的，按各方应负责任之比率分担，其损害赔偿照前款办理。

4. 肇事后对方车辆逃逸能制止而未制止，或对方车号能注意而未注意，致使肇事责任无从判明或追究者，所造成的损害赔偿，由肇事驾驶员负责照第二款办理。

五、附则

（一）本办法自发布之日起实施。

（二）本办法如有未尽事宜，随时修改。

（二）例文解析

例文题为××公司车辆肇事处理办法，是××公司针对公司肇事车辆进行的内部处理办法。行文上采用的是经典的文书写作方式，即总则—分则—附则形式，总则交代行文目的、背景、依据等，分则阐释主体内容，附则做补充说明。在此不再赘述。

四、私车公用管理办法

（一）例文

××公司私车公用管理办法

第一章 总 则

第一条 随着公司业务发展，客户群的不断增加，办公区域也随之不断扩大，而公共交通又无法完全满足公务出行的需要。为提高办事效率，公司针对因公务临时外出需要员工使用私人车辆的情况，对私车公用的员工进行一定的费用补偿，特制定本规定。

第二章 私车公用的申请及费用报销程序

第二条 私车公用的申请、审核及批准：

1. 因公务外出应首先向行政部申请使用公司的公共车辆，在公司公共车辆无法提供时，可申请私车公用。

2. 员工确因公务需要临时使用私车外出时，必须事先填写"私车公用申请及行驶记录月表"（附表）中的"私车公用申请"部分，经审核批准后方可外出。

3. 员工的私车公用申请和费用审核由部门经理审核批准，部门经理的私车公用申请和费用审核由分管领导审核批准。

4. 所有私车公用的申请及费用审核均需要报行政部备查。

第三条 私车公用费用的报销程序：

员工即时填写"私车公用申请及行驶记录月表"→报部门审核→每月月底（遇节假日提前）以部门为单位统一报行政部稽核→填写费用报销单（"私车公用申请及行驶记录月表"为报销附件之一）→报部门及分管领导审核→报财务部对费用金额进行核算→报总经理批准后，每月15日前到财务部报销。

第三章 私车公用费用报销范围

第四条 以下情况的私车公用费用不纳入报销范围：

1. 公务目的地单一，可乘公交车、交通专线车或地铁往返的，原则上不允许使用私车前往，产生的费用不纳入报销范围。

2. 公务目的地较少（两个以内），且单边里程在10公里以下或上下班顺路途中的私车公用费用不纳入报销范围。

3. 单边里程在1.50公里以上的因公业务，原则上不允许使用私车前往，产生的费用不纳入报销范围。

第五条　对于在本市范围内，目的地在两个以上（含两个）且在短时间（一天）内需要办理完成的公务，需事先在"私车公用申请"部分填写好各项路线，产生的私车公用费用可纳入私车公用费用报销范围。

第六条　对于在本市范围内，虽公务目的地单一但因携带物品较多、较重且不便乘坐公共交通的私车公用，可纳入私车公用费用报销范围。

第七条　特殊情况下产生的私车公用费用（未包含在以上情况中的），经总经理特别批准后可纳入报销范围。

第四章　私车公用费用报销项目、计算方式及标准

第八条　费用报销项目及方法。

1. 私车公用费用报销项目包括：停车费、路桥费、燃油费、超公里数时的车辆保养费。

2. 停车费、路桥费凭发票报销，燃油费按第九条核定全额后附燃油发票报销。

3. 当私车公用车辆因公业务累计超过行驶里程5000公里时，公司负担报销更换机油和机油滤清器费用一次；当因公业务累计行驶里程达到10000公里时公司负担报销更换机油、机油滤清器和空气滤清器费用一次，数据清零。

4. 以上私车公用相关费用以部门为单位进行统计，每月统一报销一次并计入部门费用成本。

第九条　燃油费用的计算方式及标准。

1. 燃油费计算公式：

每公里燃油费＝（油价×每百公里油耗）÷100

实际燃油费用＝实际里程数×每公里燃油费

2. 燃油费用计算标准：

油价：以××市现行市价为标准

每百公里油耗费标准：9升/每百公里（或者按照0.9元/公里计算）

实际里程数计算标准：以百度地图的驾车模式自动计算出行车起止地点的里程数为计算标准。

3. 超公里数时保养费标准：以正规汽修厂发票为准。

第五章　关于私车公用的管理

第十条　车辆必须是公司员工私人产权，车辆必须投保车辆损失险和第三者责任险，且第三者责任险必须投保三十万元或以上。

第十一条　员工在执行公司指派任务并自愿使用私人产权车辆者为私车公用行

为,员工在规定时间驾车上、下班的行为,不属于私车公用的情形。

第十二条 员工须及时填写"私车公用申请及行驶记录月表",经相关程序批准后方可外出。

第十三条 员工每次因公务外出,须按照"私车公用申请及行驶记录月表"的内容及时地认真做好记录,不准弄虚作假欺瞒公司,否则不予报销相关费用。

第十四条 员工的私车公用车辆,须自行确保驾驶证、车辆行驶证、车辆保险(含第三者责任险和驾乘险)等车辆管理及交管部门备查所需的证件及相关手续齐全并始终在有效期限内,否则由此产生的一切后果均由本人自行承担。

第十五条 私车公用车辆在行车时应带齐所有交通备查的证件。

第十六条 私车公用驾驶员必须自觉遵守交通规则,服从交通部门的指挥和检查,维护交通秩序,文明驾车,确保行车安全。

第十七条 属私车公用车辆,必须按时向车辆管理部门交纳相关费用,此费用由车辆所有人自行承担。

第十八条 员工须爱惜车辆,自行负责车辆日常维护及保养,确保车况的良好状态,不得驾驶有故障或存在汽车安全技术性能有问题的车。

第十九条 不得疲劳驾车;不得酒后驾车;不得带病驾车。

第二十条 私车公用车辆的驾驶人员必须严格遵守车辆管理和交通法律法规,对于因违反交通法律法规而造成的一切损失均由驾驶员本人承担,与本公司无关。

第六章 关于私车损失的赔偿

第二十一条 申请私车公用的员工因公外出发生交通事故的,按照国家、××省及××市的交通管理和车辆保险相关规定执行。因人为因素造成车辆损坏与故障的,其修理费由本人自己承担,公司不予报销。

(二)例文解析

"随着公司业务发展,客户群的不断增加,办公区域也随之不断扩大,而公共交通又无法完全满足公务出行的需要。"例文开篇即交代了私车公用的行文背景,再以"为……"交代行文目的,即"为提高办事效率,公司针对因公务临时外出需要,员工使用私人车辆的情况,对私车公用的员工进行一定的费用补偿",继而使用"特制定本规定"引出制度主体内容,行文流畅,逻辑清晰。主体部分分为"私车公用的申请及费用报销程序"、"私车公用费用报销范围"、"私车公用费用报销项目、计算方式及标准"、"关于私车公用的管理"、"关于私车损失的赔偿"五个方面,详实而具体地阐述了私车公用的具体内容。

五、货物运输管理规定

（一）例文

公司货物运输管理规定

第一章 总 则

第一条 为了加强普货运输管理，规范操作程序，保障运输安全，依据国家有关法律、法规和《汽车运输规则》，特制定本规定。

第二条 凡公司内参与普货运输的所有人员及车辆，均应遵守本规定。

第二章 业务受理

第三条 根据托运人的承运要求，由受托人员在托运单上正确填写货物品名、规格、件重、件数、包装、联系方式、收发货人详细地址、起卸地、托运起运时间及运输过程中的注意事项。

第四条 依照托运人提供的有关资料，予以查对核实，必要时对货物装、卸起点和运输线路进行实地勘察，制定相应的作业措施与方案，在双方共同确认运费、费用结算方式、特约事项、违约责任等运输合同中所包含的内容后，实施运输前的调度工作。

第五条 对大批量、大宗的运输业务，进行商务洽谈，了解货物规格、重量、件数、核算报价及顾客要求，经协商一致，签订运输合同。

第三章 运输、装、卸准备

第六条 所安排的车辆必须是通过国家检测的技术状况良好、车容整洁、手续和证件齐备，行车装备及配套工具齐全的车辆。

第七条 提供与货物类别、数量及安排承运车辆等相适应的装卸能力。包括：装卸机械、起重工或人工装卸工及专用工具。

第四章 装、卸作业

第八条 装、卸作业前，应付托运单、提货单及其他有关证明，查单、货是否相符，包装是否完好无损，对发货单与货数量不符、包装破损、货物受损等应与客户联系，如实签注，作好记录或托运人到现场监交，并及时报告调度部门，经许可后方可作业。

第九条 装、卸作业时，应根据客户的要求，货物的特点及装、卸地的环境，严格按货物品质及标识要求作业，做到受载平衡、下重上累、宽高不超、轻拿轻放、不丢不甩、堆码整齐、盖扎严密、不渗不露，保证货物完好无损。

第十条 由客户自行装、卸作业的，应指派专人配合客户监装、监卸。对于装、卸作业方式有可能对车辆造成损坏的，应及时提出更改装、卸作业方式的要求或建议，并应及时报告调度部门，经许可后方可作业。

第五章 运行过程

第十一条 运行时，必须严格遵守交通法规的操作规程，正确选择道路、时间、车速；行驶中，做到先让、先慢、先停；根据货物的装载情况及运行要求，在遇修路、通过桥梁、涵洞等情况下应按双方约定的要求，先察看后再通行，确保人、货、车安全。

第十二条 行车中，要随时检查货物的装载是否位移，检查遮盖油布及捆扎情况，保持货物在运行中平稳，不移位。

第十三条 随车的装卸作业人员，要在大厢内留出安全乘坐位置，不在车上打闹和睡卧，保证装卸人员的安全。

第六章 交付和结算工作

第十四条 货物运达目的地后，由收货方验收完毕，在托运单上签字验收，交付完成，并及时将托运单返回调度部门。

第十五条 对货物在运输过程中发生的交通事故、商务事故、机件事故等按公司规定及双方的协商处理、处罚。

第十六条 凭货物托运单，依据合同的约定，计算、审核运费及各种杂费，开具发票与客户结算。

第七章 附 则

第十七条 本规定的解释权属公司董事会。归口管理属公司经营部。
第十八条 本规定自×年×月×日起执行。

（二）例文解析

例文题为公司货物运输管理规定，意即公司针对货物运输活动进行管理的制度规定，也就是说行文过程中，必须顾及货物运输活动的方方面面。例文"业务受理"、"运输、装、卸准备"、"装、卸作业"、"运行过程"、"交付和结算工作"章节设置便很好地体现了这一点。从行文结构上看，采取总则—分则—附则的方式，是此类文书的一般写法，在此不再赘述。

六、通勤车管理办法

（一）例文

××公司通勤车管理办法

为强化公司通勤车（指企业接送员工上下班的班车）的交通安全管理，减少安全隐患，有效遏制员工接送车辆交通事故的发生，维护安全有序畅通的交通环境，根据国家相关法律法规和公司相关规定，结合公司实际情况，特制定本办法。

一、适用范围

本办法适用于通勤车的交通安全管理，包括公司自有用于接送员工上下班的公务用车和在外租赁的员工接送车。

二、职责划分

1. 公司法人代表为公司交通安全管理的第一责任人，对通勤车安全运行工作全面负责。

2. 企业管理部为通勤车的归口管理部门，负责通勤车交通安全管理工作。

三、企业管理部负责管理内容

1. 负责建立健全公司通勤车安全管理规章制度和安全责任奖惩制度，构架从公司、部门到员工的安全管理网络，并负责安全制度实施、宣传、教育、监督与考核工作。

2. 负责开展车辆定期安全检查、驾驶员定期安全教育工作，并做好相关记录。

3. 负责制订通勤车交通安全和应急预案，做到组织、人员、制度三落实，职责清楚，分工明确，责任到人，赏罚分明。

4. 企业管理部为公司交通安全信息统一发布部门，负责发生各类重大伤亡交通事故或其他影响交通安全的重大不稳定事件后，与上级部门及媒体的信息沟通工作。

5. 根据在外居住人数与具有营运资质的客运公司签订合同，选择安全状况良好的车辆作为员工通勤车。企业管理部在与客运公司签订的合同中，必须明确双方的责任，明确车辆、驾驶员管理及意外处理、服务监督等方面要求。

四、具体要求

1. 通勤车的安全运行要求。

1.1 公司自有非营运车辆，不得从事旅游包车等营运性经营活动，一经发现吊销车辆手续并解聘相关驾驶员。

1.2 公司自有车辆作为通勤车的，应严格按照国家相关规定对车辆进行安全检查。只有符合《机动车运行安全技术条件》（GB 7258）并且通过车辆管理所检验，并核发检验合格标志的车辆才能作为通勤车使用。严禁一切存在安全隐患的车辆作为通勤车使用。此外，公司自有车辆作为通勤车的，必须安装GPS及跟踪仪，公司所有公务用车都必须定期购置保险。

1.3 公司在外租赁通勤车的，客运公司首次提供的车辆须满足车龄在2年以内或行驶里程在10万公里以内，运行状态良好，空调及安全设施完备等条件，证照齐全有效，办有车辆营运证和厂班车线路牌或旅游包车牌，且每年需通过公安车辆管理机关检验合格；客运公司除国家强制要求购买的保险外，还必须投保不低于20万元/座的"承运人旅客责任险"。

1.4 企业管理部在选择租赁车辆时需严格审查车辆的证件和保险缴纳情况，对车况进行全方位的检查并作好记录，要求客运公司在每次出车前需仔细检查通勤车运行状况，坚决防止问题车辆投入运行。坚决杜绝接收有安全隐患的车辆作为公司通勤车。企业管理部应仔细核对相应车辆证件和保险凭证原件并留存复印件进行留档备查。

2. 通勤车驾驶员要求。

2.1 驾驶员在使用通勤车之前须严格检查通勤车状况，确保通勤车无任何安全隐患方可出车。

2.2 驾驶员在使用通勤车之前须确保消防器材齐全有效。

2.3 驾驶员须定期对车进行维护、保养。

2.4 驾驶员须配合进行每月两次的全面安全检查，确保行车安全。

2.5 驾驶员须严格遵守交通法规，将安全行车牢记心中。驾驶员严格按照公司安排的通勤接送发车时间及站点路线运行。

2.6 客运公司需随车配备一名驾驶员，驾驶员须持有中华人民共和国公安机关签发的A1级驾驶证，并持有客车营运从业资格证。

3. 通勤车的日常管理要求。

3.1 企业管理部按照公司《公务用车及车辆管理办法》及《机动车辆驾驶员津贴管理办法》具体规定做好公司自有车辆作为通勤车的日常使用、保养、维修、检查、考核工作。保证车辆安全技术符合国家标准，严禁安全技术条件不符合要求的车辆上路行驶。

3.2 企业管理部按照公司《机动车安全管理办法》具体规定做好通勤车交通事故的处理、处罚工作。对于公司通勤车交通违法及交通事故进行分析，召开事故分析会，制订有针对性的教育管理措施。

3.3 企业管理部每月至少组织进行两次公务车和通勤车的安全检查（检查表详见附表），并做好记录。发现安全隐患必须第一时间解决，发现问题后立即停运，直至无问题后方可上路运行。

3.4 企业管理部随时掌握在外居住人数,根据实际需要增减或更换通勤车,并根据职工居住地点安排通勤车线路、站点和发车时间。

3.5 为保证通勤车正常运行,每车设立两位车长(根据工作情况相应调整),乘车职工如遇特殊情况,需提前与车长联系。

3.6 要求客运公司自行负责车辆之保管、保养、卫生及维修,保证车辆处于安全良好的运行状态。

3.7 企业管理部每年定期举行交通安全事故应急演练,确保一旦发生事故,能有效地进行抢救并进行善后处理。

3.8 在突遇恶劣天气的情况下,经公司批准后可停止运行通勤车。

3.9 企业管理部定期举行交通安全宣传教育活动。

4. 通勤车乘车人员要求。

4.1 乘车职工须服从通勤车管理员人员的安排。

4.2 乘车职工须提前到达乘车点候车,以免误车。

4.3 乘车职工严禁携带易燃、易爆、剧毒及其他危险物品上车。

4.4 车辆未停妥,严禁上下车。

4.5 乘车职工不得要求、胁迫驾驶员高速行驶,违章停车。

4.6 乘车职工如遇各类乘车问题,应向企业管理部反映,不得在行车时与驾驶员争论。

五、相关文件

1.《机动车安全管理办法》(略)

2.《公务用车及车辆管理办法》(略)

3.《机动车辆驾驶员津贴管理办法》(略)

六、其他

1. 本办法中与国家法律法规相冲突的,依照国家法律法规执行。

2. 本办法由企业管理部负责编制与解释。

3. 本办法自发布之日起实施。

(二)例文解析

通勤车指企业接送员工上下班的班车,不以盈利为目的,通常有固定的时间和行驶路线。主要是为了方便职工上下班。这是公司提供的一项重要后勤保障制度。

例文开篇明义,即"为强化公司通勤车(指企业接送员工上下班的班车)的交通安全管理,减少安全隐患,有效遏制员工接送车辆交通事故的发生,维护安全有序畅通交通环境"。也表明了行文依据,"根据国家相关法律法规和公司相关规定,结合公司实际情况"，再以"特制定本办法"引出主体内容写作，逻辑清晰，行文流畅。主体部分分条列项地从"适用范围"、"职责划分"、"企业管理部负责管理内容"、"具体要求"详实地阐释了具体管理规定。结尾部分即第六条，为本办法做了补充说明。整体结构完整，要素完备。

七、车辆维修保养管理制度

（一）例文

××公司车辆维修保养管理制度

一、总则

1. 为加强公司车辆维修与保养管理，确保车辆维修保养的及时、经济、可靠，特制定本制度。

2. 本制度适用于公司所有车辆。

3. 车辆维修与保养实行统一管理，定点维修与保养。定点厂家择优选定两家。

二、驾驶员职责

1. 日常检查、保养、维护，确保车辆安全驾驶；

2. 定期对车辆进行清洗，保持车辆内外清洁；

3. 定期对车辆进行保养；

4. 车辆需要维修保养的，提出维修与保养申请，填写"车辆维修审批单"；

5. 负责车辆年检。

三、分管领导职责

1. 选定维修与保养厂家，对车辆维修与保养项目询价，提出建议，按程序报部门审批；

2. 负责车辆使用费用的初审与登记；

3. 对公司全部车辆实施统一管理；

4. 对需要维修与保养的车辆，从技术上对维修与保养项目把关，确定维修与保养项目；

5. 负责大修车辆的出厂验收。

四、维修与保养

车辆维修与保养按照"先申请批准后维修"的原则进行。未批准同意的，驾驶员不能擅自对车辆进行维修与保养。

五、车辆维修保养程序

1. 驾驶员提出维修或保养报告，填写"车辆维修审批单"。

2. 分管领导与驾驶员对车辆维修保养项目进行现场核实，确定维修与保养项目，进行询价，按照质优价廉的原则，提出维修保养厂家与维修保养金额的初步建议，并签署意见再报矿长审批。

3. 驾驶员持"车辆维修审批单"到定点厂家维修或保养。

4. 车辆维修或保养完毕，驾驶员验收合格后，对所用材料、工时费等在维修清单上予以签字确认，更换的零配件交分管领导查验并登记保管；属大修的，还需分管领导和矿长签字。

5. 车辆在维修或保养过程中，遇到超出"车辆维修审批单"确定的维修范围的，驾驶员应及时按车辆维修保养程序的规定办理报修审批手续。

6. 车辆在外出途中或异地发生故障等特殊情况下需维修或更换零配件的，应及时通知分管领导，领导同意后方可进行维修。返回单位后，驾驶员应按程序补办手续。

7. 车辆原则上每5000公里保养一次，每30000公里更换轮胎一次（特殊情况除外）。

六、费用报销

1. 发生下列情形之一的，费用不予报销：

（1）未申请或申请但未获批准同意，对车辆维修与保养的；

（2）更换的零配件未上交的；

（3）超出"车辆维修审批单"确定的维修范围的；

（4）未在定点厂家维修与保养的。

2. 在车辆维修与保养费用报销时，行政主管要认真核对经车队长核签的"车辆维修审批单"与维修清单上的维修与保养项目。核对无误后，按照财务管理规定进行报销。

3. 驾驶员违反驾驶规定或其他有关规定产生的费用，由驾驶员负责。

七、其他

本制度自发文之日起执行。此前制度与本制度不一致的，以本制度为准。

（二）例文解析

例文题为××公司车辆维修保养管理制度，意即公司对车辆维修保养做出的具体管理规定。行文结构上采用"总则—分则—附则"的形式，总则交代行文目的、适用范围和总体要求，分则交代权责分配、维修保养内容与程序、相关费用等问题，附则交代实施时间和做补充说明，整体结构完整，逻辑清晰。

八、车辆燃油使用管理制度

(一)例文

车辆燃油使用管理制度

第一条　为规范车辆燃油采购与使用管理,有效控制车辆燃油使用成本,做好用车服务工作,考虑车辆使用年限、排量等实际情况,制定本制度。

第二条　本制度适用于集团各经营单位对加油站的选择和营运车辆的燃油消耗考核管理。

第三条　集团在办公室下设专职加油员,由专职加油员对所辖车辆实行统一燃油使用管理。

第四条　车辆用油要选择油质好、价格适中的供油单位、实行统一购买,统一登记,统一管理,统一结算。车辆加油一律凭油票到指定的加油站加油。

第五条　驾驶员在出车前应到办公室做好登记,按行车里程领取油票。车辆外出时,因临时需要加油的,由带车领导或工作人员决定,并在行车沿线就近加油站,按行车里程加油,回集团后补办相关手续。

第六条　加油清单由专职加油员、加油站付油员、驾驶员三方共同签字后方可作为财务科支付燃油费凭证。

驾驶员无特殊情况,不得随意到非指定加油站点加油,否则,费用不予报销。

驾驶员在行车途中,依照规定加油的,回集团补办相关手续后方可报销购油费用。

第七条　集团运输职能管理机构负责对车辆燃油消耗、定额标准和考核办法的合理性与可行性进行审核;对车辆燃油使用管理进行监督。

集团运输职能主管负责人对车辆燃油消耗、定额标准和考核办法的实施进行批准。

第八条　驾驶员应当遵守集团的各项运行制度和考核办法,在定点加油站进行规范加油,并通过提高驾驶操作的技术环节等节约用油。

严禁驾驶员以各种方式存放或者携带燃油。

第九条　积极开展勤俭节约活动。在规定油耗内每节约1升燃油,由集团奖励1元。对全年节油最多的车辆授予"年度节油冠军"称号,并对该车驾驶员奖励500元,同时,将其作为各类先进评比的优先推荐人选。

第十条　对于超过规定油耗者,每超过1升扣除驾驶员10元。连续两个月超过规定油耗的,自第三个月起加扣200元。全年有六个月及以上超过规定油耗者待岗处理，当年年度考核为"不称职"。

第十一条　严禁偷盗、转卖集团采购燃油，一经发现移送司法机关处理，同时按照司法机关查处量及价值的10倍扣罚钱款。对构成犯罪的，解除劳动关系。

（二）例文解析

例文题为车辆燃油使用管理制度，意即公司为规范车辆燃油采购与使用管理，有效控制车辆燃油使用成本，做好用车服务工作而制定的制度。例文开篇明义，使用"为……"句式表明行文目的，进而引出制定制度的必要性及具体内容，整体行文流畅，结构合理。

九、本节写作要点

1.内容做到要素完备。车辆是公司重要的固定资产，包括通勤车辆、行政车辆、运输车辆等，车辆管理已成为企业后勤管理的重要组成部分。在撰写此类文书的过程中，要考虑到制度涉及的各主体、对象、程序等要素，做到要素齐全，如撰写车辆管理就要考虑到驾驶员、车辆、管理员、车辆使用与维修保养等要素。

2.行文结构做到合乎逻辑。此类文书一般采用总则—分则—附则的结构形式，总则交代行文背景、目的、依据、适用范围、总体要求等内容，分则分条列项阐述制度具体规定，附则做补充说明。

扫一扫，获取本章例文

第四章
财务管理制度

　　财务管理是在一定的整体目标下，关于资产的购置（投资），资本的融通（筹资）和经营中现金流量（营运资金），以及利润分配的管理。财务管理是企业管理的一个组成部分，它是根据财经法规制度，按照财务管理的原则，组织企业财务活动，处理财务关系的一项经济管理工作。简单地说，财务管理是组织企业财务活动、处理财务关系的一项经济管理工作。本章将财务管理制度分为两大部分，分别选取典型例文进行解析。

第一节　综合财务管理制度

一、公司财务管理制度

（一）例文

××公司财务管理制度

第一章　总　则

第一条　为加强财务管理，规范财务工作，促进公司经营业务的发展，推动公司资源的优化组合，以提升经济效益为经营目标，以社会责任为担当，依照《中华人民共和国会计法》《企业会计准则》等国家有关财务管理法规制度和公司章程有关规定，结合公司实际情况，特制定本制度，各部门应遵守并严格执行。

第二条　公司会计核算遵循权责发生制原则，为其会计账务处理基础。

第三条　财务管理的基本任务和方法：

（一）筹集资金和有效使用资金，监督资金正常运行，维护资金安全，努力提高公司经济效益。

（二）做好财务管理基础工作，建立健全财务管理制度，认真做好财务收支的计划、控制、核算、分析和考核工作。

（三）加强财务核算的管理，以提高会计信息的及时性和准确性。

（四）监督公司财产的购建、保管和使用，配合综合管理部或专职部门定期进行财产清查。

（五）按期编制各类会计报表和财务说明书，做好财务分析、绩效考核工作。

第四条　财务管理是公司经营管理的一个重要环节，公司财务管理中心对财务管理工作负有组织、实施、检查的责任，财会人员要认真执行《会计法》，坚决按财务制度办事，并严守公司秘密。

第二章　基础工作

第五条　加强原始凭证管理，做到制度化、规范化。原始凭证是公司发生的每项经营活动不可缺少的书面证明，是会计记录的主要依据。

第六条　公司应根据审核无误的原始凭证编制记账凭证。记账凭证的内容必须具备：填制凭证的日期、凭证编号、经济业务摘要、会计科目、金额、所附原始凭证张数、填制凭证人员、复核人员、会计主管人员签名或盖章。收款和付款记账凭证还应当由出纳人员签名或盖章。

第七条 健全会计核算，按照国家统一会计制度的规定和会计业务的需要设置会计账簿。会计核算应以实际发生的经济业务为依据，按照规定的会计处理方法进行，保证会计指标的口径一致、相互可比和会计处理方法前后相一致。

第八条 做好会计审核工作，经办财会人员应认真审核每项业务的合法性、真实性、手续完整性和资料的准确性。编制会计凭证、报表时应经专人复核，重大事项应由财务负责人复核。

第九条 会计人员根据不同的账务内容采用定期对会计账簿记录的有关数据与库存实物、货币资金、有价证券、往来单位或个人等进行相互核对，保证账证相符、账实相符、账表相符。

第十条 建立会计档案，包括对会计凭证、会计账簿、会计报表和其他会计资料都应建立档案，妥善保管。按《会计档案管理办法》的规定进行保管和销毁。

第十一条 会计人员因工作变动或离职，必须将本人所经管的会计工作全部移交给接替人员。会计人员办理交接手续，必须有监交人负责监交，交接人员及监交人员应分别在交接清单上签字后，移交人员方可调离或离职。

第三章 资本金和负债管理

第十二条 资本金是公司经营的核心资本，必须加强资本金管理。公司筹集的资本金必须聘请中国注册会计师验资，根据验资报告向投资者开具出资证明，并据此入账。

第十三条 经公司董事会提议，股东会批准，可以按章程规定增加资本。财务部门应及时调整实收资本。

第十四条 公司股东之间可相互转让其全部或部分出资，股东应按公司章程规定，向股东以外的人转让出资和购买其他股东转让的出资。财务部门应据实调整。

第十五条 公司以负债形式筹集资金，须努力降低筹资成本，同时应按月计提利息支出，并计入成本。

第十六条 加强应付账款和其他应付款的管理，及时核对余额，保证负债的真实性和准确性。凡一年以上应付而未付的款项应查找原因，对确实无法付出的应付款项报公司总经理批准后处理。

第十七条 公司对外担保业务，按公司规定的审批程式报批后，由财务管理中心登记后才能正式对外签发，财务管理中心据此纳入公司或有负债管理，在担保期满后及时督促有关业务部门撤销担保。

第四章 流动资产管理

第十八条 现金的管理严格执行人民银行颁布的《现金管理暂行条例》，根据本公司实际需要，合理核实现金的库存限额，超出限额部分要及时送存银行。

第十九条 严禁白条抵库和任意挪用现金，出纳人员必须每日结出现金日记账的账面余额，并与库存现金相核对，发现不符要及时查明原因。财务管理中心经理对库存现金进行定期或不定期检查，以保证现金的安全和完整。公司的一切现金收付都必须有合法的原始凭证。

第二十条 银行存款的管理：加强对银行账户及其他账户的保密工作，非因业务需要不准外泄，银行账户印鉴实行分管并用制，不得一人统一保管使用。严禁在任何空白合同上加盖银行账户印鉴。

第五章 长期资产管理

第二十一条 出纳人员要随时掌握银行存款余额，不准签发空头支票，不准将银行账户出借给任何单位和个人办理结算或套取现金。在每月末要做好与银行的对账工作，并编制银行存款余额调节表，对未达账项进行分析，查找原因，并报财务部门负责人。

第二十二条 应收账款的管理：对应收账款，每季末做一次账龄和清收情况的分析，并报有关领导和分管业务部门，督促业务部门积极催收，避免形成坏账。

第二十三条 其他应收款的管理：应按户分页记账，要严格个人借款审批程式。借款的审批程式是：借款人→部门负责人→财务负责人→总经理。借用现金，必须用于现金结算范围内的各种费用专项支付。

第二十四条 短期投资的管理：短期投资是指一年内能够并准备变现的投资，短期投资必须在公司授权范围内进行，按现行财务制度规定记账、核算收入成本和损益。

第二十五条 长期投资的管理：长期投资是指不准备在一年内变现的投资，分为股权投资和债权投资。公司进行长期投资应认真做好可行性分析和认证，按公司审批许可权的规定批准后，由财务管理中心办理入账手续。公司对被投资单位没有实际控制权的长期投资采用权益法核算；拥有实际控制权的，长期投资采用成本法核算。

第二十六条 固定资产的管理：有下列情况之一的资产应纳入固定资产进行核算：①使用期限在一年以上的房屋、建筑物、机器、机械、运输工具和其他与经营有关的设备器具、工具等；②不属于经营主要设备的物品，单位价值在2000元以上，并且使用期限超过2年的。

第二十七条　固定资产要做到有账、有卡，账实相符。财务部负责固定资产的价值核算与管理，综合管理部负责实物的记录、保管和卡片登记工作，财务部应建立固定资产明细账。

第二十八条　固定资产的购置和调入均按实际成本入账，固定资产折旧采用直线法分类计提，分类折旧年限为：

1. 房屋、建筑物，为20年；
2. 与生产经营活动有关的器具、工具、家具等，为4年。
3. 电子设备，为4年。

第二十九条　已经提足折旧、继续使用的固定资产不再提取折旧，提前报废的固定资产，不再补提折旧。当月增加的固定资产，当月不提折旧，当月减少的固定资产，当月照提折旧。残值率一般确定在原值的3%以内。

第三十条　对固定资产和其他资产要进行定期盘点，每年末由综合管理部负责盘点一次，盘点中发现短缺或盈余，应及时查明原因，明确责任。并编制盘盈盘亏表，报财务部审核后，按总经理审批后，进行账务处理。

第三十一条　无形资产指被公司长期使用而没有实物形态的资产，包括：专利权、土地使用权、商誉等。无形资产按实际成本入账，在受益期内或有效期内按不短于10年的期限摊销。

第三十二条　递延资产是不能全部计入当期损益，需要在以后年度内分期摊销的各项费用，包括开办费，租入固定资产的改良支出和摊销期限超过一年、金额较大的修理费支出。开办费自营业之日起，分期摊入成本。分摊期不短于5年，以经营租入的固定资产改良支出，在有效租赁期内分期摊销。

第六章　收入管理

第三十三条　公司的营业收入包括手续费收入、其他营业收入等。营业收入要严格按照权责发生制原则确认，并认真核实、正确反映，以保证公司损益的真实性。

第三十四条　营业收入要按照规定列入相关的收入专案，不得截留到账外或作其他处理。

第七章　成本费用管理

第三十五条　公司在业务经营活动中发生的与业务有关的支出，按规定计入成本费用。成本费用是管理公司经济效益的重要内容。控制好成本费用，对堵塞管理漏洞、提高公司经济效益具有重要作用。

第三十六条　成本费用开支范围包括：利息支出、营业费用/管理费用/销售费用、其他营业支出等。

（一）利息支出：指支付以负债形式筹集的资金成本支出。

（二）营业费用包括：职工工资、职工福利费、医药费、职工教育经费、工会经费、住房公积金、保险费、固定资产折旧费、摊销费、修理费、管理费、通讯费、交通费、招待费、差旅费、车辆使用费、报刊费、会议费、办公费、劳务费、董事会费、奖励费、各种准备金等其他费用。

（三）固定资产折旧费：指公司根据固定资产原值和国家规定的固定资产分类折旧率计算摊销的费用。

（四）摊销费：指递延资产、其他资产等的摊销费用，分摊期不短于5年。

（五）各种准备金：各种准备金包括投资风险准备金和坏账准备金。投资风险准备金按年末长期投资余额的1%实行差额提取，坏账准备金按年末应收账款余额的1%提取。视公司具体情况而定。

（六）管理费用包括：差旅费、招待费、水电费、通讯费、税金、工资等其他费用。

第三十七条　职工福利费按工资总额14%计提，工会经费按工资总额2%计提，教育经费按工资总额3%计提。

第三十八条　加强对费用的总额控制，严格制定各项费用的开支标准和审批许可权，财务人员应认真审核有关支出凭证，未经领导签字或审批手续不全的，不予报销，对违反有关制度规定的行为应及时向领导反映。

第三十九条　公司各项成本费用由财务管理中心负责管理和核算，费用支出的管理实行预算控制，财务管理中心要定期进行成本费用检查、分析，制定降低成本的措施。

第八章　利润分配管理

第四十条　公司营业利润＝营业收入－营业税金及附加－营业支出

利润总额＝营业利润＋投资收益＋营业外收入－营业外支出等

（一）投资收益包括对外投资分得的利润、股利等。

（二）营业外收入是指与公司业务经营无直接关系的各项收入，具体包括：固定资产盘盈、处理固定资产净收益、教育费附加返还款、罚没收入、罚款收入，确实无法支付而按规定程式经批准的应付款项等。

（三）营业外支出是指与公司业务经营无直接关系的各项支出，具体包括：固定资产盘亏和毁损报废净损失、非常损失、公益救济性捐赠、赔偿金、违约金等。

第四十一条　公司利润总额按国家有关规定作相应调整后，依照缴纳所得税，缴纳所得税后的利润，按以下顺序分配：

（一）被没收的财物损失，支付各项税收的滞纳金和罚款。

（二）弥补公司以前年度亏损。

（三）提取法定盈余公积金，法定盈余公积金按照税后利润扣除前两项后的10%提取，盈余公积金已达注册资本的50%时不再提取。

（四）提取公积金、公益金按税后利润的5%计提，主要用于公司的职工集体福利支出。

（五）向投资者分配利润，根据股东会决议，向投资者分配利润。

第九章 报告与分析

第四十二条 财务报表分月报和年报，月报财务报表包括资产负债表、损益表。年度财务报表包括资产负债表、损益表、现金流量表、营业费用明细表、利润分配表。公司财务月报表应于次月20日内完成，年度财务会计报告应于次年90日内制作，必要时聘请会计师事务所进行审计。

第四十三条 年末还应报送财务情况说明书。财务情况说明书主要内容包括：

（一）业务、经营情况，利润实现情况，资金增减及周转情况，财务收支情况等。

（二）财务会计方法变动情况及原因，对本期或下期财务状况变动有重大影响的事项；资产负债表制表日至报出期之间发生的对公司财务状况有重大影响的事项；为正确理解财务报表需要说明的其他事项。

第四十四条 财务分析是公司财务管理的重要组成部分，财务管理中心应对公司经营状况和经营成果进行总结、评价和考核，通过财务分析促进增收节支，充分发挥资金效能，通过对财务活动不同方案和经济效益的比较，为领导或有关部门的决策提供依据。

第四十五条 总结和评价本公司财务状况及经营成果的财务报告指标包括：①经营状况指标：流动比率、负债比率、所有者权益比率；②经营成果指标：利润率、资本利润率、成本费用利润率。

第十章 会计电算化

第四十六条 会计电算化硬体设备是指专用于会计电算化的微机及其配套设备，包括服务器、工作站、网线、印表机、UPS电源等。会计电算化硬件设备由财务管理中心统一管理和使用，非会计电算化工作人员一般情况下不得使用，特殊情况确需使用时，应经财务管理中心经理批准，在不影响会计电算化正常工作情况下进行。

第四十七条 财务软件是用于完成会计核算、处理会计业务的软件。操作人员在实际工作中发现软件的设计功能未能正常实现时，应立即与软件发展商联系，进行修改、调试，完成调试后，应及时检查、核对，以确保相应账务资料和功能模组的正确性。

第四十八条 每月10日前对上个月的会计资料进行备份。操作人员运用财务软件必须是通过系统功能表选项进入系统操作，应根据工作需要设置操作许可权和密码。操作人员对使用的硬件设备的安全负责。下班时，应关闭设备的电源。设备的开启和关闭应严格按规范程式进行。

第四十九条 公司会计电算化未通过财政部门评审之前，采用微机和手工账并行的办法。每月末，会计核算人员必须将手工账与微机账进行核对。保持手工账与微机账一致。

第五十条 企业银行电子支付系统的管理，严格按照企业银行电子支付程式和许可权规定执行。电子支付密码器、智慧IC卡、账户密码和操作人员密码是使用企业银行系统的关键要素，应妥善保管。主管卡和操作员卡应按照分管并用的原则，由财务管理中心负责人和操作员分别设置密码，不得一人统管使用。

（二）例文解析

例文为××公司财务管理制度，具体写法上采取了总则—分则式的写法。第一章总则交代行文的目的与依据、财务管理的基本界定等问题，如"为加强财务管理，规范财务工作，促进公司经营业务的发展，推动公司资源的优化组合，以提升经济效益为经营目标，以社会责任为担当"即为行文目的，"依照《中华人民共和国会计法》《企业会计准则》等国家有关财务管理法规制度和公司章程有关规定，结合公司实际情况"即为行文依据，同时使用"特制定本制度，各部门严格执行并遵守"标准化的文书语言引出下文，行文规范，逻辑自然。第二章之后为分则内容，包括了基础工作、资本金和负债管理、流动资产管理、长期资产管理、收入管理、成本费用管理、利润分配管理、报告与分析、会计电算化等财务管理专业内容，这一部分是例文的主体，须重点撰写，语言上应重视使用专业词汇和规范词汇。

二、出纳管理制度

（一）例文

××公司出纳管理制度

一、现金管理制度

第一条 加强现金收支手续，出纳与会计人员必须分清责任，合理分工，严格执行账、钱、物分管的原则，实行相互制约监督机制，非出纳人员不得经管现金。

第二条 严格执行现金清查盘点制度，保证现金安全完整。每日做到日清日结。

第三条　一切现金收入都应开具收款收据，并加盖"现金收讫"戳记；一切现金支出都要有原始凭证，出纳人员根据已经审核签字的付款原始凭证进行复核，付款后应在凭证上加盖"现金付讫"戳记。

第四条　加强库存现金的管理，严格控制库存现金的数量（一般不超过5000元），超过部分应及时解存银行。不得以"白条"抵充库存现金，不得挪用现金他用，不得擅自坐支现金，同时财务部门不得设置小金库。

二、银行账户管理制度

第一条　严格执行银行结算制度的规定，办理银行结算业务，同时加强银行账户监控管理。

第二条　银行日记账与银行存款收、付款凭证互相核对做到账证相符；银行日记账与银行总账互相核对，做到账账相符；银行日记账与银行对账单随时互相核对，做到账实相符。

第三条　一切银行收入都应开具发票或收据，并加盖"银行收讫"戳记。一切银行支出都要有原始凭证，出纳人员根据已经审核签字的付款原始凭证进行复核，付款后应在凭证上加盖"银行付讫"戳记。

三、保险箱管理制度

第一条　保险箱应由出纳人员一人保管使用，其他人员不得兼管保险箱工作。

第二条　保险箱钥匙必须随身携带，不得遗忘放置他处。其备用钥匙也必须有指定负责人员妥善保管好，不得告知他人及让他人使用。

四、票据管理制度

第一条　加强票据监管力度，建立健全票据登记制度，使票据的使用更安全。

第二条　严格控制开具"空白"支票，严禁签发空头支票，不得签发与预留银行签字不符的支票。

五、发票、印鉴管理制度

第一条　加强发票和收据的统一管理，一律由财务部门指定人员负责保管、控制、填写。

第二条　在填开发票时要注意字迹清晰，项目填写齐全，票物相符。

第三条　领用的空白发票、收据，不得随意放置在办公桌上或其他地方，应妥善安全保管好。

第四条　对外来发票必须审核无误方可入账，对不合法的发票不得入账。

第五条　加强印鉴章管理，并对印鉴是否有专人负责管理进行检查。

另：1. 每周四为报销日。

2. 报销时发票抬头应为××（集团）公司，如果无抬头或不正确的，不予报销。

3. 娱乐、洗澡类发票不得报销。

4.报销涉及购买办公用品、生活用品或者其他大量低值易耗品的发票时需要清单，无清单的不予报销。

（二）例文解析

出纳主要负责库存现金和银行存款的管理，例文很好地体现了这一含义，通过对现金管理制度、银行账户管理制度、保险箱管理制度、票据管理制度、发票和印鉴管理制度的阐释，完成了××公司出纳管理制度的建构。例文写法上采用了总分结构，首先指出出纳管理的五大方面，这是总，进而分别对每一个项目做具体条目的阐释，这是分。结构安排逻辑合理，层次鲜明。从语言上看，这一类文书强调专业词汇与语言的规范性，例文做得很好。

三、资金预算管理办法

（一）例文

××公司资金预算管理办法

一、总则

（一）为合理统筹安排资金，确保各部门上报预算的准确性、合理性及时效性，并保证公司审核预算的简易、便捷，特制订本制度。

（二）本制度适用于公司全体职能部门。

二、上报预算的具体要求

（一）上报时间。

各部门于每月1号报次月"资金支出明细账"至总公司管理部，管理部审核后于每月8日前将审核后表格及票据交至财务部，由财务部负责统一审核出财务报表。

（二）上报内容依据。

预算表内所有项目必须有据可依，根据费用类别分别按照以下情况进行填写：

1.已签合同类：必须填写合同付款条件、合同总金额、已付金额、合同完成情况简述。

2.合同正在谈判类：必须填写预估合同总金额、预计支付金额。

3.尚未进行商务谈判类：填写资金拨付申请表的同时必须填写备注说明资金用途与计划分配。

4.其他无合同类：考虑到某些款项因金额较小，无法签订合同，此类费用必须填写备注说明。

5.政府收费类：必须填写相关收费文件名称，将收费文件同时作为附件上报至财务部。

(三) 各部门建立台账。

要求各部门制定本部门合同支付台账，在编制预算表时必须核对合同付款条件、方式，以避免出现错报、漏报等现象的产生。

各部门新签订合同，需将电子版传至管理部，管理部负责将合同存档管理。

三、上报费用分类及流程

(一) 项目分类。

营销费用类、前期费用类、日常费用类、人员费用类，共4项。

1. 营销费用类由采购部和销售部上报，由管理部统一审核。

2. 前期费用类由资金管理部上报，由管理部统一审核。

3. 日常费用类预算在上报前，需填写《物品申购单》，每月26日前上报至办公室，办公室则根据各相关领导签批的《物品申购单》统一汇总制表。

4. 人员费用类由办公室负责上报。

(二) 上报签批流程。

1. 营销费用类：经办人→部门负责人→财务部审核

2. 预算资金类：经办人→部门负责人→财务部→总经理审核

3. 固定资产类、日常费用类、人员费用类：经办人→部门负责人→财务部审核

四、处罚措施

(一) 迟交。

各部门每月上报预算如有迟交现象，经办人、部门负责人每人、每天分别处以100元罚款。

(二) 错报、漏报。

每月"资金支出预算表"上报后，根据合同付款条件，由审核领导审核出的预算与合同条款不符、漏报等情况，则经办人、部门负责人每人、每项罚款100元整；如发现重大错报、漏报问题，则经办人、部门负责人、审核领导、总经理每人、每项罚款500元。办公室负责下发处罚通知。

(二) 例文解析

企业资金预算管理办法是为合理统筹安排资金，确保企业各部门上报预算的准确性、合理性及时效性，保证公司审核预算的简易、便捷而制定的管理办法。例文主要由总则、上报预算的具体要求、上报费用分类及流程、处罚措施四部分构成。篇幅虽小，内容表达却很完整。采用分条列项的写法，整体结构也很清晰。

四、货币资金管理办法

(一) 例文

货币资金管理办法

为了加强公司货币资金的内部控制和管理,保证货币资金的安全完整,根据《中华人民共和国会计法》等有关法律法规,结合公司实际,制定本管理办法。

一、货币资金是指公司拥有的现金、银行存款和其他货币资金,如银行汇票、有价证券、债券等。

二、公司财务负责人对公司货币资金内部控制制度的建立健全和有效实施以及货币资金的安全完整负责。

三、出纳负责货币资金的管控及支付,并按规定设置、等记现金日记账和银行存款日记账。

四、建立健全严格的授权审批制度。对于审批人超越授权范围审批的货币资金业务,出纳员有权拒绝办理,并及时向财务负责人报告。

五、加强对现金库存限额的管理,超过库存限额的现金应当及时存入银行,库存现金限额不超过2000元。

六、根据《现金管理暂行条例》的规定,结合公司实际情况,确定相应的现金开支范围,不属于现金开支范围的业务应当通过银行办理转账结算。公司现金开支范围:

1. 职工工资、津贴;
2. 个人劳务报酬;
3. 根据国家或企业规定发给个人的各种奖金;
4. 各种劳保、福利费用以及国家规定的对个人的其他支出;
5. 出差人员必须随身携带的差旅费;
6. 500元以下的零星支出;
7. 中国人民银行确定需要支付现金的其他支出。

七、实行收支两条线,所有现金收入,包括门店的营业收入,都应当及时存入公司指定银行账户,不得用于直接支付公司的支出。

八、出纳支付现金后,在付款单据上加盖现金付讫章。

九、对现金业务必须做到逐笔登记,日清月结,每月末对现金进行盘点,做到账实相符,并编制盘点表,由出纳、财务负责人、总经理签字确认。

十、所取得的货币资金必须及时入账。

十一、严格按照《支付结算办法》等国家有关规定,加强银行账户管理,严格按规定开立账户，办理存款、取款和结算。银行账户的开立撤销由财务负责人提出申请，报总经理、董事长批准。

十二、定期进行检查。清理银行账户的开立及使用情况，发现问题，及时处理。

十三、严格遵守银行结算纪律。不准签发没有资金保证的票据或远期支票，套取银行信用；不准签发、取得和转让没有真实交易和债权债务的票据，套取银行和他人资金；不准无理拒绝付款，任意占用他人资金；不准违反规定开立和使用银行账户。

十四、银行日记账要做到日清月结，出纳员必须每月核对银行账户，编制银行存款余额调节表，使银行存款账面余额与银行对账单调节相符。如调节不符，应查明原因，及时处理。

十五、出纳员每月必须将"银行存款余额调节表"和"银行对账单"报财务负责人，财务负责人根据"银行存款余额调节表"和"银行对账单"与银行存款账逐笔勾对。如有不符，查明原因，及时处理；涉及挪用、借出货币资金等违规行为，及时查明原因，作出处理。

十六、涉及网银支付的，出纳按照支付单据制单，财务负责人复核，不能由一人同时操作录入和复核。

十七、为了保证资金安全，公司开立的现金储蓄账户，必须卡、密分开保管。由出纳员保管存折和储蓄卡，财务负责人或指定的财务人员保管密码。

十八、借出款项。必须严格执行授权审批程序，严禁擅自挪用、借出货币资金。经发现后必须在一个工作日内追回或完善报批手续，根据情节轻重另处涉及资金1%～10%的教育费，造成损失的由责任人全额赔偿。

（二）例文解析

货币资金是指公司拥有的现金、银行存款和其他货币资金，如银行汇票、有价证券、债券等。制定货币资金管理办法有利于保证公司货币资金的内部控制和管理，以及保证货币资金的安全完整。例文开篇即表明行文目的与依据，以"制定本管理办法"标准式文书语言引出办法的具体内容，正文采用分条列项的写法，分十八条表明了货币资金的管理办法。

五、借款和费用开支审批程序

（一）例文

借款和费用开支审批程序

第一条　为进一步完善财务管理，节约开支，提高资金利用率，特制定本标准及程序。

第二条 借款审批：

（一）出差人员借款，先填写"借款凭证"，经部门经理批准后，并经财务经理审核后，方予借支。前次借支出差返回时间超过3天无故未报销者，不得再借款。

（二）外单位、个人因私借款，填写"借款凭证"后，一律报财务总监审批，经财务经理审核后，方予借支。凡职工借用公款者，在原借款未还清前，不得再借。

（三）其他临时借款，如业务费、周转金等，审批程序同第二条第一款。

（四）试用人员借支差旅费或临时借款，须由正式员工出具担保书或签认担保，方能办理，若借款人未能偿还借款，担保人应负有连带责任。

（五）各项借款金额在3000元以内按上述程序办理，超过3000元以上的需报请财务总监审批。

（六）借款出差人员回公司后，3天内应按规定到财务部报账。报账后结欠部分金额或3天内不办理报销手续的人员欠款，财务部门有权在当月工资中扣回。

第三条 出差开支标准及报销审批：

（一）公司部门副经理以上人员住宿，平均每天不能超过×元，主办业务不能超过×元，业务员不能超过×元。高层领导因工作需要住宿费超过×元标准后经财务部总监批准后可予报销。

（二）出差补助按出差起止时间每天补助×元。

（三）市内短途交通费控制在人均每天×元以内，凭票据报销。

（四）其他杂费如存包裹费、电话费，杂项费用控制在人均每天×元内，凭单据报销。

（五）车船票按出差规定的往返地点、里程，凭票据核准报销。

（六）根据出差人员事先理好的报销单据，先由主管会计对单据全面审核，同时按出差天数填上住勤补贴，然后由部门经理签认，报有关各线主管领导批准，财务经理审核后，方能报销。

（七）出差坐飞机，需由部门经理批准，连续3个月亏损部门人员出差，一律不准乘坐飞机（特殊情况报上一级领导批准）。

第四条 业务招待费标准及审批：

（一）总公司本部各业务部的业务招待费，控制在各部门完成的营业收入的2.5‰之内，由部门经理掌握；总公司本部的各行政职能部门，按总公司分配下达指标使用，由财务部经理掌握；下属公司根据完成的营业收入，控制在4‰内，由经理掌握开支，超过的部分一律在年终利润分配留成公益金中予以扣除。

（二）属指标内的业务招待费，报销单据必须有税务部门的正式发票，数字分明，先由经手人签名，注明用途，部门经理加签证实，再报财务经理审核，然后由各线主管领导审批,方能付款报销。

(三)超指标外的业务招待费,一般不予开支,如有特殊情况,须经总经理审核加签,董事长批准,方能报销。

第五条 福利费、医药费开支标准及审批:

(一)在未实行医疗保险制度以前,职工本人医药费可按公费医疗待遇,凭区级以上医院发票实报实销;临时工凭区级以上医院发票报销50%。

(二)公司职员已办理独生子女证的子(女)凭区以上医院证明享受医药费待遇;没有办理独生子女证的,只准一个孩子享受医疗费全报待遇,其余子女享受半费待遇。职工父母无职业的凭区以上医院单据报销一半医药费(家属名单由人事部门核定)。

(三)职工子女学杂费,凭有效发票,经人事部经理签认,财务部经理审核,给予报销。

(四)书报刊购置费凭有效发票一次性报销200元,夫妻双方在本系统工作的,只能报一方。

(五)其他福利及医药费开支,50元以下由财务部经理批准,50～500元由总会计师批准,超过500元的开支一律报财务部总监批准。

第六条 其他费用开支标准及审批:

(一)属生产经营性的各项费用,2000元以内的凭税务部门的正式发票,先由经办人和部门经理签名后,报分管领导批准,然后送财务经理审核报销。超过2000元以上的须报财务总监批准。

(二)属非生产经营性的各项费用,2000元以内的按第六条第一款执行,2000～5000元的,报财务总监批准,超过5000元的报董事长批准。

第七条 补充说明:如经费开支审批人出差在外,则应由审批人签署指定代理人,交财务部备案,指定代理人可在期间行使相应的审批权力。

(二)例文解析

例文题为借款和费用开支审批程序,很显然行文会从借款审批程序和费用开支审批程序两方面进行。例文开篇表明行文目的,即"为进一步完善财务管理,节约开支,提高资金利用率",进而使用文书标准用语"特制定本标准及程序"引出下文。主体部分分为两个方面,一是借款审批程序,二是出差开支标准及报销审批,业务招待费标准及审批,福利费、医药费开支标准及审批,其他费用开支标准及审批等费用开支审批程序。层次鲜明,逻辑清晰。行文最后用说明式尾语,对办法进行了补充说明。

六、应收账款管理办法

（一）例文

××公司应收账款管理办法

第一章 总 则

第一条 为保证公司能最大可能地利用客户信用拓展市场以利于销售公司的产品，同时又要以最小的坏账损失代价来保证公司资金安全，防范经营风险，并尽可能地缩短应收账款占用资金的时间，加快企业资金周转，提高企业资金的使用效率，特制定本制度。

第二条 应收账款的管理部门为公司的财务部门和业务部门，财务部门负责数据传递和信息反馈，业务部门负责客户的联系和款项催收，财务部门和业务部门共同负责客户信用额度的确定。

第三条 本制度所称应收账款，包括发出产品赊销所产生的应收账款和公司经营中发生的各类债权。具体有应收销货款、预付购货款、其他应收款三个方面的资料。

第二章 客户资信管理制度

第四条 信息管理基础工作的建立由业务部门完成，公司业务部应在收集整理的基础上建立以下几个方面的客户信息档案，一式两份，由业务经理复核签字后一份保存于公司总经理办公室，一份保存于公司业务部，业务经理为该档案的最终职责人，客户信息档案包括：

一、客户基础资料：即有关客户最基本的原始资料，包括客户的名称、地址、电话、所有者、经营管理者、法人代表及他们的个人性格、兴趣、爱好、家庭、学历、年龄、潜力、经历背景，与本公司交往的时间、业务种类等。这些资料是客户管理的起点和基础，是由负责市场产品销售的业务人员对客户的访问收集来的。

二、客户特征：主要包括市场区域、销售潜力、发展潜力、经营观念、经营方向、经营政策、经营特点等。

三、交易现状：主要包括客户的销售活动现状、存在的问题、客户公司的战略、未来的展望及客户公司的市场形象、声誉、财务状况、信用状况等。

四、业务状况：包括客户的销售实绩、市场份额、市场竞争力和市场地位、与竞争者的关系及于本公司的业务关系和合作状况。

第五条 客户的信息资料为公司的重要档案，所有经管人员须谨慎保管，确保不得遗失。如因公司部分岗位人员的调整和离职，该资料的移交作为工作交接的主要部分，凡资料交接不清的，不予办理离岗、离职手续。

第六条　客户的基础信息资料由负责各区域、片的业务员负责收集，凡于本公司交易次数在两次以上，且单次交易额到达1万元人民币以上的均为资料收集的范围，时间期限为到达上述交易额第二次交易后的一月内完成并交业务经理汇总建档。

第七条　客户的信息资料应根据业务员与相关客户的交往中所了解的状况，随时汇总整理后交业务经理定期予以更新或补充。

第八条　实行对客户资信额度的定期确定制，在总经理（或主管市场的副总经理）的主持下成立由负责各市场区域的业务主管、业务经理、财务经理组成的公司"市场管理委员会"，按季（或年）度对客户的资信额度、信用期限进行一次确定。

第九条　"市场管理委员会"对市场客户的资信状况和销售潜力在业务人员跟踪调查、记录相关信息资料的基础上进行分析、研究，确定每个客户能够享有的信用额度和信用期限，建立"信用额度、期限表"，由业务部门和财务部门各备存一份。

第十条　初期信用额度的确定应遵循保守原则，根据过去与该客户的交往状况（是否通常按期回款），及其净资产状况（经济实力如何），以及其是否有对外带给担保或者跟其他企业之间是否有法律上的债务关系（潜在或有负债）等因素。凡初次赊销信用的新客户信用度通常确定在正常信用额度和信用期限的50%，如新客户确实资信状况良好，须提高信用额度和延长信用期限的，务必经"市场管理委员会"构成一致意见报请总经理批准后方可调整。

第十一条　客户的信用额度和信用期限原则上每季度进行一次复核和调整，公司市场管理委员会应根据反馈的有关客户的经营状况、付款状况随时予以跟踪调整。

第三章　产品销售赊销的管理

第十二条　在市场开拓和产品销售中，凡利用信用额度赊销的，务必由经办业务员先填写赊销的"开具发票申请单"，注明赊销期限，由分管负责人严格按照预先每个客户评定的信用限额内签批后，财务部门方可开票，仓库管理部门方可凭单办理发货手续。

第十三条　财务部门内主管应收账款的会计每10天对照"信用额度期限表"核对一次债权性应收账款的回款和结算状况，严格监督每笔账款的回收和结算。超过信用期限10天仍未回款的，应及时告知财务经理，并及时汇总通知业务部门负责人立即联系客户清收。

第十四条　凡前次赊销未在约定时间结算的，除特殊状况下客户能提供可靠的资金担保外，一律不再发货和赊销。

第十五条　业务员在签订合同和组织发货时，都务必参考信用等级和授信额度来决定销售方式，所有签发赊销的销售合同都务必经分管负责人签字后方可盖章发出。

第十六条　对客户应定期、不定期走访；在客户走访中，应重新评估客户信用等级的合理性和结合客户的经营状况、交易状况及时调整信用等级。

第四章　应收账款监控制度

第十七条　财务部门应于每月初5日内带给一份上月尚未收款的"应收账款账龄明细表"，提交给业务部门、主管市场的副总经理。由相关业务人员核对无误后报经业务主管及主管市场的副总经理批准进行账款回收工作。该表由业务员在出门收账前核对其正确性，不可到客户处才发现，不得有损公司形象。

第十八条　业务部门应严格对照"信用额度表"和财务部门报来的"账龄明细表"，及时核对、跟踪赊销客户的回款状况，对未按期结算回款的客户及时联络和反馈信息给主管副总经理。

第十九条　业务人员在与客户签订合同或协议书时，应按照"信用额度表"中对应客户的信用额度和期限约定单次销售金额和结算期限，并在期限内负责经手相关账款的催收和联络。如超过信用期限者，按以下规定处理：

超过1～10天时，由经办人上报部门负责人，并电话催收；

超过11～30天时，由部门经理上报主管副总经理，派员上门催收，并由业务部门对经办人给予相应惩罚；

超过61～90天时，并经催收无效的，由业务主管报总经理批准后作个案处理（如提请公司法律顾问思考通过法院起诉等方式催收），并由业务部门对经办人给予相应惩罚。

第二十条　业务员在外出收账前要仔细核对客户欠款的正确性，不可到客户处才发现数据差错，有损公司形象。外出前需预先安排好路线经业务主管同意后才可出去收款；款项收回时业务员需整理已收的账款，并填写应收账款回款明细表，若有折扣时需在授权范围内执行，并书面陈述原因，由业务经理签字后及时向财务交纳相关款项并销账。

第二十一条　清收账款由业务部门统一安排路线和客户，并确定回到时间。业务员在外清收账款，每到一客户，无论是否清结完毕，均需随时向业务经理电话汇报工作进度和行程。任何人不得借机游山玩水。

第二十二条　业务员收账时应收取票据，若收取银行票据时应注意开票日期、票据抬头及其金额是否正确无误，如不符时应及时联系退票并重新办理。收汇票时需请客户在背面签名，并查询银行确认汇票的真伪性；如为汇票背书时要注意背书是否清楚，注意一次背书时背书印章是否与汇票抬头一致，背书印章名称是否与发票印章名称一致。

第二十三条 收取的汇票金额大于应收账款时非经业务经理同意，现场不得以现金找还客户，而应作为暂收款收回，并抵扣下次账款。

第二十四条 收款时客户现场反映价格、交货期限、质量、运输问题，在业务权限内时可立即同意，若在权限外时需立即汇报主管，并在不超过3个工作日内给客户以答复。如属价格调整，回公司应立即填写价格调整表告知相关部门并在相关资料中做好记录。

第二十五条 业务人员在销售产品和清收账款时不得有下列行为，一经发现，一律予以开除，并限期补正或赔偿，严重者移交司法部门。

一、退货不报或积压退货。

二、收款不报或积压收款。

三、转售不依规定或转售图利。

第五章 坏账管理制度

第二十六条 业务人员全权负责对自己经手赊销业务的账款回收，为此，应定期或不定期地对客户进行访问（电话或上门访问，每季度不得少于两次）。访问客户时，如发现客户有异常现象，应自发现问题之日起1日内填写"问题客户报告单"，并推荐应采取的措施，或视状况填写"坏账申请书"呈请批准，由业务主管审查后提出处理意见，凡确定为坏账的须报经主管市场的副总经理（总经理）审核后，报总经理审批后按相关财务规定处理。

第二十七条 业务人员因疏于访问，未能及时掌握客户的状况变化和通知公司，致公司蒙受损失时，业务人员应负责赔偿该项损失10%以上的金额。（注：疏于访问意谓未依公司规定的次数，按期访问客户者。）

第二十八条 业务部门应全盘掌握公司全体客户的信用状况及来往状况，业务人员对于所有的逾期应收账款，应由各个经办人将未收款的理由，详细陈述于账龄分析表的备注栏上，以供公司参考。对大额的逾期应收账款应该进行书面说明，并提出清收推荐，否则此类账款将来因故无法收回构成呆账时，业务人员应负责赔偿10%以上的金额。

第二十九条 业务员发现发生坏账的可能性时应争取速报业务主管，及时采取补救措施，如客户有其他财产可供作抵价时，征得客户同意立即协商抵价物价值，妥善处理避免更大损失发生。但不得在没有担保的状况下，再次向该客户发货，否则相关损失由业务员负责全额赔偿。

第三十条 "坏账申请书"填写一式三份，有关客户的名称、号码、负责人姓名、营业地址、电话号码等，均应一一填写清楚，并将申请理由的事实，不能收回的原因等，做简明扼要的叙述，经主管销售经理核准，报送总经理审批，转送财务部以做账务处理。

第三十一条　凡发生坏账的，应查明原因，如属业务人员职责心不强造成，应于当月份计算业务人员销售成绩时，按坏账金额的10%先予扣减业务员的业务提成。

第六章　应收账款交接制度

第三十二条　业务人员岗位调换、离职，务必对经手的应收账款进行交接，交接未完的，不得离岗。交接不清的，职责由交者负责；交接清楚后，职责由接替者负责；凡离职的，应提前30日向公司提出申请，经批准后办理交接手续。未办理交接手续而自行离开者其薪资和离职补贴不予发放；由此给公司造成损失的，将依法追究法律职责。离职交接依最后在交接单上批示的生效日期为准，在生效日期前要交接完成，若交接不清又离职时，仍将依照法律程序追究当事人的职责。

第三十三条　业务员提出离职后须把经手的应收账款全部收回或取得客户付款的承诺担保，若在一个月内未能收回或取得客户付款承诺担保的就不予办理离职。

第三十四条　离职业务员经手的坏账理赔事宜如已取得客户的书面确认，则不影响离职手续的办理，其追诉工作由接替人员接办。理赔不因经手人的离职而无效。

第三十五条　"离职移交清单"至少一式三份，由移交、接交人核对资料无误后双方签字，并经监交人签字后，保存在移交人一份，接交人一份，公司档案存留一份。

第三十六条　业务人员接交时，应与客户核对账单，遇有疑问或账目不清时应立即向主管反映，未立即呈报，有意代为隐瞒者应与离职人员同负全部职责。

第三十七条　公司各级人员移交时，应在完成移交手续并经主管认可后，方可发放该移交人员最后任职月份的薪金，未经主管同意而自行发放的由出纳人员负责。

第三十八条　业务人员办交接时由业务主管监督。移交时发现有贪污公款、短缺物品、现金、票据或其他凭证者，除限期赔还外，情节重大时依法追诉民、刑事职责。

第三十九条　应收账款交接后一个月内应全部逐一核对，无异议的账款由接交人负责接手清收（财务部应随时与客户进行通讯或实地对账，以确定业务人员手中账单的真实性）。交接前应核对全部账目报表，有关交接项目概以交接清单为准，交接清单若经交、接、监三方签署盖章即视为完成交接，日后若发现账目不符时由接交人负责。

（二）例文解析

例文题为××公司应收账款管理办法，其目的主要是"为保证公司能最大可能地利用客户信用拓展市场以利于销售公司的产品，同时又要以最小的坏账损失代价来保证公司资金安全，防范经营风险；并尽可能地缩短应收账款占用资金的时间，加快企业资金周转，提高企业资金的使用效率"。这也是此类文书的常见写法，即开篇明义。"特制定……"属于文书特定用语，其意义在于引出下文的具体规定。例文中客户资信管理制度、产品销售赊销的管理、应收账款监控制度、坏账管理制度、应收账款交接制度便是应收账款管理办法的具体规定。

七、固定资产管理办法

（一）例文

××公司固定资产管理办法

一、为了加强公司固定资产管理，规范固定资产管理流程，明确在申购、采购、使用、报废等各环节的权、责、利，明确部门与员工的职责，结合公司现有实际情况，特制定本办法。

二、固定资产的标准，本公司将单位价值在1000元以上或使用期限超过12个月的设备、器具、工具，作为固定资产管理。

三、固定资产的分类

1. 电子设备：包括电脑、打印机、传真机、复印机、电话等相关办公设备；
2. 办公家具：包括空调、饮水机、文件柜、办公桌椅等；
3. 其他：一切与公司经营、办公有关的其他物品。

四、固定资产的管理

固定资产的购置、验收、领用、变更、报废等，都由行政部统一管理。分发到个人使用的固定资产，由个人管理和保管。

行政部管理职责：

1. 审核部门要求申购的固定资产是否合理；
2. 验收采购回来的固定资产是否合格，合格后入库；
3. 将固定资产的日常管理和使用落实到个人；
4. 对固定资产的变更进行记录；
5. 审核使用年限过长的固定资产是否可以报废；
6. 对固定资产编号、登记、每年固定盘点固定资产，做到账物相符。

个人管理职责：

1. 负责监管、保存好分配到个人使用的固定资产，实施"谁使用，谁保管"的原则。固定资产发生遗失，非正常损耗，保管人应当承担赔偿责任。若非正常损耗，保管人能够指证责任人的，免除赔偿责任；

2. 保持固定资产的日常清洁卫生；

3. 固定资产损坏以后，及时上报行政部修理或更换。

固定资产核算部门：

1. 财务部为公司固定资产的核算部门；

2. 财务部设置固定资产账目；

3. 财务部对固定资产的增减变动进行财务处理；

4. 财务部会同行政部对固定资产进行盘点，做到账物相符；

5. 根据实际情况协同固定资产管理部门（行政部）对资产计提减值准备。

五、固定资产的购置。

1. 实施"谁使用，谁申购"的原则进行申购，各部门要购置固定资产，需填写"固定资产申购单"，由部门经理、财务经理、总经理审核后，行政部备案。

2. 经批准后，由行政部安排专人负责采购，一定要写清楚购买物品的品牌、规格、数量、金额。

3. 固定资产收到后，由行政部负责验收并同时对固定资产进行编号。

4. 各部门应于每月25日之前将下月的固定资产申购单交到行政部，审核完成后，采购部应在次月10日前完成采购流程，行政部验收后交到使用人手中。

六、固定资产变更。

1. 固定资产在公司内部员工之间变更调拨，需填写"固定资产变更单"，由部门经理、行政部审核通过后，将固定资产变更单交行政部办理转移登记后方可更换。

2. 在固定资产变更后，固定资产编号重新编号。

七、固定资产的出售。

固定资产使用部门应将闲置的固定资产告知行政部，填写"闲置固定资产明细表"，提出处理意见，由行政部核定是否有使用价值。

1. 固定资产如需出售处理，需由行政部提出申请，填写"固定资产出售申请表"。

2. 列出准备出售的固定资产明细，注明出售处理原因、出售金额，报部门经理和财务部审批。

3. 固定资产出售申请经批准后，行政部对该固定资产进行处置。

4. 如有需要财务部根据已经批准的出售申请表开具发票及收款，并对固定资产进行相应的财务处理。

八、固定资产编号。

编号原则：

比如固定资产编号：公司简称拼音首字母—使用部门—购置年月＋编号

九、固定资产的清查。

1. 建立固定资产盘点制度，盘点分年中和年终 2 次，由行政部和财务部共同执行，使用部门配合执行。

2. 固定资产的盘点应填制"固定资产盘点明细表"，详细反应所盘点的固定资产的实有数、拥有人、存放地等，并与固定资产账面数核对，做到账物相符。若有盘盈或盘亏，列出原因和责任，报部门经理、行政部、财务部和总经理批准后，财务部进行相应的财务调整。

十、本固定资产管理制度由公司财务部、行政部共同监督实施，解释权归行政部。

（二）例文解析

固定资产是指企业为生产产品、提供劳务、出租或者经营管理而持有的、使用时间超过 12 个月的，价值达到一定标准的非货币性资产，包括房屋、建筑物、机器、机械、运输工具以及其他与生产经营活动有关的设备、器具、工具等。固定资产是企业的劳动手段，也是企业赖以生产经营的主要资产。因此，固定资产的管理是企业的一项重要任务。例文便很好地体现了这一重要性。

例文题为 ×× 公司固定资产管理办法，分为十个条目的内容。第一条交代了行文的目的和依据，"为了加强公司固定资产管理，规范固定资产管理流程，明确在申购、采购、使用、报废等各环节的权、责、利，明确部门与员工的职责，结合公司现有实际情况，特制定本办法。"可以视为总则；第二条至第九条为主体部分，分别为固定资产的标准、固定资产的分类、固定资产的管理、固定资产的购置、固定资产变更、固定资产的出售、固定资产编号、固定资产的清查，也是固定资产管理的重要事项。第十条为结尾部分，采用了说明式的结尾，说明了固定资产管理的权限问题。

八、本节写作要点

1. 内容专业性。财务活动是企业的重要活动之一，著名管理学家法约尔将其作为人类六大活动之一，可见其重要性。因此在撰写财务管理类文书的时候，要遵循专业原则，一是用语要专业，财会类专业词汇使用应准确；二是流程要专业，财会类涉及资金周转，流程设计必须要防止资产流失等问题，因此流程设计也要专业。

2.行文模式化。财务管理类制度可采用总则—分则—附则的撰写模式,总则交代行文背景、目的、依据、意义等内容,分则为主体部分,重点讲明制度的具体内容;附则为结尾部分,或进行特殊说明,或进行补充说明。

第二节　会计管理制度

一、会计管理办法

(一)例文

企业会计制度

第一章　总　则

第一条　为了规范企业的会计核算,真实、完整地提供会计信息,根据《中华人民共和国会计法》及国家其他有关法律和法规,制定本制度。

第二条　除不对外筹集资金、经营规模较小的企业,以及金融保险企业以外,在中华人民共和国境内设立的企业(含公司,下同),执行本制度。

第三条　企业应当根据有关会计法律、行政法规和本制度的规定,在不违反本制度的前提下,结合本企业的具体情况,制定适合于本企业的会计核算办法。

第四条　企业填制会计凭证、登记会计账簿、管理会计档案等要求,按照《中华人民共和国会计法》《会计基础工作规范》和《会计档案管理办法》的规定执行。

第五条　会计核算应以企业发生的各项交易或事项为对象,记录和反映企业本身的各项生产经营活动。

第六条　会计核算应当以企业持续、正常的生产经营活动为前提。

第七条　会计核算应当划分会计期间,分期结算账目和编制财务会计报告。会计期间分为年度、半年度、季度和月度。年度、半年度、季度和月度均按公历起讫日期确定。半年度、季度和月度均称为会计中期。

本制度所称的期末和定期,是指月末、季末、半年末和年末。

第八条　企业的会计核算以人民币为记账本位币。

业务收支以人民币以外的货币为主的企业,可以选定其中一种货币作为记账本位币,但是编报的财务会计报告应当折算为人民币。

在境外设立的中国企业向国内报送的财务会计报告,应当折算为人民币。

第九条　企业的会计记账采用借贷记账法。

第十条 会计记录的文字应当使用中文。在民族自治地方，会计记录可以同时使用当地通用的一种民族文字。在中华人民共和国境内的外商投资企业、外国企业和其他外国组织的会计记录可以同时使用一种外国文字。

第十一条 企业在会计核算时，应当遵循以下基本原则：

（一）会计核算应当以实际发生的交易或事项为依据，如实反映企业的财务状况、经营成果和现金流量。

（二）企业应当按照交易或事项的经济实质进行会计核算，而不应当仅仅按照他们的法律形式作为会计核算的依据。

（三）企业提供的会计信息应当能够反映企业的财务状况、经营成果和现金流量，以满足会计信息使用者的需要。

（四）企业的会计核算方法前后各期应当保持一致，不得随意变更。如有必要变更，应当将变更的内容和理由、变更的累积影响数，以及累积影响数不能合理确定的理由等，在会计报表附注中予以说明。

（五）企业的会计核算应当按照规定的会计处理方法进行，会计指标应当口径一致、相互可比。

（六）企业的会计核算应当及时进行，不得提前或延后。

（七）企业的会计核算和编制的财务会计报告应当清晰明了，便于理解和利用。

（八）企业的会计核算应当以权责发生制为基础。凡是当期已经实现的收入和已经发生或应当负担的费用，不论款项是否收付，都应当作为当期的收入和费用；凡是不属于当期的收入和费用，即使款项已在当期收付，也不应当作为当期的收入和费用。

（九）企业在进行会计核算时，收入与其成本、费用应当相互配比，同一会计期间内的各项收入和与其相关的成本、费用，应当在该会计期间内确认。

（十）企业的各项财产在取得时应当按照实际成本计量。其后，各项财产如果发生减值，应当按照本制度规定计提相应的减值准备。除法律、行政法规和国家统一的会计制度另有规定者外，企业一律不得自行调整其账面价值。

（十一）企业的会计核算应当合理划分收益性支出与资本性支出的界限。凡支出的效益仅及于本年度（或一个营业周期）的，应当作为收益性支出；凡支出的效益及于几个会计年度（或几个营业周期）的，应当作为资本性支出。

（十二）企业在进行会计核算时，应当遵循谨慎性原则的要求，不得多计资产或收益、少计负债或费用，不得计提秘密准备。

（十三）企业的会计核算应当遵循重要性原则的要求，在会计核算过程中对交易或事项应当区别其重要程度，采用不同的核算方式。对资产、负债、损益等有较大影响，并进而影响财务会计报告使用者据以作出合理判断的重要会计事项，必须按照规定的会计方法和程序进行处理,并在财务会计报告中予以充分、准确地披露;对于次要的会计事项,在不影响会计信息真实性和不至于误导财务会计报告使用者作出正确判断的前提下,可适当简化处理。

第二章 资 产

第十二条 资产,是指由过去的交易、事项形成的并由企业拥有或者控制的资源,该资源预期会给企业带来经济利益。

第十三条 企业的资产应按流动性分为流动资产、长期投资、固定资产、无形资产和其他资产。

第一节 流动资产

第十四条 流动资产,是指可以在1年或者超过1年的一个营业周期内变现或耗用的资产,主要包括现金、银行存款、短期投资、应收及预付款项、待摊费用、存货等。

本制度所称的投资,是指企业为通过分配来增加财富,或为谋求其他利益而将资产让渡给其他单位所获得的另一项资产。

第十五条 企业应当设置现金和银行存款日记账,按照业务发生顺序逐日逐笔登记。银行存款应按银行和其他金融机构的名称和存款种类进行明细核算。

有外币现金和存款的企业,还应当分别按人民币和外币进行明细核算。

现金的账面余额必须与库存数相符。银行存款的账面余额应当与银行对账单定期核对,并按月编制银行存款余额调节表调节相符。

本制度所称的账面余额,是指某科目的账面实际余额,不扣除作为该科目备抵的项目(如累计折旧、相关资产的减值准备等)。

第十六条 短期投资,是指能够随时变现并且持有时间不准备超过1年(含1年)的投资,包括股票、债券、基金等。短期投资应当按照以下原则核算:

(一)短期投资在取得时应当按照投资成本计量。短期投资取得时的投资成本按以下方法确定:

1. 以现金购入的短期投资,按实际支付的全部价款,包括税金、手续费等相关费用。实际支付的价款中包含的已宣告但尚未领取的现金股利或已到付息期但尚未领取的债券利息,应当单独核算,不构成短期投资成本。

已存入证券公司但尚未进行短期投资的现金,先作为其他货币资金处理,待实际投资时,按实际支付的价款或实际支付的价款减去已宣告但尚未领取的现金股利或已到付息期但尚未领取的债券利息,作为短期投资的成本。

2. 投资者投入的短期投资,按投资各方确认的价值,作为短期投资成本。

3. 企业接受的债务人以非现金资产抵偿债务方式取得的短期投资,或以应收债权换入的短期投资，按应收债权的账面价值加上应支付的相关税费，作为短期投资成本。如果所接受的短期投资中含有已宣告但尚未领取的现金股利，或已到付息期但尚未领取的债券利息，按应收债权的账面价值减去应收股利或应收利息，加上应支付的相关税费后的余额，作为短期投资成本。涉及补价的，按以下规定确定受让的短期投资成本：

（1）收到补价的，按应收债权账面价值减去补价，加上应支付的相关税费，作为短期投资成本；

（2）支付补价的，按应收债权的账面价值加上支付的补价和应支付的相关税费，作为短期投资成本。

本制度所称的账面价值，是指某科目的账面余额减去相关的备抵项目后的净额。如"短期投资"科目的账面余额减去相应的跌价准备后的净额，为短期投资的账面价值。

4.以非货币性交易换入的短期投资，按换出资产的账面价值加上应支付的相关税费，作为短期投资成本。涉及补价的，按以下规定确定换入的短期投资成本：

（1）收到补价的，按换出资产的账面价值加上应确认的收益和应支付的相关税费减去补价后的余额，作为短期投资成本；

（2）支付补价的，按换出资产的账面价值加上应支付的相关税费和补价，作为短期投资成本。

以原材料换入的短期投资，如该项原材料的进项税额不可抵扣的，则换入的短期投资的入账价值还应当加上不可抵扣的增值税进项税额。以原材料换入的存货、固定资产等，按同一原则处理。

（二）短期投资的现金股利或利息，应于实际收到时，冲减投资的账面价值，但已记入"应收股利"或"应收利息"科目的现金股利或利息除外。

（三）企业应当在期末时对短期投资按成本与市价孰低计量，对市价低于成本的差额，应当计提短期投资跌价准备。

企业计提的短期投资跌价准备应当单独核算，在资产负债表中，短期投资项目按照减去其跌价准备后的净额反映。

（四）处置短期投资时，应将短期投资的账面价值与实际取得价款的差额，作为当期投资损益。

企业的委托贷款，应视同短期投资进行核算。但是，委托贷款应按期计提利息，计入损益；企业按期计提的利息到付息期不能收回的，应当停止计提利息，并冲回原已计提的利息。期末时，企业的委托贷款应按资产减值的要求，计提相应的减值准备。

第十七条 应收及预付款项，是指企业在日常生产经营过程中发生的各项债权，包括：应收款项（包括应收票据、应收账款、其他应收款）和预付账款等。

第十八条　应收及预付款项应当按照以下原则核算：

（一）应收及预付款项应当按照实际发生额记账，并按照往来户名等设置明细账，进行明细核算。

（二）带息的应收款项，应于期末按照本金（或票面价值）与确定的利率计算的金额，增加其账面余额，并确认为利息收入，计入当期损益。

（三）到期不能收回的应收票据，应按其账面余额转入应收账款，并不再计提利息。

（四）企业与债务人进行债务重组的，按以下规定处理：

1. 债务人在债务重组时以低于应收债权的账面价值的现金清偿的，企业实际收到的金额小于应收债权账面价值的差额，计入当期营业外支出。

2. 以非现金资产清偿债务的，应按应收债权的账面价值等作为受让的非现金资产的入账价值。

如果接受多项非现金资产的，应按接受的各项非现金资产的公允价值占非现金资产公允价值总额的比例，对应收债权的账面价值进行分配，并按照分配后的价值作为所接受的各项非现金资产的入账价值。

3. 以债权转为股权的，应按应收债权的账面价值等作为受让的股权的入账价值。

如果涉及多项股权的，应按各项股权的公允价值占股权公允价值总额的比例，对应收债权的账面价值进行分配，并按照分配后的价值作为所接受的各项股权的入账价值。

4. 以修改其他债务条件清偿债务的，应将未来应收金额小于应收债权账面价值的差额，计入当期营业外支出；如果修改后的债务条款涉及或有收益的，则或有收益不应当包括在未来应收金额中。待实际收到或有收益时，计入收到当期的营业外收入。

如果修改其他债务条件后，未来应收金额等于或大于重组前应收债权账面余额的，则在债务重组时不作账务处理，但应当在备查簿中进行登记。修改债务条件后的应收债权，按本制度规定的一般应收债权进行会计处理。

本制度所称的债务重组，是指债权人按照其与债务人达成的协议或法院的裁决同意债务人修改债务条件的事项。或有收益，是指依未来某种事项出现而发生的收益，未来事项的出现具有不确定性。

（五）企业应于期末时对应收款项（不包括应收票据，下同）计提坏账准备。

坏账准备应当单独核算，在资产负债表中应收款项按照减去已计提的坏账准备后的净额反映。

第十九条　待摊费用，是指企业已经支出，但应当由本期和以后各期分别负担的、分摊期在1年以内（含1年）的各项费用，如低值易耗品摊销、预付保险费、一次性购买印花税票和一次性购买印花税税额较大需分摊的数额等。

待摊费用应按其受益期限在1年内分期平均摊销，计入成本、费用。如果某项待摊费用已经不能使企业受益，应当将其摊余价值一次全部转入当期成本、费用，不得再留待以后期间摊销。

待摊费用应按费用种类设置明细账，进行明细核算。

第二十条 存货，是指企业在日常生产经营过程中持有以备出售，或者仍然处在生产过程，或者在生产或提供劳务过程中将消耗的材料或物料等，包括各类材料、商品、在产品、半成品、产成品等。存货应当按照以下原则核算。

（一）存货在取得时，应当按照实际成本入账。实际成本按以下方法确定：

1. 购入的存货，按买价加运输费、装卸费、保险费、包装费、仓储费等费用，再加上运输途中的合理损耗、入库前的挑选整理费用和按规定应计入成本的税金以及其他费用，作为实际成本。

商品流通企业购入的商品，按照进价和按规定应计入商品成本的税金，作为实际成本。采购过程中发生的运输费、装卸费、保险费、包装费、仓储费等费用，运输途中的合理损耗、入库前的挑选整理费用等，直接计入当期损益。

2. 自制存货，按制造过程中的各项实际支出，作为实际成本。

3. 委托外单位加工完成的存货，以实际耗用的原材料或者半成品以及加工费、运输费、装卸费和保险费等费用以及按规定应计入成本的税金，作为实际成本。

商品流通企业加工的商品，以商品的进货原价、加工费用和按规定应计入成本的税金，作为实际成本。

4. 投资者投入的存货，按照投资各方确认的价值，作为实际成本。

5. 接受捐赠的存货，按以下规定确定其实际成本：

（1）捐赠方提供了有关凭据（如发票、报关单、有关协议）的，按凭据上标明的金额加上应支付的相关税费，作为实际成本。

（2）捐赠方没有提供有关凭据的，按如下顺序确定其实际成本：

①同类或类似存货存在活跃市场的，按同类或类似存货的市场价格估计的金额，加上应支付的相关税费作为实际成本；

②同类或类似存货不存在活跃市场的，按所接受捐赠的存货的预计未来现金流量现值，作为实际成本。

6. 企业接受的债务人以非现金资产抵偿债务方式取得的存货，或以应收债权换入存货的，按照应收债权的账面价值减去可抵扣的增值税进项税额后的差额，加上应支付的相关税费，作为实际成本。涉及补价的，按以下规定确定受让存货的实际成本：

（1）收到补价的，按应收债权的账面价值减去可抵扣的增值税进项税额和补价，加上应支付的相关税费，作为实际成本；

（2）支付补价的，按应收债权的账面价值减去可抵扣的增值税进项税额，加上支付的补价和应支付的相关税费，作为实际成本。

7. 以非货币性交易换入的存货，按换出资产的账面价值减去可抵扣的增值税进项税额后的差额，加上应支付的相关税费，作为实际成本。涉及补价的，按以下规定确定换入存货的实际成本：

（1）收到补价的，按换出资产的账面价值减去可抵扣的增值税进项税额后的差额，加上应确认的收益和应支付的相关税费，减去补价后的余额，作为实际成本。

（2）支付补价的，按换出资产的账面价值减去可抵扣的增值税进项税额后的差额，加上应支付的相关税费和补价，作为实际成本。

8. 盘盈的存货，按照同类或类似存货的市场价格，作为实际成本。

（二）按照计划成本（或售价，下同）进行存货核算的企业，对存货的计划成本和实际成本之间的差异，应当单独核算。

（三）领用或发出的存货，按照实际成本核算的，应当采用先进先出法、加权平均法、移动平均法、个别计价法或后进先出法等确定其实际成本；按照计划成本核算的，应按期结转其应负担的成本差异，将计划成本调整为实际成本。

低值易耗品和周转使用的包装物、周转材料等应在领用时摊销，摊销方法可以采用一次摊销或者分次摊销。

（四）存货应当定期盘点，每年至少盘点一次。盘点结果如果与账面记录不符，应于期末前查明原因，并根据企业的管理权限，经股东大会或董事会，或经理（厂长）会议或类似机构批准后，在期末结账前处理完毕。盘盈的存货，应冲减当期的管理费用；盘亏的存货，在减去过失人或者保险公司等赔款和残料价值之后，计入当期管理费用，属于非常损失的，计入营业外支出。

盘盈或盘亏的存货，如在期末结账前尚未经批准的，应在对外提供财务会计报告时先按上述规定进行处理，并在会计报表附注中作出说明；如果其后批准处理的金额与已处理的金额不一致，应按其差额调整会计报表相关项目的年初数。

（五）企业的存货应当在期末时按成本与可变现净值孰低计量，对可变现净值低于存货成本的差额，计提存货跌价准备。

在资产负债表中，存货项目按照减去存货跌价准备后的净额反映。

第二节 长期投资

第二十一条 长期投资，是指除短期投资以外的投资，包括持有时间准备超过1年（不含1年）的各种股权性质的投资、不能变现或不准备随时变现的债券、长期债权投资和其他长期投资。

长期投资应当单独进行核算，并在资产负债表中单列项目反映。

第二十二条　长期股权投资应当按照以下原则核算：

（一）长期股权投资在取得时应当按照初始投资成本入账。初始投资成本按以下方法确定：

1. 以现金购入的长期股权投资，按实际支付的全部价款（包括支付的税金、手续费等相关费用），作为初始投资成本；实际支付的价款中包含已宣告但尚未领取的现金股利，按实际支付的价款减去已宣告但尚未领取的现金股利后的差额，作为初始投资成本。

2. 企业接受的债务人以非现金资产抵偿债务方式取得的长期股权投资，或以应收债权换入长期股权投资的，按应收债权的账面价值加上应支付的相关税费，作为初始投资成本。涉及补价的，按以下规定确定受让的长期股权投资的初始投资成本：

（1）收到补价的，按应收债权的账面价值减去补价，加上应支付的相关税费，作为初始投资成本。

（2）支付补价的，按应收债权的账面价值加上支付的补价和应支付的相关税费，作为初始投资成本。

3. 以非货币性交易换入的长期股权投资，按换出资产的账面价值加上应支付的相关税费，作为初始投资成本。涉及补价的，应按以下规定确定换入长期股权投资的初始投资成本：

（1）收到补价的，按换出资产的账面价值加上应确认的收益和应支付的相关税费减去补价后的余额，作为初始投资成本。

（2）支付补价的，按换出资产的账面价值加上应支付的相关税费和补价，作为初始投资成本。

4. 通过行政划拨方式取得的长期股权投资，按划出单位的账面价值，作为初始投资成本。

（二）企业的长期股权投资，应当根据不同情况，分别采用成本法或权益法核算。企业对被投资单位无控制、无共同控制且无重大影响的，长期股权投资应当采用成本法核算；企业对被投资单位具有控制、共同控制或重大影响的，长期股权投资应当采用权益法核算。通常情况下，企业对其他单位的投资占该单位有表决权资本总额20%或20%以上，或虽投资不足20%但具有重大影响的，应当采用权益法核算。企业对其他单位的投资占该单位有表决权资本总额20%以下，或对其他单位的投资虽占该单位有表决权资本总额20%或20%以上，但不具有重大影响的，应当采用成本法核算。

（三）采用成本法核算时，除追加投资、将应分得的现金股利或利润转为投资或收回投资外，长期股权投资的账面价值一般应当保持不变。被投资单位宣告分派的利润或现金股利，作为当期投资收益。企业确认的投资收益，仅限于所获得的被投资单位在接受投资后产生的累积净利润的分配额，所获得的被投资单位宣告分派的利润或现金股利超过上述数额的部分，作为初始投资成本的收回，冲减投资的账面价值。

（四）采用权益法核算时，投资最初以初始投资成本计量，投资企业的初始投资成本与应享有被投资单位所有者权益份额之间的差额，作为股权投资差额处理，按一定期限平均摊销，计入损益。

股权投资差额的摊销期限，合同规定了投资期限的，按投资期限摊销。合同没有规定投资期限的，初始投资成本超过应享有被投资单位所有者权益份额之间的差额，按不超过10年的期限摊销。初始投资成本低于应享有被投资单位所有者权益份额之间的差额，按不低于10年的期限摊销。

采用权益法核算时，企业应当在取得股权投资后，按应享有或应分担的被投资单位当年实现的净利润或发生的净亏损的份额（法律、法规或公司章程规定不属于投资企业的净利润除外，如承包经营企业支付的承包利润、外商投资企业按规定按照净利润的一定比例计提作为负债的职工奖励及福利基金等），调整投资的账面价值，并作为当期投资损益。企业按被投资单位宣告分派的利润或现金股利计算应分得的部分，减少投资的账面价值。企业在确认被投资单位发生的净亏损时，应以投资账面价值减记至零为限；如果被投资单位以后各期实现净利润，投资企业应在计算的收益分享额超过未确认的亏损分担额以后，按超过未确认的亏损分担额的金额，恢复投资的账面价值。

企业按被投资单位净损益计算调整投资的账面价值和确认投资损益时，应当以取得被投资单位股权后发生的净损益为基础。

对被投资单位除净损益以外的所有者权益的其他变动，也应当根据具体情况调整投资的账面价值。

（五）企业因追加投资等原因对长期股权投资的核算从成本法改为权益法，应当自实际取得对被投资单位控制、共同控制或对被投资单位实施重大影响时，按股权投资的账面价值作为初始投资成本，初始投资成本与应享有被投资单位所有者权益份额的差额，作为股权投资差额，并按本制度的规定摊销，计入损益。

企业因减少投资等原因对被投资单位不再具有控制、共同控制或重大影响时，应当中止采用权益法核算，改按成本法核算，并按投资的账面价值作为新的投资成本。其后，被投资单位宣告分派利润或现金红利时，属于已记入投资账面价值的部分，作为新的投资成本的收回，冲减投资的账面价值。

（六）企业改变投资目的，将短期投资划转为长期投资，应按短期投资的成本与市价孰低结转，并按此确定的价值作为长期投资初始投资成本。拟处置的长期投资不调整至短期投资，待处置时按处置长期投资进行会计处理。

（七）处置股权投资时，应将投资的账面价值与实际取得价款的差额，作为当期投资损益。

第三节　固定资产（略）

第四节　无形资产和其他资产（略）

第五节　资产减值交换（略）

第三章　负　债

第六十六条　负债，是指过去的交易、事项形成的现时义务，履行该义务预期会导致经济利益流出企业。

第六十七条　企业的负债应按其流动性，分为流动负债和长期负债。

第一节　流动负债

第六十八条　流动负债，是指将在1年（含1年）或者超过1年的一个营业周期内偿还的债务，包括短期借款、应付票据、应付账款、预收账款、应付工资、应付福利费、应付股利、应交税金、其他暂收应付款项、预提费用和一年内到期的长期借款等。

第六十九条　各项流动负债，应按实际发生额入账。短期借款、带息应付票据、短期应付债券应当按照借款本金或债券面值，按照确定的利率按期计提利息，计入损益。

第七十条　企业与债权人进行债务重组时，应按以下规定处理：

（一）以现金清偿债务的，支付的现金小于应付债务账面价值的差额，计入资本公积。

（二）以非现金资产清偿债务的，应按应付债务的账面价值结转。应付债务的账面价值与用于抵偿债务的非现金资产账面价值的差额，作为资本公积，或者作为损失计入当期营业外支出。

（三）以债务转为资本的，应当分别以下情况处理：

1.股份有限公司，应按债权人放弃债权而享有股份的面值总额作为股本，按应付债务账面价值与转作股本的金额的差额，作为资本公积；

2.其他企业，应按债权人放弃债权而享有的股权份额作为实收资本，按债务账面价值与转作实收资本的金额的差额，作为资本公积。

（四）以修改其他债务条件进行债务重组的，修改其他债务条件后未来应付金额小于债务重组前应付债务账面价值的，应将其差额计入资本公积；如果修改后的债务条款涉及或有支出的，应将或有支出包括在未来应付金额中，含或有支出的未来应付金额小于债务重组前应付债务账面价值的，应将其差额计入资本公积。在未来偿还债务期间内未满足债务重组协议所规定的或有支出条件，即或有支出没有发生的，其已记录的或有支出转入资本公积。

修改其他债务条件后未来应付金额等于或大于债务重组前应付债务账面价值的，在债务重组时不作账务处理。对于修改债务条件后的应付债务，应按本制度规定的一般应付债务进行会计处理。

本制度所称的或有支出，是指依未来某种事项出现而发生的支出。未来事项的出现具有不确定性。

第二节　长期负债（略）

第四章　所有者权益

第七十九条　所有者权益，是指所有者在企业资产中享有的经济利益，其金额为资产减去负债后的余额。所有者权益包括实收资本（或者股本）、资本公积、盈余公积和未分配利润等。

第八十条　企业的实收资本是指投资者按照企业章程，或合同、协议的约定，实际投入企业的资本。

（一）一般企业实收资本应按以下规定核算：

1. 投资者以现金投入的资本，应当以实际收到或者存入企业开户银行的金额作为实收资本入账。实际收到或者存入企业开户银行的金额超过其在该企业注册资本中所占份额的部分，计入资本公积。

2. 投资者以非现金资产投入的资本，应按投资各方确认的价值作为实收资本入账。为首次发行股票而接受投资者投入的无形资产，应按该项无形资产在投资方的账面价值入账。

3. 投资者投入的外币，合同没有约定汇率的，按收到出资额当日的汇率折合；合同约定汇率的，按合同约定的汇率折合，因汇率不同产生的折合差额，作为资本公积处理。

4. 中外合作经营企业依照有关法律、法规的规定，在合作期间归还投资者投资的，对已归还的投资应当单独核算，并在资产负债表中作为实收资本的减项单独反映。

1. 公司的股本应当在核定的股本总额及核定的股份总额的范围内发行股票取得。公司发行的股票，应按其面值作为股本，超过面值发行取得的收入，其超过面值的部分，作为股本溢价，计入资本公积。

2. 境外上市公司以及在境内发行外资股的公司，按确定的人民币股票面值和核定的股份总额的乘积计算的金额，作为股本入账，按收到股款当日的汇率折合的人民币金额与按人民币计算的股票面值总额的差额，作为资本公积处理。

第八十一条　企业资本（或股本）除下列情况外，不得随意变动：

（一）符合增资条件，并经有关部门批准增资的，在实际取得投资者的出资时，登记入账。

（二）企业按法定程序报经批准减少注册资本的，在实际发还投资时登记入账。采用收购本企业股票方式减资的，在实际购入本企业股票时，登记入账。

企业应当将因减资而注销的股份、发还股款，以及因减资需更新股票的变动情况，在股本账户的明细账及有关备查簿中详细记录。

投资者按规定转让其出资的，企业应当于有关的转让手续办理完毕时，将出让方所转让的出资额，在资本（或股本）账户的有关明细账户及各备查登记簿中转为受让方。

第八十二条　资本公积包括资本（或股本）溢价、接受捐赠资产、拨款转入、外币资本折算差额等。资本公积项目主要包括：

（一）资本（或股本）溢价，是指企业投资者投入的资金超过其在注册资本中所占份额的部分。

（二）接受非现金资产捐赠准备，是指企业因接受非现金资产捐赠而增加的资本公积。

（三）接受现金捐赠，是指企业因接受现金捐赠而增加的资本公积。

（四）股权投资准备，是指企业对被投资单位的长期股权投资采用权益法核算时，因被投资单位接受捐赠等原因增加的资本公积，企业按其持股比例计算而增加的资本公积。

（五）拨款转入，是指企业收到国家拨入的专门用于技术改造、技术研究等的拨款项目完成后，按规定转入资本公积的部分。企业应按转入金额入账。

（六）外币资本折算差额，是指企业接受外币投资因所采用的汇率不同而产生的资本折算差额。

（七）其他资本公积，是指除上述各项资本公积以外所形成的资本公积，以及从资本公积各准备项目转入的金额。债权人豁免的债务也在本项目核算。

第八十三条　资本公积各准备项目不能转增资本（或股本）。

第五章　收　入

第八十四条　收入，是指企业在销售商品、提供劳务及让渡资产使用权等日常活动中所形成的经济利益的总流入，包括主营业务收入和其他业务收入。收入不包括为第三方或者客户代收的款项。

企业应当根据收入的性质，按照收入确认的原则，合理地确认和计量各项收入。

（一）销售商品及提供劳务服务（略）

（二）建造合同收入（略）

第六章　成本和费用

第九十九条　费用，是指企业为销售商品、提供劳务等日常活动所发生的经济利益的流出；成本，是指企业为生产产品、提供劳务而发生的各种耗费。

企业应当合理划分期间费用和成本的界限。期间费用应当直接计入当期损益；成本应当计入所生产的产品、提供劳务的成本。

企业应将当期已销产品或已提供劳务的成本转入当期的费用；商品流通企业应将当期已销商品的进价转入当期的费用。

第一百条　企业在生产经营过程中所耗用的各项材料，应按实际耗用数量和账面单价计算，计入成本、费用。

第一百零一条　企业应支付职工的工资，应当根据规定的工资标准、工时、产量记录等资料，计算职工工资，计入成本、费用。企业按规定给予职工的各种工资性质的补贴，也应计入各工资项目。

企业应当根据国家规定，计算提取应付福利费，计入成本、费用。

第一百零二条　企业在生产经营过程中所发生的其他各项费用，应当以实际发生数计入成本、费用。凡应当由本期负担而尚未支出的费用，作为预提费用计入本期成本、费用；凡已支出，应当由本期和以后各期负担的费用，应当作为待摊费用，分期摊入成本、费用。

第一百零三条　企业应当根据本企业的生产经营特点和管理要求，确定适合本企业的成本核算对象、成本项目和成本计算方法。成本核算对象、成本项目以及成本计算方法一经确定，不得随意变更，如需变更，应当根据管理权限，经股东大会或董事会，或经理（厂长）会议或类似机构批准，并在会计报表附注中予以说明。

第七章　利润和利润分配

第一百零四条　利润，是指企业在一定会计期间的经营成果，包括营业利润、利润总额和净利润。

（一）营业利润，是指主营业务收入减去主营业务成本和主营业务税金及附加，加上其他业务利润，减去营业费用、管理费用和财务费用后的金额。

（二）利润总额，是指营业利润加上投资收益、补贴收入、营业外收入，减去营业外支出后的金额。

（三）投资收益，是指企业对外投资所取得的收益，减去发生的投资损失和计提的投资减值准备后的净额。

（四）补贴收入，是指企业按规定实际收到退还的增值税，或按销量或工作量等依据国家规定的补助定额计算并按期给予的定额补贴，以及属于国家财政扶持的领域而给予的其他形式的补贴。

（五）营业外收入和营业外支出，是指企业发生的与其生产经营活动无直接关系的各项收入和各项支出。营业外收入包括固定资产盘盈、处置固定资产净收益、处置无形资产净收益、罚款净收入等。营业外支出包括固定资产盘亏、处置固定资产净损失、处置无形资产净损失、债务重组损失、计提的无形资产减值准备、计提的固定资产减值准备、计提的在建工程减值准备、罚款支出、捐赠支出、非常损失等。

第八章 非货币性贸易

第一百零五条 非货币性交易，是指交易双方以非货币性资产进行的交换（包括股权换股权，但不包括企业合并中所涉及的非货币性交易）。这种交换不涉及或只涉及少量的货币性资产。

第一百零六条 在进行非货币性交易的核算时，无论是一项资产换入一项资产，或者一项资产同时换入多项资产，或者同时以多项资产换入一项资产，或者以多项资产换入多项资产，均按换出资产的账面价值加上应支付的相关税费，作为换入资产入账价值。

如果涉及补价，支付补价的企业，应当以换出资产账面价值加上补价和应支付的相关税费，作为换入资产入账价值；收到补价的企业，应当以换出资产账面价值减去补价，加上应确认的收益和应支付的相关税费，作为换入资产入账价值。换出资产应确认的收益按下列公式计算确定：

应确认的收益 =（1- 换出资产账面价值 ÷ 换出资产公允价值）× 补价

本制度所称的公允价值，是指在公平交易中，熟悉情况的交易双方，自愿进行资产交换或债务清偿的金额。

上述换入的资产如为存货的，按上述规定确定的入账价值，还应减去可抵扣的增值税进项税额。

第一百零七条 在非货币性交易中，如果同时换入多项资产，应当按照换入各项资产的公允价值与换入资产公允价值总额的比例，对换出资产的账面价值总额进行分配，以确定各项换入资产的入账价值。

第一百零八条 在资产交换中，如果换入的资产中涉及应收款项的，应当分别以下情况处理：

第九章 外币业务

第一百零九条 外币业务，是指以记账本位币以外的货币进行的款项收付、往来结算等业务。

第一百一十条　企业在核算外币业务时，应当设置相应的外币账户。外币账户包括外币现金、外币银行存款、以外币结算的债权（如应收票据、应收账款、预付账款等）和债务（如短期借款、应付票据、应付账款、预收账款、应付工资、长期借款等），应当与非外币的各该相同账户分别设置，并分别核算。

第一百一十一条　企业发生外币业务时，应当将有关外币金额折合为记账本位币金额记账。除另有规定外，所有与外币业务有关的账户，应当采用业务发生时的汇率，也可以采用业务发生当期期初的汇率折合。

第一百一十二条　各种外币账户的外币金额，期末时应当按照期末汇率折合为记账本位币。按照期末汇率折合的记账本位币金额与账面记账本位币金额之间的差额，作为汇兑损益，计入当期损益；属于筹建期间的计入长期待摊费用；属于与购建固定资产有关的借款产生的汇兑损益，按照借款费用资本化的原则进行处理。

第十章　会计调整

第一百一十三条　会计调整，是指企业因按照国家法律、行政法规和会计制度的要求，或者因特定情况下按照会计制度规定对企业原采用的会计政策、会计估计，以及发现的会计差错、发生的资产负债表日后事项等所作的调整。

第一百一十四条　会计政策，是指企业在会计核算时所遵循的具体原则以及企业所采纳的具体会计处理方法。具体原则，是指企业按照国家统一的会计核算制度所制定的、适合于本企业的会计制度中所采用的会计原则；具体会计处理方法，是指企业在会计核算中对于诸多可选择的会计处理方法中所选择的、适合于本企业的会计处理方法。例如，长期投资的具体会计处理方法、坏账损失的核算方法等。

第一百一十五条　会计估计，是指企业对其结果不确定的交易或事项以最近可利用的信息为基础所作的判断。例如，固定资产预计使用年限与预计净残值、预计无形资产的受益期等。

第一百一十六条　会计差错，是指在会计核算时，在确认、计量、记录等方面出现的错误。

第一百一十七条　资产负债表日后事项，是指自年度资产负债表日至财务会计报告批准报出日之间发生的需要调整或说明的事项。

第十一章　或有事项

第一百一十八条　或有事项，是指过去的交易或事项形成的一种状况，其结果须通过未来不确定事项的发生或不发生予以证实。

或有负债，是指过去的交易或事项形成的潜在义务，其存在须通过未来不确定事项的发生或不发生予以证实；或过去的交易或事项形成的现时义务，履行该义务不是很可能导致经济利益流出企业或该义务的金额不能可靠地计量。

或有资产，是指过去的交易或事项形成的潜在资产，其存在须通过未来不确定事项的发生或不发生予以证实。

第一百一十九条　如果与或有事项相关的义务同时符合以下条件，企业应当将其作为负债：

（一）该义务是企业承担的现时义务。

（二）该义务的履行很可能导致经济利益流出企业。

（三）该义务的金额能够可靠地计量。

符合上述确认条件的负债，应当在资产负债表中单列项目反映。

第一百二十条　符合上述确认条件的负债，其金额应当是清偿该负债所需支出的最佳估计数。如果所需支出存在一个金额范围，则最佳估计数应按该范围的上、下限金额的平均数确定；如果所需支出不存在一个金额范围，则最佳估计数应按如下方法确定：

（一）或有事项涉及单个项目时，最佳估计数按最可能发生的金额确定；

（二）或有事项涉及多个项目时，最佳估计数按各种可能发生额及其发生概率计算确定。

第一百二十一条　如果清偿符合上述确认条件的负债所需支出全部或部分预期由第三方或其他方补偿，则补偿金额只能在基本确定能收到时，作为资产单独确认，但确认的补偿金额不应当超过所确认负债的账面价值。

符合上述确认条件的资产，应当在资产负债表中单列项目反映。

第一百二十二条　企业不应当确认或有负债和或有资产。

第一百二十三条　企业应当在会计报表附注中披露如下或有负债形成的原因，预计产生的财务影响（如无法预计，应当说明理由），以及获得补偿的可能性：

（一）已贴现商业承兑汇票形成的或有负债。

（二）未决诉讼、未决仲裁形成的或有负债。

（三）为其他单位提供债务担保形成的或有负债。

（四）其他或有负债（不包括极小可能导致经济利益流出企业的或有负债）。

第一百二十四条　或有资产一般不应当在会计报表附注中披露。但或有资产很可能会给企业带来经济利益时，应当在会计报表附注中披露其形成的原因。如果能够预计其产生的财务影响，还应当作相应披露。

在涉及未决诉讼、未决仲裁的情况下，按本章规定，如果披露全部或部分信息预期会对企业造成重大不利影响，则企业无须披露这些信息，但应披露未决诉讼、未决仲裁的形成原因。

第十二章 关联方关系及其交易

第一百二十五条 在企业财务和经营决策中,如果一方有能力直接或间接控制、共同控制另一方或对另一方施加重大影响,则他们之间存在关联方关系;如果两方或多方同受一方控制,则他们之间也存在关联方关系。关联方关系主要存在于:

(一)直接或间接地控制其他企业或受其他企业控制,以及同受某一企业控制的两个或多个企业(例如,母公司、子公司、受同一母公司控制的子公司之间)。

母公司,是指能直接或间接控制其他企业的企业;子公司,是指被母公司控制的企业。

(二)合营企业。

合营企业,是指按合同规定经济活动由投资双方或若干方共同控制的企业。

(三)联营企业。

联营企业,是指投资者对其具有重大影响,但不是投资者的子公司或合营企业的企业。

(四)主要投资者个人、关键管理人员或与其关系密切的家庭成员。

(五)受主要投资者个人、关键管理人员或与其关系密切的家庭成员直接控制的其他企业。

国家控制的企业间不应当仅仅因为彼此同受国家控制而成为关联方,但企业间存有上述(一)至(三)的关系,或根据上述(五)受同一关键管理人员或与其关系密切的家庭成员直接控制时,彼此应视为关联方。

第一百二十六条 在存在控制关系的情况下,关联方如为企业时,不论他们之间有无交易,都应当在会计报表附注中披露企业类型、名称、法定代表人、注册地、注册资本及其变化、企业的主营业务、所持股份或权益及其变化。

第一百二十七条 在企业与关联方发生交易的情况下,企业应当在会计报表附注中披露关联方关系的性质、交易类型及其交易要素。这些要素一般包括:交易的金额或相应比例、未结算项目的金额或相应比例、定价政策(包括没有金额或只有象征性金额的交易)。

关联方交易应当区分关联方以及交易类型予以披露,类型相同的关联方交易,在不影响财务会计报告使用者正确理解的情况下可以合并披露。

第一百二十八条 下列关联方交易不需要披露:

(一)在合并会计报表中披露包括在合并会计报表中的企业集团成员之间的交易。

(二)在与合并会计报表一同提供的母公司会计报表中披露关联方交易。

第十三章 财务会计报告

第一百二十九条 企业应当按照《企业财务会计报告条例》的规定，编制和对外提供真实、完整的财务会计报告。

第一百三十条 企业的财务会计报告分为年度、半年度、季度和月度财务会计报告。月度、季度财务会计报告是指月度和季度终了提供的财务会计报告；半年度财务会计报告是指在每个会计年度的前6个月结束后对外提供的财务会计报告；年度财务会计报告是指年度终了对外提供的财务会计报告。

本制度将半年度、季度和月度财务会计报告统称为中期财务会计报告。

第一百三十一条 企业的财务会计报告由会计报表、会计报表附注和财务情况说明书组成（不要求编制和提供财务情况说明书的企业除外）。企业对外提供的财务会计报告的内容、会计报表种类和格式、会计报表附注的主要内容等，由本制度规定；企业内部管理需要的会计报表由企业自行规定。

季度、月度中期财务会计报告通常仅指会计报表，国家统一的会计制度另有规定的除外。

半年度中期财务会计报告中的会计报表附注至少应当披露所有重大的事项，如转让子公司等。半年度中期财务会计报告报出前发生的资产负债表日后事项、或有事项等，除特别重大事项外，可不作调整或披露。

第一百三十二条 企业向外提供的会计报表包括：（略）

第一百三十三条 会计报表附注至少应当包括下列内容：（略）（略）

第一百三十四条 财务情况说明书至少应当对下列情况作出说明：

（一）企业生产经营的基本情况。

（二）利润实现和分配情况。

（三）资金增减和周转情况。

（四）对企业财务状况、经营成果和现金流量有重大影响的其他事项。

第一百三十五条 月度中期财务会计报告应当于月度终了后6天内（节假日顺延，下同）对外提供；季度中期财务会计报告应当于季度终了后15天内对外提供；半年度中期财务会计报告应当于年度中期结束后60天内（相当于两个连续的月份）对外提供；年度财务会计报告应当于年度终了后4个月内对外提供。

会计报表的填列，以人民币"元"为金额单位，"元"以下填至"分"。

第一百三十六条 企业对其他单位投资如占该单位资本总额50%以上（不含50%），或虽然占单位注册资本总额不足50%但具有实质控制权的，应当编制合并会计报表。合并会计报表的编制原则和方法，按照国家统一的会计制度中有关合并会计报表的规定执行。

企业在编制合并会计报表时,应当将合营企业合并在内,并按照比例合并方法对合营企业的资产、负债、收入、费用、利润等予以合并。

第一百三十七条 企业对外提供的会计报表应当依次编定页数,加具封面,装订成册,加盖公章。封面上应当注明:企业名称、企业统一代码、组织形式、地址、报表所属年度或者月份、报出日期,并由企业负责人和主管会计工作的负责人、会计机构负责人(会计主管人员)签名并盖章。有设置总会计师的企业,还应当由总会计师签名并盖章。

第十四章　附　则

第一百六十条 本制度自××年×月×日起施行。

(二)例文解析

会计制度是对商业交易和财务往来在账簿中进行分类、登录、归总,并进行分析、核实和上报结果的制度,是进行会计工作所应遵循的规则、方法、程序的总称。企业会计制度涵盖的内容非常广泛,从例文即可看出,如其所列细则包括了资产、负债、所有者权益、收入、成本和费用、利润和利润分配、非货币性贸易、外币业务、会计调整、或有事项、关联方关系及其交易、财务会计报告等内容。除细则外,例文于总则中交代行文目的,即"为了规范企业的会计核算,真实、完整地提供会计信息",亦交代了行文依据,即"根据《中华人民共和国会计法》及国家其他有关法律和法规",再以"制定本制度"转入下文,这是此类文书的标准写法,在此不过多阐释。

二、会计基础工作规范及实施细则

(一)例文

会计基础工作规范实施细则

第一章　总　则

一、为了进一步落实《中华人民共和国会计法》(以下简称《会计法》),规范管理组会计工作行为,加强会计基础工作,提高会计工作水平,特制定本细则。

二、本细则是根据《会计法》《会计基础工作规范》《会计人员工作规则》的原则性规定而制定的会计工作具体操作规范,目的是使会计人员在从事会计工作时具有全面、系统、明确的标准,便于执行和考核。

三、本细则包括以下内容:会计机构、人员的设置及管理规范;会计核算全过程的基础工作规范，包括：审核原始凭证、填制记账凭证、设置会计账簿、记账、算账、对账、结账、查账、编制财务报告，建立健全内部会计管理制度，办理会计工作交接及会计档案管理规范等。

第二章　会计机构、会计人员管理规范

一、各单位要按《会计法》的规定，配备具有相应业务素质、持有会计证的会计人员，建立和完善会计人员岗位责任制。

二、会计人员岗位责任制要同本单位责任制相联系。以责定权，责权明确，严格考核，有奖有惩。

三、会计工作人员的岗位可以一人一岗、一人多岗或一岗多人，但出纳人员不得兼管稽核、会计档案保管和收入、费用、债权、债务账目的登记工作，出纳以外的会计人员不得经管现金、有价证券和票据，会计主管人员不得兼任出纳工作，实现会计电算化的单位，出纳员、程序编制人员，不得兼任微机录入工作，不得进行系统操作。

第三章　会计基础工作一般规范

一、《会计法》第十条规定：下列事项，应当办理会计手续，进行会计核算。
（一）款项和有价证券的收付；
（二）财物的收发、增减和使用；
（三）债权债务的发生和结算；
（四）资本、基金的增减和经费的收支；
（五）收入、支出、费用的计算；
（六）财务成果的计算和处理；
（七）其他需要办理会计手续、进行会计核算的事项。

二、办理会计事项要求书写正规的文字与数字。书写正规的文字和数字，是会计人员的基本功，也是会计基础工作好坏的重要标志。凡未实现会计电算化的单位，会计数字与文字书写应按照以下规定执行：
（一）填制会计凭证、登记账簿和编制会计报表等，应使用钢笔或碳素笔，用蓝色或黑色墨水，禁止使用圆珠笔或铅笔；按规定需要书写红字的，用红墨水，需要复写的会计凭证、会计报表，可使用圆珠笔。
（二）在凭证、账簿、报表上填写摘要或数字时，要在格子的上方留有二分之一的空距，用以更正错误。
（三）书写阿拉伯数字，应紧靠底线书写，字体要自右上方斜向左下方，倾斜度为55°～60°。字与字之间的距离要相同，大约空出半个数字的位置，数字之间不

许连写。写6上出头，写7和9下出头，并超过底线，出头的长度约为一般字体高度的四分之一；写0时，字高、字宽要与其他数字相同；写6、8、9、0时，圆圈必须封口。

（四）大写金额数字，应用汉字正楷或行书体书写。书写的文字以国务院公布的简化字为标准，力求工整、清晰。不要自造简化字，也不要滥用繁笔字，禁止使用连笔字。大写（正楷、行书）：壹、贰、叁、肆、伍、陆、柒、捌、玖、拾、佰、仟、万、亿、圆（元）、角、分、零、整（正）。不得用一、二、三、四、五、六、七、八、九、十、念、毛、другой、另（0）等字样代替。

大写金额数字到元或角为止的，在"元"或"角"字之后应写"整"或"正"字样；大写金额数字有分的，分字后面不写"整"或"正"字。

大写金额数字前未印有人民币字样，应加填"人民币"三字，"人民币"三字与金额数字之间不得留有空白。小写金额数字合计前，要填写人民币符号"￥"，与金额数字之间也不得留有空白。

阿拉伯金额数字之间有0时，汉字大写金额要写"零"字，如101.50，汉字大写金额应写成人民币壹佰零壹元伍角整。阿拉伯金额数字中间连续有几个"0"时，汉字大写金额中可以只写一个"零"字，如1004.56，汉字大写金额应写成人民币壹仟零肆圆伍角陆分。阿拉伯金额数字元位是"0"，或数字之间连续有几个"0"，元位也是"0"，但角位不是"0"时，汉字大写金额可只写一个"零"字，也可不写"零"字，如1320.56，汉字大写金额应写成人民币壹仟叁佰贰拾圆伍角陆分，或人民币壹仟叁佰贰拾圆伍角陆分。又如1000.56，汉字大写金额应写成人民币壹仟圆零伍角陆分，或人民币壹仟圆伍角陆分。

（五）书写数字发生错误时，要采用正确的更正方法即将错误数字全数用单红线注销，并在错误数字上盖章，另在上方填写正确的数字，严禁用刮擦涂抹或用药水消除字迹方法改错。

三、正确使用各种印章

（一）财务专用章必须由专人保管，使用时须征得财务负责人同意；"现金收讫""现金付讫""银行收讫""银行付讫"章由出纳人员专用；"转账收讫""转账付讫"章也要指定专人保管使用。

（二）填制记账凭证时，会计科目、明细科目可以刻制会计科目章，科目章规格，最大不超过四号字，最小不小于五号字，字样为仿宋体或楷体为宜。

（三）会计人员每人应刻制一枚长方形名章，用于原始凭证、记账凭证、会计报表等指定位置和更正数字，其规格不超过账表横格的三分之二。

（四）盖会计科目章，用蓝色印油；盖姓名章，用红色印油，字迹要清晰。

（五）支票与印鉴应分别保管，不得由出纳一人管理。

四、会计年度自公历一月一日起至十二月三十一日止。

五、会计核算以人民币为记账本位币。

第四章　会计凭证规范

一、原始凭证规范

（一）根据《会计法》第十四条规定，单位对发生的每一项经济业务必须取得或填制合法的原始凭证。

（二）原始凭证应必备以下内容：

凭证名称；填制凭证日期；填制凭证单位名称；填制人姓名；经办人员签名或盖章；接受凭证的单位全称；经济业务内容；数量、单价、金额。

（三）从外单位取得的凭证和对外开具的凭证必须盖有"发票"专用章或财务印章；自制原始凭证必须有收款人、经办人员和单位负责人签名或盖章。

（四）购买实物的原始凭证，必须有验收证明。

各种收付款项的原始凭证应由出纳人员签名或盖章，并分别加盖现金银行收付讫或转讫章。

发票必须有税务部门监制印章，收据必须有财政部门监制印章。

职工因公借款的借据，必须附在记账凭证上，还款时，应另开收据，不得退还原借款借据。

一式几联的原始凭证，应当注明各联的用途，只能以一联作为报销凭证。

一式几联的发票收据，必须用双面复写纸套写，并连续编号。作废时应加盖"作废"戳记，连同存根一起保存，不得销毁。

（五）有附件的必须注明附件自然张数，有效金额必须相等。

经过上级批准的经济业务，应将批准文件原件或复印件作为原始凭证附件，也可在凭证上注明批准机关名称、日期和文件字号，原件另行保管。

各种附件应附在原始凭证背面。如附件张数较多，应从原始凭证的右上角起按自右至左顺序重叠粘贴，不得遮盖报销金额，如单据过多，原始凭证背面不够粘贴时，另用白纸粘贴，附在原始凭证背面。

公共电汽车及地铁车票，只粘贴报销金额部分，各种卡片或车船票应将票面撕下粘贴，飞机票不粘贴，与原始凭证放在一起。

各种附件大于原始凭证的，应按原始凭证大小折叠，附在原始凭证后面。如有破损应粘贴补齐。破损严重无法辨认时，应重新取得，确有困难的，其经济业务内容与金额由经办人员另附说明，经单位领导批准。

（六）可将同一经济业务内容的原始凭证，按单位或按人名分别汇总填制原始凭证汇总表。

（七）原始凭证不得外借，其他单位如因特殊原因需要使用原始凭证时，经本单位领导人批准，可以复制。向外单位提供的原始凭证复制件，应当在专设的登记簿上登记，并由提供人员和收取人员共同签名或者盖章。

（八）从外单位取得的原始凭证如有遗失，应当取得原开出单位盖有公章的证明，并注明原来凭证的号码、金额和内容等，由经办单位领导人批准后，才能代作原始凭证。如果确实无法取得证明的，如火车、轮船、飞机票等凭证，由当事人写出详细情况，由经办单位领导人批准后，代作原始凭证。

二、记账凭证规范。

（一）会计人员要根据审核无误的原始凭证和原始凭证汇总表填制记账凭证。

（二）记账凭证必备内容：

填制日期；凭证编号；应用会计科目、子目、细目；经济业务事项摘要；应借应贷金额；所附原始凭证张数；制单、审核、出纳、记账、会计主管盖章。

实现会计电算化单位，记账凭证增加科目编码栏。

（三）记账凭证日期应以财会单位受理会计事项日期为准，年、月、日应写全。凭证编号可按月顺序自然编号。

（四）各单位可采用收、付、转账凭证分类编号的形式或按更细层次划分的会计凭证分类编号方式，也可采用单一记账凭证统一编号的形式，但采用哪种形式一经确定，在一个会计年度内不允许任意更改。

如一项经济业务涉及一借多贷或一贷多借，一张凭证不够时，可用分数编写。

如1-、1-、1-分别写在三张编号的位置上，但合计数只写在1-张上，另两张合计数处用/划掉。此种编号只限于转账凭证。

（五）采用科目汇总表的组织程序的应根据单位业务量多少定期或不定期汇总编制，并按月或年顺序编号。一张汇总表上，不能出现两个相同会计科目。定期汇总以汇总日期为准，不定期汇总以最后经济业务发生时编制的记账凭证时间为准。

（六）填制记账凭证摘要应简明扼要，说明问题。一般应有以下几点要求：

1. 现金、银行存款的收、付款项应写明收付对象、结算种类、支票号码和款项主要内容。

2. 财产、物资收付事项应写明物资名称、单位、规格、数量、收付单位。

3. 往来款项要写明对方单位和款项内容。

4. 财物损益事项应写明发生的时间、内容。

5. 待决待处理事项应写明对象内容、发生时间。

6. 内部转账事项应写明事项内容。

7. 调整账目事项应写明被调整账目的记账凭证日期、编号及原因。

（七）填写会计科目应符合下列要求：

1. 填写记账凭证应按现行会计制度规定填写会计科目、明细科目全称，对其名称、编号、核算内容及对应关系不得任意改变，不得用科目编号或外文字母代替或简化。

实现会计电算化的单位，也要填制汉字会计科目名称，一级会计科目编码应符合会计制度要求。

2. 会计制度规定设置的会计科目，各单位没有相应的会计事项，可以不设。如因核算需要，需合并或增设科目应报上级主管单位批准后执行。

3. 填制会计科目分录的顺序为：先填写借方科目，后填写贷方科目。

4. 填制记账凭证，会计科目应按规定填写，科目之间不得留空格，遇到相同会计科目的，要逐个填写科目全称，不得用点点代替；使用会计科目章的，要与横格底线平行盖正。如有空行，应从金额栏最后一行数字的右上角至最后一行的左下角划斜线注销。

5. 每张记账凭证只能反映一项经济业务，除少数特殊业务必须将几个会计科目填在一张记账凭证外，不得将不同经济业务的原始凭证汇总填制多借多贷、对应关系不清的记账凭证。

（八）记账凭证所填金额要和原始凭证或原始凭证汇总表一致。

（九）除结账与更正差错的记账凭证可以不附原始凭证，其他记账凭证必须附有原始凭证。

（十）对一张原始凭证涉及几张记账凭证，可把原始凭证附在一张主要的记账凭证后面，在其他记账凭证上注明附有原始凭证的记账凭证的编号。对一张原始凭证所列支出需要几个单位共同负担的，应将其他单位负担的部分，开给对方原始凭证分割单，进行结算。

（十一）附件张数按原始凭证汇总表的张数计算，不涉及汇总的按原始凭证自然张数计算。

（十二）记账凭证在填制时，如果发生错误，应重新填制，不得在原始凭证上做任何更改。

（十三）已经登记入账的记账凭证，发生填写错误时，有以下几种更正方法：

1. 红字更正法：在当年内发现填写错误时，填写一张与原分录相同的金额为红字的记账凭证，在摘要栏用蓝字注明"冲销某月某日某号凭证"，同时再用蓝字重新填制一张正确的记账凭证，注明"更正某月某日某号凭证"。

2. 补充登记法：如果当年内会计科目没有填制错误，只是金额填制错误，可将正确数字与错误数字之间的差额另编一张调整的记账凭证，调增金额用蓝字，调减金额用红字。

（十四）如发现跨年度的错误，应用蓝字填制一张更正的记账凭证。

（十五）如登记总账后，发现记账凭证汇总表有差错，但记账凭证和明细账没错，只是各科目之间"串户"，可用红字更正法或重编一张更正的汇总表，错误的科目金额用红字，调整的科目金额用蓝字。

（十六）记账凭证的装订：

1. 装订记账凭证原则上以一张记账凭证汇总表为一册，也可分订两册以上，用分数号编号；如记账凭证较少，也可将二张或三张记账凭证汇总表的记账凭证合并装订一册，但不得跨月装订。

2. 如原始凭证过大，要折叠成比记账凭证略小的面积，注意装订线处的折留方法，装订后仍能展开查阅。原始凭证过小时，可在记账凭证面积内分开均匀粘平。

3. 要摘掉凭证中的大头针等所有铁器。

4. 装订会计凭证要加封面、封底，封面有关内容都应填写，签章齐全。

5. 会计凭证装订处是凭证的左上角，一般左右宽不超过2厘米，上下长不超过2.5厘米。

6. 装订后要将装订线用纸打个三角封包，并将装订者印章盖于骑缝处，在脊背处注明年、月、日和册数的编号。

第五章　会计账簿规范

一、根据会计制度规定，各单位应设置总账、明细账、日记账。其中：总账、现金日记账和银行日记账应采用订本式，其他账簿可采用活页式。

实现会计电算化的单位，每天必须输入打出现金、银行存款日记账。在所有记账凭证数据已存于计算机内的条件下，可用总分类账本期发生额对照表替代总分类账。总账、明细账及银行余额调节表至少每月打印一次。

二、启用会计账簿，应按以下规定执行：

（一）在账簿封面上写明单位名称和账簿名称。

（二）账簿扉页上应附"经管人员一览表"，内容包括：单位名称、账簿名称、账簿页数、启用日期、会计主管人员和记账人姓名，并加盖名章和单位公章，经管或接管日期，移交日期。

（三）账簿第一页，应设置账户目录，内容包括账户名称，并注明各账户页次。

（四）启用订本式账簿，应按顺序编定页数使用，不得跳页、缺号。使用活页式账页，应按账户顺序编号，并装订成册。年度终了再按实际使用的账页顺序编定页数和建立账户目录。

（五）总账按会计科目设立账户，明细账原则上按会计制度规定的明细科目分别设立账户。

（六）明细账开始使用时应填写：

1. 银行存款日记账中开户银行或户名项应填写其开户行的全称。银行账号项应填写银行账号的全部数字。

2. 金额三栏式账应填写编号、明细科目和户名项。

3. 实物类账应填写编号、品名、规格、单位、数量、单价等项。

4. 固定资产账除按实物类账填写外，还应填写使用年限、存放地点等项。

5. 序时明细账的预留银行印鉴项；所加盖的印章应与预留在银行的印鉴卡片的印章一致。如需更换印鉴时，须在备注栏加盖新的印鉴，并注明启用日期。

三、会计人员要根据审核无误的会计凭证登记会计账簿。

（一）登记账簿时，应按记账凭证日期、编号、经济业务内容摘要、金额等逐项记入账内。做到登记准确、及时、书写清楚。

（二）登记完毕后，要在记账凭证上签名或盖章，并注明已登记的附号"√"，表示已经记账。

（三）总账应根据记账凭证汇总表登记；日期、凭证号都根据记账凭证汇总表填写，摘要栏除上年结转及承前页外，应填写凭证汇总的起止号。

明细账应根据记账凭证登记；日期填写月日，如同一月份有多笔业务，除第一、二笔外，以下各笔可用点点代替，但换页的第一、二笔必须填写。凭证号栏与摘要栏按记账凭证号及摘要填写。

现金日记账应根据记账凭证逐笔登记。银行存款日记账应根据支票存根或其他银行结算票据逐笔登记，"种类"项按银行结算种类填写；"号数"只填写支票的后四位数。

（四）各种账簿按页次顺序连续登记，不得隔页跳行，如果发生隔页跳行，应将空行空页的金额栏由右上角向左下角画红线注销，同时在摘要栏注明"此行空白"或"此页空白"字样，并由记账人员压线盖章。

（五）登记账簿用蓝黑色墨水书写，不得使用圆珠笔或铅笔，但下列情况可用红色墨水：

1. 按红字冲账的记账凭证，冲销错误记录；

2. 在多栏式账页中，登记减少数；

3. 划更正线、结账线和注销线；

4. 会计制度中规定用红字登记的其他记录。

（六）结出账户余额后，应在"借"或"贷"栏内写明"借"或"贷"字样，没有余额的账户，应在"借"或"贷"栏内写"平"字，并在金额栏内元位上用"0"表示。

（七）账簿中账页下端最后横线以下，一律空置不填。

（八）每一账页登记完毕结转下页时，应当结出本页合计数及余额，写在本页最后一行和下页第一行有关栏内，并在摘要栏内注明"过次页"和"承前页"字样；也可以将本页合计数及金额只写在下页第一行有关栏内，并在摘要栏内注明"承前页"字样。

对需要结计本月发生额的账户，结计"过次页"的本页合计数应当为自本月初起至本页末止的发生额合计数；对需要结计本年累计发生额的账户，结计"过次页"的本页合计数应当为自年初起至本页末止的累计数；对既不需要结计本月发生额也不需要结计本年累计发生额的账户，可以只将每页末的余额结转次页。

四、会计人员应按照规定，现金、银行日记账按日结账，其他账户按月、季、年结账。

（一）结账前，必须将本期内发生的各项经济业务全部登记入账，属于本期调整的账项也要按规定全部结转有关账簿。

（二）结账时，应首先结出每个账户的期末余额，余额写在最后一笔经济业务的余额栏内。

（三）所有账户，不论总账还是明细账作日结、月结、季结、年结时，要加计本日、本月、本季、本年的借、贷方发生额。

（四）在记齐当期发生的会计事项，结出余额的下一行摘要栏注明"本日合计""本月合计"字样，借贷金额栏结出当日、当月发生额合计数。在数字下端划单红线。

需要结出累计发生额的，应在摘要栏内注名"累计"字样，并在数字下端划单红线。

十二月末，应在摘要栏内注名"本年累计"字样，结出全年累计发生额，并在数字下端划双红线。

上述单红线或双红线都应从借方金额栏左端划至余额栏右端。

（五）编制会计报表前，必须把总账和明细账登记齐全，试算平衡，不准先出报表，后补记账簿和办理结账。

（六）年度终了，有余额的账户不需填制记账凭证或科目结转表，可在年结双红线下一行摘要栏内注明"结转下年"字样（金额不再抄写），以下空格从右上角至左下角划斜线注销。如果次年度会计科目名称有变化，还应在摘要栏中注明"结转下年×××新账户"。

（七）结转新账时，如有余额，可直接将余额转到新账户的第一行余额栏内，日期填写1月1日，同时在摘要栏注明"上年结转"字样。

凡涉及债权债务及待处理事项的账户，填写"上年结转"时，还应在摘要栏填写组成余额的发生日期及主要经济业务内容，一行摘要栏写不完的，可以在次行摘要栏继续填写。最后一行的余额栏填写上年度余额。

五、各单位必须坚持对账制度，做到账证、账账、账实相符。

（一）账证相符

月终，发现账账不符，就要对账簿记录和会计凭证进行核对。

1. 看总账与记账凭证汇总表是否相符。

2. 看记账凭证汇总表与记账凭证是否相符。

3. 看明细账与记账凭证及所涉及的支票号码及其他结算票据种类等是否相符。

（二）账账相符

1. 看总账资产类科目各账户与负债、所有者权益类科目各账户的余额合计数是否相符。

2. 看总账各账户与所辖明细账户的各项目之和是否相符。

3. 看会计单位的总账、明细账与有关职能单位的账、卡之间是否相符。

（三）账实核对

1. 现金日记账的账面余额与现金实际库存数额每日核对并填写库存现金核对情况报告单，作为记录。发生长短款，应即列作"待处理财产"，待查明原因，经批准后再进行处理。

2. 银行存款日记账的账面余额与开户银行对账单核对。每收到一张银行对账单，经管人应在三日内核对完毕，每月编制一次银行存款余额调节表，单位负责人每月至少检查一次，并写出书面检查意见。

3. 有价证券账户应与单位实存有价证券（或收款单据）核对相符，每半年至少核对一次。

4. 固定资产、库存材料等明细账的账面余额，应定期与实存数额相核对，对其他财产物资账户也要定期核对，年终要进行一次全面的清查。

5. 各种债权、债务类明细账的账面余额与债权、债务人核对清理，清理结果，要及时以书面形式向单位负责人汇报，并报单位领导人采取措施，积极催办。

6. 出租、租入、出借、借入财产等账簿，除合同期满应进行清结外，至少每半年核对一次，以保证账实相符。

（四）对账符号

对账完毕，相符者应在数字后划"√"号，不相符者，要及时更正、调整。

第六章　财务报告规范

一、财务报告的一般要求

（一）财务报告是反映单位财务状况书面文件，包括资产负债表、收入支出总表及明细表等和财务情况说明书。

（二）各单位必须按国家统一会计制度及上级单位的要求编制月份、季度、年度财务报告。

（三）财务报告应当根据登记完整、核对无误的会计账簿记录和其他有关资料编制，做到数字真实、计算准确、内容完整、说明清楚。

（四）如果不同会计年度财务报告中各项目的内容和核算方法有变更的，应当在年度财务报告中加以说明。

（五）任何人不得篡改或者授意、指使、强令他人篡改财务报告数字。

二、会计报表

（一）会计报表的基本内容

1. 编制单位名称：编制会计报表的单位，在填写时应注明×××单位名称的全称。

2. 报表名称、编号：单位所编制会计报表的名称和编号。

3. 报表日期：会计报表所反映的财务状况的日期分为公历月末、季末、年末。

4. 计量单位：金额单位与实物单位。

5. 报表附注：为报表中有关重要项目的明细资料，以及其他有助于理解和分析报表的事项。

6. 报表或报表封面用户签章事项：单位公章、单位负责人、总会计师、财会负责人、复核人及制表人的签章。

（二）会计报表的编制方法

1. 单位编制会计报表之前，应按照国家现行的法规制度和政策核对、调整有关事项：

（1）应由本会计期间确认的各项收入，应按规定及时结算、入账。

（2）对本年各期盘点中发现的财产短缺、溢余和残损变质应及时进行账务处理。

（3）办理债权债务的清理工作。

（4）所属报账单位应报清本期账务，并及时进行结转。

（5）其他应查对和应调整的事项。

办理调整完有关事项后，对总账科目进行试算平衡，总账和明细账期末数字必须相符。

2. 编制会计报表时应做到：

（1）出现负数的项目，有关项目除按规定改列外，其余项目以"-"号表示，"-"号填写在数字之前，占两个数字格。

（2）数字填写清楚，填写出现差错时，应按规定的办法加以更正，并加盖制表人名章。

（3）各报表必须按规定的金额单位填制。

（4）年度会计决算报表一经批准，需要调整的事项要在下年度按规定进行调整。

三、财务情况说明书

1. 月份说明各有侧重。

2. 年度说明应对上述各方面年度内情况与上期变化、对下一报告期影响等进行全面说明。

四、审核财务报告

（一）为了保证会计报表正确无误，各单位在财务报告编制完后，必须对以下内容进行认真审核：

1. 会计报表的种类是否按要求填制齐全，要求填列的项目是否全部填制。

2. 会计报表各项目数字是否与有关账簿的数字相符。

3. 报表之间有衔接关系的数字是否衔接。

4. 报表附注资料是否反映齐全。

5. 财务情况说明书文字是否清楚，反映内容是否准确、全面。

（二）财务报告经审核无误后，再由制表人、复核人、财会负责人在报表封面上盖章，送单位领导人审核签章，加盖单位公章，然后及时报送有关单位。

单位领导人对财务报告的合法性、真实性负法律责任。

（三）如果发现对外报送的财务报告有错误，应当及时办理订正手续。除更正单位留存的财务报告外，并应同时通知接受财务报告的单位更正。错误较多的，应当重新编报。

第七章　内部会计管理制度规范

一、各单位应当根据《中华人民共和国会计法》和国家统一会计制度及有关综合管理单位的规定，结合单位内部管理和会计业务的需要，建立健全内部会计管理制度。

二、各单位应当建立内部会计管理体系。主要内容包括：单位领导人对会计工作的领导职责，会计单位及其会计机构负责人、会计主管人员的职责、权限，会计单位与其他职能单位的关系，会计核算的组织形式。

三、各单位应当建立会计人员岗位责任制度。主要内容包括：会计人员的工作岗位设置，各会计工作岗位的职责和标准，各会计工作岗位的人员和具体分工，会计工作岗位轮换办法，对各会计工作岗位的奖惩办法。

四、各单位应当制定账务处理程序制度。主要内容包括：会计科目及其明细科目的设置和使用，会计凭证的格式、审核要求和传递程序，会计记账方法，会计账簿的设置，编制会计报表的种类和要求，单位会计指标体系。

五、各单位应当建立内部牵制制度。主要内容包括：内部牵制制度的原则，组织分工，出纳岗位的职责和限制条件，有关岗位的职责和权限。

六、各单位应当建立稽核制度。主要内容包括：稽核工作的组织形式和具体分工，稽核工作的职责、权限，审核会计凭证和复核会计账簿、会计报表的方法。

七、各单位应当建立原始记录管理制度。主要内容包括：原始记录的内容和填制方法，原始记录的格式，原始记录的审核，原始记录填制人的责任，原始记录签署、传递、汇集要求。

八、各单位应当建立定额管理制度。主要内容包括：定额管理的范围，制定和修订定额的依据、程序和方法，定额的执行，定额考核和奖惩办法等。

九、各单位应当建立计量验收制度。主要内容包括：计量检测手段和方法，计量验收管理的要求，计量验收人员的责任和奖惩办法。

十、各单位应当建立财产清查制度。主要内容包括：财产清查的范围，财产清查的组织，财产清查的期限和方法，对财产清查中发现问题的处理办法，对财产管理人员的奖惩办法。

十一、各单位应当建立财务收支审批制度。主要内容包括：财务收支审批人员和审批权限，财务收支审批程序，财务收支审批人的责任。

十二、各单位应当建立财务会计分析制度。主要内容包括：财务会计分析的主要内容，财务会计分析的基本要求和组织程序，财务会计分析的具体方法，财务会计分析报告的编写要求等。

第八章　会计工作交接规范

单位或隶属单位会计人员发生变动时，必须按照规定办理会计工作交接手续。

一、会计人员工作调动或因故离职，必须将本人所经管的会计工作在规定期限内全部移交接替人员，没有办清交接手续的，不得调动或离职。

二、接替人员应认真接管移交的工作，并继续办理移交前的未了事项。

三、会计人员办理移交手续前，必须做好以下各项工作：

1. 已经受理的会计事项，尚未填制记账凭证的应及时填制完毕。尚未记账的，应全部入账。

2. 不论是在月末还是在月中移交，移交的账簿均需结出余额、在余额后加盖移交人印章。

3. 填写账簿启用表的有关移交项目，并加盖有关人员的印章。

4. 整理应该移交的各项资料，对未了事项要写出书面材料加以说明。

5. 编制移交清册，列明应该移交的凭证、账簿、报表、公章、现金、支票簿、文件资料和其他物品等内容。

四、会计人员办理交接手续，必须有监交人负责监交。一般会计人员交接应由单位会计机构负责人、会计主管人员负责监交；会计机构负责人、会计主管人员交接，应由单位领导人负责监交，必要时上级主管单位派人会同监交。

五、移交人员要按照移交清册逐项移交，接管人员要逐项核收：

1. 现金、有价证券要根据会计账簿余额进行点交，库存现金、有价证券必须与会计账簿余额一致。不一致时，移交人员必须限期查清。

2. 会计凭证、会计账簿、会计报表和其他会计资料必须完整无缺。如有短缺，必须查清原因，并在移交清册中注明，由移交人员负责。

3. 银行存款账户余额要与银行对账单核对相符，各种财产物资和债权债务的明细账户余额要与总账有关账户余额核对相符；必要时，要抽查个别账户的余额，与实物核对相符，或者与往来单位、个人核对清楚。

4. 移交人除经管账簿外还兼管其他会计工作的，应一并交接清楚。包括：经管的公章、有价证券、空白支票、文件资料、收据、发票及其他物品。

六、会计机构负责人、会计主管人员工作移交时，要将全部财务会计工作、重大和特殊的财务问题及会计人员工作的情况，向接管人员详细介绍，对需要移交的遗留问题，应写出书面材料说明清楚。

七、交接完毕后，交接双方和监交人要在移交清册签章，移交清册应具备：单位名称、交接日期、交接双方和监交人的姓名、职务、清册页数及需要说明的问题和意见等。

移交清册一般应填制一式三份，交接双方各持一份，存档一份。

八、为保证会计记录的连续完整，接管人员应继续使用移交前的账簿，不得自行另立新账。

九、会计人员因故临时离职的，单位会计机构负责人、会计主管人员和领导必须指定专人代理，办理临时交接手续。超过半年以上的，应按照会计人员调动时办理交接手续的程序，办理会计工作交接。

第九章　会计档案管理规范

会计档案是指会计凭证、会计账簿和会计报表等会计核算资料，它是记载和反映经济业务的重要史料和证据。

一、会计档案的范围

（一）会计凭证：包括外来的和自制的各种原始凭证、原始凭证汇总表、记账凭证、记账凭证汇总表、涉及对外对私改造资料、银行存款（借款）对账单及余额调节表等。原始凭证是进行会计核算的基础，平时无论在任何单位保管，年度终了都必须按照规定归档。

业务单位留存，凭以登记业务调拨账和进销卡片的联单及仓库凭以收付货物的出入库单虽不在会计档案保管之列，但也应由业务单位保存相当年限，以便查核。

（二）会计账簿：包括总账、明细账、日记账、各种辅助登记簿等。

凡设在业务单位、基建物资单位和总务单位等有关单位的固定资产明细账、低值易耗品明细账、原材料及物料用品明细账和各种债权债务明细账，都是会计账簿的组成部分，必须按照会计档案管理的要求保持完整。

（三）财务报告：包括《会计制度》规定和主管单位临时通知编报的主要财务指标快报，月、季、年度会计报表，报表附注及财务情况说明书。上级主管单位对报告的批复及社会审计的审计报告也包括在内。

（四）其他会计核算资料：凡与会计核算紧密相关的，由会计单位负责办理的有参考价值的数据资料。如经济合同，财务数据统计资料，财务清查汇总资料，核定资金定额的数据资料，中心工作整理上报的资料，会计档案保管期限所明确的会计移交清册，会计档案保管清册，会计档案销毁清册等。实行会计电算化单位的软件数据资料、程序资料等及存贮于磁性介质上的会计数据、程序文件及其他会计资料均应视同会计档案一并管理。

（五）报账制单位以及实行两级核算单位会计档案也是单位会计档案的组成部分，应按规定统一管理。

二、会计档案的整理、立卷。

各种会计档案应按会计档案材料的关联性，分门别类地组成几个类型的案卷，将各卷按顺序编号。

（一）会计凭证：按全年顺序统一编号，卷号应与装订的会计凭证封面册数的编号一致。

（二）会计账簿：各种会计账簿办理完年度结账后，除跨年使用的账簿外，其他需整理、立卷。

1. 会计账簿在装订前，应按账簿启用表的使用页数，核对各个账户账页是否齐全，是否按顺序排列。

2. 会计账簿装订顺序：

（1）会计账簿装订封面；

（2）账簿启用表；

（3）账户目录；

（4）按本账簿页数项顺序装订账页；

（5）会计账簿装订封底。

3. 活页账簿去空白页后，将本账页数项填写齐全，撤账夹，用坚固耐磨的纸张做封面、封底，装订成册。不同规格的活页账不得装订在一起。

4. 装订后的会计账簿应牢固、平整，不得有折角、掉页现象。

5. 会计账簿的封口处，应加盖装订印章。

6. 装订后，会计账簿的脊背应平整，并注明所属年度及账簿名称和编号。

7. 会计账簿的编号为一年一编，编号顺序为总账、现金日记账、银行存（借）款日记账、分户明细账。

8. 会计账簿按保管期限分别编号：

（1）现金、银行存款（借款）日记账，全年按顺序编制卷号；

（2）总账、各类明细账、辅助账全年按顺序编制卷号。

（三）会计报表：

1. 会计报表编制完成并按时报送后，留存报表均应按月装订成册。

2. 会计报表应整理平整，防止折角。

3. 会计报表在装订前，应按编报目录核对是否齐全。

4. 会计报表的装订顺序是：

（1）会计报表封面；

（2）会计报表编制说明；

（3）各种会计报表按会计报表的编号顺序排列；

（4）会计报表封底。

装订的会计报表、报表上边和左边应对齐。

5. 会计报表按保管期限分别编制卷号。

（1）月、季度会计报表全年按月、季顺序编制卷号。

（2）半年和年度会计报表按年顺序编制卷号。

（四）涉外有关会计资料等单独装订立卷。会计移交清册，会计档案保管清册，会计档案销毁清册应单独装订立卷，单独编制卷号。

三、会计档案的归档保管

（一）当年的会计档案在会计年度终了后，可暂由本单位财会单位保管一年，期满后原则上应由财会单位移交给本单位的档案单位保管。移交时应开列清册，同时要填写交接清单，并在账簿启用表移交日期栏填写×年12月31日，移交日后的签章项由账簿经管人签章，次行经管人员姓名项由会计档案保管人员签章。

没有独立档案单位的企业单位，应单独设房屋存放会计档案，并配备专用档案柜。

（二）会计电算档案中，由计算机打印输出的凭证、账簿、报表，其保存期限与手工方式完全一致。

存贮于磁性介质上的会计资料在未打印成书面资料前要妥善保管。同时，会计单位应明确复制备份数据的时间间隔，以及清除数据的时间间隔。两者根据会计单位业务量大小和计算机存贮能力而定。会计数据的备份应分别存于两个以上不同的建筑物内。

（三）财会单位应指定专人负责会计档案管理工作。有专职档案部门的单位，财会单位负责移交前的会计档案的整理、立卷、保管等工作，期满后，负责向档案部门办理移交手续。没有专职档案部门的单位，会计档案管理工作人员应负责全部会计档案的整理、立卷、保管、调阅、销毁等一系列工作。

（四）年度终了，根据单位的具体情况，有专职档案部门的单位，财会单位应填写"会计档案案卷目录表"一式两份，由财会负责人签字后，一份随会计档案存放，一份在档案单位接收签证后留在财会单位，以明确责任。

（五）保存会计档案资料应做到防盗、防火、防潮、防虫，磁性介质还要注意防尘、防热、防磁、防冻，要有相应的安全措施。

（六）机构变动或档案管理人员调动时，应办理交接手续，由原管理人员编制会计档案移交清册，将全部案卷逐一点交，接管人员逐一接收。

四、会计档案的借阅使用

（一）会计档案在财会单位管理的，除填写"会计档案案卷目录"以外，还应分别建立会计档案清册和借阅登记清册，即应将历年的会计档案的内容、保管期限、存放地点等情况登记清楚。使用会计档案借阅登记清册即将借阅人姓名、单位、日期、数量、内容、归期等情况登记清楚。

（二）外单位借阅会计档案时，应持有单位正式介绍信，经会计主管人员或单位领导人批准后，方可办理借阅手续。

（三）单位内部人员借阅会计档案，应经会计主管人员或单位领导人批准后，办理借阅手续。

（四）借阅会计档案人员，不得在案卷中标画，不得拆散原卷册，更不得抽换。

（五）借阅会计档案人员，不得将会计档案携带外出，特殊情况，须经单位领导批准。需要复制会计档案的，也应经单位领导人批准后才能进行复制。

（六）经批准借阅会计档案，应限定期限，并由会计档案管理人员按期收回。

五、会计档案的保管期限

会计档案的保管期限应按照《会计档案管理办法》执行。规定的保管期限，应从会计年度终了后的第一天算起。

六、会计档案的销毁

（一）会计档案保管期满，需要销毁时，由本单位档案部门提出销毁意见，会同财会部门共同鉴定，严格审查，编制会计档案销毁清册。经单位领导审查，以书面形式报经主管单位批准后销毁。对其中未了结的债权债务的原始凭证，应单独抽出，另行立卷，由档案部门保管到结清债权债务时为止。

（二）各单位按规定销毁会计档案时，应由档案部门和同级审计部门共同派员监销。

（三）监销人在销毁会计档案之前，应当按会计档案销毁清册所列项目逐一清查核对；销毁后，要在"销毁清册"上签章，并将监销情况以书面形式报告本单位领导。

（四）会计档案销毁后，经办人也要在"销毁清册"上签章，归入档案备查。

第十章 附 则

一、本细则由管理组负责解释、修改。

二、本细则自公布之日起实行。

（二）例文解析

所谓工作规范，是指企业根据劳动岗位的特点，对上岗人员的条件提出的综合要求。它是企业劳动管理工作的基础，是组织生产和进行内部工资分配的重要依据，对于加强企业劳动科学管理，建立培训、考核、使用和待遇相结合的机制具有重要作用。

会计工作规范，即是企业根据财会岗位的特点，对工作人员的条件提出的综合要求。例文从会计机构、会计人员管理、会计基础工作、会计凭证、会计账簿、财务报告、内部会计管理制度、会计工作交接、会计档案管理提出了规范要求，内容详实，结构清晰。

三、统计管理办法

（一）例文

统计管理办法

一、总则

1.为了有效地、科学地组织统计工作，保证统计资料的准确性与及时性，发挥统计工作在企业生产经营活动中的重要作用，特制定本制度。

2.统计工作的基本任务是对企业的生产经营活动情况进行统计调查，统计分析，提供统计资料，实行统计监督。

3.企业实行厂部、车间、班组三级统计管理体制和按业务部门归口负责的原则。计划管理科负责组织领导和协调全厂统计工作。

4.根据各职能科室和车间统计工作的需要以及统计业务的繁简程度，配备专职或兼职统计员，班组按照民主管理的要求，推选出兼职统计员。企业统计人员应保持相对的稳定，科室、车间统计人员（包括兼职）调（变）工作时，事前必须征求计划管理科的意见，并要有适合的人员接替其工作。

二、统计报表的管理与分工

1.凡国家统计局、地方统计局和企业主管部门颁发的一切报表，由××根据厂内各职能科室的职责分工，确定编制责任部门。如报表涉及两个以上部门，而又无适当部门负责时，则由××召集有关部门协商编制。

2.厂内各部门因工作需要，要求有关科室填报的定期统计报表，须经××审查同意，并经主管厂长批准后，方能定为正式报表。厂内正式定期统计报表，由××制订"报表目录"，颁发全厂执行。未经厂部批准的报表，各单位可拒绝填报。

3.厂内统计报表如有个别项目需要修改时，由原制表业务部门直接通知填报单位，并将修改后的式样送××备案，不必再办审批手续。

4.各种定期统计报表，由行政福利科根据业务部门的实际需要统一印刷、保管、发放。

5.各科室对外报送的各种专业统计报表，必须先经××会签。上报时，应抄送××。

6.凡上级业务主管部门向所属业务部门直接颁发的有关统计文件和报表，各业务部门应转送××传阅。

7.为确保统计报表数字的正确可靠，各科室、车间主管领导应对上报报表进行认真审查，签字后方能报出。

三、统计资料的提供、积累和保管

1.各科室、车间向外提供统计资料，公布统计数字，一律以本单位的统计人员所掌握的统计资料为准。

2.各级党政领导所需要的统计数字，应由同级统计部门或统计人员负责提供，以便克服使用统计数字的混乱现象。

3.凡厂外单位根据上级规定，并持有上级主管部门或统计局介绍信件来厂索取统计资料时，统由××接洽提供，或由××指定有关部门提供。

4.企业各项主要统计资料，由××综合统计员掌管，科室、车间的各项主要统计资料，由本单位统计人员掌管。

5.各科室、车间应将本单位的统计资料，采用卡片或台账形式，按月、季、年进行整理分类，以便使用。

6.各科室、车间编制的统计台账和加工整理后的统计资料，必须妥善保管，不得损坏和遗失。对已经过时的统计资料，如认为确无保管价值，应呈请本单位主管领导核准，并经××综合统计员会签后，方可销毁。

四、统计数字差错的订正

1.统计资料发出后，如发出错误，必须立即订正。受表单位发现数字错误时，应立即通知填报单位订正，填报单位不得推诿或拖延。

2. 企业内部报表如发生数字错误时，可根据不同情况按下列办法订正：

①日报表当日发现差错时，应及时用电话或口头查询订正，隔日发现差错时，应当在当日报表上说明。

②重大差错必须以书面形式订正，并填报"统计数字订正单"（附后）。各受表单位应将"统计数字订正单"贴在原报表上，并将原报表数字加以订正，以防误用。

五、统计工作的交接

1. 统计人员调动工作时必须认真办妥交接手续，在未办妥以前，原任统计人员不得擅离工作岗位，更不得因工作调动而影响统计工作的正常进行。

统计数字订正单

报表名称＿＿＿＿＿＿　受表单位＿＿＿＿＿＿　编号＿＿＿＿＿＿

页次　栏次　行数　原列数字　订正　原因

主管　经办人　年月日

2. 统计人员调离工作时，必须做好下列工作：

①将经办工作情况全面地向接替人员交代清楚；

②培训接替人员的业务，使其能独立工作；

③所有统计资料（包括原始凭证、统计手册、台账、报表、文件、历史资料等）与统计用具（如计算机、绘图仪、书刊等）应一一造出清单移交。

六、文字说明与分析报告

1. 文字说明与分析报告是统计报表的重要组成部分，编制统计报表要做到：月报有文字说明，季报、年报有分析报告。

2. 文字说明是统计分析的基础形式，必须根据统计报表中各项主要指标反映的问题，说明产生的原因、影响及其后果。

3. 分析报告应以报表为基础，以检查计划为重心，测定计划完成程度，分析计划完成与未完成原因，并提出改进意见。

七、统计纪律

1. 各车间、科室和从事统计工作的人员，必须严格按照统计制度规定提供统计资料，不准虚报、瞒报、迟报和拒报。

2. 属于保密性质的统计资料，必须严格保密，严防丢失，提供时应按厂保密制度的规定执行。

（二）例文解析

统计工作，即统计实践或统计活动，是在一定的统计理论指导下，采用科学的方法搜集、整理、分析统计资料的一系列活动过程。统计管理办法是为了有效地、科学地组织统计工作，保证统计资料的准确性与及时性，发挥统计工作在企业生产经营活动中的重要作用而制定的企业管理制度。例文分别从统计报表的管理与分工、统计资料的提供、积累和保管、统计数字差错的订正、统计工作的交接、文字说明与分析报告、统计纪律七个方面详细地阐释了统计管理办法，内容详实，结构合理。

四、本节写作要点

1. 内容专业性。财务活动是企业的重要活动之一，著名管理学家法约尔将其作为人类六大活动之一，可见其重要性。因此在撰写财务管理类文书的时候，要遵循专业原则，一是用语要专业，财会类专业词汇使用应准确；二是流程要专业，财会类涉及资金周转，流程设计必须要防止资产流失等问题，因此流程设计也要专业。

2. 行文模式化。财会类制度可采用总则—分则—附则的撰写模式，总则交代行文背景、目的、依据、意义等内容，分则为主体部分，重点讲明制度的具体内容，附则为结尾部分，或进行特殊说明，或进行补充说明。

扫一扫，获取本章例文

第五章
市场营销管理制度

　　市场营销管理是由市场营销活动的社会化所引起的。随着市场营销活动的深入发展，市场营销活动的领域越来越广，并不断涌现出许多新的理论、技术和方法，涉及更多的营销人员、机构、商品和信息等。市场营销管理的任务，就是为促进企业目标的实现而调节需求的水平、时机和性质，其实质是需求管理。根据需求水平、时间和性质的不同，市场营销管理的任务也有所不同。本章将市场营销管理活动分为企业内部管理、客户关系管理、企业策划管理制度、企业活动管理制度等，每一类别分别选取典型的文书进行解析。

第一节 内部管理制度

一、企业销售管理制度

（一）例文

××公司销售管理制度

一、总则

1. 以质量求生存，以品种求发展，重视社会效益，生产物美价廉的产品投放市场，满足社会需要是我司产品的销售方针。

2. 掌握市场信息，开发新产品，开拓市场，提高产品的市场竞争能力，沟通企业与社会、企业与用户的关系，提高经济效益，是我司产品销售管理的目标。

二、市场预测

1. 市场预测是经营决策的前提，对同类产品的生命周期状况和市场覆盖状况要作全面的了解分析，并掌握下列各点：

（1）了解同类产品国内外全年销售总量和同行业全年的生产总量，分析饱和程度。

（2）了解同行业各类产品在全国各地区市场占有率，分析开发新产品、开拓市场的新途径。

（3）了解用户对产品质量的反映及技术要求，分析提高产品质量，增加品种，满足用户要求的可行性。

（4）了解同行业产品更新及技术质量改进的进展情况，分析产品发展的新动向，做到知己知彼，掌握信息，力求企业发展处于领先地位。

2. 预测国内各地区内外贸各占的销售比率，确定年销售量的总体计划。

3. 收集国外同行业同类产品更新及技术发展情报，外贸供求趋势，国外用户对产品反映及信赖程度，确定对外市场开拓方针。

三、经营决策

1. 根据公司中长期规划和生产能力状况，通过预测市场需求情况，进行全面综合分析，由市场销售部提出初步的年产品销售方案，报请公司总经理审查决策。

2. 经公司会议讨论，总经理审定，确定年度经营目标并作为编制年度生产计划的依据。

四、产销平衡及签订合同

1. 执行价格政策，如需变更定价，报批手续由财务科负责，决定浮动价格，经总经理批准。

2. 销售科根据年度生产计划、销售合同，编制年度销售计划，根据市场供求形势编报季度和月度销售计划，于月前十天报计划科以便综合平衡产销衔接。

3. 参加各类订货会议，要本着"先国家计划，后市场调节，先主机配套，后维修用户，先外贸后内销，照顾老用户结交新用户，全面布点，扩大销售网，开拓新市场"的原则，巩固发展用户关系。

4. 建立和逐步完善销售档案，管理好用户合同。

五、编制产品发运计划，组织回笼资金

1. 执行销售合同，必须严格按照合同供货期编制产品发运计划，做好预报铁路发运计划的工作。

2. 货应掌握先出口后内销，先主机配套后维修，先远后近的原则，处理好主次关系。

3. 产品销售均由销售科开具"产品发货通知单"、发票和托收单，由财务科收款或向银行办理托收手续。

4. 分管成品资金，努力降低产品库存，由财务科编制销售收入计划，综合产、销、财的有效平衡并积极协助导务科及时回笼资金。

5. 确立为用户服务的观念，款到发货应及时办理，用户函电询问，三天内必答。如质量问题需派人处理，五天内与有关部门联系，派人前往。

六、建立产品销售信息反馈制度

1. 市场销售部每年需要一次全面的用户访问，并每年发函到全国各用户，征求意见，将收集的意见汇总、整理，向公司领导及有关部门反映，由有关部门提出整改措施，并列入全面质量管理工作。

2. 将用户对产品质量、技术要求等方面的来信登记并及时反馈有关部门处理。

3. 负责产品销售方面各种数据的收集整理，建立用户档案，收集同行业情报，提供销售方面的分析资料，按上级规定，及时、准确、完整地上报销售报表。

七、市场调查及预测工作

搞好市场调查及预测工作，并据此作出正确的经营方针，是企业提高经济效益十分重要的环节。为对广泛的市场信息进行有效的管理，从而作出近乎实际的市场预测，特制定工作管理制度。

1. 市场调查及预测工作在经营副厂长领导下由销售科归口，全质办、研究所、计划科、信息中心等有关科室参共同完成此项工作。

2. 市调查及预测的主要内容及分工：

（1）调查国内各厂家同类产品在国内外全年的销售总量和同行业年生产总量，

用以分析同类产品供需饱和程度和厂产品在市上的竞争能力。此项资料每年六月前由工厂信息中心提供。

（2）调查同行业同类产品在全国各地区市场占有量以及本厂产品所占比重。此项资料每年六月前由工厂信息中心提供。

（3）了解各地区用户对产品质量反映，技术要求和主机厂配套意见，借以提高产品质量，开发新品种，满足用户要求。此项资料由全质办和研究所分别在每年六月前提出。

（4）了解同行业产品更新其改进方面的进展情况，用以分析产中发展新动向。此项工作由研究中心在每年六月前提出。

（5）预测主机配套，全国各地区及外贸销售量，平衡分配关系，此项工作由销售科在当年六月前予以整理并作出书面汇报。

（6）搜集国外同行业同类产品更新技术发展情报，外贸对本厂产品销售意向，国外用户对本厂产品的反映及信赖程度，用以确定对外市场开拓方针。国外技术更新资料由研究所提供，外贸资料由销售科提供。

3. 市场调查方式：

（1）抽样调查：对各类型用户进行抽样书面调查，征询对本厂产品质量及销售服务方面的意见。根据反馈资料写出分析报告。

（2）组织公司领导、设计人员、销售人员进行用户访问，每年进行一次，每次一个月左右，访问结束，填好用户访问登记表并写书面调查汇报。

（3）销售人员应利用各种订货会与用户接触。

（4）搜集日常用户来函来电，进行分类整理，需要处理的问题应及时反馈。

（5）不定期召开重点用户座谈会，交流市场信息，反映质量意见及用户需求等情况，巩固供需关系，发展互利协作，增加本厂产品竞争能力。

4. 市场调查及预测所提供的各方面资料，销售科应有专人负责管理、综合、传递，并与工厂信息中心密切配合，做好该项工作。

（二）例文解析

例文题为××公司销售管理制度，顾名思义是对公司销售活动进行管理的制度规范。行文首先在总则部分交代了公司整体的销售方针和销售目标，进而分条列项地说明了市场预测、经营决策、产销平衡及签订合同、编制产品发运计划、组织回笼资金、建立产品销售信息反馈制度、市场调查及预测工作等销售管理规范。符合此类文书的一般写法。

二、销售人员管理制度

（一）例文

××公司销售人员管理制度

一、一般规定

1. 对本公司销售人员的管理，除按照人事管理规程办理外，悉依本规定条款进行管理。

2. 原则上，销售人员每日按时上班后，由公司出发从事销售工作，公事结束后返回公司，处理当日业务，但长期出差或深夜返回者除外。

3. 销售人员凡因工作关系误餐时，依照公司有关规定发给误餐费×元。

4. 部门主管按月视实际业务量核定销售人员的业务费用，其金额不得超出下列界限：经理×元，副经理×元，一般人员×元。

5. 销售人员业务所必需的费用，以实报实销为原则，但事先须提交费用预算，经批准后方可实施。

6. 销售人员对特殊客户实行优惠销售时，须填写"优惠销售申请表"，并呈报主管批准。

二、销售人员职责

1. 在销售过程中，销售人员须遵守下列规定：

（1）注意仪态仪表，态度谦恭，以礼待人，热情周到；

（2）严守公司经营政策、产品售价折扣、销售优惠办法与奖励规定等商业秘密；

（3）不得接受客户礼品和招待；

（4）执行公务过程中，不能饮酒；

（5）不能诱劝客户透支或以不正当渠道支付货款；

（6）工作时间不得办理私事，不能私用公司交通工具。

2. 除一般销售工作外，销售人员的工作范围包括：

（1）向客户讲明产品使用用途、设计使用注意事项；

（2）向客户说明产品性能、规格的特征；

（3）处理有关产品质量问题；

（4）会同经销商搜集下列信息，经整理后呈报上级主管：

①客户对产品质量的反映；

②客户对价格的反映；

③用户用量及市场需求量；

④对其他品牌的反映和销量；

⑤同行竞争对手的动态信用；

⑥新产品调查。

（5）定期调查经销商的库存、货款回收及其他经营情况；

（6）督促客户订货的进展；

（7）提出改进质量、营销方法和价格等方面的建议；

（8）退货处理；

（9）整理经销商和客户的销售资料。

三、工作计划

1. 公司营销或企划部门应备有"客户管理卡和新老客户状况调查表"，供销售人员做客户管理之用。

2. 销售人员应将一定时期内（每周或每月）的工作安排以"工作计划表"的形式提交主管核准，同时还需提交"一周销售计划表""销售计划表"和"月销售计划表"，呈报上级主管。

3. 销售人员应将固定客户的情况填入客户管理卡和客户名册，以便更全面地了解客户。

4. 对于有希望的客户，应填写"希望客户访问卡"，以作为开拓新客户的依据。

5. 销售人员对所拥有的客户，应按每月销售情况自行划分为若干等级，或依营业部统一标准设定客户的销售等级。

6. 销售人员应填具"客户目录表""客户等级分类表""客户路序分类表"和"客户路序状况明细卡"，以保障推销工作的顺利进行。

7. "各营业部门应填报年度客户统计分析表"，以供销售人员参考。

四、客户访问

1. 销售人员原则上每周至少访问客户一次，其访问次数的多少，根据客户等级确定。

2. 销售人员每日出发时，须携带当日预定访问的客户卡，以免遗漏差错。

3. 销售人员每日出发时，须携带样品、产品说明书、名片、产品名录等。

4. 销售人员对指定经销商，应予以援助指导，帮助其解决困难。

5. 销售人员有责任协助解决各经销商之间的摩擦和纠纷，以促使经销商精诚合作。如销售人员无法解决，应请公司主管出面解决。

6. 若遇客户退货，销售人员须将有关票收回，否则须填具销售退货证明单。

五、收款

1. 财会部门应将销售人员每日所售货物记入分户账目，并填制"应收账款日记表"送各分部，填报"应收账款催收单"，送各分部主管及相关负责人，以加强货款回收管理。

2. 财会部门向销售人员交付催款单时，应附收款单据，为避免混淆，还应填制各类"连号传票收发记录备忘表",转送营业部门主要催款人。

3. 各分部接到应收账款单据后,即按账户分发给经办销售人员,但须填制传票签收簿。

4. 外勤营销售员收到应收款催收单及有关单据后,应装入专用"收款袋"中,以免丢失。

5. 销售人员须将每日收款情况,填入"收款日报表"和"日差日报表",并呈报财会部门。

6. 销售人员应定期(周和旬)填报"未收款项报告表",交财会部门核对。

六、业务报告

1. 销售人员须将每日业务填入"工作日报表",逐日呈报单位主管。日报内容须简明扼要。

2. 对于新开拓客户,应填制"新开拓客户报表",以呈报主管部门设立客户管理卡。

七、附则

1. 销售人员外出执行公务时,所需交通工具由公司代办申请,但须填具有关申请和使用保证书。

2. 销售人员用车耗油费用凭发票报销,同时应填报行车记录表。

(二)例文解析

销售是创造、沟通与传送价值给顾客,及经营顾客关系,以便让组织与其利益关系人受益的一种组织功能与程序。销售就是介绍商品提供的利益,以满足客户特定需求的过程。销售人员便是实现这些的物质载体。

正因为销售人员的重要性,企业会专门针对销售人员设定管理制度。例文题为《××公司销售人员管理制度》,亦即公司针对销售人员的管理制度。从内容上看,这类文书的写法相对简单,除附则外,其余内容均为具体规定,包括一般规定、销售人员职责、工作计划、客户访问、收款、业务报告等内容。附则部分对特殊情况进行了说明。

三、促销活动管理办法

(一)例文

××促销活动管理办法

一、管理职责

1. 企划部负责撰写促销计划。

2. 采购部负责提供或确认促销活动中所需的供应商名单及供应商支持。

3. 各门店店长负责促销活动在该店的具体实施措施。
4. 销售部负责对各店促销活动的实施情况进行监督、检查、控制。
5. 质量管理部负责对促销活动中的商品价格及质量进行控制、监督和检查。
6. 销售部负责企业促销活动的评估总结。

二、促销活动计划的制订

1. 企划部负责收集相关市场信息，并进行分析，主要包括以下内容：
（1）客户、竞争对手的基本情况分析。
（2）竞争对手促销状况分析。
（3）竞争对手销售情况分析等。
2. 企划部每月将组织企划部全体人员召开一次策划会议，共同讨论促销活动计划。
3. 企划部人员每年年底负责制订下一年度促销计划。
4. 促销计划主要包括以下内容：
（1）年度促销活动的目的。
（2）年度促销活动的主题。
（3）促销活动的主要内容。
（4）促销活动的时间。
（5）促销活动的预算。
5. 年度促销计划经企划部经理审批后提交营销总监审批。
6. 修正后的年度促销计划经企划部经理及营销总监审批后，由企划部经理及销售部分别存档。
7. 企划部人员主要根据年度促销计划及具体促销情况构思每期主题和促销活动的具体计划。
8. 每期"主题促销计划"根据具体活动内容的不同，主要包括以下几个方面：
（1）目标消费群或营销环境分析。
（2）促销目的。
（3）促销时间、地点。
（4）促销内容细则。
（5）分工与支持。
（6）促销时间表。
（7）促销预算。
（8）促销评估方法和内容等。
9. 每期主题促销计划经企划部经理指示后报营销总监审批。
10. 企划部与销售部等部门讨论活动的具体实施及有关细节。

三、促销准备

1. 宣传准备。

（1）企划部人员负责宣传文案的撰写。

（2）明确宣传品的来源。

（3）由市场部负责联系相关赞助单位，洽谈赞助事宜。

（4）宣传品设计制作完成后，由企划部负责移交给销售部。

2. 促销商品准备。

（1）销售部负责根据每期主题促销计划准备相应的促销商品。

（2）配送中心负责对促销商品的优先收货及配送。

3. 赠品的准备。

（1）由采购部与供应商谈判，由供应商根据主要促销活动计划提供。

（2）配送中心在各个门店配货时，把赠品一起配送给门店并填写"门店赠品配送单"。

（3）如果是由供应商直接送到门店的赠品，由门店验收并填写"门店赠品验收单"。

4. 促销人员的准备。

（1）人力资源部门负责临时招募促销人员。

（2）销售部负责抽调专人对促销人员进行培训。

5. 促销商品变价的准备。

（1）采购部与供应商谈判，争取到促销商品优惠的价格。

（2）采购部填写"促销商品变价申请单"，经部门经理审核后，递交信息部。

（3）信息部根据确认后的"促销商品变价申请单"进行系统内的商品变价。

6. 行政部配合销售部准备促销活动的道具及设备。

四、促销活动实施

1. 企划部制定促销活动程序，销售部负责制定同门店运作有关的业务程序。

2. 促销活动前，销售部将召集各门店店长及相关部门参加促销活动会议，落石具体促销计划及明确职责，并将纪要交各门店参会人员签字确认。

3. 各门店店长根据促销活动前一晚关门后对促销商品的重点陈列，确保有足够的位置陈列以突出促销的氛围。

4. 销售部负责组织销售业务人员对各门店的促销活动进行指导。

五、促销过程的监控与协调

1. 各门店在促销活动期间，要随时检查促销活动的进展情况，并就发现的问题填写"促销活动检查单"，对于存在的问题要迅速责成有关人员改进。

2. 各门店店长在促销活动期间，要将发现的问题及时报予企划部及运营部。

3. 销售部督导人员要每天跟进门店促销活动的进展，及时发现并处理问题。

4. 质量管理部质量控制专员和价格控制专员每日巡店，负责对促销活动中的商品价格及质量进行控制、监督和检查，发现问题及时处理。

5. 信息部人员每日上午提交前一天的促销商品销售报表，分析促销活动的效果并及时做出相应调整。

六、促销评估

1. 在促销结束后，销售部应会同企划部一起做出促销活动评估报告。

2. 信息部负责将促销活动数据信息反馈给销售部。

3. 销售部根据信息部提供的数据对促销活动进行综合分析，编制促销活动评估报告。

4. 促销活动评估报告经销售部签字确认后，报营销总监审批。

5. 促销活动评估报告经营销总监审批通过后，由相关部门存档保存。

（二）例文解析

促销活动，顾名思义，就是为了促进某种商品或服务的销售而进行降价或是赠送礼品等的行为活动，能在短期内达到促进销售、提升业绩、增加收益的目的。例文即是对公司促销活动进行管理的制度规范。整体行文结构简单，分别从管理职责、促销活动计划的制订、促销准备、促销活动实施、促销过程的监控与协调、促销评估等管理环节阐释了促销活动的制度规范。

四、促销员管理制度

（一）例文

促销员管理制度

一、目的

为了加强门店厂（商）促销人员的管理，促进门店规范经营，特制订此规定。

二、促销员退场管理规定

1. 主动退场：促销员或厂商主动提出退场的员工到人力资源部填写申请，经营运部、商品部、防损部、人力资源部审核办理退场手续。

2. 违纪辞退：营运部对违反规定或自动离职的促销员以书面形式提交其违纪或自动离职依据，人力资源部核查后开具"退场单"，知会商品部，由厂商通知其到人力资源部办理退场手续。

3. 换人：如厂商需更换促销员，原促销员需到人力资源部办理离职手续，新促销员按照进场管理规定进行。

三、促销员基本职责

1. 促销员按促销协议促销指定产品，不得私自变动所促销商品的陈列及挪用相关赠品。

2. 严格服从本公司的安排，了解门店的商品陈列，在不影响其工作的前提下（在正式营业前或营业快结束前此段时间），门店可安排促销员协助补货、清洁、商品还原等工作。

3. 促销员必须做好所促销商品的陈列、卫生，检查商品的品质、价格牌、POP宣传等。

4. 允许运用自己所掌握的知识，向顾客进行促销，为顾客提供优质服务，增加商品销售。

5. 了解公司商品盘点程序并积极参与。

四、促销员工作要求

1. 促销员上班需正确佩戴工作证，穿本公司指定的服装（特殊情况除外）；谢绝探访，不谈论与公司工作无关的话题。

2. 促销员给小孩试用商品前，必须征得其家长同意，否则后果自负。

3. 遵循职业道德，严禁促销员之间诋毁、嘲讽同类商品，夸大商品性能，虚增商品功能；严禁强卖、拉客等行为，违者立即予以停职离场。

4. 工作时间出卖场办事经门店主管批准方可，不得随意离开自己所在促销区域。

5. 促销员一般情况下不需参与本公司规定的团体活动或其他业余活动，特别要求的除外。

6. 未经批准，不得在本公司范围乱写或张贴宣传广告，不得在营业场内派送宣传单及赠品。

7. 所有促销人员（含专柜人员）发现因条码、标签、价格、质量等问题不能正常销售之商品立即予以封存并知会相关管理人员解决。

8. 遵守安全操作规程，严禁私自拉电线和私人用电，因此造成事故者责任自负。对突发事件要及时报告所属门店店长。

9. 促销员不得在工作场所喝水、吃饭，影响购物环境。

10. 严禁在门店内偷吃、偷盗本公司财物等不诚实行为，违者除开除外，并按商品总价值的10倍予以罚款。

五、促销员管理规范

1. 出勤：工作时间按照所属门店安排班次进行，由店长或店内考勤管理员在考勤卡上确认，所有促销员必须提前10分钟到店做好营业前准备工作。

2.违勤处罚：

（1）促销员不得迟到或早退，迟到或早退在30分钟内的扣20元，迟到或早退30分钟至3小时内按旷工半天处理，旷工半天扣50元，旷工1天扣100元，以此类推。旷工3天以上作退场处理。

（2）遇周六、日或大型节假日，促销员均应按照公司排班出勤或调整上班时间。未经许可故意缺勤的按照旷工处理，情节严重者做退场处理。

3.礼仪及服务规范：

（1）衣着整洁，不得卷起裤脚、衣袖，不得穿背心、短裤、拖鞋。

（2）不穿高跟鞋（高度在5cm以上），不得穿奇装异服。

（3）上班时间必须穿工衣、佩戴工牌、工牌统一佩戴在左胸前。

（4）站姿：双脚以两肩同宽自然垂直分开（肩平、头正、两眼平视前方、挺胸、收腹），站立要保持一定距离，二人分站两头以均等位置站立。

（5）坐姿：所有必须坐姿工作的促销员，必须坐姿端正，不得跷二郎腿，不得将腿搭在座椅扶手上，不得晃腿。

（6）工作时间身体不得东倒西歪、前倾后靠，不得伸懒腰、驼背、耸背、背手、插兜等。

（7）微笑是员工最起码的表情，顾客走近时必须微笑致意，并主动打招呼；招待顾客应表现出热情、亲切、友好、真诚；不得麻木不仁、无表情；不得流露厌烦、冷淡、愤怒、僵硬、紧张和恐惧的表情；不得忸怩作态、做鬼脸、吐舌、眨眼等。

（8）双手不得叉腰、交叉胸前、插入衣裤。不抓头、不抓痒，不挖耳、抠鼻子，不得敲打柜头、货架、商品或玩弄商品。

（9）不得哼歌曲、吹口哨，不得说笑、闲聊，不得大声说话、喊叫、制造噪音。咳嗽、打喷嚏时应转向身后或适当遮掩，并表示对不起。

（10）上班时间不得在非吸烟区吸烟，不得吃东西、看书报。

（二）例文解析

促销员通常是一种长期行为，从某种意义上来讲，他们是处于某一特殊环境的业务员，是直接面向顾客的终端业务员。促销员也是销售人员的一种，对企业的经营活动起着至关重要的作用。例文为一篇关于促销员的制度规范，开篇交代行文背景，即"为了加强门店厂（商）促销人员的管理，促进门店规范经营"，进而使用"特制订此规定"引出下文。正文分别从促销员退场管理规定、促销员基本职责、促销员工作要求和促销员管理规范等四个方面阐释了促销员的具体管理制度。行文简单，直叙其意。

五、市场调查管理制度

（一）例文

市场调查管理制度

一、目的

为对市场信息进行有效的管理，做好市场预测，提高公司经济效益，特制订本办法。

二、工作组织

市场调查及预测由销售科、研究所、计划科、信息中心等有关部门参与共同完成。

三、调查国内各厂家同类产品在国内外全年的销售总量和同行业年生产总量，用以分析同类产品供需饱和程度和本公司产品在市场上的竞争能力。此项资料每年×月前由工厂信息中心提供。

四、调查同行业同类产品在全国各地区市场占有量以及公司产品所占比重。此项资料每年×月前由公司信息中心提供。

五、了解各地区用户对产品质量的反映、技术要求和主机厂配套意见，借以提高产品质量，开发新品种，满足用户要求。此项资料由全质办和研究所分别在每年×月前提出。

六、了解同行业产品更新及其改进方面的进展情况，用以分析产品发展新动向。此项工作由研究所在每年×月前提出。

七、预测主机配套，全国各地区及外贸销售量，平衡分配关系，此项工作由销售部在当年×月前予以整理并做出书面汇报。

八、搜集国外同行业同类产品更新技术发展情报，外贸对本厂产品销售意向，国外用户对本公司产品的反映及信赖程序，用以确定对外市场开拓方针。国外技术更新资料由研究所提供，外贸资料由销售科提供。

九、抽样调查。

对各类型用户进行抽样书面调查，征询对本厂产品质量及销售服务方面的意见。根据反馈资料写出分析报告。

十、组织公司管理人员、设计人员、销售人员进行用户访问，每年进行一次，每次一个月左右，访问结束，填好用户访问登记表并写出书面调查汇报。

十一、销售人员应利用各种订货会与用户接触的机会，征询用户意见，收集市场信息，写出书面汇报。

十二、搜集日常用户来函来电，进行分类整理，需要处理的问题应及时反馈。

十三、不定期召开重点用户座谈会，交流市场信息，反映质量意见及用户需求等情况，巩固供需关系，发展互利协作，增加公司产品竞争能力。

十四、建立并逐步完善重点用户档案，掌握重点用户需要的重大变化及各种意见与要求。

十五、市场调查用户预测所提供的各方面资料，销售部应有专人负责管理、综合、传递，并与工厂信息中心密切配合，做好该项工作。

（二）例文解析

例文为公司市场调查管理制度，行文事由即为市场调研。例文开篇交代背景目的，即"为对市场信息进行有效的管理，做好市场预测，提高公司经济效益，特制订本办法"。进而从市场调研的组织、内容、方法、结果应用等方面罗列十五条具体规定。符合此类文书的一般写法。

六、销售动态调查管理办法

（一）例文

销售动态调查管理办法

一、调查目的：

企业间竞争日趋激烈，这对企业的经营管理提出了更为严格的要求。为了建立切实可行的经营方针和措施，必须尽可能详细而具体地对营销现场进行调查。

二、调查中的注意事项：

1. 填写应实事求是，力求客观与及时。

2. 必须注明填写日期和时间。

3. 如果没有充足的时间来观察并填写，可以采用"瞬时观察法"，事先规定一个观察间隔时间，每一小时或每两小时观察一次，依据概率来推断总体情况。

4. 在填表之前，把观察和推断的具体事项，填写在表头。

三、调查项目说明：

1. 关于店铺布局调查表。

（1）商品陈列格局须经常进行合理调整，目前格局须如实记录下来。

（2）如果需要对店铺布局进行调整，则须把调整的设想绘成图表。

2. 关于顾客调查表。

（1）参考有关商品分类的规定，然后对现有分类进行研究、分析，以确定适宜的分类办法，并据此对顾客购买行为进行调查。

（2）对于难以归类的商品，须作为例外处理。

（3）对顾客购买行为进行观察，应以30分钟为一个观察期。

（4）对顾客年龄段的划分，应切合实际。

（5）对于顾客的职业，通常划分为"学生""家庭主妇""办事员""蓝领阶层""白领阶层""无业人员""自由职业者""其他"。但具体划分时，必须进行分析，尤其要结合所推销的商品进行分类和分析，以做出切合实际的判断。

（6）以各类顾客的总和为100%，计算各类顾客的百分比。

（7）再以"一人来买""二人来买""三人来买"进行分类，计算相应的百分率。

（8）在此基础上，进一步按各类商品计算。

（9）进一步观察记录顾客的购买行为，并与邻近的商店进行对比研究与分析，确认同样的顾客在邻店与本店的购买行为有何不同。

（10）顺便记录顾客其他方面的情况。

3. 关于商品调查表在各种商品分类的有关栏目中，填写商品的具体特征，尤其是区别于同类商品的明显特征。

四、店铺布置调查：对市场上各类相关店铺地理位置及经营状况要有详细的分析，并上报相关部门进行处理。

五、顾客购买行为调查：要对不同季节顾客的购买行为进行充分的调查，调查要详细、具体，不能走过场。

六、顾客流量调查：顾客流量调查应根据不同的时间段来进行，对时间段的划分尽量做到细化，从而使调查结果客观准确。

七、顾客类型调查：顾客类型的调查应根据不同的时间段进行综合划分，不能以点带面。

八、顾客构成调查：对顾客的构成要详细分类，尽量做到细化。

九、顾客购物行走调查：（略）

十、畅销商品销售调查：（略）

十一、顾客购物数量调查：（略）

十二、工作内容调查：（略）

十三、顾客咨询记录：（略）

（二）例文解析

例文为销售动态调查管理办法，顾名思义是企业针对销售动态调查所设定的管理办法。因此，在行文中就需要表达两方面内容：一是针对调查活动自身，二是针对调查内容。例文便验证了这一点，第一条至第三条表述了调查目的、调查中的注意事项、调查项目说明,针对的都是调查活动自身;第四条至第十三条针对的是具体的调查内容,包括店铺布置调查、顾客购买行为调查、顾客流量调查、顾客类型调查、顾客构成调查、顾客购物行走调查、畅销商品销售调查、顾客购物数量调查、工作内容调查、顾客咨询记录等内容。

七、个人调查实施办法

(一)例文

个人调查实施方法

第一条 个人调查的事项:何时调查、什么目的、何种对象、以什么方法来实施等计划的建立。然后再将其具体的策略做检查分析、收集资料的工作。然后再将收集得来的资料做整理,写成报告书。

第二条 个人调查的进行:

对于个人调查的实行,各调查员如果发问不关联的问题的话,回答者将会做各种不同想法上的判断,问题的规格必须做到统一。

(一)调查监督员和调查员开协议会议,将调查的目的、调查方法、问题事项、回答书回收时间等做好协议,并对各调查做统一行动。

(二)调查员。

1.调查员应对问题内容做好了解,决定问题顺序。

2.研究要调查地区的地图、交通工具、调查对象的在家时间等,以便达到花最少的时间精力,而收获最大的成效。

3.准备调查用的印刷物。

4.实际调查时,要做到不看问题书也能很顺利地将问题问完。

(三)以上各项准备完成后,才能在实际中实行,其方法依下列各要领:

1.接近方法。

(1)不能像是在审问犯人似地问问题,也就是说,要保持尊重的态度。

(2)首先考虑初见面的问候,给人好的第一印象,并有自信。

(3)在人群当中,有配合调查的人,也有不配合的人,更有反对排斥的人,对于各色人等要随机应变,将调查工作做好。

2.问问题的方式。

(1)从第一个问题就可知道其对调查的主题有多少的关心度或者多少的知识,所以问题应该是平易的、自然的。

(2)让对方在不知不觉之中,进入调查的主题。

（3）不对问题的内容作说明。
（4）依问题书的问题顺序发问。
（5）问题以外的事项不做交谈。
（6）问题书里的问题，一题不漏地问完，对问题不做自身的考虑，会影响对方的心情。
（四）对方如果说得太离题时，应将其拉回主题上面，并注意说话技巧。
（五）不和对方做争论。
（六）如果是对问题做了不适当的回答，自己应判断其说话的态度、真实性等，而移向下一个问题。
（七）"不知道"回答在任何调查中都占有10%左右，这是很普通的事。但却可判断教育的普及程度、常识的程度等，不可轻率地处理。
（八）如果有模棱两可的回答时，应引导其"在原则上同意"等角度回答。
（九）如果是使用卡片的情况，在对方书写时不可凝视，使对方能在正常下顺利地写完，并且将时间定为10分钟左右。

第三条 记录的处理：
（一）一般当自己的回答被做记录时，都是比较不经思考的问题回答，也有因为被记录，而不愿回答的人，所以可向对方说明其回答是绝对保守秘密的，取得其理解。
（二）如果因记录还是拒绝回答的时候，就应该放弃记录，而将其记在脑里，一旦离去后，速作记录。
（三）如果对做记录不反对的话，可以将问题书拿出，表示调查员并不会加入自身意见，而将其回答依样记入。
（四）选择性回答的记录处理。
（五）自由性回答的记录处理。
前面的问题应向对方说明其宗旨，取得理解后，再要求回答。
（六）确实听取所说的话，并迅速确实地记录。
（七）避免漏掉记录努力地要求回答，对方也很诚意地回答，却因调查员的不注意，而漏掉记录，所有努力都是白费了，造成调查的不正确，这是调查员的大失误。
（八）个人的自身事项：
性别、职业种类、年龄、生活程度、家族关系、教育程度、财产关系等，要做好记录，并保守秘密。
（九）调查结束后，应表示谢意，占用了对方宝贵的时间，并保证绝对保密。
（十）依照上列事项，调查大概终了，但调查员的工作并不是到此为止，在当天不可疏忽做下列的整理：

1. 整理回答卷。

2. 做回答者的观察记录。

3. 整理调查对象表。

4. 做当日的报告书，向调查监督者揭示。

第四条　调查员的资格：

（一）遵从调查监督者的指示，忠实的实行调查事项对于回答偏向一方，在无意识的情况下造成的错误，不能完全达成调查目的等，为避免上面事项，这是非常必要的。

（二）圆满的人格者。

如果有圆满的人格的人做调查员的话，可以给予对方好感，变得亲密，得到好意的回答。

（三）能忍耐者。

调查员并不是要和对方做争论的，也不是调查对方或询问对方，而是要听对方说话，对方有时会自傲，会对调查做批判或议论，不要让对方觉得焦躁，而是要有引导对方进入主题回答问题的忍耐性。

（四）宽容的人格者。

调查时，对象有可能是有官方背景的人，有可能是公司或个人。如果以职业来区别，可能是公务员、商人、农民、打工的劳动者等，应对其人做服装上、言语上、态度上的转变。想得到正确的回答，就必须有宽容的态度。

（五）有正确判断和理解力的人。

调查员在做调查时，对方所说的事情，要能做正确的判断，对方如不能用嘴巴说出想表现的事，也要能做明确的判断、理解。或者言语技巧很好的人，也要有把握主旨的能力。

（六）具有丰富的知识。

调查员必须要有丰富的知识，便于在调查中开展工作。

（二）例文解析

调研活动是销售活动的重要步骤，只有了解市场需求，才能做好有针对性的销售工作。例文为个人调查实施方法，主要针对的是调研员所做调查的规定。整体行文简单，主要涵盖了个人调查的事项、个人调查的进行、记录的处理、调查员的资格等四方面内容。虽然篇幅短小，却也可为此类制度的撰写提供借鉴意义。

八、代理店（商）管理制度

（一）例文

代理店（商）管理制度

一、总则

1. 代理本公司产品必须签订本公司制定的代理协议并遵守本制度。
2. 代理授权必须明确代理的产品，代理商只能在签订的代理授权的产品范围内享受公司代理政策。
3. 签订代理协议必须明确代理商代理的区域、行业，或指定用户。
4. 签订代理授权，必须明确代理授权的时间。

二、代理商的资质认可

1. 在签订代理授权协议以前，代理商应向本公司提供以下资料，便于公司审定代理商资质。

（1）代理商注册登记表。

（2）代理商的营业执照副本复印件。

（3）税务登记证书（国税及地税）。

（4）近两个年度经会计师事务所审计的财务报表（资产负债表、损益表、现金流量表）复印件，及最近一个月度财务报表复印件。

2. 代理商有义务向本公司明示以上重要的该代理商公司信息的变更情况。

3. 本公司根据代理商的实际情况，对代理商进行业绩等级、技术等级和资信等级评估，确定代理商代理等级。

三、代理商的人力资源配置要求

与本公司签订代理商授权协议的代理商，至少要配置两名技术工程师和一名销售人员，并在代理商注册登记表中指定。如发生人员变化，要及时通知公司做相应的变更登记。

四、代理商代理授权范围

1. 为了使代理商与本公司在授权代理范围内更好地合作和互相支持，授权代理商应在每月25日前以商情沟通表的方式通知本公司其授权区域内或指定用户未来两个月的发展及对本公司产品的需求情况，由授权代理商公司总经理或授权人签字后提交给公司负责管理该区域的渠道人员，传真至本公司存档备案。

2. 上述材料是本公司考核代理商业绩及对代理商进行支持的重要依据，如果代理商没有及时提供该代理区域的商情沟通表，或提供的需求信息与实际情况差别太大，公司将有权拒绝对代理商的相关支持，并不能保证代理商届时的定货需求。

五、保密约定

1. 代理商必须对交易与业务中的任何重大事务如代理政策及价格等，对第三方严格保密，不得向任何第三方泄露。因代理商泄密而造成本公司损失，代理商应给予赔偿。

2. 本公司向代理商提供的所有保密信息，其所有权及知识产权归本公司所有。代理商享有在授权范围内的使用权，不享有其他权利。

3. 代理商应对其所属人员进行保密规定，其所属工作人员也不能因工作调动、辞职等原因而泄密；如果代理商所属工作人员辞职后泄密，所造成的损失或责任仍由代理商公司承担。

4. 保密条款不因双方合作项目的终止而失效。在双方合作终止后两年内，本保密条款对代理商具有约束力。

六、非正当行为约束

1. 本公司不允许其工作人员有如下行为，也不允许代理商参与如下行为：

（1）本公司工作人员不得利用工作职权以任何方式向代理商索取或接受物质利益，代理商有义务拒绝本公司工作人员向代理商索要物质利益，并立即向本公司投诉。代理商也不得以任何方式主动或被动向本公司相关工作人员个人提供佣金、回扣等非正当物质利益，以换取该工作人员利用职务之便对代理商进行非正当支持。

（2）本公司工作人员在职期间，不得以自己名义或变相以他人名义设立代理公司，从事本公司的代理业务；本公司工作人员也不得在代理商公司持有任何股份。

（3）本公司工作人员在职期间，不得利用职务便利为自己或为代理商谋取属于公司的商业机会。

（4）本公司工作人员离职后两年内，未经公司许可，不得擅自成立代理公司或在代理公司中持有股份，不得擅自利用任职期间所获得的商业信息和机会为代理商提供服务。

2. 本公司员工违反上述规定所得的收入应当归本公司所有，如造成其他损失还应进行赔偿，同时本公司可对该员工进行严厉处罚直至开除。

3. 如果代理商参与了上述行为，无论主动参与还是被动参与，则本公司有权同时使用或选择性使用下列措施对代理商进行处罚：

（1）可随时终止与该代理商的合作业务，并取消其代理资格。

（2）可拒绝支付代理费。

（3）停止供货。

（4）行使归入权，代理商违反上述规定所得的收入应当归本公司所有。

（5）对本公司造成的损失要求代理商进行赔偿。

七、代理商的考核依据和资质等级评定

1. 公司作为对代理商商业行为的授权者，对授权代理商实行等级确认制度，并定期进行等级考核和业绩记录考核，以便于合理地对代理商落实业绩奖励政策；代理商有责任积极、诚实地配合考核行为，以共同维护合格代理商的权利。

2. 资质等级评定：本公司代理商资质等级由业绩等级、资信等级和技术等级三方面加以评定。业绩等级由定货记录和商情计划准确率记录确定；资信等级按代理商公司规模及资信风险情况、双方合约确定的付款方式评定；技术等级按代理商配置的负责本公司授权产品的销售人员、技术人员人数和解决问题能力评定。考核时间在协议有效期内每个年度进行一次。

（二）例文解析

代理商是代理人受企业的委托，在一定的区域和处所内，在一定的代理权限下，以企业的名义代替企业行使经济行为（包括销售商品及其他行为），其法律后果直接归属于企业。

例文题为代理店（商）管理制度，亦即企业对于代理商进行管理的制度规范。例文行文简单，直接从总则、代理商的资质认可、代理商的人力资源配置要求、代理商代理授权范围、保密约定、非正当行为约束、代理商的考核依据和资质等级评定等七个方面进行阐释。结构清晰，中心突出。

九、加盟店（连锁店）管理制度

（一）例文

加盟店（连锁店）管理制度

为了更好管理公司的企业形象，扩大品牌的知名度，公司将对所有的加盟店实施统一管理。

一、加盟店主是加盟店的合法拥有者，总部拥有品牌及以下知识产权：

1. 包括但不限于商标、专利、外观设计、产品信息、厂商信息等所有与营销相关的专有资源和技术等；

2. 总部拥有宣传推广用品，包括但不限于吊旗、吊画、海报、特价牌等外观设计的知识产权；

3. 产品：包括总部自行设计、自主品牌的产品及与总部建立营销合作关系的其他厂家的产品。

二、店内、店外要求统一。

三、加盟店需配置计算机，配送车辆及上网电子邮箱等以方便双方业务联系。

四、加盟店应自行办理当地与经营相关的各种工商与税务手续，确保加盟店的合法性与完整性，应实行独立经营、独立核算，遵守国家有关法规，依法纳税，加盟店的一切债权、债务及纠纷均与总部无关。

五、加盟店与总部签定责任书，加盟店按规定完成销售额，总部将定时对加盟店的营业状况、产品销售、库存等情况进行检查、核对。年终总评对超额完成销售额的加盟店，公司按情况给予一定的奖励，并以销售额来进行级别等级机制，对不能完成销售额的，按不同程度给予亮黄牌甚至收回加盟资格的处理。

六、加盟店实行总部制定的统一价格，如需调整价格需向总部提出书面申请，由总部批准后方可实行。

七、总部及其指定的管理机构有权根据市场的情况对加盟店的货物进行适当的调配。

八、在合同履行期间，如因加盟者违约造成总部或其指定的管理机构经济损失和企业形象损坏的，总部有权视情况在合同保证金中扣除一定金额作为处罚并有权要求加盟店赔偿经济损失。

九、总部对各加盟店实行款到出货制度且加盟店承担所购货品的运输费用（特特别约定除外）。如遇到极特殊情况，由加盟店和总部协商决定供货情况。

十、各加盟店不得销售其他同类产品，一经公司发现，将从加盟保证金中扣除一半甚至更多作为警告。如继续销售其他同类产品，公司将取缔其加盟资格，扣除其所有加盟保证金。

十一、总部或其指定的管理机构负责向加盟店提供统一的铺面设计方案，并在加盟店开业前统一安排制作宣传推广用品（包括吊旗、吊画、海报、价格牌及购物胶袋等）。

十二、总部或其指定的管理机构负责在一定的范围内维护加盟店在的当地经营权，实施区域保护，避免恶性竞争。

十三、加盟店必须直接从总部进货（特殊情况由总部决定并以书面形式告知加盟店），对于因不遵守规定而造成的产品积压等问题，总部不予处理。

十四、加盟店在收到总部或其指定的管理机构提供的产品，必须于收货当天进行数量验收，并负责验收产品质量，有质量问题的（运输途中损坏的由配送公司负责）必须于验收后3日内申请退回更换，逾期不予更换。

十五、为在网上订货的经营区域内的客户提供配送服务，做到24小时内送货到家服务。

十六、加盟店应积极参予总部或其指定的管理机构安排的统一促销活动及其他活动。

十七、在知悉任何第三方可能侵犯总部或其指定的管理机构所拥有的权益,或有关产品及经营所发生或可能发生的任何争议、诉讼、仲裁等,加盟店均有义务立即以书面形式通知总部或其指定的管理机构。

十八、加盟店需按月向总部提供销售情况统计分析报表以及库存情况,以便总部制定下一步销售计划。

以上管理办法是总部对各加盟店的统一要求,望大家能自觉遵守,并能携手共树企业美好形象,共同达到双赢的目的。

(二)例文解析

加盟店指那些专门经营销售特定商品的商店,这些商品具有极强的关联度,或者是同一个品牌的商品,或者是一个系列专门的商品。加盟店一般非常讲究店面装饰,形象统一。例如,出售具有传统特色商品的店铺,店堂布置突出古典美;出售流行、新潮品的商店,店堂装饰突出现代感。同时,加盟店提供比其他商店更多的服务,诸如消费咨询和建议等。

例文题为加盟店(连锁店)管理制度,亦即针对加盟店管理制定的制度规范。例文开篇即交代背景,"为了更好管理公司的企业形象,扩大品牌的知名度,公司将对所有的加盟店实施统一管理"。进而分十八条阐释了具体对于加盟店的要求。结尾采用了号召式结尾,即"以上管理办法是总部对各加盟店的统一要求,望大家能自觉遵守,并能携手共树企业美好形象,共同达到双赢的目的"。

十、专卖店管理制度

(一)例文

专卖店管理制度

为了创造一支以公司利益为重,高素质、高水平的团队,更好地服务于每一位客户,公司制定了以下严格的管理规章制度,望各位员工自觉遵守。

一、准时上下班,不得迟到,不得早退,不得旷工。

二、工作期间保持微笑,不可因私人情绪影响工作。

三、上班第一时间打扫档口卫生,整理着装,必须做到整洁干净;员工需画淡妆,精力充沛。

四、上班时不得嬉笑打闹、赌博喝酒、睡觉而影响本公司形象。

五、员工本着互尊互爱、齐心协力、吃苦耐劳、诚实本分的精神,尊重上级,有何正确的建议或想法用书写文字报告的形式交于上级部门,公司将做出合理的回复。

六、服从分配、服从管理，不得损毁公司形象、透露公司机密。

七、工作时不得接听私人电话，手机应调为静音或震动。

八、认真听取每位客户的建议和投诉，损坏公司财物者照价赔偿，偷盗公司财物者交于公安部门处理。

九、员工服务态度：

1.热情接待每位客户，提供积极、主动、热诚、微笑的服务；

2.尽快主动了解服装，以便更好地介绍给客户。

十、员工奖罚规定：

1.全勤奖励每月30元；迟到、早退每分钟扣罚1元；旷工一天扣罚120元；工作时间不允许请假，请假一天扣除当日工资，未经批准按旷工处理；病假必须出具医院证明，前三天扣除当日工资的30%，之后每天扣除当日的工资。

2.每三个月进行优秀员工奖励，奖励200元。（条件：必须全勤员工、业绩突出、无客户投诉、无拒客者。）若有客户投诉或与客户发生争吵将取消本次奖励，一次扣罚30元。

3.上班时不得嬉笑打闹、赌博喝酒、睡觉而影响本公司形象，违者扣罚10元/次；上班有客户在时不得接听私人电话，不得发短信聊天，手机应调为静音或震动，违者扣罚5元/次。

4.必须服从分配、服从管理，违者扣罚30/次；私下使用本公司计算机者扣罚50/次。

5.透露公司机密（产品原价、客户档2007案），查明属实将扣除当月工资的60%。

十一、入职条件：

1.填写员工入职表，按入职须知执行规定。

2.需交身份证复印件。

3.工作期间必须遵守本公司规章制度。

十二、辞职条件：

1.员工辞职必须提前1个月提呈辞职报告，书写详细理由，经批准后方可离职，离职只发放工资；

2.未满一个月而离职者按实际工作天数折算。

十三、辞退员工将不发放任何工资待遇，辞退条件如下：

1.连续旷工3次/月；

2.拒客或与客户发生争吵3次/月；

3.泄露本公司机密1次/月；

4.偷盗本公司财物者。

十四、员工离职、辞退后在两年内不得向外透露本公司商业机密，如对本公司造成不良后果责任将由对方负责，并向有关单位提起诉讼。

（二）例文解析

专卖店也称为专营店，并不是有知名品牌的店面才称为专卖店。专卖店指的是专一经营某类行业相关的专营店。随着社会分工的细化，各个行业都有自己的专卖店，而且越来越细化。

例文题为专卖店管理制度，意思为针对专卖店管理所作的制度设计。开篇就交代了行文目的，即"为了创造一支以公司利益至高无上为准则，高素质、高水平的团队，更好地服务于每一位客户，公司制定了以下严格的管理规章制度，望各位员工自觉遵守"。继而分十四条对专卖店管理做出了规定。

十一、客服人员管理制度

（一）例文

客服人员管理制度

为加强公司客服服务的内外部管理，积极创建高效、优质的服务水准，树立良好的对外服务形象，全面规范服务行为，不断提高服务质量和服务水平，使服务管理工作走上规范化轨道，特制定以下服务热线管理制度。

1.服务热线严格执行24小时值班制度，不空班、不脱岗、不串岗。

2.服务热线以电话的方式受理客户在业务咨询和服务方面的投诉，解答客户的疑难问题，协调处理公司各业务部门的信息传递工作。

3.明确岗位责任制，建立健全各类信息台账的管理，严格交接制度，实行服务热线班长责任制和中心主任监督检查相结合的管理制度。

4.建立严格的考评制度，中心结合考评细则对服务热线工作人员进行综合考评。

5.对热点、难点问题因客观原因不能立即解决的要向群众做耐心细致的解释工作，以维护公司的形象。

6.热线班长担负热线日常管理工作和对外宣传的服务，自觉维护热线形象、提高热线的服务效率和服务质量。

7.坚持来电、来信、网格信息服务回访制度，针对处理结果对客户的来电进行回访，做到件件有回复、件件有结果。热线要全面做到监控服务的过程。

8.定期对人员进行业务素质的培训，增强处理问题的灵活性、艺术性，提高工作实践能力和应变力，以提高整体服务素质和业务管理水平。

9. 针对用户的来电要认真调查、落实、上报处理，做到事事有结果，件件有回音。

10. 服务热线必须保持电话线路的整体通畅，与工作无关的外来电话概不传递，严控私话；热线值班电话专线专用，自觉控制谈话时间。

11. 接到计划性检修信息，应立即将信息向该区域发布并通知政府相关联络部门。

12. 接到、收到社会举报的突发性信息应立即将信息传达处理，并报相关联络部门，节假日需通知公司值班经理。

13. 热线工作人员做好交接班记录，提前二十分钟到位交接，交接人员将工作报表交接清楚。严禁在热线值班室内接待私客，无关闲人不得逗留。

14. 热线工作人员，针对下达的指令任务推诿不到现场的要统计在案（交接班）以备考核。

15. 在服务热线的管理上，服务中心严格按照《用户投诉管理制度》等相关规定，采用定期进行服务抽查、用户回访等方式，对××服务热线人员的工作进行考核。

16. 接待用户语言亲切，热情礼貌，使用普通话和服务文明用语。

17. 服务热线每周将工作情况综合报服务中心领导进行总结。

（二）例文解析

例文题为客服人员管理制度，就是针对公司客服人员设计的管理制度。开篇名义，即"为加强公司客服服务的内外部管理，积极创建高效、优质的服务水准，树立良好的对外服务形象，全面规范服务行为，不断提高服务质量和服务水平，使服务管理工作走上规范化轨道"，继而以"特制订以下服务热线管理制度"引出下文十七条的管理规定，行文简单流畅。

十二、本节写作要点

1. 行文结构简单。此类文书行文简单，直述其意，一般开篇交代目的，抑或直接进入正文写作。

2. 销售类文书宜使用号召式结尾。号召式结尾具有激励作用，适合于针对销售人员的管理规定。

第二节　客户管理制度

一、售后服务管理办法

（一）例文

售后服务管理办法

第一章　总　则

第一条　为加强公司营销管理，提高公司综合竞争力，特制定本办法。

第二条　本办法包括总则、服务作业程序、客户意见调整等三章。

第三条　服务单位的财务处理依本公司会计制度中"现金收支处理程序"及"存货会计处理程序"办理。

第四条　服务部为本公司商品售后的策划单位，其与服务中心及分公司间应保持直接密切的联系，对服务工作处理的核定依本公司权责划分办法处理。

第二章　服务作业程序

第五条　本公司售后服务分为：

1. 有费服务

为客户保养或维护本公司出售的商品，而向客户收取服务费用者属于此类。

2. 合同服务

为客户保养或修护本公司出售的商品，依本公司与客户所订立商品保养合同书的规定，而向客户收取服务费用者属于此类。

3. 免费服务

为客户保养或维护本公司出售的商品，在免费保证期间内，免向客户收取服务费用者属于此类。

4. 一般行政工作

与服务有关之内部一般行政工作，如工作检查、零件管理、设备工具维护、短期在职训练及其他不属前三项的工作均属于此类一般行政工作。

第六条　有关服务作业表。（略）

第七条　服务中心或各分公司服务组，接到客户维修通知时，该单位业务员应即将客户的名称、地址、电话、商品型号等，登记于"叫修登记簿"上，并在该客户资料袋内，将该商品型号的"服务凭证"抽出，送请主任派工。

第八条　技术人员持"服务凭证"前往客户现场服务，凡可当场处理完妥者即请客户于服务凭证上签字，携回交业务员于"叫修登记簿"上注销，并将服务凭证归档。

第九条　凡收取服务费较低者，应由技术人员当场向用户收费，将款交于会计员，凭此补寄发票，否则应于当天凭"服务凭证"至会计员处开具发票，以便另行前往收费。

第十条　对于现场不能处理的服务项目，应由技术员将商品携回修护，除由技术员开立"客户商品领取收据"交与客户外，并要求客户于其"服务凭证"上签认，后将商品携回交与业务员，登录"客户商品进出登记簿"，并填具"修护卡"，以凭施工修护。

第十一条　每一填妥的"修护卡"应挂于该一商品上，技术员应将实际修护使用时间及配换零件详填其上，商品修妥经主任验讫后在"客户商品进出登记簿"上注明还商品日期，然后将该商品同"服务凭证"，送请客户签章，同时取回技术员原交客户的收据并予以作废，并将"服务凭证"归档。

第十二条　第十条中携回修护的商品，如系有费修护，技术员应于还商品当天凭"服务凭证"，至会计员处开具发票，以便收费。

第十三条　凡待修商品，不能按原定时间修妥者，技术员应即报请服务主任予以协助。

第十四条　技术员应于每日将所从事修护工作的类别及所耗用时间填"技术员工作日表"送请服务主任核阅存查。

第十五条　服务主任应逐日依据技术人员日报表，将当天所属人员服务的类别及所耗时间，填"服务主任日报表"。

第十六条　分公司的服务主任日报表，应先送请经理核阅签章后，转送服务部。

第十七条　服务中心及分公司业务员，应根据"叫修登记簿"核对"服务凭证"后，将当天未派修工作，于次日送请主任优先派工。

第十八条　所有服务作业，市区采用6小时，郊区采用7小时派工制，即叫修时间至抵达服务时间不得逾上班时间内6小时或7小时。

第十九条　保养合同期满前1个月，服务中心及分公司，应填具保养到期通知书寄予客户，并派员前往争取续约。

第二十条　维护与保养作业流程图。（图略）

第三章　客户意见调查

第二十一条　为加强服务，并不断培养服务人员"顾客第一"的观念，特制定"客户意见调查表"，作为改进服务措施的依据。

第二十二条　客户意见分为客户的建议或抱怨及对技术员的品评。除将品评资料作为技术员每月绩效考核之一部分外，对客户的建议或抱怨，服务部应特别加以重视，认真处理，精益求精，建立本公司售后服务的良好信誉。

第二十三条　服务中心及分公司应将当天客户"叫修登记簿"于次日寄送服务部，以凭填寄客户意见调查卡。调查卡填寄的数量，以当天全部叫修数为原则，不采取抽查方式。

第二十四条　对技术员的品评，分为态度、技术、到达时间及答应事情的办理等四项，每项均按客户的满意状况分为四个程度，以便客户勾填。

第二十五条　对客户的建议或抱怨，其情节重大者，服务部应即提呈副总经理核阅或核转，提前加以处理，并将处理情况函告该客户。属一般性质的，服务部自行酌情处理，惟应将处理结果，以书面或电话通知该客户。

第二十六条　凡属加强服务及处理客户的建议或抱怨的有关事项，服务部应经常与服务中心及分公司保持密切的联系，随时予以催办，并协助其解决所有困难问题。

第二十七条　服务中心及分公司对抱怨的客户，无论其情节大小，均应由服务主任亲自或专门派员前往处理，以示慎重。

（二）例文解析

例文题为售后服务管理办法，意即针对售后服务所进行的制度规定。例文行文简单，用三章共二十七条的内容写明了具体的制度规定。

二、客户投诉管理办法

（一）例文

客户投诉处理管理制度

一、顾客投诉原因分类
1. 非品质异常投诉发生的原因（指人为因素造成）。
2. 品质异常投诉发生的原因。
3. "客户投诉记录表"编码原则：
（1）年度（××）月份（××）流水编号（××）。
（2）编号周期以年度月份为原则。
二、处理分工
1. 销售分公司和市场部。
（1）详查投诉产品之订单编号、原料、数量、交货日期、不良品数量。

（2）了解顾客投诉要求及投诉理由。
（3）协助顾客解决疑难或提供必要参考资料。
（4）迅速传达处理结果。
（5）投诉案件的登记，处理时效管制及逾期反映。
（6）投诉改善方案的提出、执行效果跟踪和确认。
2. 主管副总经理。
（1）监督投诉案件的调查、上报及责任人员的确定。
（2）投诉改善方案的审核及效果确认。
（3）主持与客户接洽投诉调查及妥善处理。
3. 总经理。
（1）投诉内容的审核。
（2）处理方式的确定及责任归属之判定。
4. 生产部门。
（1）针对投诉内容详细调查，并拟定处理对策及改善执行。
（2）投诉品质量检验确认。

三、顾客投诉处理流程

1. 销售分公司人员接到顾客投诉时，应热情接待了解投诉内容，并首先判定责任发生单位。若本公司为责任方，应即查明有关资料（订单编号、料号、交货日期、数量、不良品数量）、顾客要求及交货金额等各项目。

（1）能够马上解决的问题应立即进行协调和解决，给顾客一个满意的答复。
（2）不能马上答复顾客的问题，须在安抚顾客情绪的同时立即致电销售分公司，请求批示，回复顾客。然后再将情况记录在"顾客投诉记录表"上。
（3）若顾客对回复不满意，则应告知顾客十五天内给予答复，并最大限度地留住投诉产品，将此表连同投诉样品，送交市场部。

2. 市场部接到"顾客投诉记录表"后，分析投诉原因、判定责任归属部门及确定处理对策。待顾客同市场部和销售分公司人员共同商讨解决办法后，市场部填制"顾客投诉处理表"。最后由主管副总经理作出批示。

3. 经核签的"顾客投诉处理表"第一联由市场部留存，第二联送销售分公司留存。

4. 市场部每年6月和12月的前10日汇总半年来的投诉处理情况，会同加工单位、销售分公司经理判定责任归属并讨论各投诉项目，改善对策及处理结果。

5. 销售分公司不得超越权限向顾客做任何处理答复、协议或承认，只应对"顾客投诉处理表"中批示事项答复顾客（不得将"顾客投诉处理表"影印件送客户）。

6. 投诉内容若涉及其他公司或原物料供应商等责任时，由主管副总经理会同市场部等有关部门共同处理。

7. 投诉处理实行首问负责制，即谁受理谁负责。

四、投诉案件处理期限

1. "顾客投诉处理表"处理期限自市场部受理起，国内15天，国外18天内处理。

2. 各单位投诉处理作业流程处理期限如下：销售分公司5天，市场部7天（如果涉及加工单位，则其中加工单位的处理期限是2天）。

五、投诉审核

1. 各公司须在公司备有"顾客意见簿"，方便顾客对本公司产品的监督与投诉。

2. 各专卖店必须将顾客投诉记录在案，不能有瞒报、漏报、谎报的行为。销售分公司与市场部将不定期对顾客投诉进行核对。如发现专卖店对顾客的投诉置之不理或顾客有二次投诉的现象，将对相关责任人进行处罚。

六、投诉责任人员处分及罚扣金额

1. 投诉罚扣责任归属，加工单位以各班组为最小单位。未及明确归属班组单位时，归属至全厂。

2. 业务部门、服务部门以归属至个人为原则，未能明确归属个人时，归属至区域专卖店或分公司。

3. 罚扣方式：

（1）凡属于产品问题，经责任归属后，予以处理；

（2）属于非产品问题，由销售分公司负责处理。以上情况，凡情节严重的，呈总经理核批后，由总经理办公室公布。

（二）例文解析

客户投诉是指客户对企业产品质量或服务上的不满意，而提出的书面或口头上的异议、抗议、索赔和要求解决问题等行为。客户投诉是消费者因商家的产品质量问题、服务态度等各方面的原因，向商家主管部门反应情况、检举问题，并要求得到相应补偿的一种手段。

作为企业应该处理好客户投诉，设计好客户投诉处理的管理制度，不断提升企业服务质量，这才是企业的生存之道。例文是一篇关于客户投诉处理的管理制度，全文从顾客投诉分类、处理分工、顾客投诉处理流程、投诉案件处理期限、投诉审核、投诉责任人员处分及罚扣金额六个方面对客户投诉的处理流程、处理人员的责任进行了明确的说明。篇幅虽短，但内容全面，分条列项的写法也使得行文流畅、层次清晰。

三、客户档案管理制度

（一）例文

客户档案管理办法

第一条 目的

本制度立足于建立完善的国际市场客户档案管理系统和客户档案管理规程，以提高国际营销效率，扩大国际市场占有率，与本公司交易伙伴建立长期稳定的业务联系。

第二条 适用范围

企业的过去、现在和未来的国际市场直接客户与间接客户都应纳入本制度的适用范围。

第三条 内容

1. 客户基础资料

客户资料的获取，主要是通过营销人员对客户进行的电话访问和电子邮件访问搜集来的。在档案管理系统中，大多以建立客户数据库的形式出现。客户基础资料主要包括客户的基本情况、所有者、管理者、资质、创立时间、与本公司交易时间、企业规模、行业、资产等方面。

2. 客户特征

服务区域、销售能力、发展潜力、公司文化、经营方针与政策、企业规模（员工人数、销售额等）、经营管理特点等。

3. 业务状况

主要包括目前及以往的销售实绩、经营管理者和业务人员的素质、与其他竞争公司的关系、与本公司的业务联系及合作态度等。

4. 交易活动现状

主要包括客户的销售活动状况、存在的问题、保持的优势、未来的对策、企业信誉与形象状况、交易条件和以往出现的信用问题等。

第四条 方法

1. 建立客户档案系统

本制度规定客户基础资料的取得形式如下，并采用数据库的形式进行：

（1）由销售代表在进行市场调查和客户访问时进行整理汇总。

（2）向客户邮寄客户资料表，请客户填写。

（3）委托专业调查机构进行专项调查。

2. 客户分类

利用上述资料，将企业拥有的客户进行科学的分类，目的在于提高销售效率，增加企业在国际市场上所占的份额。

客户分类的主要内容包括：

（1）客户性质分类。分类的标识有多种，主要原则是便于销售业务的开展。可按客户所在行业、客户性质、客户地域、顾客类型划分。

（2）客户等级分类。企业根据实际情况，确定客户等级标准，将现有客户分为不同的等级，以便于对客户进行渠道管理、销售管理和货款回收管理。本制度规定客户等级分类标准如下：一是按客户与本公司的月平均销售额或年平均销售额分类；二是按客户的信用状况，将客户分为不同的信用等级。

（3）客户路序分类。为便于销售代表巡回访问、外出推销和组织发货，首先将客户划分为不同的区域，然后，再将各区域内的客户按照经济合理原则划分出不同的路序。

3. 客户构成分析

利用各种客户资料，按照不同的标准，将客户分类，分析其构成情况，以从客户角度全面把握本公司的营销状况，找出不足，确定营销重点，采取对策，提高营销效率。

客户构成分析的主要内容包括：

（1）销售构成分析。根据销售额等级分类，分析在公司总销售额中，各类等级的客户所占比重，并据此确定未来的营销重点。

（2）商品构成分析。通过分析企业商品总销售量中各类商品所占比重，以确定对不同客户的商品销售重点和对策。

（3）地区构成分析。通过分析企业总销售额中不同地区所占的比重，借以发现问题，提出对策，解决问题。

4. 客户信用分析

在客户信用等级分类的基础上，确定对不同客户的交易条件、信用限度额和交易业务信用处理办法。

第五条　客户档案管理应注意的问题

在客户档案管理过程中，需注意下列问题：

（1）客户档案管理应保持动态性，不断地补充新资料。

（2）客户档案管理应重点为企业选择新客户、开拓新的国际市场提供资料。

（3）客户档案管理应"用重于管"，提高档案系统的质量和效率。

（4）客户档案系统应由专人负责管理，并确定严格的查阅和利用的管理办法。

（二）例文解析

例文题为客户档案管理办法，意即关于客户档案管理的制度规范。行文篇幅不长，但表达内容全面，包括了行文目的、办法适用范围、具体管理内容与方法、客户档案管理应注意的问题这几个方面。例文整体行文流畅，表意清晰，层次合理。

四、客户信息管理办法

（一）例文

客户信息管理办法

第一章 总 则

第 1 条 为防止客户信息泄露，确保信息完整和安全，科学、高效地保管和利用客户信息，特制定本制度。

第 2 条 本制度适用于与客户信息相关人员的工作。

第 3 条 客户的分类如下：

1. 一般客户：与企业有业务往来的经销单位及个人。
2. 特殊客户：与企业有合作关系的律师、财务顾问、广告、公关、银行、保险等个人及机构。

第二章 客户信息归档

第 4 条 客户开发专员每发展、接触一个新客户，均应及时在客户信息专员处建立客户档案，客户档案应标准化、规范化。

第 5 条 客户服务部负责企业所有客户信息报表的汇总、整理。

第 6 条 为方便查找，应为客户档案设置索引。

第 7 条 客户档案按客户服务部的要求分类摆放，按从左至右、自上而下的顺序排列。

第 8 条 客户信息的载体（包括纸张、磁盘等）应选用质量好、便于长期保管的材料。信息书写应选用耐久性强、不易褪色的材料，如碳素墨水或蓝黑墨水，避免使用圆珠笔、铅笔等。

第三章 客户信息统计报表

第 9 条 客户服务部信息管理人员对客户信息进行分析、整理，编制客户信息统计报表。

第 10 条　其他部门若因工作需要，要求客户服务部提供有关客户信息资料的定期统计报表，须经客户服务部经理的审查同意，并经总经理批准。

第 11 条　客户信息统计报表如有个别项需要修改时，应报总经理批准，由客户服务部备案，不必再办理审批手续。

第 12 条　客户服务部编制的各种客户信息资料定期统计报表必须根据实际业务工作需要，统一印刷、保管及发放。

第 13 条　为确保客户信息统计报表中数据资料的正确性，客户信息主管、客户服务部经理应对上报或分发的报表进行认真审查，审查后方可报发。

第四章　客户档案的检查

第 14 条　每半年对客户档案的保管状况进行一次全面检查，做好检查记录。

第 15 条　发现客户档案字迹变色或材料破损要及时修复。

第 16 条　定期检查客户档案的保管环境。

第五章　客户信息的使用

第 17 条　建立客户档案查阅权限制度，未经许可，任何人不得随意查阅客户档案。

第 18 条　查阅客户档案的具体规定如下：

1. 由申请查阅者提交查阅申请，在申请中写明查阅的对象、目的、理由、查阅人概况等情况。
2. 由申请查阅者所在单位（部门）盖章，负责人签字。
3. 由客户服务部对查阅申请进行审核，若理由充分、手续齐全，则予以批准。
4. 非本企业人员查阅客户档案，必须持介绍信或工作证进行登记和审核，查阅密级文件须经客户服务部经理批准。

第 19 条　客户资料外借的具体规定如下：

1. 任何处室和个人不得以任何借口分散保管客户资料和将客户资料据为己有。
2. 借阅者提交借阅申请，内容与查阅申请相似。
3. 借阅申请由借阅者所在单位（部门）盖章，负责人签字。
4. 信息管理专员对借阅申请进行审核、批准。
5. 借阅者把借阅的资料的名称、份数、借阅时间、理由等在客户资料外借登记册上填写清楚，并签字确认，客户资料借阅时间不得超过三天。

第 20 条　借阅者归还客户资料时，及时在客户资料外借登记册上注销。

第六章　客户信息的保密

第 21 条　客户服务部各级管理人员和信息管理人员要相互配合，自觉遵守客户信息保密规定。

第22条 凡属机密、绝密的客户资料，登记造册时，必须在检索工具备注栏写上"机密"、"绝密"字样，必须单独存放、专人管理，其他人员未经许可不得查阅。

第23条 各类重要的文件、资料必须采取以下保密措施：

1. 非经总经理或客户信息主管批准，不得复制和摘抄。
2. 其收发、传递和外出携带由指定人员负责，并采取必要的安全措施。

第24条 企业相关人员在对外交往与合作中如果需要提供客户资料时，应事先获得客户信息主管和客户服务部经理的批准。

第25条 对保管期满、失去保存价值的客户资料要按规定销毁，不得当作废纸出售。

第26条 客户信息管理遵循三不准规定，其具体内容如下：

1. 不准在私人交往中泄露客户信息。
2. 不准在公共场所谈论客户信息。
3. 不准在普通电话、明码电报和私人通信中泄露客户信息。

第27条 企业工作人员发现客户信息已经泄露或者可能泄露时，应当立即采取补救措施，并及时报告客户信息主管及客户服务部经理。相关人员接到报告后，应立即处理。

第七章 附 则

第28条 本制度由客户服务部负责解释、修订和补充。

第29条 本制度呈报总经理审批后，自颁布之日起执行。

（二）例文解析

客户信息是指客户喜好、客户细分、客户需求、客户联系方式等一些关于客户的基本资料。科学的客户信息管理是凝聚客户、促进企业业务发展的重要保障。客户信息是一切交易的源泉。由于客户信息自身的特点，进行科学的客户信息管理是信息加工、信息挖掘、信息提取和再利用的需要。通过客户信息管理，可以实现客户信息利用的最大化和最优化。因此，企业设立客户信息管理办法十分必要。

例文采用了总则—分则—附则的写作方式，总则部分交代了行文目的、适用范围及客户分类等基本信息，行文目的是"为防止客户信息泄露，确保信息完整和安全，科学、高效地保管和利用客户信息"，适用范围为"本制度适用于客户信息相关人员的工作"，语言凝练，表述清晰，为接下来的行文奠定了基础。分则部分为例文的主体部分，包括了客户信息归档、客户信息统计报表、客户档案的检查、客户信息的使用、客户信息的保密等内容。附则部分为结尾部分，一般说明制度的解释修订权限和制度实施时间，例文便是如此写法。

五、客户关系管理制度

(一)例文

客户关系管理制度

第一章 总 则

第一条 适用范围

本管理办法适用于本公司。

第二条 目的

为了不断加深对客户需求的认识,实现以客户为中心的营销理念,提高客户满意度,改善客户关系,提升企业的竞争力,特制定本管理制度。

第三条 原则

建立符合企业实际与需求的客户关系管理体系。

第二章 组织管理

第四条 客户经理的作用与职责

1. 成为客户在本公司中的支持者。
2. 帮助客户确定解决问题的方案,将适当的服务介绍给客户。
3. 成为引荐者和撮合者,确保双方企业中的相关人士能够相见。
4. 成为客户所在行业的行家。
5. 制订客户计划并最大限度挖掘企业与客户的生意潜力。
6. 收集、分析、保存客户信息;积累有关客户与竞争对手的信息;熟悉客户的所面临的困难,有何需求和问题,包括掌握决策者个人和主要权力人物的偏好和担忧的问题。
7. 逐步与客户的权力关键人员建立关系。
8. 熟悉业务,能熟练制作满足客户关键需求的投标文件。
9. 促进合同谈判的顺利进行,达到双赢。
10. 确保客户满意;将客户的意见及时转告那些向客户服务的单位;将企业的承诺转告客户。

第五条 市场部部长的作用与职责

1. 直接负责客户经理的工作。
2. 确保指派合适的人负责客户关系管理工作。
3. 平衡客户关系管理职责与市场部其他职责的关系,确保客户经理有时间、资源和自由去做好工作。

4. 审核、管理预算与经费的使用。
5. 确保客户经理能够得到适当的培训。
6. 制订客户经理业绩评估标准，并负责考核。
7. 确保市场开发支持工作（包括估价、招投标文件的制作等）的有效性。
8. 审核客户计划及指导行动计划的实施。
9. 将客户介绍给企业中的相关人员。
10. 支持与指导客户经理的工作。

第六条　客户关系管理制度的制定

客户关系管理制度的制定由公司本部市场部负责，经总经理办公会审议通过后，上报董事会审批，批准后本部市场部负责贯彻执行。

第七条　客户关系管理制度实施

由市场部负责组织实施。

第八条　客户关系管理制度效果考核

由市场部部长负责对客户关系管理制度运行效果进行考核与评估，同时每年根据内外部环境的变化对制度进行全面的审核，做适当的修正。

第三章　客户信息管理

第九条　客户信息的重要性

客户信息是公司的重要无形资产。建立清晰、明确、及时的客户信息有助于帮助业务人员顺利地开展工作，便于公司了解客户。每一位销售系统的人员都应充分认识到客户信息的重要性，认真切实落实客户信息档案管理制度。

（二）例文解析

客户关系是指企业为达到其经营目标，主动与客户建立起的某种联系。这种联系可能是单纯的交易关系，也可能是通讯联系，也可能是为客户提供一种特殊的接触机会，还可能是为双方利益而形成某种买卖合同或联盟关系。维护良好的客户关系，有助于企业的良性发展。

例文是一篇较为完整的客户关系管理制度，写法与同类型企业文书类似，不再赘述。

六、本节写作要点

1. 要全面清晰。客户是企业服务的对象，是企业生存和发展的重要保障，因此，企业要想获得良性发展就必须重视客户管理。所以在撰写此类文书时，要对客户的情况考虑全面。

2. 要用语凝练。追求全面的同时，也要重视语言的凝练，制度类文书是一种规范，过于烦琐会阻碍其制约力和权威性的发挥。

第三节　企业策划管理制度

一、年度销售计划管理办法

（一）例文

年度销售计划管理办法

第一条　目的

为规范销售业务，保证销售相关业务的有序进行，有效控制相关的业务风险，防止此项管理工作中的差错和舞弊，特制定本制度。

第二条　适用范围

销售计划管理工作，主要包括年度销售计划编制、月度销售计划及回款计划编制等。

第三条　职责

（一）客服部负责根据业务经理催收款结果编制月度回款计划。

（二）营销中心业务经理负责获取客户意向订单，编制自己所管辖的客户月度销售计划，负责销售业务催收款工作。

（三）营销中心区域经理汇总各业务经理的销售计划，编制年度销售计划、月度销售计划。

（四）营销中心总监审核销售区域经理编制的年度销售计划、月度销售计划。

第四条　工作程序

一、年度销售计划

（一）编制"年度销售计划"的原则：

1. 前瞻性与导向性。对电池负极材料行业市场形势进行分析，并进行有效的区域市场调研，以公司战略为导向，编制有前瞻性和有挑战性的年度销售计划。

2. 权威性与指导性。年度销售计划的制订过程是一个统计、调研、分析、沟通、决策的过程，具有权威性，一旦确定并经过审批就必须按计划执行。同时，策略的安排则是指导性的,要能指导营销中心实现目标。

(二)营销中心总监根据公司管理层分管领导确定的年度利润目标,结合对各产品的销售预测以及公司的生产能力,确定年度销售目标。

(三)营销中心总监根据各区域的销售情况分解销售任务,各区域业务经理根据分解的销售任务编制年度销售计划,提交给营销中心总监审核。营销中心总监汇总各区域的销售计划,编制公司整体的"年度销售计划"提交总经理审阅、董事长审批。

(四)营销中心总监把经审批通过后的"年度销售计划"交至财务部、研发中心、PMC部门。

(五)财务部根据"年度销售计划"评估收入情况和编制预算等。研发中心根据年度销售计划中列明的产品型号和数量,进行技术分解,得出各类半成品年度生产量。PMC部门根据研发中心提供的半成品年度生产量,结合库存情况编制年度生产计划。

(六)"年度销售计划"应包括但不限于以下内容。

1. 年度销售目标;
2. 销售网络建设及拓展目标;
3. 产品价格变化趋势分析;
4. 年度销售策略;
5. 销售行动计划。

二、月度销售及回款计划

(一)每月,营销中心业务经理负责与客户沟通,获取客户意向订单信息,包括产品型号、数量、交货方式、时间等信息,并于月底,将意向订单信息汇总至营销中心区域经理。同时,业务经理负责向客户催收款的工作。

(二)区域经理汇总各业务经理意向订单信息,并根据市场信息,与客户的交易情况,按滚动季度的方式编制"月度销售计划"。"月度销售计划"由营销中心总监、PMC部门负责人审批。审批后的"月度销售计划"交至财务部、研发中心、PMC部门。

(三)每月,客服部主管与营销中心业务经理沟通,统计下月客户回款情况,编制"月度回款计划"列明回款客户名称、回款时间、回款金额、回款方式等内容。

(四)"月度回款计划"由营销中心总监、PMC部门负责人审批。客服部主管把经审批通过后的"月度回款计划"提交至财务部,财务部编制营运资金预算。

第五条　监督及检查

本制度经审批并实施的当日起,未按本制度要求进行各项工作,出现所述情形的,根据造成的影响及损失分别采取以下处理措施:

(一)造成公司重大损失以及构成违法行为的,由公司向司法机关提起诉讼,追究其法律责任,由其承担经济损失;

（二）对公司造成损失但不构成违法的，由责任人承担经济损失，并列入当期绩效考核；

（三）未造成损失且未构成违法的，列入当期绩效考核。

（四）违规情形包括：

1. 工作渎职造成公司损失或影响公司正常运作的；

2. 未及时提交年度销售计划、月度销售计划、提交的销售计划明显不合理以及未按本制度提交审批的；

3. 未及时跟进客户回款情况，未编制客户回款计划以及回款计划未按本制度提交审批的；

4. 其他影响企业正常运营或违反公司相关规定的情形。

（二）例文解析

销售计划是指导企业在计划期内进行产品销售活动的计划。它规定企业在计划期内产品销售的品种、数量、销售价格、销售对象、销售渠道、销售期限、销售收入、销售费用、销售利润等。它是企业编制生产计划和财务计划的重要依据。因此针对企业销售计划制定管理办法是十分必要的。

例文为年度销售计划管理办法，大体上从目的、适用范围、职责、工作程序、监督及检查等五个方面分条列项地进行了详细阐释。

二、战略企划管理制度

（一）例文

战略企划管理制度

第一章 总 则

第一条 目的。

设计和制订合理的国际战略企划操作规程，运用公司现有的资源，选定可行的方案，以实现目标或解决问题，其最终目的是有效地促进公司国际市场战略目标的达成。

第二条 国际战略企划操作规程的基本要求：

1. 设计与应变相统一。

（1）从公司长远利益出发，合理规划整体企划的每项工作；

（2）适时调整国际战略企划方案；

（3）操作流程符合公司要求与需要。

2. 职责明确。

3. 操作规范。

4. 控制与自主相统一。

第二章 基本原则

第三条 前瞻性原则：善于创造机会和把握战略机会，分析机会存在的依据、特征，确定把握机会的方针和行为规范，寻找新的经营机会和经营领域。

第四条 创新性原则：有效配置公司现有资源，不断完善战略企划方案。

第五条 应变性原则：国际战略企划要突出人的主观能动性和自觉适应性，根据国际市场环境和公司现有状况，灵活地调整战略企划活动。

第六条 含糊性原则：跟踪公司有限且有价值的目标，组合相关的国际战略企划资源，确定相应的解决方法，充分发挥员工的创造性和能动性。

第三章 操作流程

第七条 国际战略企划主题的界定：

1. 国际战略企划问题列举；

2. 明确国际战略企划目标；

3. 界定国际战略企划主题。

第八条 国际战略企划资料的搜集与分析：

1. 现有资料搜集；

2. 市场状况调查；

3. 资料审核；

4. 资料分析。

第九条 国际战略创意的产生：

1. 创意方法的选择；

2. 国际战略创意方案的制订。

第十条 可行性国际战略企划方案的选择：

1. 选择衡量标准；

2. 国际战略企划方案的对比评估；

3. 最终企划方案的确定。

第十一条 国际战略企划的模拟与评估：

1. 国际战略企划的预算评估；

2. 国际战略企划的进度控制；

3. 国际战略企划的效果评估。

（二）例文解析

例文题为战略企划管理制度，意即企业针对战略企划设计的管理制度。例文篇幅短小，分三章十一条详细地阐释了制度内容。

三、公关企划管理制度

（一）例文

公关企划管理制度

第一章 总 则

第一条 目的。

为加强对公司形象的建设与管理，保持与社会、员工的沟通和理解，规范公司的公关活动和行为，特制定本办法。

第二条 管理职责。

公司公关事务由品牌企划部统一管理，公司高层领导负责整体协调公关工作。

第三条 公关原则。

1. 公司对外口径保持一致，不能各自表述。

2. 动员公司全员参与公关。

3. 根据公关目标、任务和对象，精心设计、策划公关方案，可以起到事半功倍的效果。

4. 切忌弄虚作假、夸夸其谈。

第四条 公关人员的素质要求公关人员应具备广泛的学科知识（如公关理论知识、公关实务知识等与公关相关的学科知识），较合理的能力结构（如组织管理能力、语言表达能力和应变能力等），良好的心理素质等。

第二章 公关管理内容

第五条 公关目标。

1. 树立公司良好的信誉和形象。

2. 改善、适应公司的运作环境。

3. 联络公众和传递内外信息。

4. 辅助决策和协调人际关系。

5. 提高公司的社会效益和经济效益。

第六条　公关对象。

1.业务关系单位，包括顾客、供应商和竞争对手等。

2.公司内部对象，包括员工、股东等。

3.公司外部对象，包括新闻媒体、政府机关和社会公众等。

第七条　公关方式。

公关主要方式说明：

1.宣传方式，主要包括广告、新闻宣传、新闻报道、专题通讯、经验介绍和记者专访等。

2.服务方式，提供优质商品和服务，如三包、送货、退货、保修期和保险等。

3.社会方式，举办社会性活动，如纪念会、庆祝会、赞助、展览会和联欢会等征询方式。

第三章　公司新闻宣传管理

第八条　公司的新闻发布及新闻宣传采取召开新闻发布会、记者招待会、邀请记者来公司采访或向新闻媒体提供新闻通稿等形式。公司要根据不同的情况和要求，采取不同的新闻发布及新闻宣传形式。

第九条　按照"集中管理、统一发布"的要求，做好公司重大事件和重要信息的新闻发布工作，保证新闻信息发布的准确性和权威性。公司应建立新闻发言人制度。

第十条　凡对公司发展有重大影响的事项，需及时对外介绍的，公司可根据需要，不定期举行新闻发布会。

第十一条　公司企业举行重要新闻发布活动，公司宣传部应根据新闻发布内容，拟订新闻发布计划，报请新闻宣传工作领导小组批准后组织实施。

第十二条　新闻发布会后，行政部应及时做好有关新闻报道的反馈、收集和总结工作，并将新闻发布资料归档保存。

第四章　重大公共关系活动管理

第十三条　凡重大公关活动，由公司领导亲自组织和领导。必要时可聘请、委托专业公关咨询公司或企划人员策划公关方案。

（二）例文解析

例文为公关企划管理制度，分条列项对总则、公关管理内容、公司新闻宣传管理、重大公共关系活动管理进行了详细地表述。

四、公司提案管理制度

(一)例文

公司提案管理制度

第一章 总 则

第一条 目的。

为充分发挥广大员工的聪明才智，调动员工的工作积极性、主动性和创造性，鼓励员工对公司在经营管理过程中出现的问题和不足之处提出合理化建议，给公司带来更大的经济效益，特制定本制度。

第二章 提案项目范围

第二条 提案项目范围。

1. 对于产品销售或售后服务，提出具体改进方案。
2. 对于产品维护技术，提出改进方法。
3. 对于公司各项作业方法、程序和报表等提供出改善意见，具有降低成本、简化作业、提高工作效率等作用。
4. 对于公司未来经营的研究发展事项，提出研究报告，并具有采纳价值或实际效果。
5. 适用于市场的新产品、新技术、新工艺和新材料。
6. 对引进的先进设备制造工艺和先进技术进行消化、吸收和改进。
7. 开拓新的生产业务。
8. 计算机技术在通信生产和管理领域的应用。
9. 生产中急需解决的技术难题。
10. 有关机器设备、维护保养的改善。
11. 为了提高原料的使用效率，改用替代品原料，节约能源等。
12. 新产品的设计、制造、包装及新市场的开发等。
13. 废弃能源的回收利用。
14. 促进作业安全，预防灾害发生等。
15. 对于公司各项规章、制度、办法提供具体的改善建议。

第三条 员工提出建议时使用公司规定的"提案建议表"。

第三章 提案审核委员会

第四条 为审议员工建议，公司特设置员工建议审议委员会（以下简称"审委会"），由各部门主管担任主要审议委员。

第五条　审委会的职责：
1. 关于员工提案的审议事项。
2. 关于员工提案评审标准的研讨事项。
3. 关于员工提案奖金金额的研讨事项。
4. 关于员工提案实施成果的研讨事项。
5. 其他有关建议制度的研究改进事项。

第四章　奖励标准

第六条　审委会根据"员工审议表"中的各个审议项目，逐项研讨并评定分数后，以总平均分拟订等级及奖金金额。

第七条　提案经审委会审定认为不宜被采纳实施的，应将提案交由行政部主管据实核对签注理由，委婉通知原建议人。

第八条　提案经审委会审定认为可以采纳的，应由审委会召集人员会同行政部主管，于审委会审定后三日内，以书面形式详细注明建议人姓名、提案内容、该提案实施后对公司的可能贡献、核定等级、奖金数额及理由，连同审委会各委员的"审议表"一并报请经营会议复议后，由总经理核定。

第九条　为避免审委会各委员对建议人的主观印象，影响审议结果的公平性，行政部主管在提案未经审委会审议前，对建议人的姓名应予保密，不得泄露。

第十条　提案如由两人以上共同提出，其所得奖金按人数平均分配。

第十一条　有下列情形之一者，不得申请奖励：
1. 各级主管人员对其本身职责范围内的工作所提出的建议；
2. 被指派从事该工作而提出与该工作有关的提案者；
3. 同一建议事项，他人已经提出并已获得奖金的。

（二）例文解析

提案是员工行使建议权的体现。员工处于公司操作层，对公司各具体管理环节或行为十分熟悉，因此也最能看出公司微观层面存在的问题，因此设置公司提案管理制度十分必要。

例文首先交代总则部分，主要为行文目的，"为充分发挥广大员工的聪明才智，调动员工的工作积极性、主动性和创造性，鼓励员工对公司在经营管理过程中出现的问题和不足之处提出合理化建议，给公司带来更大的经济效益"，即说明制定本制度的重要意义，进而以"特制定本制度"开启下文写作，属于经典的开篇写法。例文主体部分采用分条列项的方式，详细地说明了提案项目范围、提案审核委员会、奖励标准等内容。

五、本节写作要点

1. 目的明确。企划类文书应当立足于当下和今后一段时间需要解决的问题和要做的主要工作，应尽量突出工作重点，忌面面俱到。

2. 切实可行。企划类文书是企业相当一段时间的工作指南，因此其可行性的高低决定了目标能否顺利实现。

第四节　企业活动管理制度

一、员工文体活动管理制度

（一）例文

员工文体活动管理制度

第一条　总则

1. 制定目的：为丰富员工文化生活，有益员工身心健康，提升文体活动层次和品位，建立良好的公司企业文化氛围，将企业文化精髓渗透到经营管理的各个层面，不断增进团队意识和凝聚力，特制定本制度。

2. 制定原则：以展示职工精神风貌和企业文化精神为目标，健康向上、内容丰富、覆盖面广等原则执行。

3. 适用范围：本制度适用于公司全体员工。

第二条　工作机构和职责

1. 公司文体活动管理实行总经理负责制，分管副总直接领导，行政部负责统一策划、宣传、组织和安排。

（1）负责编制文体活动年度计划。

（2）负责活动时间、活动场所及活动项目的策划布置。

（3）负责活动项目的经费报批工作。

（4）负责采购、保管活动器材和物品。

（5）负责参赛奖品的提议及购置。

（6）负责制作活动专栏、影像等资料。

2. 根据文体活动的需要，各部门、车间应积极协助行政部做好各种活动的组织管理工作。

3. 设立公司文体活动室（员工宿舍区健身房、篮球场等），行政部派专人负责活动室的日常管理工作。

第三条　活动分类

1. 公司司庆。

2. 公司传统文体活动：每年的元旦、春节、五四（"三八""五一""五四"三者合一）、中秋、国庆等重大节假日前后的庆祝、表彰及晚会活动。

3. 公司月度主题活动：三月绿色行动月、七月安全月、九月质量月、十二月运动会等活动。

4. 公司评优活动：包括三八红旗手、劳模、五四优秀青年、安全月先进、质量月先进、年终先进、每月6S看板管理评优等。

5. 公司特定文体活动：如读书会、感恩员工父母北京行等活动。

6. 公司年度主题活动：如2022年开源节流竞赛活动等。

第四条　注意事项

1. 开展各种文体活动应结合公司实际，健康向上，形式要求多种多样，如知识竞赛、歌咏比赛、舞蹈、棋牌、球类、益智类、娱乐类等，同时要紧扣时代脉搏，推陈出新，场面欢快热烈、井然有序。

2. 活动遵循公开、公正、公平及人性化的原则，重点强调职工之间的"友谊第一、比赛第二"，充分利用业余时间开展，不得影响公司正常工作的开展。

3. 行政部在组织好、记录好每次活动的同时，还要求把活动内容进行拍照、宣传、存档。

4. 行政部组织各类文体活动时要严密组织、分工协作、精心实施，和参与者之间相互配合，保障活动各环节的顺利完成。

（二）例文解析

员工文体活动是建立良好企业文化，丰富员工文化生活，提升员工工作热情，增强企业凝聚力的重要手段。建立完善的员工文体活动管理制度，是现代企业管理的重要任务。

例文题为员工文体活动管理制度，是对企业员工文体活动进行管理的制度规定。例文在第一条即表明目的与意义，即"为丰富员工文化生活，有益员工身心健康，提升文体活动层次和品位，建立良好的公司企业文化氛围，将企业文化精髓渗透到经营管理的各个层面，不断增进团队意识和凝聚力。"再以"特制定本制度"引出下文，逻辑清晰，表意准确。正文从总则、工作机构和职责、活动分类、注意事项四个部分进行表述，内容详实，结构完整。

二、员工活动室管理规定

（一）例文

员工活动室管理规定

第一条　目的。

为了丰富员工业余生活，促进公司企业文化建设，确保广大员工能够文明、和谐、有序地参加公司活动室内各项文体娱乐活动，特制定本规定。

第二条　适用范围：公司员工。

第三条　娱乐项目：乒乓球、羽毛球、象棋、围棋、电视电影等。

第四条　地点：公司活动室。

第五条　开放时间：

一、平常日：17：30～21：30

二、休息日：12：00～21：30，法定节假日及其他时间，另行通知。

第六条　职责。

一、成立活动室管理小组，组长、组员、值日、保安。小组成员兼任活动室管理员。

二、活动室管理员职责：

1. 按时开放活动室，严格遵守作息时间。

2. 及时打扫卫生，保持活动室干净整洁。

3. 热情接待员工，服务周到，文明礼貌。

4. 及时关闭门窗和电源，确保活动室安全。

5. 严格管理活动室物品，发现物品丢失或损坏，要及时查明原因，照价赔偿。

6. 依项目活动规则，维护好活动室活动秩序。

三、严格执行活动室管理制度。

第七条　基本要求。

一、活动室只对住宿在公司的员工开放，公司职员进入活动室必须出示工作牌，经活动室管理员确认后方可进入，禁止一切不明身份的人员入内。

二、管理员负责活动室钥匙的管理，并严格按公司规定的时间开放或关闭活动室。

三、相关附属配套物品（如球拍、球等）由活动室统一管理，员工在领用、归还时必须登记。

四、凡在活动室活动者，必须服从管理人员的安排及管理，遵守活动规则（参与活动者可本着公平、公正、公开、轮流活动的原则，共同约定符合惯例的活动规则，特殊情况由活动室管理员最终协调裁决）。

五、要讲究卫生，严禁在活动室内乱丢垃圾，乱扔纸屑、果核、食品袋等杂物，不随地吐痰，不在室内大吵大闹，不高声喧哗，不在室内吸烟。

六、禁止在活动室内进行黄毒赌、酗酒、吵架斗殴、迷信结社及偷盗等违法活动，违反法律者将送公安机关处理。（以输赢钱物为目的，不论数额大小，均视为赌博。）

七、不在墙壁、地面、球桌、椅子、门窗等处涂抹乱画。

八、活动室内的电灯、开关、音响、通风系统等电器设备，非指定人员不得随意挪动、拆装、私自调整系统设置。

九、凡发现恶意或故意损坏公共物品的行为，除作相应的经济赔偿外，并给予一定的经济处罚。

十、任何人不得将室内物品设施搬出活动室。

十一、在活动室内严禁私接电源。

十二、活动室内的音响等发音设备的音量不得开得过大，以免影响周围办公区域及宿舍的正常工作秩序和休息环境。

十三、每项活动结束后，员工要将物品放回原处，关闭相关电器设施。活动室关闭时间到后，活动室管理员要将室内所有电器及门窗关闭后方可离开。

第八条　奖惩。

对违反本规定或积极举报违反本规定的人员，公司将依照相关制度执行。严重违反本规定者，处以相应的经济处罚或送交公安机关处理。

（二）例文解析

员工活动室是企业为员工提供的休闲娱乐场所。员工活动室的设置，有助于加强员工的沟通与交流、增进员工感情、增强团队凝聚力、促进企业文化建设。因此，建立完善的员工活动室管理制度十分必要。

例文为员工活动室管理规定，意即针对员工活动室进行管理的相关规定。规定的目的和意义在第一条便得到体现，即"为了丰富员工业余生活，促进公司企业文化建设，确保广大员工能够文明、和谐、有序地参加公司活动室内各项文体娱乐活动"。继而以模式化语言"特制定本规定"引出规定的具体内容。例文篇幅不长，规定撰写的相关要素均得到体现，如适用范围、娱乐项目时间、地点与地点、管理职责、基本要求、奖惩等。

三、企业宣传管理制度

（一）例文

企业宣传管理制度

第一章　总　则

第一条　为了进一步加强公司宣传工作，增强宣传工作的时效性、针对性、规范性，及时反映公司工作开展情况，加强对外宣传力度，更好地为各级领导决策和指导工作提供服务，特制定本办法。

第二条　公司宣传工作包括内部宣传和外部宣传，内部宣传载体主要有公司简报、相关培训、宣传栏及各类会议宣讲等形式。外部宣传主要通过各种媒体对公司进行宣传。

第三条　宣传工作宗旨：展示各项工作成就，挖掘特色亮点工作，提供科学决策依据，树立公司良好形象。

第四条　宣传工作的原则与要求：全面、准确、及时、实事求是、亮点突出。

第二章　工作机构

第五条　各部门兼职宣传人员和文化宣传办公室相关人员组成。文化宣传办公室负责日常文化宣传工作和公司文体活动的筹备组织。公司各部门要加强对宣传工作的重视，设置兼职的宣传工作专员，负责部门内部稿件的收集、整理、校稿和报送工作。

第六条　各部门主要履行以下职责：

1.建立健全渠道畅通、反应灵敏的宣传网络，做好新闻素材的收集、筛选、加工、传递和反馈等日常工作；

2.开展工作调查研究，针对本部门在发展创新中的新情况、新问题、新思路、新做法，及时写出有分析、有见解的专题调研信息；

3.对开展的重点工作和特色工作总结、提炼，及时写出主题鲜明的报道。

第三章　宣传渠道及方式

第七条　公司目前宣传工作主要是以内部宣传和外部宣传为主。内部宣传是指通过创办公司宣传栏及开展各种活动等方式进行宣传，主要反映的是公司内部动态、经营业绩、员工动态及安全生产知识等方面的信息。外部宣传是指通过有关媒体对外宣传公司的企业文化、经营业绩、人才理念、公司战略等方面的信息。

第八条　员工投稿要求如实地反映公司的各种动态，能积极地反映员工在工作和生活中的各种正面思想和意识，有上进心，能激发出部门工作的热情，鼓励员工之间互相学习。各部门员工要保证投稿的质量，禁止敷衍应付。

第四章　主要内容

第九条　宣传以为公司服务为核心，以诚实守信为重点，引导员工在遵守基本行为的基础上，追求更高的目标。

第十条　充分利用宣传栏、大屏幕等及时宣传公司领导讲话、上级领导视察情况及本公司各项文体活动；及时宣传公司最新动态及相关政策，展现公司积极向上精神面貌。

第十一条　公司的发展战略、发展规划、发展目标、重大措施以及发展稳定和经济运行重要信息的宣传。

第十二条　宣传工作的导向性：把握正确的舆论导向，为公司生产经营创造良好的舆论环境，做到有利于推进公司的发展，有利于塑造公司的形象，有利于鼓励和激励员工开拓进取。

第十三条　宣传工作的真实性：宣传内容所反映的事件与数据应与事实相符，禁止发布虚假不实报道。

第十四条　宣传工作的时效性：宣传内容应是近期发生的事实反映或状态描述。

第十五条　宣传工作的激励性：广泛宣传职工为公司奉献和优质服务的先进典型人物和事迹，激励职工勇于开拓创新的精神，打造公司形象，有利于提升公司形象，促进公司宣传沟通。

第五章　实施细则

第十六条　内部宣传主要以宣传栏为主，主要登载事实简讯、公司动态、安全知识，也可登载各类员工原创散文、随笔等内容。内容由文化宣传办公室筛选后发表。同时还应在各类内部培训会中加强对公司制度、战略规划等方面的宣传，加强员工的主人意识，促进职工之家的建设。

第十七条　外部宣传是通过有关媒体进行宣传。要保证信息的时效性和有效性，做好公司对外宣传的平台作用。在重大节日、纪念日和公司重大事件发生时，及时对公司进行宣传，为公司树立良好的形象。

第十八条　公司宣传栏由文化宣传办公室及各部门整理相关资料，编辑审核后发表。公司动态和涉及公司重大问题的报道由文化宣传办公室整理后，报总经理审核后方可发表。

第十九条　文化宣传办公室要及时收集和整理相关信息，将相关信息报送给各类媒体。同时在公司重大活动、庆典或相关纪念日时,要及时报道,做好相关的宣传。

第二十条　对涉及到公司经营、开发和市场方面的敏感信息,公司员工应做好保密工作。文化宣传办公室在审核稿件时要做好把关作用,不得将上述信息在未经允许的情况下登载在宣传栏上。

(二)例文解析

企业宣传是企业塑造形象,对员工进行理想、道德教育的重要活动。可以看出企业宣传包括对内和对外两个部分。例文便很好地体现了这一点。

例文题为企业宣传管理制度,意即针对企业宣传进行管理的相关制度规定。企业宣传在现代企业管理中占有重要地位,因此明确其目的和意义十分重要,例文在第一条便说明了这一点,即"为了进一步加强公司宣传工作,增强宣传工作时效性、针对性、规范性,及时反映公司工作开展情况,加强对外宣传力度,更好地为各级领导决策和指导工作提供服务"。再由"特制定本办法"这种模式化写法引出制度主体部分。主体内容主要规定了谁负责宣传、如何宣传、宣传什么、怎么做等几方面内容,即"工作机构""宣传渠道及方式""主要内容""实施细则"。结构完整,表意明确。

四、本节写作要点

1.行文要素齐全。企业活动管理制度文书的撰写,一定要把握好行文要素,即为什么管理、谁来管理、如何管理、管理什么、怎么做等问题,要素齐全是管理类文书质量的重要保障。

2.内容真实可行。既然是管理类文书,就必须具有可行性,因此要求撰写要从实际出发,尊重实际情况,设计符合实际要求的制度规定。

扫一扫，获取本章例文

第六章
生产及质量管理制度

　　生产管理是计划、组织、协调、控制生产活动的综合管理活动。内容包括生产计划、生产组织以及生产控制。通过合理组织生产过程，有效利用生产资源，经济合理地进行生产活动，以达到预期的生产目标。

　　质量管理就是在一定的技术经济条件下，为保证和提高产品质量所进行的一系列经营管理活动的总称。该管理活动包括质量管理体系的制定、质量的控制、质量的验收与评定等相关内容。

　　生产管理和质量管理二者是密切联系的，生产管理是质量管理存在的目的，质量管理是生产管理延续的手段，在现实管理中，二者的活动是相互交织的。关于生产管理和质量管理的文书很多，本章仅选取其中具有代表性的文书进行解析。

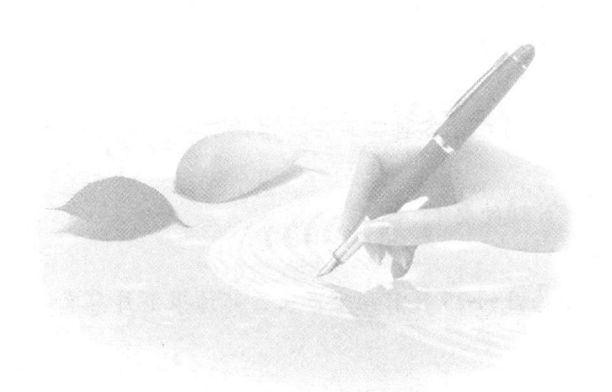

第一节 生产管理制度

一、生产计划管理制度

(一) 例文

生产计划管理制度

一、总则

为提高生产效率,实现准时化生产,确保市场需要得到有效的确认,销售订单得到有效的执行,生产过程得到有效的控制,用户需求得到有效的满足,特制定本制度。

二、适用范围

本制度适用于公司所有产品、配件及所有零部件的生产管理。

三、职责

1. 销售部负责产成品、备配件市场需求计划的提报,负责当月产成品计划及备配件计划的调整。

2. 生产装备部负责公司生产资源的综合平衡利用,负责生产计划的编制、报批和下达,并负责生产计划的组织实施。公司总经理负责月度生产计划的审批。

3. 公司各职能部门负责相关资源的配置。

四、公司生产计划

1. 月度生产计划

公司月度生产计划以销售部下月销售订单为依据,由生产装备部负责编制,于每月28日下达。

2. 专项生产计划

专项生产计划是对应于特定需求的生产计划(含公司统一安排的生产计划),一般在收到需求计划2日内下达。

3. 临时生产计划

临时生产计划是对应于各种临时性需求的生产计划。一般在收到需求计划当日或第二日下达。

五、编制生产计划的要求

1. 月度生产计划

(1) 销售部于每月的25日前向生产装备部预报下月需求计划,月度需求计划应明确发货进度。

（2）生产装备部根据销售部的月度需求计划，编制当月零件生产计划、外购外协件需求计划，经总经理批准后，于每月28日前分解成完成下月生产作业计划，于月底前下达月度工序及车间生产计划、外协采购件计划。

2. 专项生产计划

生产装备部在收到专项需求计划的2日内，根据专项需求计划的要求，综合平衡各方面资源后编制专项生产计划。专项生产计划应考虑特殊资源的生产周期，若不能满足专项需求计划的要求，生产装备部应于收到专项需求计划当日或第二日以书面形式向专项计划提出部门反馈情况。

3. 临时生产计划

生产装备部在收到临时需求计划后，应在当日或第二日根据临时需求计划的要求和实际资源状况下达临时生产计划。若不能满足临时需求计划的要求，生产装备部应于收到临时需求计划当日或第二日以书面形式向需求计划的提出部门反馈。

六、生产计划的实施及调整

1. 月度生产计划

当月生产计划用于指导公司当月的一切生产活动，除非特别需要，一般不作调整。

（1）生产装备部根据月度生产计划编制月度零部件需求计划、原材料需求计划，并于月度生产计划下达后两日内发至相关部门；

（2）供应部根据月度生产计划编制所负责外购、外协件的月度发交计划，根据原材料需求计划和原材料库存情况编制原材料采购计划，并于接到生产计划或相关需求计划两日内编制外协外购件计划发至供应商；

（3）各职能部门根据当月生产计划进行相应资源调配和生产配合；

（4）无论何种情况影响生产正常进行，生产装备部必须及时向公司主管副总经理汇报。

2. 专项生产计划、临时生产计划相关单位必须按计划要求完成。

七、考核细则

1. 计划延迟下达造成生产延误的考核责任单位50元/次。

2. 组织不合理造成生产任务未按时完成的考核责任单位50元/次。

3. 因出现产品质量问题造成计划生产延误不能按时交货的考核责任单位50元/次。

4. 因设备原因造成生产延误的视情况考核责任单位50～100元/次。

5. 在事实确认过程中，各单位一定实事求是，以吸取教训为主要目的，凡弄虚作假，一经查实，加倍考核。

6. 不具备批量生产条件的产品以及不成熟的产品，将进行专项考核，不属本办法考核范围。

本制度由公司提出，生产装备部归口管理。

（二）例文解析

生产计划管理是指企业对生产活动中的计划工作进行管理的活动。例文题为生产计划管理制度，即是对生产计划管理所指定的规范。

从行文结构上看，主要分成三个部分：

第一部分，即总则，一般使用"为……"的句式表明行文目的，并用模式化语言"特制定本制度"引出下文。如例文第一条，"为提高生产效率，实现准时化生产，确保市场需要得到有效的确认，销售订单得到有效的执行，生产过程得到有效的控制，用户需求得到有效的满足，特制定本制度。"

第二部分，即第二条至第七条，是行文的主体部分。这一部分需要表明制度的具体内容，要做到详细详尽、条例清晰。例文便分条列项地从"适用范围"、"职责"、"公司生产计划"、"编制生产计划的要求"、"生产计划的实施及调整"、"考核细则"等方面详尽地说明了制度规定。

第三部分，为结尾部分，一般采用说明式写法，或作补充说明，或作特殊说明，或说明实施时间，或说明制度权限。例文采用了这种写法，使用简短的语言，"本制度由公司提出，生产装备部归口管理"，表明了制度的制定和管理权限。

二、生产作业管理制度

（一）例文

生产作业管理制度

一、总则

1. 为了确保生产秩序，保证生产车间各项工作顺利开展，营造良好的工作环境，促进本厂发展，结合本厂生产车间实际状况，特制定本制度。

2. 本制度实用于车间全体人员，具体包括车间管理人员及作业人员。

二、员工管理

1. 车间全体人员务必遵守上下班作息时间，按时上下班。

2. 车间员工务必服从合理工作安排，尽职尽责做好本职工作，不得疏忽或拒绝管理人员命令或工作安排。

3. 全体车间人员务必按要求佩带工牌，不得穿拖鞋进入车间。

4. 车间人员在工作期间不得做与工作无关的事，例如吃东西、聊天、听歌、离岗等行为，吸烟要到厂指定区域。

5. 对恶意破坏工厂财产的行为或盗窃行为，不论大小一经发现，一律交行政中心严厉处理。

6. 车间人员如因特殊状况需要请假，应按厂请假程序向各级主管申请，得到批准方可离开。

7. 工作时间内，倡导全体人员说普通话，现场操作严禁使用侮辱性字眼，不讲脏话，在工作及管理活动中严禁有地方观念或省籍区分。

8. 作业时间谢绝探访及接听电话，禁止带孩子或外厂人士在车间内玩耍或滥动设备、仪器，由此造成的事故自行承担。

9. 任何人不得携带易燃易爆、易腐烂、浓气味等违禁品、危险品或与生产无关的物品进入车间。

10. 不得私自携带公司内的任何物品出厂（除特殊状况经领导批准外），若有此行为且经查实者，将予严厉处理。

11. 现场人员务必自律自觉，勇于检举揭发损害公司利益、破坏车间生产的不良行为，反对一切破坏现象。

三、生产管理

1. 车间严格按生产计划排产，根据车间设备和人员精心组织生产，工作分工不分家，各车间务必完成车间日常生产任务，并保证质量。

2. 生产流通确认以后，任何人不得随意更改，如在作业过程中发现错误，应立即停止生产，并向负责人报告研究处理。

3. 员工在生产过程中严格按照设备操作规程、质量标准、工艺规定进行操作，不得擅自更改产品生产工艺或装配方法。否则，造成工伤事故或产品质量问题，由操作人员自行承担。

4. 车间人员领取物料时务必持车间主管开具的领料单，不得私自拿走物料。生产完成后，如有剩余的物料及时退回仓库，不得遗留在车间工作区域内。

5. 生产过程中好坏物料务必分清楚，并要做出明显的标记，不能混料，在生产过程中要注意节约用料，不得随意乱扔物料、工具，移交物料要交际协调好，标示醒目。

6. 车间人员下班时，要清理好自己的工作台面，做好设备保养工作。最后离开车间要将门窗、电源关掉。若发生意外事故，将追究最后离开者的责任以及生产主管的责任。

7. 下班时（做完本工序后）应清理自己的工作台面，做好设备的保养工作，打扫场地和设备卫生并将电源关掉。

8. 车间人员和外来人员进入特殊岗位应遵守特殊规定，确保生产安全。

9. 员工有职责维护环境卫生，严禁随地吐痰、乱扔垃圾。

四、质量管理

1. 车间员工认真执行"三检"制度（自检、互检、专检），操作人员自己生产的产品要做到自检，检查合格后，方能转入下工序，下工序对上工序的产品进行检查。

2. 车间要对所生产的产品质量负责，做到不合格的物料不投产，不合格的半成品不转序。

3. 严格控制"三品"（合格品、返修品、废品）隔离区，做到标示明显，数量准确，处理及时。

五、工艺管理

1. 严格贯彻执行按照标准、工艺、图纸生产，对图纸和工艺文件规定的工艺参数、技术要求应严格遵守、认真执行，按照规定进行检查，做好记录。

2. 新制作的工装应进行检查和试验，判定无异常且首件产品合格方可投入生产，在用工装应持续完好。

3. 合理化建议、技术改善、新材料应用，务必进行试验、鉴定、审批后形成有关技术文件方可用于生产。

4. 对原材料、半成品、零配件，进入车间后要进行自检，贴合标准或让步接收手续方可投产，否则不得投入生产。

5. 合理使用设备、量具、工位器具，保持持续精度和良好的技术状态。

六、定置管理

1. 定置摆放，工件按区域按类放置，合理使用工位器具。

2. 做到单物相符，工序小票、传递记录与工件数量相符，手续齐全。

3. 加强不合格管理，有记录，标示明显，处理及时。

4. 安全通道内不得摆放任何物品，保证安全通道畅通无阻。

5. 消防器材定置摆放，不得随意挪作他用，持续清洁卫生，周围不得有障碍物。

七、设备管理

1. 车间设备指定专员管理。

2. 做到设备管理"三步法"，坚持日清扫、周维护、月保养，每一天上班检查设备的操纵控制系统、安全装置、润滑油路畅通、油线、油毡清洁、油位标准，并按照要求注油，油质合格，待检查无问题方可正式工作。

（二）例文解析

生产作业是指将投入的各种资源转化为最终产品的相关活动，包括加工制造、组装、包装、质检、设备维护、印刷和各种设施管理等。可以看出，生产作业具有现场性、操作性的特点，这也就决定了在制定生产作业相关管理制度的时候，要充分考虑到现场要素。例文便很好地做到了这一点。如例文的主体内容是从"员工管理"、"生产管理"、"质量管理"、"工艺管理"、"定置管理"、"设备管理"展开阐述的，结合了员工、现场、生产过程中的各种要素。

三、生产技术管理制度

（一）例文

生产技术管理制度

第一章　总　则

第一条　技术改进与合理化建议（以下简称技术建议）和推行工厂现代化管理，是企业革新挖潜、降低成本、提高产品质量、提高劳动生产率、增加经济效益的重要途径。

第二条　创造采用新技术、新工艺、新材料、新结构、新配方，提高产品质量，改善产品性能及开发新产品，节约原材料等。

第三条　对设备、工艺过程、操作技术、工、夹、量具、试验方法、计算技术、安全技术、环境保护、劳动保护、运输及储藏等方面的改进或建议。

第四条　对医疗卫生技术、教育、保育以及利用自然条件等方面的改进或建议。

第五条　推广应用科技成果、引进技术、进口设备的消化吸收和革新以及长期未解决的技术关键和质量关键等。

第六条　对企业现代化管理方法、手段的创新和应用，促进企业素质全面提高等方面的建议或改进。

第二章　组织领导和职责范围

第七条　技术建议与现代管理优秀成果评定小组成员由：厂长××、××、××、××等负责人和其他有关人员组成。

第八条　技术建议是在总工程师领导下进行工作，由××归口统一管理，技术建议管理员具体负责。基层单位设技术建议联络员。

第九条　技术建议管理员职责：

1. 汇编全厂技术改进措施计划，掌握并督促其实施情况，收集资料，在适当的时候提请评定小组进行评定，总结上报重大技术成果。

2. 负责全厂技术建议资料处理，收集并推广内外新技术、新工艺、新材料、新配方、新结构的应用与交流。

3. 负责接待外单位有关技术改进方面的参观学习，并建立咨询业务关系。

4. 协助领导组织对厂内重要的非标设备设计方案的论证及会审，并办理下达设计任务书。

5. 负责厂内技术攻关或招标的具体组织工作。

6. 定期召开基层技术建议联络员工作会议，安排与检查该方面的工作。

第十条　基层技术建议联络员职责：

1. 编制上报本单位年度、季度技术建议计划项目，经批准后协助实施。

2. 对本单位实施的技术建议项目验证、考核、分析和预鉴定，组织整理有关资料上报总师办。

3. 总结推广技术建议成果，协助实施人员解决有关问题。

第十一条　经营管理与合理化建议（以下简称管理建议）由××统一归口管理，全厂各管理系统（不含全面质量管理办公室）在企业管理工作中实现的现代管理优秀成果均需报××，由××审查并定期提请厂评定小组进行评定（具体组织工作参照第九条、第十条进行）。

第十二条　厂科协组织实施的管理建议由科协归口提请厂评定小组评定，并报××备案，具体工作参照第九条、第十条。

第十三条　属全面质量管理的TQC成果，由全质办归口管理，并报××备案。

第三章　审查和处理

第十四条　技术建议项目必须做到：

1. 经过试验和应用，并有完整的原始记录、图纸资料和技术总结。

2. 按照技术建议（现代化优秀管理）成果报表逐项填写，并经单位主管和受益单位签证。

3. 凡属于提高工效、提高产品质量、节约原材料、改进设备（备件）、新的非标设计等必须要有相应的工时定额员、质量管理部门、材料定额员、设备动力部门和使用单位等签署的效果证明。

4. 一般项目经所在单位考察后签署意见，报总师办。较大项目须经3个月的生产试用验证，连同有关资料上报总师办。重大项目须经6个月的生产验证，整理全套资料上报，由××组织、××主持经厂评定小组评定后，报上级主管机关。

第十五条　凡经鉴定的技术建议和现代化管理优秀成果，其鉴定材料应包含以下内容：

1. 能否纳入正式技术文件用于生产或经营管理工作。

2. 能否进行推广应用与交流。

3. 详细分析与核算经济效果，对无法计算出经济效果的应提出结论性意见，并由有关领导签字。

第十六条　凡纳入正式工艺规范的技术建议项目，由有关部门与车间进行工时或材料定额的修改，并考核实施情况。对改变产品结构、提高产品性能的项目，根据产品图纸审批程序办理更改手续，并考核其批量生产情况。

第四章　奖励与审批程序

第十七条　凡申请技术建议成果或现代化管理优秀成果奖励的集体（个人），应由实施者提出申请，填报项目成果申报表，并附第十四条所规定具备的材料（管理优秀成果须附论文或文字总结）报归口单位立案，交财务部门审核签署意见，最后由归口单位组织厂评定小组进行评定审查，厂长签字，需要上报的则逐级办理报批手续。

第十八条　凡成功且投产（或用于管理）的项目，以修改技术文件的日期作为该项目的投产日期，以连续12个月为计算经济效益的有效期。

实际年节约额计算公式为：年节约价值＝（改进前成本－改进后成本）×年产量－（一次性投资费用＋报废损失费用＋时间费用）。

第十九条　凡被采用的技术建议和现代管理优秀成果，根据其贡献大小，给予荣誉和适当的物质奖励。

第二十条　技术建议项目和现代化管理优秀成果原则上每年××月、××月各评定一次。

第二十一条　对借鉴已经应用的科技（或管理）成果，应降低一个等级奖励。

第二十二条　奖金的分配应按参与实施工作人员贡献的大小合理分配，落实到人，各单位不得留成克扣。

第二十三条　获奖项目不得重复得奖，如项目在如下名目下均可获奖（技术建议成果奖、现代化管理优秀成果奖、TQC成果奖、节约奖等），则以获其中金额最高的一种奖励。

第二十四条　获奖项目如果经再次评审提高了奖励等级时，可补发差额部分的奖金。

第二十五条　对弄虚作假骗取荣誉与奖金者，一经查出，应撤销其荣誉，收回全部所得奖金，并视情节给予行政处分。

第五章　附　则

第二十六条　本管理办法如与上级文件精神有抵触时，以上级精神为准。

（二）例文解析

生产技术是现代企业发展的重要推动器。掌握先进的生产技术，有利于促进企业改善生产手段、降低生产成本、提高产品质量、提高生产效率、增进经济效益、推动企业长远发展，因此，制定关于生产技术的管理制度对现代企业管理来说具有重要意义。

例文题为生产技术管理制度，即是对生产技术进行管理而设计的制度规范。例文整体结构采用总则—分则—附则的写作方式，是一种常见的文书写作手法。总则部分展现行文目的、背景、意义等内容，如例文第一条"技术改进与合理化建议（以下简称技术建议）和推行工厂现代化管理，是企业革新挖潜、降低成本、提高产品质量、提高劳动生产率、增加经济效益的重要途径。"细则一般为文书的主体部分，例文从"组织领导和职责范围"、"审查和处理"、"奖励与审批程序"三个部分说明了生产技术管理的主体、流程等内容。附则部分最为短小，一般做补充说明，如例文第二十六条"本管理办法如与上级文件精神有抵触时，以上级精神为准"，即是对正文的补充说明。

四、物流管理制度

（一）例文

物流管理制度

第一条　目的

为加强公司的物流管理，妥善保管仓库库存物资，使采购物资入库及领用、产品出入库规范化，避免发生不必要的损失，特制定本规定。

第二条　范围

本规定包括产成品入库、销售、外协加工、采购物资入库、材料领用出库的相关管理。

第三条　物流管理的要求

所有物资应做到：每日清点、核对，保持账、卡、物三一致，并根据物资实际状况，对长期不用以及需报废账务处理的物资应及时清理，办理相关手续。

一、产成品

1. 产成品的入库

（1）产品完工并经质量检验员检验合格后，车间核算员填写"产成品入库单"，要求把入库单位、日期、产品图号、产品名称、规格、数量、单价、金额、工时等填写齐全，经车间主任签字批准，检验部门加盖"检验合格"章后，仓库管理员核对实物、合格证验收入库。仓库保管员必须严格把关，对于手续不全或单据填写不完整的，不允许物资入库。

①产品图号、产品名称、规格、工时一律按技术部提供的标准填写。
②入库单价一律按财务部提供的产值（不含税）价格填写。
（2）验收入库的产品按品种，按社会销货需要摆放整齐，做到合理、牢固、整齐、安全不超高。

2. 产成品出库
（1）产品销售发出时，必须经质量检查部门认定无质量问题后，销售人员填写产品出库单及收发清单，财务部根据出库单开出门证，收发清单须购货单位签字或盖章后返回仓库，由仓库核对后返财务部。
（2）产品发货程序：第一步仓库保管员接到通知后，在仓库查看产品品种是否齐全，以备发货；第二步按销售员开具的出库单上的产品数量清点清楚发货；第三步提货人持产品出库单到财务部交款或办理相关手续，由财务部开据出门证；第四步仓库见出门证提货联后方可发货。
（3）对于社会零星销售的要先收款后发货，若销售价格低于公司规定最低价的，必须经公司总经理批准后方可发货。
（4）发出货物退回，由业务人员在货物退回当月及时办理退库手续，并经质检部门检验签字。有质量问题的，应根据质检报告单写有关处理报告总经理批示后，交财务进行账务处理。
（5）对于售后服务需用的产品必须经总经理签批后，才能往外发货，同时经办人要求对方将旧产品返回，以旧换新，否则不予以发货。若是先发货的，售后服务人员要在当月负责追回旧产品，并办理退库手续。
（6）所有发出商品应在当月及时办理结算，若遇特殊情况，最迟在2月内办理完结算手续。

二、委托加工材料
委托加工材料的出入手续由生产部协助受托加工单位办理，并负责委托加工材料的收回。

1. 委托加工材料出库
（1）应填领料单并填写齐全。内容包括：领料单位、时间、材料类别、材料名称、型号及规格、计量单位、数量、单价、金额、用途、领料人、发料人、批准人签字。
（2）领料单一式三份，仓库、财务、受托加工单位各一份。
（3）领料人持领料单到财务部开具出门证，仓库见出门证提货联方可发货。

2. 委托加工材料完工入库
（1）入库程序同材料入库程序相同，同时按入库数量减少委托加工材料数量。
（2）仓库办理入库时，应核对原出库数量，完工返回入库的数量与出库数量不符时，属加工报废或者丢失的应填"委托加工赔偿清单"交受托单位签字确认后，随同发票和入库单、受托加工单位所持原出库时的领料单，返财务部。

（3）委托加工的成品入库价格应为：加工费加材料费，要求分别注明加工费、材料费，加工费按委托加工协议价格办理。

（4）委托加工材料要求当月返回，最长时间不能超过2个月，年终全部收回，若外协未完工而不能收回，应致函对方予以确认。

三、采购物资

1. 采购物资入库

（1）仓库保管员根据采购员填制并经检验员盖章后的外购物资验收通知单核对实物，根据购货发票填写入库单，要求分清类别，内容完整，准确无误。

（2）无采购发票的物资可根据同类物资的账面价格或市场价格（采购员提供）办理估价入库，并在入库单上注明"暂估入库"，交采购员一份。开回发票后，先开红票冲原暂估，注明"冲×年×月×日暂估"，再办理正式入库。

2. 采购物资出库

（1）生产物资由领料部门根据生产计划成套领用，注明用途，认真填写领料单，经车间主任或生产部长签字批准后，仓库保管员方可发料。

（2）主要材料钢材的领用。在仓库不能存放的情况下，需存放生产现场的，由车间代保管，购进后由仓库保管员协同领用车间核算员共同验收数量，仓库保管员办理入库，车间核算员按入库数量同时办理出库，月末将未用材料办理假退料手续，并填制"×月份主要材料领用明细"报表。仓库每月对车间未用材料退库进行核对，无误后开具下月1日领料单，发现问题及时向领导汇报。

（3）对外销售的材料由仓库保管员根据业务员填写的收发清单，按账面价格填写领料单。用于售后服务的材料必须经主管经理批准后，方可发货。

第四条　考核办法

（1）仓库人员没按要求验收入库的，每次考核扣减×元。

（2）产品及材料出库手续不齐全，当事人每次考核扣减×元。

（3）没有开出门证而出公司的，每次考核门卫扣减×元。

（4）售后服务发出的产品，旧产品当月未返回的每一笔业务考核扣减当事人×元，第2个月仍未追回的考核产品原值。

（5）发出商品办理结算不及时，超过1个月的每一笔业务考核扣减当事人×元，超过2个月的停发工资。

（6）委托加工材料返回不及时，造成的直接经济损失由责任人承担。

（7）产品出厂检查出现失误，造成的直接经济损失由责任人承担。

（二）例文解析

物流管理简单说就是对物质资料的流动所进行的管理活动。例文题为物流管理制度，但就其具体内容看，主要着眼点在仓库，亦是物流管理的一部分。

从行文结构上看，例文开篇名义，即交代行文目的，"为加强公司的物流管理，妥善保管仓库库存物资，使采购物资入库及领用、产品出入库规范化，避免发生不必要的损失。"然后用"特制定本规定"引出具体制度内容，是标准的文书写法。主体部分由"范围"、"物流管理的要求"、"考核办法"三部分构成，整体内容表述完整。

五、本节写作要点

1. 语言注重专业性。生产管理活动是管理活动的重要组成部分，现已形成了细致的、规范的专业体系，在撰写此类文书的时候，要针对不同的实际情况使用不同的专业词汇。

2. 要讲求可行性。生产活动是实际的现场性的管理活动，撰写过程中必须注重规定的可行性。

第二节　质量管理制度

一、产品质量管理制度

（一）例文

公司产品质量管理制度

第一章　总　则

第一条　目的

产品的质量决定了产品的生命力，一个公司的质量管理水平决定了公司在市场中的竞争力。为保证本公司质量管理工作的顺利开展，并能及时发现问题，迅速处理，以确保及提高产品质量，使之符合管理及市场的需要，特制订本制度。

第二条　范围

1. 组织机能与工作职责；

2. 各项质量标准及检验规范；

3. 仪槽管理；

4. 原材料质量管理；

5. 制造前后质量复查；

6. 制造过程质量管理；

7. 产成品质量管理；

8. 质量异常反应及处理；

9. 产成品出厂前的质量检验；

11. 质量异常分析改善。

第三条　组织机与工作职责

本公司质量管理组织机能与工作职责见《组织机能与工作职责规定》。

第二章　各项质量标准及检验规范

第四条　质量标准及检验规范

1. 原材料质量标准及检验规范；

2. 在制品质量标准及检验规范；

3. 产成品质量标准及检验规范。

第五条　质量标准及检验规范的制订

1. 质量标准。

总经理办公室生产管理组会同质量管理部、制造部、营业部、研发部及有关人员依据"操作规范"，并参考国家标准、行业标准、国外标准、客户需求、本身制造能力以及原材料供应商水准，分原材料、在制品、产成品填制"质量标准检验及规范制（修）订表"一式两份，报总经理批准后，质量管理部一份，研发部一份，并交有关单位凭此执行。

2. 质量检验规范。

总经理办公室生产管理组合同质量管理部、制造部、营业部、研发部及有关人员，分原材料、在制品、产成品将检查项目规格、质量标准、检验频率、检验方法及使用仪器设备等填注于"质量标准及检验规范制（修）订表"内，交有关部门主管核签并且经总经理核准后分发有关部门凭此执行。

第六条　质量标准及检验规范的修订

1. 各项质量标准、检验规范若因机械设备更新、技术改进、制造过程改善、市场需要以及加工条件变更等因素变化时，可予以修订。

2. 总经理办公室生产管理组每年年底前至少重新校正一次，并参照以往质量实绩会同有关部门检查各规格的标准及规范的合理性，予以修订。

3. 质量标准及检验规范修订时，总经理办公室生产管理组应填"质量标准及检验规范制（修）订表"，说明修订原因，并交有关部门主管核签，报总经理批示后，方可凭此执行。

第三章 仪器管理

第七条 仪器校正、维护计划

1. 周期设定。

仪器使用部门应依仪器购入时的设备资料、操作说明书等资料，填制"仪器校正、维护基准表"设定定期校正维护周期，作为仪器年度校正、维护计划的拟订及执行的依据。

2. 年度校正计划及维护计划。

仪器使用部门应于每年年底依据所设订的校正、维护周期，填制"仪器校正计划实施表"、"仪器维护计划实施表"作为年度校正及维护计划实施的依据。

第八条 校正计划的实施

1. 仪器校正人员应依据"年度校正计划"进行日常校正、精度校正工作，并将校正结果记录于"仪器校正卡"内，一式一份存于使用部门。

2. 仪器外部协作校正：有关精密仪器每年应定期由使用单位通过质量管理部或研发部申请委托校正，并填写"外部协作请修单"以确保仪器的精确度。

第九条 仪器使用与保养

1. 仪器使用。

（1）仪器使用人进行各项检验时，应依"检验规范"内的操作步骤操作，检验后应妥善保管与保养。

（2）特殊精密仪器，使用部门主管应指定专人操作与负责管理，非指定操作人员不得任意使用（经主管核准者例外）。

（3）使用部门主管应负责检核各使用者的操作正确性，日常保养与维护，如有不当使用与操作应予以纠正。

（4）各生产单位使用的仪器设备（如量规）由使用部门自行校正与保养，由质量管理组不定期抽检。

2. 仪器保养。

（1）仪器保养人员应依据"年度维护计划"进行保养工作并将结果记引于"仪器维护卡"内。

（2）仪器外部协作修理：仪器故障，保养人员基于设备、技术能力不足时，保养人员应填立"外协请修申请单"并呈主管核准后办理外部协作修理。

第四章　原材料质量管理

第十条　原材料质量检验

1. 原材料购人时，仓库管理部门应依据《原材料管理办法》的规定办理收料，对需用仪器检验的原材料，开立"材料验收单（基板）"、"材料验收单（钻头）"及"材料验收单（一般）"，通知质量管理工程人员检验，质量管理工程人员应于接到单据三日内，依原材料质量标准及检验规范的规定完成检验。

2. "材料验收单"（一般）、（基板）、（钻头）各一式四联。检验完成后，第一联送采购部门，核对无误后送会计部门整理付款，第二联会计部门存，第三联仓库留存，第四联送质量管理组。每次把检验结果记录于"供应厂商质量记录卡"上，并每月将原材料品名、规格、类别的统计结果送采购部门，作为选择供应厂商的参考资料。

第五章　制造前质量条件复查

第十一条　制造通知单的审核

质量管理部主管收到"制造通知单"后，应于一日内完成审核。

1. "制造通知单"的审核。

（1）订制规格类别的是否符合公司制造规范。

（2）质量要求是否明确，是否符合本公司的质量规范，如有特殊质量要求是否可接受，是否需要先确认再确定产量。

（3）包装方式是否符合本公司的包装规范，客户要求特殊包装方式可召接受，外销订单的运货标志及侧面标志是否明确表示。

（4）是否使用特殊的原材料。

2. "制造通知单"审核后的处理。

（1）新开发产品、"试制通知单"及特殊物理、化学性质或尺寸外观要求的通知单应转交研发部，并告知现有生产条件，研发部若确认其质量要求超出制造能力时，应述明原因后将"制造通知单"送回制造部办理退单，由营业部向客户说明。

（2）新开发产品若质量标准尚未制定时，应将"制造通知单"交研发部拟定加工条件及暂行质量标准，由研发部记录于"制造规范"上，作为制造部门生产及质量管理依据。

第十二条　生产前制造及质量标准复核

1. 制造部门接到研发部送来的"制造规范"后，须由主任或组长先核查确认下列事项后方可进行生产：

（1）该制品是否订有"产成品质量标准及检验规范"作为质量标准判定的依据。

(2) 是否订有"标准操作规范"及"加工方法"。

2. 制造部门确认无误后于"制造规范"上签认,作为生产的依据。

第六章 制造过程质量管理

第十三条 制造过程质量检验

1. 质检部门对制造过程的在制品均应依"在制品质量标准及检验规范"的规定实施质量检验,以提早发现问题,迅速处理,确保在制品质量。

2. 在制品质量检验依制造过程区分,由质量管理部 pQC 负责检验,检验包括:

(1) 钻孔——pQC 钻孔日报表。

(2) 修一——针对线路印刷检修后分 15 条以下及 15 条以上分别检验记录于 mQC 修一日报表。

(3) 修二——针对镀铜锚后分 15 条以下及 15 条以上分别检验记录于 pQC 修二日报表。

(4) 镀金——pQC 镀金日报表。

(5) 底片制造完成于正式钻孔前,由质量管理工程室检验并记录于"底片检查项目"。

3. 质量管理工程室在制造过程中配合在制品的加工程序、负责加工条件的测试:

(1) 钻头研磨后依"规范检验"并记录于"钻头研磨检验报告"上。

(2) 切片检验分 Pm、一次铜、二次铜及喷锡蚀铜分别依检验规范检验并记录于检验报告。

4. 各部门在制造过程中发现异常时,组长应立即追查原因,处理后就异常原因、处理过程及改善对策等开立"异常处理单"呈(副)经理指示后送质量管理部,责任判定后送有关部门会签再送总经理办公室复核。

5. 质检人员于抽验中发现异常时,应报部门主管处理并开立"异常处理单"呈(副)经理核签后送有关部门处理。

6. 各生产部门自主检查及顺次点检发生质量异常时,如属其他部门所发生者应以"异常处理单"反应处理。

7. 制造过程中间半成品移转,如发现异常时以"异常处理单"反应处理。

第十四条 制造过程自主检查

1. 制造过程中每一位作业人员均应对所生产的制品实施自主检查,遇质量异常时应予挑出,如系重大或特殊异常应立即报告主任或组长,并开立"异常处理单",填列异常说明、原因分析及处理对策、送质量管理部门判定异常原因及责任发生部门后,依实际需要交有关部门会签,再送总经理办公室拟定责任归属及奖惩,如果有跨部门或责任不明确时送总经理批示。

2. 现场各级主管均有督促部属实施自主检查的责任，随时抽验所属各制造过程的质量，一旦发现质量异常时应立即处画，并追究相关人员的责任，以确保产品质量，降低异常重复发生。

3. 制造过程自主检查的规定依《制造过程自主检查施行办法》实施。

第七章 产成品质量管理

第十五条 产成品质量检验

产成品检验人员应依"产成品质量标准及检验规范"的规定实施质量检验，以提早发现，迅速处理以确保产成品质量。

第十六条 出货检验

每批产品出货前，质检部门应依出货检验标示的规定进行检验，并将质量与包装检验结果填报"出货检验记录表"报主管批示是否出货。

第八章 质量异常反应及处理

第十七条 原材料质量异常及反应

1. 原材料进厂检验，在各项检验项目中，只要有一项以上异常时，无论其检验结果被判定为"合格"或"不合格"，检验部门的主管均须在说明栏内加以说明，并依据"材料管理办法"的规定处理。

2. 对于检验异常的原材料经核决主管核决使用时，质量管理部应依异常项目开立"异常处理单"送制造部经理办公室，生产管理人员安排生产时通知现场注意使用，并由现场主管填报使用状况、成本影响及意见，经经理核签报总经理批示后送采购部门与供应厂商交涉。

第十八条 在制品与产成品质量异常反应及处理

1. 在制品与产成品在各项质量检验的执行过程中或生产过程中有异常时，应提报"异常处理单"，并应立即向有关人员反应质量异常情况，以便迅速采取措施，处理解决，以确保质量。

2. 制造部门在制造过程中发现不良品时，除应依正常程序追查原因外，不良品当即剔除，以杜绝不良品流入下一制造过程。

第十九条 制造过程质量异常反应

收料部门组长在制造过程自主检查中发现供料部门供应在制品质量不合格时，应填写"异常处理单"详述异常原因，连同样品，经报告主任后送经理室绩效组登记（列入追踪）后，送经理室质保组，由质保组人员召集收料部门及供料部门人员共同检查料品异常项目、数量并拟定处理对策及追查责任归属部门（或个人）并报经理批示后，第一联送总经理办公室催办及督促料品处理及异常改善结果，第二联送生产管理组（质量管理部）做生产安排及调度，第三联送收料部门（会签部门）依批示办理，第四联送回供料部门。

第九章　产成品出厂前的质量检查

第二十条　产成品缴库管理

1. 质量管理部门主管对预定缴库的批号，应逐项依"制造流程卡"、"QAI进料抽验报告"及有关资料审核确认后始可进行缴库工作。

2. 质量管理部门人员对于缴库前的产成品应抽检，若有质量不合格的批号，超过管理范围时，应填立"异常处理单"详述异常情况并附样和拟定料品处理方式，报经理批示后，交有关部门处理及改善。

3. 质量管理人员对复检不合格的批号，如经理无法裁决时，将"异常处理单"报总经理批示。

第二十一条　检验报告申请工作

1. 客户要求提供产品检验报告者，营业人员应填报"检验报告申请单"一式一联说明理由、检验项目及质量要求后送总经理室产销组。

2. 总经理办公室产销组人员收到"检验报告申请单"时，应转送经理室生产管理人员（质量要求超出公司产成品质量标准者，须交研发部）研究判断是否出具"检验报告"，呈经理核签后将"检验报告申请单"送总经理办公室产销组，转送质量管理部。

3. 质量管理部收到"检验报告申请单"后，于制造后取样做产成品物理性质实验，并依检验项目要求检验后将检验结果填入"检验报告表"一式两联，经主管核签后，第一联连同"检验报告申请单"送总经理室产销组，第二联自存凭。

4. 特殊物理、化学性质的检验，质量管理部接获"检验报告申请单"后，会同研发部于制造后取样检验，质量管理部人员将检验结果转填于"检验报告表"一式二联，经主管核签，第一联连同"检验报告申请表"送产销组，第二联自存。

5. 产销组人员在收到质量管理部人员送来的"检验报告表"第一联及"检验报告申请单"后，应依"检验报告表"资料及参考"检验报告申请单"的客户要求，复印一份呈主管核签，并盖上产品检验专用章后送营业部门转交客户。

第十章　产品质量确认

第二十二条　质量确认时机

经理室生产管理人员在安排"生产进度表"或"制作规范"生产中遇有下列情况时，应将"制作规范"或经理批示送质量管理部门，由质量管理部人员取样确认并将供确认项目及内容填立于"质量确认表"。

1. 批量生产前的质量确认。
2. 客户要求的质量确认。
3. 客户附样与制品材质不同者。
4. 客户附样的印刷线路与公司要求不同者。
5. 生产或质量异常致使产品发生规格、物理性质或其他差异者。

第二十三条　确认样品的生产、取样与制作

1. 确认样品的生产

（1）若客户要求确认底片者由研发部制作供确认。

（2）若客户要求确认印刷线路、传送效果者，经理室生产管理组应同意少量制作以供确认。

2. 确认样品的取样质量管理部人员应取样两份，一份存质量管理部，另一份连同"质量确认表"交由业务部门送客户确认。

第二十四条　质量确认书的开立作业

1. 质量确认书的开立

质量管理部人员在取样后应立即填写"质量确认表"一式两份，编号后连同样品呈经理核签并于"质量确认表"上加盖"质量确认专用章"转交研发部及生产管理人员，且在"生产进度表"上注明确认日期然后转交业务部门。

2. 客户进厂确认的作业方式

客户进厂确认须开立"质量确认表"，质量管理部人员应要求客户于确认书上签认，并呈经理核签后通知生产管理人员安排生产，客户确认不合格拒收时，由质量管理部人员填报"异常处理单"呈经理批示，并依批示办理。

第二十五条　质量确认处理期限及追踪

1. 处理期限

营业部门收到质量管理部或研发部送来确认的样品，应于二日内转送客户，质量确认时间规定：国内客户五日，国外客户十日，但客户如需装配试验始可确认者，其确认日数为五至十日，设定时间以出厂日为基准。

2. 质量确认追踪

质量管理部人员对于未如期完成确认，且已逾2天以上者时，应以便函反映到营业部门，以掌握确认动态及订单生产。

3. 质量确认的结案

质量管理部人员收到营业部门送回经客户确认的"质量确认表"后，应立即会同经理室生产管理人员于"生产进度表"上注明确认完成并安排生产，如客户确认不合格时应检查是否补（试）制。

第十一章　质量异常分析改善

第二十六条　制造过程质量异常改善

"异常处理单"经经理批示列入改善者，由经理室质保组登记交由改善执行部门依"异常处理单"所拟的改善对策切实执行，并定期提出报告，会同有关部门检查改善结果。

第二十七条　质量异常统计分析

1. 质量管理部每日依 pQC 抽查记录统计异常规格、项目及数量汇总、编制"不良分析日报表"送经理核准后，送制造部以使了解每日质量异常情况，拟订改善措施。

2. 质量管理部每周依据每日抽检编制的"不良分析日报表"将异常项目汇总、编制"抽检异常周报"送总经理室、制造质保组并由制造室召集各班组针对主要异常项目进行检查，查明发生原因，拟订改善措施。

3. 生产中发生拟报废异常的 Pc 板的，应填报"产成品报废单"会同质量管理部确认后始可报废，且每月五日前由质量管理部汇总填报"制造过程报废原因统计表"送有关部门检查改善。

第二十八条　质量管理小组活动

为培养基层管理人员的领导能力以促进自我管理，提高员工的工作士气及质量意识，以团队精神促使产品质量的改善，公司各部门应组成质量管理小组。

（二）例文解析

产品质量决定着产品的生命力，进而决定着公司的竞争力。例文题为××公司产品质量管理制度，即是针对产品质量进行管理的规范制度。质量管理要考量标准规范、检查流程、监督反馈等主要环节，例文主体内容"各项质量标准及检验规范""仪器管理""原材料质量管理""制造前质量条件复查""制造过程质量管理""产成品质量管理""质量异常反应及处理""产成品出厂前的质量检查""产品质量确认""质量异常分析改善"便反映了质量管理的整个环节。

二、质量成本管理办法

（一）例文

公司质量成本管理办法

第一条　范围

本文件规定质量管理体系财务资源的需求分析、控制，质量管理体系财务测量的范围、方法和结果应用及其实施。

本文件适用于企业内各部门质量成本形成过程中费用和损失的统计分析。

第二条 术语和定义

下列术语和定义适用于本文件。

（1）质量成本：为获得顾客满意的质量并对组织外部做出质量保证而发生的费用以及没有达到顾客满意的质量而造成的损失。

（2）预防成本：为预防产品不能达到顾客满意的质量所支付的费用。

（3）鉴定成本：为评定产品是否达到所规定的质量要求，进行试验、检验和检查所支付的费用。

（4）内部故障成本：产品在交付前因未能达到规定的质量要求所造成的损失。

（5）外部故障成本：产品在交付后因未能达到顾客满意的质量所造成的损失。

（6）外部质量保证成本：根据顾客要求，组织向顾客提供证实质量保证能力所发生的费用，包括特殊的和附加的质量保证措施、程序、数据、证实试验和评定的费用。

（7）质量损失：由于质量不能满足顾客的要求或合理的期望，从而导致资源浪费或丧失潜在利益所造成的经济损失。

（8）质量管理活动费：指为推行质量管理所支付的费用和为制定质量政策、计划、目标、编制质量手册及有关质量体系文件等一系列活动所支付的费用。质量管理咨询费、质量奖励费、质量情报费、印刷费、办公费等管理费用。

（9）质量审核及评审费：是指产品和质量管理体系评审费、会议费及有关费用，包括内审、外审费用及二方、三方的审核费用。

（10）质量培训费：为达到质量要求或产品质量的目的，提高职工的质量意识和技能，以及质量管理的业务水平进行培训支付的费用，还有授课人员和培训人员的有关书籍费、资料费、文具费及授课补助等费用。

（11）顾客服务费：为顾客培训使用和维护人员，进行售后服务和开展顾客满意程度的调查分析和评价等方面的活动所发生的费用。

（12）其他预防费用：包括质量及可靠性组织机构的行政管理费用，以及零缺陷计划、厂房设备维护等预防性措施费用。

（13）其他鉴定费用：指鉴定产品质量进行试验所需其他费用。

（14）废品损失：报废的不合格品所造成的净损失。

（15）返工/返修损失：对不合格品进行返工、返修所造成的直接损失。

（16）停工损失：由于质量问题而引起停工，导致设备、人员、材料闲置，减少产量和影响交付所造成的直接损失。

（17）其他内部故障费用：其他与内部故障成本相关的费用，如因重新设计、资源闲置、质量事故处理、产品降级损失等产生的费用。

（18）索赔费：因产品质量未达到标准，在服务承诺范围内，对顾客提出的申诉进行赔偿、处理所支付的费用，包括赔偿金（罚金）、索赔处理费及差旅费。

（19）保修费：根据保修规定，为用户提供修理服务所支付的费用和保修服务人员的工资总额及提取的福利等费用。

（20）其他外部故障费用：其他与外部故障成本相关费用，如客户不满意而发生的折价损失等费用。

第三条 职责

财务部是质量成本控制的归口责任部门，按月汇总质量成本各项指标、按季度分析，定期写出质量成本分析报告。

第四条 管理程序

一、质量成本统计

1. 质量成本统计的基本要求

（1）应严格区分质量成本中应计入产品成本和不应计入产品成本的费用。

（2）划清各型号产品之间的质量成本，划清直接费用与间接费用的界限。

（3）凡能直接计入型号产品的质量成本要直接计入。

（4）与几个型号产品有关的费用，必须采用合理的分配标准，在各个型号产品之间正确分配。

2. 质量成本的归集

在生产经营活动中发生的属于质量成本费用的各种原始凭证，由各部门的质量检验人员及有关人员进行归集质量成本的各项费用，并上报本部门财务核算人员。

3. 质量成本登记台账

各部门将归集的质量成本费用，按科目进行登记，并建立质量成本登记台账。

4. 填制质量成本报表

各部门每月根据"质量成本登记台账"汇总，按产品类别、项目填写"月份质量成本表"、"废品损失月报表"及"废品损失原因统计表"。报表封面分别由各部门领导、财务核算负责人、制表人签字。

5. 质量成本报表汇总

财务部每月对各部门上报的质量成本报表进行汇总，并登记"质量成本台账"。

二、质量成本分析

1. 各部门的质量成本分析报告的上报时间

各部门按季度上报本部门的质量成本分析报告，时间为季度末次月 6 日前。

2. 质量成本主要指标分析

质量成本主要指标分析为：基本指标分析、各基数的比较分析、构成分析。

（1）基本指标：营业收入、利润总额、生产成本、质量成本。

（2）比较分析主要指标：营业收入质量成本率、生产成本质量成本率。

（3）质量成本构成分析的主要经济指标：为各项成本（预防成本、鉴定成本、内部故障成本、外部故障成本、外部质量保证成本）占总质量成本的百分比。

3. 质量成本结构分析

（1）各部门负责人应从经济角度，对本期质量成本与上年同期质量成本从变化情况、构成率等进行比较分析。

（2）财务部根据汇总后的质量成本，写出企业的质量成本分析报告，报送管理者代表审核。

（3）厂长依据质量成本分析报告，来评价产品质量的水平和质量管理体系运行的有效性，做出质量改进的决策。

（4）质管部依据厂长做出的质量改进决策，会同相应责任部门制定和实施改进措施，并跟踪验证其有效性。

三、检查与考核

1. 质量成本报表情况

（1）各部门在次月6日前报送"月份质量成本表""废品损失月报表"，每季末次月6日前另加报"废品损失原因统计表"及"季度质量成本分析说明"。

（2）报表内容及"季度质量成本分析说明"应认真填写。

2. 工作情况

财务部每月抽查质量成本工作情况。

具体检查项目和要求为：

（1）建立质量成本登记台账。

（2）正确划分质量成本报表中各明细项目。

（3）质量成本报表与质量成本登记台账的数据应相同。

（4）质量成本合理计入产品成本，并划清各型号之间质量成本。

（5）有废品票的应计入废品损失。

（6）已发生的返工/返修损失应计入内部故障损失。

第五条 附录

附录1 月份质量成本表（略）

附录2 废品损失月报表（略）

附录3 废品损失原因统计表（略）

（二）例文解析

例文为公司质量成本管理办法，既为办法，在撰写过程中就需要具有可行性，例文很好地做到了这一点。正文从"范围""术语和定义"入手，在通过"职责"写明负责主体，进而交代"管理程序"即怎么做的问题，整体行文逻辑清晰。

三、产品质量管理培训办法

（一）例文

产品质量管理培训办法

第一条　目的

为提高产品质量，培养员工的质量意识，增强员工质量管理技能，特制订本办法。

第二条　范围

本公司所有的员工及协作厂商。

第三条　实施单位

由质量管理部负责策划与执行，并由管理部协办。

第四条　实施要点

（一）依教育训练的内容，分为以下3类：

1. 质量管理基本教育：参加对象为本公司所有员工。

2. 质量管理专门教育：参加对象为质量管理人员、检查站人员、生产部及工程部的各级工程师与单位主管。

3. 协作厂商质量管理：参加对象为协作厂商。

（二）依训练的方式，分为以下两种：

1. 厂内训练：为本公司内部自行训练，由本公司讲授或外聘讲师至厂内讲授。

2. 厂外训练：选派员工参加外界举办的质量管理讲座。

（三）由质量管理部先拟订"质量管理教育训练长期计划"，列出各阶层人员应接受的训练，经核准后，依据长期计划，拟订"质量管理教育训练年度计划"，列出各部门应受训人数，经核准后实施，并将计划送管理部转知各单位。

（四）质量管理部应建立每位员工的质量管理教育训练记录卡，记录该员已受训的课程名称、时数、日期等。

第五条　本办法经质量管理委员会核定后实施，修正时亦同。

（二）例文解析

产品质量管理培训办法，意即为提升产品质量管理水平，培养员工质量意识而进行培训的管理办法。因此，行文中要交代培训的目的、对象、实施主体、实施过程等重要因素，例文很好地做到了这一点。

四、本节写作要点

1.语言运用要做到专业性。质量管理活动是管理活动的重要组成部分，现已形成了细致、规范的专业体系，在撰写此类文书的时候，要针对不同的实际情况而选用合适的专业词汇。

2.内容设计要讲求可行性。质量管理包括了质量标准设计、质量管理实施、监督反馈等环节，撰写过程中必须注重其可行性。